低碳与可持续发展概论

杜道林　崔金贵　杨加亮　主编

科学出版社
北　京

内 容 简 介

本书以“低碳与可持续发展”为核心，通过理论和实践结合，探索如何应对气候变化和资源枯竭的挑战。全书分为四篇，共十二章，将环境科学、经济学、社会学和政策研究结合在一起，突出低碳与可持续发展在政策、技术、社会层面的相互作用机制。本书强调中国的“双碳”目标与全球减排目标的契合，展示了中国的实践路径与国际经验的对接。

本书可作为本科生相关课程教材，也可供相关领域研究人员参考使用。为方便教学，本书提供配套课件，专供教师使用。

图书在版编目（CIP）数据

低碳与可持续发展概论 / 杜道林，崔金贵，杨加亮主编. -- 北京：科学出版社，2025. 7. -- ISBN 978-7-03-082927-6

Ⅰ. F124.5

中国国家版本馆 CIP 数据核字第 20253PV997 号

责任编辑：王玉时 / 责任校对：严 娜
责任印制：肖 兴 / 封面设计：马晓敏

科学出版社出版
北京东黄城根北街 16 号
邮政编码：100717
http://www.sciencep.com
天津市新科印刷有限公司印刷
科学出版社发行 各地新华书店经销
*
2025 年 7 月第 一 版 开本：787×1092 1/16
2025 年 7 月第一次印刷 印张：15 1/4
字数：390 000

定价：69.80 元

（如有印装质量问题，我社负责调换）

《低碳与可持续发展概论》编写委员会

主　编　杜道林[1,2]　崔金贵[1,2]　杨加亮[1]

参　编（按姓氏汉语拼音排序）

常思远[1]　陈寻峰[2]　戴志聪[2]　国秀瑾[1]

贾　慧[2]　李　健[2]　李冠霖[2]　李晓倩[1]

刘亚歆[1]　祁珊珊[2]　任光前[2]　王　强[1]

王黎明[1]　张晓雯[1]

1　江苏大学京江学院

2　江苏大学

前　言

全球正面临着气候变化、资源枯竭、污染加剧和生物多样性丧失等严峻的环境挑战，低碳与可持续发展成为解决这些问题的核心路径。在此背景下，《低碳与可持续发展概论》应运而生，本书旨在为读者提供系统、科学的知识框架，帮助掌握低碳与可持续发展的理论、技术、政策与实践经验，培养应对环境挑战的思维方式和能力。全书分为四篇，共十二章，每章涵盖明确的学习目标，内容翔实、层次分明。

第一篇奠定了低碳与可持续发展的理论框架，帮助读者理解其概念与背景。其中，第一章为绪论，通过定义和阐释“低碳”“可持续发展”等核心概念，揭示它们在现代社会发展中的重要意义。同时，概述气候变化、资源枯竭等全球性环境问题，强调低碳与可持续发展作为解决方案的必要性。第二章为低碳的理论基础，深入剖析温室效应的原理及其对气候的影响，介绍温室气体的种类与来源。详细解释碳循环的基本过程及其扰动和恢复机制，结合中国“双碳”策略与全球研究成果，展现低碳理论的科学依据与现实意义。第三章为可持续发展的理论基础，以可持续发展的三大支柱为核心，探讨经济、社会与环境目标之间的平衡关系，解析联合国可持续发展目标及其全球实现状况，分析当前面临的主要困境与可行对策。第四章为低碳与可持续发展间的关系，阐明低碳发展如何推动可持续目标的实现，同时揭示政策引导下的双向促进作用，帮助读者理解两者在社会、经济和环境中的多重联动。

第二篇聚焦于实现低碳与可持续发展的技术路径。其中，第五章为低碳技术，介绍可再生能源技术，节能技术，碳捕集、利用与封存技术等关键低碳技术，解析这些技术在全球范围内的应用现状与发展潜力。第六章为可持续发展技术，着眼于水资源、工业资源、农业资源及垃圾资源的回收利用技术，并结合碳中和背景，分析清洁能源技术在资源保护中的综合优势。第七章为智能技术，分析智能技术如何优化资源分配、提升能效并减少碳排放，描绘低碳转型中的技术蓝图。

第三篇分析了低碳与可持续发展中政策框架与市场机制的重要作用。其中，第八章为低碳政策与法规，深入解析我国低碳政策的演变历程，探讨政策制定的科学依据和引导作用，涵盖自愿碳市场机制、清洁发展机制等具体工具，展示政策在推动低碳发展中的强大力量。第九章为低碳市场体系，通过解读碳交易、碳税和碳金融的基本原理，揭示其社会和经济影响。结合国内外市场现状，分析各类市场工具的优势与不足，鼓励读者了解并参与低碳市场的构建。第十章为可持续发展管理，探讨企业和社会在可持续发展管理中的实践策略，解析国际和国内管理框架，鼓励从经济、社会、环境的多维角度进行科学决策。

第四篇展望低碳与可持续发展的挑战与机遇，强调公众与社会的积极参与。其中，第十一章为低碳与可持续发展的挑战与机遇，全面剖析实现低碳与可持续发展可能面临的技术、经济和文化障碍，并探讨科技创新如何推动全球向更绿色、更可持续的未来迈进。第十二章为倡导与行动，探讨社会各界及公众在低碳实践中的角色，提出从国际合作到个体行为的具体倡议，呼吁共同实现全球低碳与可持续发展的宏伟目标。

本书各章编写任务分工明确，第一章由崔金贵、杨加亮完成；第二章由杜道林、李晓倩完成；第三章由刘亚歆完成；第四章由杨加亮、任光前完成；第五章由王黎明、贾慧完成；第六章由王黎明、戴志聪完成；第七章由国秀瑾、李冠霖完成；第八章由王强、崔金贵完成；第九章由张晓雯完成；第十章由陈寻峰完成；第十一章由常思远、李健完成；第十二章由祁珊珊完成。本书凝聚了编者的专业知识与实践经验，旨在为低碳与可持续发展领域的读者提供系统、科学、实用的指导与支持。

希望本书不仅能帮助读者深入理解低碳与可持续发展的核心内涵，也能激发更多实践者投身于这一关乎全球未来的重要事业。我们相信，通过全社会的共同努力，低碳与可持续发展的目标终将实现，为人类和地球创造更加美好的明天。

限于编者的学识水平，书中难免存在不足和疏漏之处，敬请读者批评指正。

杜道林

2025 年 5 月

目 录

第二篇　技术与实践

第三篇　政策与市场管理

第四篇　未来展望

教学课件索取单

凡使用本书作为授课教材的高校主讲教师，可获赠教学课件一份。欢迎通过以下两种方式之一与我们联系。

1. 关注微信公众号“科学 EDU”索取教学课件

扫码关注→“样书课件”

科学 EDU

2. 填写表格扫描或拍照后发送至联系人邮箱

姓名：	职称：	职务：
学校：	院系：	
手机：	QQ：	
电子邮箱（重要）：		
所授课程 1：		学生数：
课程对象：☐研究生　☐本科（_____年级）　☐其他________		授课专业：
所授课程 2：		学生数：
课程对象：☐研究生　☐本科（_____年级）　☐其他________		授课专业：
使用教材名称/作者/出版社：		
您对本教材的评价及修改建议：		

联系人：王玉时编辑　　电话：010-64034871　　回执邮箱：wangyushi@mail.sciencep.com

第一篇

概念与理论基础

第一章　绪　　论

主要目标

1）引入核心概念：解释和定义“低碳”“可持续发展”，介绍其含义和重要性。讨论低碳与可持续发展之间的关系，强调两者在现代社会发展中的必要性。

2）阐述背景与现状：概述全球面临的主要环境问题，如气候变化、资源枯竭、污染和生物多样性丧失等。强调全球环境问题的紧迫性和严重性，突出全球合作的必要性，以及低碳和可持续发展作为解决这些问题的关键路径。

第一节　低碳概念的提出与发展

一、低碳概念提出的背景

“低碳”是指减少温室气体排放，尤其是减少二氧化碳排放，以减缓全球气候变化的一种理念和行动。低碳概念出现在1990年左右，起源于全球应对气候变化的紧迫需求。随着工业革命的推进，人类活动特别是化石燃料的燃烧导致温室气体的大量排放，全球气候变暖问题日益严峻。低碳概念的提出背景如下。

（一）全球气候持续恶化

工业革命以来，全球气温显著上升（Chen et al.，2024），主要原因是温室气体（如二氧化碳、甲烷等）排放量大幅度增加。温室气体通过温室效应使地球表面温度升高，导致极端气候事件频发，如高温、干旱、洪涝、暴风雨等，对生态系统和人类社会构成严重威胁。2003年欧洲热浪导致约7万人死亡（Andrade et al.，2012），而2019年夏季的热浪更是打破了多项高温纪录。

全球气温上升导致极地冰川和冰盖融化，海平面不断上升。根据政府间气候变化专门委员会（IPCC）的报告，20世纪以来，全球平均海平面上升了10～20cm。海平面上升威胁到沿海地区和岛屿国家的生存。例如，图瓦卢面临着被海水淹没的风险。图瓦卢是位于太平洋中部的一个小岛国，由9个环形小珊瑚岛群组成，总面积仅26km^2。图瓦卢的平均海拔仅约2m，是世界上最容易受到海平面上升影响的国家之一，全球气候变暖导致的海平面上升对图瓦卢构成了巨大的生存威胁。

气候变暖不仅直接影响人类社会，也对全球生态系统造成深远的影响（Cavicchioli et al.，2019）。生态系统失衡是指生态系统的结构、功能和服务因外部因素的变化而受到破坏，导致其无法正常运转。这种失衡会对生物多样性、生态平衡和环境健康产生严重影响，最终也会反馈到人类社会。气候变暖导致亚马孙雨林地区的干旱频发，干燥的环境加剧了火灾的发生和蔓延。2019 年，亚马孙雨林火灾数量激增。以澳大利亚的大堡礁为例，自 1998 年以来，经历了多次严重的珊瑚白化事件。2016 年和 2017 年的连续两次大规模白化，导致大堡礁北部区域超过一半的珊瑚死亡。这不仅影响了海洋生物多样性，也对依赖珊瑚礁的渔业和旅游业造成重大打击。

（二）能源危机的压力

能源危机是指能源供应不足、能源价格飙升、能源安全受威胁等现象的综合表现。能源危机不仅影响经济和社会发展，还对国家安全、环境保护和国际关系产生深远影响。

煤炭、石油、天然气等化石能源是现代工业社会的主要能源来源，但其储量有限，消耗速度过快。随着经济发展和人口增长，能源需求不断增加，化石能源的开采难度和成本也在上升。例如，英国在北海的石油产量在 21 世纪初达到峰值后开始迅速下降，导致英国从能源出口国转变为进口国，能源自给率降低。

化石能源资源分布不均，不同国家和地区对能源的依赖程度不同，容易引发能源供需矛盾和国际冲突。能源进口国面临供应中断和价格波动的风险，而能源出口国则需应对市场变化和资源枯竭的挑战。能源价格上涨也会导致生产和运输成本增加，从而推高商品和服务的价格，导致通货膨胀。例如，1973 年 10 月第四次中东战争爆发，为打击以色列及其支持者，石油输出国组织的阿拉伯成员国当年 12 月宣布收回石油标价权，并将其基础原油价格从每桶 3.011 美元提高到 10.651 美元，使油价猛然上涨了两倍多，从而触发了第二次世界大战之后最严重的全球经济危机。许多国家开始重视能源多样化和节能政策，推动可再生能源的发展。过度依赖进口能源使国家面临供应中断和价格波动的风险。日本能源资源匮乏，约 90%的能源依赖进口，特别是石油和天然气。由于供应来源主要集中在中东地区，日本对该地区的政治局势高度敏感，供应安全存在较大风险。

（三）环境污染的困境

燃烧化石燃料产生的大量污染物（如二氧化硫、氮氧化物、颗粒物）严重影响空气质量，危害人类健康。中国北方城市在冬季取暖季节，燃煤供暖导致雾霾频发，空气质量恶化，对公众健康造成严重威胁。工业排放、交通运输、化石燃料燃烧等活动排放大量污染物，导致空气质量下降，尤其是细颗粒物（$PM_{2.5}$）、可吸入颗粒物（PM_{10}）等颗粒物严重超标，成为全球许多城市面临的主要环境问题。

水资源是地球上最宝贵的资源之一，然而，随着工业化、城市化和农业活动的快速发展，全球水资源污染问题日益严重，给生态环境和人类健康带来巨大威胁。全球水资源污染问题触目惊心。世界卫生组织（WHO）2023 年的数据显示，全球有超过 20 亿人缺乏安全管理的饮用水，每年有数百万人因水污染引发的相关疾病而丧生。在发展中国家，80%的疾病与不安全的水源和缺乏卫生设施有关。在一些工业发达国家，虽然供水系统较为完善，但工业废水、农业径流和城市污水的排放仍然对水源构成威胁。水污染破坏了水生生态系统的平衡，导致生物多样性减少。一些有毒污染物，如重金属和有机污染物通过食物链积累，影响到水生生物和捕食者的健康。汞污染导致的日本水俣病事件和 DDT 导致的鸟类种群减少，都是水污染对生态系统破坏的具体体现。污染的水源中含有大量有害物质和病原体，饮用或接触这些水源会导致多种疾病，如霍乱、痢疾、砷中毒和癌症。在发展中国家，水污染导致的腹泻是儿童死亡的主要原因之一。即使在发达国家，水污染事件如密歇根州弗林特市的铅污染事件，也对公众健康构成重大威胁。

土壤污染是指有害物质进入土壤，导致土壤质量下降，影响生态环境和人类健康的现象。随着工业化、城市化和农业活动的快速发展，土壤污染问题日益严重，给生态系统和人类社会带来了巨大的困扰和挑战。全球土壤污染问题成为环境保护的重大课题。联合国环境规划署（UNEP）的报告指出，全球范围内有数亿公顷的土壤受到污染，严重威胁生态系统的稳定性和人类的生存质量。在中国，根据2014年发布的《全国土壤污染状况调查公报》，全国土壤总超标率达16.1%，其中重金属污染尤为严重。欧洲、北美和其他工业化地区的土壤污染问题也不容忽视，许多地区的工业遗址和农业用地污染严重。土壤污染破坏了土壤的结构和功能，影响植物的生长和发育，导致生物多样性减少。有毒物质通过食物链积累，危害土壤微生物和动植物。重金属污染导致土壤中微生物活动受抑制，影响土壤的自然修复能力和养分循环。土壤污染中的有毒物质可以通过直接接触、食物链和饮用水等途径进入人体，导致多种疾病。

（四）社会经济发展的需求

随着全球气候变化问题的日益严峻，低碳发展成为各国政府和社会各界共同关注的焦点。低碳发展不仅是实现可持续发展的重要路径，也是应对能源危机和环境污染的重要手段。在这一过程中，技术创新扮演着至关重要的角色，以推动低碳转型。通过在能源、工业、交通和建筑等领域的技术突破和应用，可以显著降低碳排放，推动经济和社会的可持续发展。

各国政府通过制定碳减排目标、能源转型政策、环境保护法规等，推动低碳经济发展。同时，国际社会通过《京都议定书》《巴黎协定》等框架协议，开展气候变化应对和低碳发展合作，促进全球范围的减排行动。

（五）公众环保意识的提升

通过环境教育和宣传活动，公众的环保意识逐步提升。人们对气候变化、能源危机、环境污染等问题有了更深刻的认识，并愿意采取行动，支持低碳生活方式，如减少能源消耗、选择公共交通、参与垃圾分类等。

消费者越来越关注产品的环保性能，绿色消费逐渐成为一种趋势。低碳生活方式，如节能减排、循环利用、减少浪费等，成为公众践行环保理念的重要体现。

此外，环保组织、非政府组织（NGO）等在推动低碳发展中发挥重要作用。他们通过倡导、监督、研究等活动，促进政府、企业和公众共同参与低碳行动。

随着气候变化问题的日益凸显，学术界和政策制定者开始探讨减少碳排放的各种途径。2003年，英国政府发布的《能源白皮书》中首次提出了“低碳经济”这一概念，强调通过提高能源利用效率和使用清洁能源来减少温室气体排放。这一概念迅速得到国际社会的广泛认同，并成为各国气候政策的重要组成部分。20世纪中后期，科学界逐渐意识到温室气体排放对气候的负面影响，政府间气候变化专门委员会（IPCC）于1988年成立，标志着全球应对气候变化行动的开端。

二、低碳发展的历程

低碳发展是一种以低耗能、低污染、低排放为特征的可持续发展模式，对经济和社会的可持续发展具有重要意义。低碳发展的历程可以根据不同标准进行划分，下面主要介绍时间标准划分和经济模式标准划分，每一种标准的划分都能突出低碳发展历程中的不同侧重点和特点。

（一）时间标准划分

1. 初始阶段

（1）1973 年——第一次石油危机促使各国关注能源安全和替代能源　1973 年的第一次石油危机始于 10 月，源自中东的地缘政治冲突。以阿拉伯石油输出国组织（OAPEC）为首的阿拉伯国家宣布对支持以色列的国家实行石油禁运，作为对第四次中东战争的回应。这一决定导致全球石油供应量急剧下降，油价在短短几个月内暴涨数倍，从而引发了广泛的经济动荡（Brundtland，1987）。危机迅速揭示了工业化国家对中东石油的高度依赖性及其脆弱性。这一事件促使各国政府和国际组织重新审视和加强能源安全策略，包括：①战略石油储备。许多国家开始建立和扩大战略石油储备，以应对未来可能的供应中断。②国际能源合作。为了应对能源危机，各国加强了国际合作。1974 年，经济合作与发展组织（OECD）成立了国际能源署（IEA），以协调成员国的能源政策和应急措施。能源危机过后，各国意识到需要减少对石油的依赖，转向多元化的能源结构，促进了替代能源的开发和利用。太阳能、风能等可再生能源逐渐进入政策制定者的视野。虽然在 20 世纪 70 年代技术尚不成熟，但各国开始投入研究和开发资金，设立了相关的研究机构和实行激励措施。各国政府推广节能技术和制定相关政策，鼓励工业和民用节能。

第一次石油危机不仅改变了全球能源市场的格局，也促使各国从根本上反思能源政策，推动了能源技术的进步和多元化发展。尽管随后的几年里油价有所回落，但危机带来的深远影响继续推动全球能源结构的变革和能源安全策略的完善。

（2）1988 年——政府间气候变化专门委员会（IPCC）成立　20 世纪 80 年代，科学家逐渐认识到人类活动对气候变化的潜在影响，尤其是温室气体排放导致的全球变暖问题日益凸显。为了更好地评估和应对气候变化问题，联合国环境规划署（UNEP）和世界气象组织（WMO）决定合作成立一个专门机构。1988 年，这一倡议正式得以实现，政府间气候变化专门委员会（IPCC）成立。

IPCC 的组织结构包括全体会议、执委会、工作组和技术支持单位等。全体会议由所有成员代表参加，是 IPCC 的最高决策机构，其主要任务是评估与气候变化相关的科学信息、影响及应对策略（World Meteorological Organization，1988）。自成立以来，IPCC 定期发布《气候变化评估报告》，为全球气候政策制定提供了科学依据，《气候变化评估报告》通常由成千上万名科学家和专家共同撰写和审查，具有高度的科学权威性。IPCC 的报告对国际气候谈判，尤其是《联合国气候变化框架公约》（UNFCCC）和《京都议定书》的形成和发展起到了重要的推动作用。

2. 国际合作阶段

（1）1992 年——签署《联合国气候变化框架公约》　20 世纪 80 年代至 90 年代初，随着科学家越来越多地发现全球气候变化的严重性，国际社会开始认识到需要采取协调一致的行动来应对这一全球性挑战。《联合国气候变化框架公约》（UNFCCC）的签署正是在这一背景下进行的。《联合国气候变化框架公约》是在 1992 年 6 月于巴西里约热内卢举行的联合国环境与发展会议（又称“地球峰会”）上通过并开放供签署的。《联合国气候变化框架公约》

的主要目标是“将大气温室气体的浓度稳定在防止气候系统受到危险的人为干扰的水平上”。确保生态系统能够自然适应气候变化，确保粮食生产不受威胁，并确保经济发展能够持续，强调发达国家和发展中国家在气候变化责任上的差异，要求发达国家在减排和提供资金与技术支持方面承担更多责任。

（2）1997 年——通过《京都议定书》 1992 年，《联合国气候变化框架公约》（UNFCCC）在里约热内卢的地球峰会上签署，标志着国际社会正式开始应对全球气候变化的合作。然而，UNFCCC 本身并没有强制性的减排目标，因此在随后的几年里，各国开始探讨制定具有法律约束力的减排协议，以更有效地控制温室气体排放。1997 年 12 月 11 日在日本京都举行的《联合国气候变化框架公约》第三次缔约方会议（COP3）上通过《京都议定书》。经过紧张的谈判，参与会议的国家最终达成一致，同意采取具体行动减少温室气体排放。《京都议定书》涵盖了 6 种主要温室气体：二氧化碳（CO_2）、甲烷（CH_4）、氧化亚氮（N_2O）、氢氟碳化物（HFCs）、全氟化碳（PFCs）和六氟化硫（SF_6）。

（3）2001 年——通过《马拉喀什协定》（*Marrakesh Accords*） 《马拉喀什协定》是在 2001 年 11 月于摩洛哥马拉喀什召开的《联合国气候变化框架公约》第七次缔约方会议（COP7）上通过的。这一协定是为了具体落实和操作 1997 年通过的《京都议定书》的各项机制和规定，以确保协议的有效实施。《马拉喀什协定》详细规定了《京都议定书》中的灵活机制、遵守机制、资金和技术支持等方面的具体操作和实施办法。其主要内容包括：国际排放贸易（IET）（具体规定了国家间排放权交易的操作流程，确保交易的透明度和可追溯性）；清洁发展机制（CDM）（明确了 CDM 项目的审核和认证程序，设立了执行委员会负责项目的监督和管理）；联合履行机制（JI）（详细说明了发达国家之间联合实施减排项目的规则和要求）。

3. 技术与政策创新阶段

（1）2005 年——《京都议定书》生效 《京都议定书》在 1997 年 12 月 11 日通过后，经历了多年的签署和批准过程。2004 年 11 月，俄罗斯批准了该议定书，使得协议的生效条件得以满足。最终，《京都议定书》于 2005 年 2 月 16 日正式生效，标志着全球气候治理进入了一个新的阶段。37 个工业化国家和转型经济体及欧洲联盟承诺在 2008～2012 年将温室气体排放量减少到 1990 年水平的 5.2%以下。

（2）2006 年——《斯特恩气候变化经济学评论》（*The Stern Review on the Economics of Climate Change*）发布 《斯特恩气候变化经济学评论》是由英国政府委托、由经济学家尼古拉斯·斯特恩（Nicholas Stern）领导的研究团队撰写的全面报告。该报告发布于 2006 年 10 月 30 日，旨在评估气候变化的经济影响，并为全球应对气候变化提出政策建议。该报告指出，如果不采取行动应对气候变化，其每年造成的损失将相当于全球 GDP（国内生产总值）的 5%～20%，包括农业、健康和环境等多方面的影响。相比之下，采取措施减缓气候变化的成本相对较低，仅占全球 GDP 的 1%左右。这些措施包括减少温室气体排放、提高能效和开发可再生能源。

（3）2009 年——《哥本哈根协议》（*Copenhagen Accord*）达成 《哥本哈根协议》是在 2009 年 12 月丹麦哥本哈根召开的《联合国气候变化框架公约》第十五次缔约方会议（COP15）上达成的，这次会议被寄予厚望，期望能够制定一个具有法律约束力的全球气候协议。然而，会议的进程充满了争议和复杂的谈判，最终达成的《哥本哈根协议》并未达到预期的法律约束力，但仍被视为一个重要的政治声明。《哥本哈根协议》为后来的《巴黎协定》

（*Paris Agreement*）铺平了道路。2015 年，《巴黎协定》在《联合国气候变化框架公约》第二十一次缔约方会议（COP21）上通过，吸取了《哥本哈根协议》的经验和教训，制定了更加全面和有约束力的全球气候协议。

4. 全球共同行动阶段

（1）2015～2016 年——《巴黎协定》通过并生效　《巴黎协定》是 2015 年 12 月在法国巴黎召开的 COP21 上通过的。会议的主要目标是制定一份新的全球气候协议，并在全球范围内加强对气候变化的应对。2015 年 12 月 12 日，经过多方妥协和努力，缔约方一致通过了《巴黎协定》。《巴黎协定》标志着国际社会在应对气候变化方面达成了具有里程碑意义的共识。《巴黎协定》规定，至少有 55 个缔约方签署并批准，且这些缔约方的温室气体排放量占全球总排放量的 55%以上，协议方可生效。最终，《巴黎协定》于 2016 年 11 月 4 日正式生效。《巴黎协定》的长期目标包括温控目标和净零排放：温控目标即将全球平均气温升幅控制在工业化前水平以上 2℃以内，并努力将温度升幅限制在 1.5℃以内；净零排放即在 21 世纪下半叶实现全球温室气体净零排放，即实现温室气体排放和吸收的平衡。

（2）2018 年——卡托维兹气候变化大会通过《巴黎协定》实施细则　2018 年 12 月，全球各国代表齐聚波兰卡托维兹，参加《联合国气候变化框架公约》第二十四次缔约方会议（COP24）。此次会议的核心任务是制定并通过《巴黎协定》的实施细则，以确保协定的顺利实施和各国承诺的履行。经过两周的紧张谈判，各国在 2018 年 12 月 15 日达成了一致，正式通过《巴黎协定》实施细则。该细则旨在为《巴黎协定》提供明确的操作框架和技术指导，确保全球气候行动的透明度和可追溯性。

5. 技术突破与全面转型阶段

（1）2020 年——多个国家提出碳中和目标　2020 年，全球各国在应对气候变化方面迈出了关键一步，多个国家相继提出了碳中和（carbon neutral）目标。这一动向受到全球气候危机加剧、公众环境意识提高及国际气候协议的推动。碳中和，即净零排放，是指一个国家、地区或企业通过减少碳排放和增加碳吸收，实现温室气体的“零”净排放（表 1-1）。

表 1-1　主要国家和组织碳中和目标

国家和组织	目标	举措
欧盟	欧盟提出在 2050 年前实现碳中和	这一目标是《欧洲绿色协议》（*European Green Deal*）的核心内容。欧盟计划通过大规模投资可再生能源、提高能效、发展低碳技术等措施来实现这一目标
日本	日本政府在 2020 年 10 月宣布，计划在 2050 年前实现碳中和	日本将加大对可再生能源的投资，推动氢能和碳捕集与封存技术的发展，以实现经济与环境的双重可持续发展
韩国	韩国总统在 2020 年 11 月宣布，韩国将在 2050 年前实现碳中和	韩国将通过推进“绿色新政”计划，投资可再生能源、智能电网和氢经济等，来减少碳排放
加拿大	加拿大政府在 2020 年提出，到 2050 年实现碳中和	加拿大将通过碳税、支持清洁能源项目、提高能效等措施来实现这一目标

碳中和的目标是通过减少温室气体排放和增加碳吸收，最终实现全球温室气体净零排放。实现碳中和有助于减缓全球变暖，降低极端天气事件的出现频率和强度，保护生物多样性，改善空气质量，减少污染。通过推广清洁能源和提高能效，碳中和可以大幅降低温室气体排放量，减少对化石燃料的依赖，从而减轻对环境的负面影响。碳中和对经济具有双重影响。一方面，转向低碳经济可能需要大量投资，特别是在可再生能源、清洁技术和基础设施改造方面。短期内，这些投资可能会增加成本，并对传统能源行业造成冲击。另一方面，从

长期来看，低碳经济的发展将创造新的就业机会，促进绿色技术创新，推动经济转型。通过提高能源利用效率和减少能源消耗，企业可以降低运营成本，提高竞争力。

实现碳中和需要政府、企业和公众的共同努力，推动全社会向可持续发展转型。公众的环保意识和参与度将显著提高，绿色生活方式将逐渐成为主流。此外，碳中和目标的推动将大幅促进绿色技术和创新的发展。可再生能源（如太阳能、风能）、储能技术、电动交通工具、碳捕集与封存（CCS）等技术将迎来快速发展。同时，数字化和智能化技术的应用将提高能源管理和利用效率，推动智慧城市建设。绿色技术的创新不仅有助于实现碳中和目标，还将推动全球经济的可持续发展。

（2）2021年——格拉斯哥气候变化大会　2021年11月，全球各国代表齐聚英国格拉斯哥，参加《联合国气候变化框架公约》第二十六次缔约方会议（COP26）。COP26被视为继《巴黎协定》之后最重要的气候会议，旨在推动全球气候行动，加快落实《巴黎协定》的各项承诺。会议呼吁各国制定明确的中长期减排目标，并采取切实措施逐步减少对化石燃料的依赖。同时，加强对发展中国家的资金和技术支持，确保其能够有效应对气候变化带来的挑战。发达国家承诺增加对发展中国家的气候资金支持，争取实现每年1000亿美元的目标。尽管语言有所软化，最终文本呼吁“逐步减少”而非“逐步淘汰”高碳排放的煤炭使用，但这是联合国首次明确提及化石燃料的使用问题。

（二）经济模式标准划分

1. 传统经济模式，即工业革命至20世纪末，主要依赖化石燃料驱动的高碳经济模式　工业革命始于18世纪中叶，标志着人类社会从农业社会向工业社会的转型。其核心特点是机械化生产和大规模制造业的发展，而这一切依赖于化石燃料的广泛应用。工业革命初期，煤炭成为主要的能源来源。蒸汽机的发明和普及极大地提高了生产效率，推动了纺织、钢铁等行业的快速发展。煤炭燃烧产生的高浓度二氧化碳和其他温室气体大幅增加了大气中的碳排放，导致空气污染和健康问题。

20世纪初，石油和天然气逐渐取代煤炭成为主要能源。内燃机的发明和汽车工业的兴起，极大地推动了对石油的需求。石油不仅用于交通运输，还广泛应用于化工、塑料和农业等领域，进一步推动了高碳经济的发展。

进入20世纪后，化石燃料的使用继续扩大，推动了全球经济的快速增长，但也带来了严重的环境问题。钢铁、化工、造船等重工业的发展极大地依赖于煤炭和石油，推动了国家工业化进程，但也带来了大量碳排放。煤炭和石油发电厂成为主要的电力供应来源，满足了日益增长的电力需求，但也成为温室气体排放的主要来源。

20世纪中期，汽车工业的爆发性增长，显著增加了对石油的需求。汽车尾气排放成为城市空气污染的重要来源。同时，航空运输的兴起进一步增加了化石燃料的消耗，航空业成为碳排放增长最快的行业之一。全球贸易和经济一体化推动了能源密集型商品和服务的跨国流动，增加了全球能源消耗和碳排放。

20世纪下半叶，许多发展中国家开始工业化，依赖化石燃料的高碳经济模式进一步扩展。长期依赖化石燃料的高碳经济模式导致了严重的环境问题和气候变化。自工业革命以来，化石燃料燃烧累计释放了大量二氧化碳，导致大气中温室气体浓度显著上升。全球气温上升、冰川融化、海平面上升和极端天气事件频发，这些都是高碳经济模式带来的负面影响。

2. 节能减排经济模式，即2000年之后，各国开始推行节能减排政策，提升能源效率，减少碳排放　进入21世纪，全球变暖和气候变化问题愈发严峻，各国开始意识到必须采取积极措施应对环境危机。随着《京都议定书》《巴黎协定》的签署，各国和组织纷纷制定并实施了一系列节能减排政策，以提升能源效率和减少碳排放（表1-2）。

表1-2　各国家和组织节能减排政策与措施

国家和组织	政策	目标	措施
欧盟	《2020气候与能源一揽子计划》	欧盟在2007年通过了《2020气候与能源一揽子计划》，目标到2020年将温室气体排放量减少20%、可再生能源占比提高到20%、能效提高20%	欧盟推行了碳排放交易体系（EU-ETS），鼓励企业通过市场机制降低碳排放
	《气候与能源2030政策框架》	到2030年将温室气体排放量减少40%，可再生能源占比提高到32%，能效提高32.5%	加强可再生能源投资，推动建筑、交通和工业部门的节能技术应用
美国	《清洁空气法案》修订	美国在2003年修订《清洁空气法案》，引入更严格的空气污染物排放标准，间接推动了温室气体减排	实施碳捕集与封存（CCS）技术，推动燃煤电厂减排
	《清洁能源计划》	2015年推出《清洁能源计划》，旨在到2030年将电力部门的碳排放减少32%（以2005年为基准）	推广可再生能源和提高能效，通过联邦和州合作实施减排政策
日本	《京都议定书目标达成计划》	日本在2005年制定《京都议定书目标达成计划》，承诺到2012年将温室气体排放量在1990年的基础上减少6%	推广节能技术，支持可再生能源发展，推动氢能和核能应用
	《能源基本计划》	日本的《能源基本计划》提出到2030年可再生能源在能源结构中的占比提高到22%～24%	大力发展太阳能、风能等可再生能源，推动智能电网建设，提高能源利用效率
印度	国家太阳能计划（National Solar Mission）	印度在2010年启动国家太阳能计划，目标到2022年实现100GW太阳能装机容量	提供财政激励和补贴，推动太阳能项目开发，促进光伏产业发展
	《气候变化国家行动计划》	印度在2008年制定《气候变化国家行动计划》，提出八项国家使命，包括提高能效、推广可再生能源和增强气候变化适应能力	推动能源效率和节能技术应用，支持可再生能源项目，强化环境监管

3. 绿色经济模式，即2010年之后，绿色技术和绿色金融迅速发展，推动经济绿色转型　2010年之后，全球在应对气候变化和推动可持续发展方面取得了显著进展。各国纷纷通过政策激励和技术创新，推动经济的绿色转型。绿色技术和绿色金融的迅速发展成为这一转型的主要驱动力。可再生能源（如太阳能、风能）的装机容量和技术效率显著提高，成本大幅下降。太阳能光伏发电成本在2010～2020年下降了约80%。许多国家通过补贴、税收减免和强制配额等政策，推动可再生能源的发展。中国和德国在太阳能和风能方面的政策支持大大促进了相关技术的普及。

电动汽车（EV）的市场份额逐年增长。2024年，国际能源署（IEA）发布《全球电动汽车展望2024》报告。该报告指出，2023年全球近18%的汽车销售类型是电动汽车。电池技术的进步和充电基础设施的完善，显著提高了电动汽车的性能和普及率。绿色建筑和能效改造技术迅速发展。建筑行业通过采用高效隔热材料、智能控制系统和可再生能源系统，实现了显著的能效提升。绿色债券市场在2010年后快速扩张。绿色债券用于资助可持续项目，如清洁能源、能效提升和污染治理等。

三、低碳发展的主要内容

低碳发展是指在经济社会发展过程中，通过优化资源配置、提高能源利用效率、推广清洁能源和低碳技术，减少温室气体排放，实现经济增长与生态环境保护相协调的一种发展模式。其核心在于降低碳排放强度，以应对气候变化。

（一）低碳能源

低碳能源（low carbon energy）是低碳发展的核心内容之一，低碳能源是指在生产和使用过程中产生的二氧化碳及其他温室气体排放量较低的能源类型。随着全球气候变化问题的加剧，低碳能源的发展和应用成为实现可持续发展和碳中和目标的重要途径（袁惊柱，2023）。低碳能源包括可再生能源、核能及天然气等，如表 1-3 所示。

表 1-3　各类低碳能源总结

低碳能源类型	原理	应用	优势
太阳能	通过光伏效应或太阳能热发电技术将太阳能转化为电能	光伏电池板、太阳能热水器、太阳能发电站	资源丰富、分布广泛、无二氧化碳排放
风能	利用风力驱动风力涡轮机旋转，将机械能转化为电能	大规模风力发电、海上风电	技术成熟、建设周期短、减排效果显著
水能	利用水流的势能和动能，通过水轮机和发电机组将水能转化为电能	大中型水电站、抽水蓄能电站	发电效率高、成本低、能够提供稳定的电力供应
生物质能	通过燃烧、生物化学转化或热化学转化，将有机质转化为热能、电能或燃料	生物质发电厂、沼气池、生物质燃料站	可再生、能有效利用废弃物资源、减少温室气体排放
地热能	利用地球内部的热能，通过地热井或地热泵将热能转化为电能或用于供暖、制冷	地热发电、地热供暖、温泉	稳定、可再生、能提供连续的能源供应
核能	通过核裂变或核聚变反应释放能量，用于发电	核电站，用于大规模、连续的电力供应	不直接产生二氧化碳，运行稳定，可提供大规模电力
天然气	通过燃烧天然气发电或供热，二氧化碳排放量显著低于煤炭和石油	天然气发电厂、工业锅炉、天然气车辆	二氧化碳和污染物排放较少，资源丰富，适合作为过渡能源

（二）低碳技术

低碳技术（low carbon technology）是指那些能够显著减少二氧化碳及其他温室气体排放的技术和方法。其核心目标是通过提升能源利用效率、优化能源结构及发展可再生能源，实现温室气体的低排放乃至零排放，进而缓解气候变化的影响。以低碳技术创新引领，实现突破性和高质量创新的技术进步，是构建习近平总书记创造性提出的“新质生产力”的关键（张宏和孙依囡，2024）。低碳技术广泛应用于各个领域，包括能源生产与消费、交通运输、建筑、工业和农业等，如表 1-4 所示。

表 1-4　各类低碳技术总结

低碳技术类型	原理	应用	优势
碳捕集与封存（CCS）	捕集工业过程中的二氧化碳并封存于地下或海床	燃煤电厂、化工厂、钢铁厂等高排放行业	显著减少二氧化碳排放，减缓气候变化
智能电网	通过数字化技术优化电力传输和分配，提高电网效率	电力传输、分配和用电设备的智能管理	提高电网稳定性和能效，支持可再生能源接入
电动交通	使用电能驱动交通工具，减少化石燃料使用	电动汽车、公交车、卡车等交通工具	减少温室气体排放，改善空气质量

续表

低碳技术类型	原理	应用	优势
建筑节能技术	采用高效隔热材料、智能控制系统等减少建筑能耗	通过优化设计、高效设备和可再生能源利用，显著降低建筑能耗，实现绿色低碳运行	降低建筑运营成本，减少碳足迹
节能工业技术	改进工业设备和工艺，提高能源利用效率	钢铁、化工、水泥等高能耗工业	减少能源消耗和排放，提高经济效益
生物质能技术	通过燃烧或发酵生物质生成能量	生物质发电、取暖、交通燃料	利用可再生能源，减少化石燃料依赖
氢能技术	利用氢气作为燃料，通过燃烧或电化学反应产生能量	燃料电池汽车、工业氢气应用	燃烧无碳排放，适用于多种能源需求

（三）低碳经济

低碳经济（low carbon economy）由低能耗、低污染、低排放、产业结构调整和技术进步等部分组成，包括可再生能源、清洁能源、碳捕集与封存（CCS）、电动交通、绿色建筑和智能电网等内容的有机关联（表 1-5）。它强调在经济增长的同时减少环境压力，通过产业结构调整和技术进步，实现经济效益与环境效益的双赢（普雷斯科特，2007）。

表 1-5 低碳经济含义总结

组成部分	内容	举措	意义
低能耗	提高能源利用效率，减少能源消耗，如工业节能、建筑节能、交通节能	推广可再生能源和清洁能源，优化能源结构	降低对化石燃料的依赖，减缓气候变化
低污染	减少污染物的排放，包括工业污染控制、农业污染控制、清洁生产和资源循环利用	采用先进的污染控制技术和环保农业技术	保护生态环境和生物多样性，改善空气质量
低排放	通过碳捕集与封存（CCS）、碳交易市场等手段减少二氧化碳及其他温室气体的排放	建立和完善碳排放交易体系，应用碳捕集与封存技术	实现温室气体减排目标，促进全球气候治理
产业结构调整	发展绿色产业，扶持新能源、节能环保、新材料等产业，同时淘汰高能耗、高排放的落后产能	通过政策引导和市场调节，支持绿色产业发展，淘汰落后产能	推动经济结构优化升级，创造新兴产业和就业机会
技术进步	推动新能源技术、智能电网、低碳技术创新，促进经济绿色转型和可持续发展	加大研发投入，推动低碳技术的市场化推广和国际合作	实现经济与环境的协调发展，推动可持续发展

（四）低碳社会

低碳社会（low carbon society）倡导绿色生活方式和消费习惯，强调公众的参与和行为改变。首先，低碳社会注重环保理念的普及。通过教育和宣传，使公众了解低碳生活的重要性，认识到减少碳排放对环境保护的意义。学校、社区和媒体都应积极参与，传递绿色生活方式的知识和技巧，如节约能源、减少浪费和合理使用资源等。

其次，推广绿色产品和服务是实现低碳社会的重要手段。企业应研发和生产环保产品，减少对环境的负面影响。同时，政府应鼓励和支持绿色产业的发展，通过政策引导和经济激励，推动市场上绿色产品和服务的普及。这不仅能降低碳排放，还能促进经济的可持续发展。

最后，低碳社会的实现离不开公众的广泛参与和行为改变。每个人都应从日常生活的细节做起，践行绿色生活方式，如选择公共交通、减少一次性用品的使用、进行垃圾分类和回收等。只有每个人都积极参与，才能共同推进低碳社会的建设。

总之，低碳社会倡导绿色生活方式和消费习惯，通过普及环保理念和推广绿色产品与服务，实现可持续的社会发展。这需要政府、企业和公众的共同努力，才能为子孙后代创造一个更加健康和谐的生活环境。

第二节　可持续发展的定义与理念演变

低碳发展侧重于减少二氧化碳及其他温室气体排放，是应对气候变化的重要策略。而可持续发展（sustainable development）则更为广泛，涵盖经济增长、社会公平和环境保护三个维度。低碳发展是可持续发展中的一个重要方面，但后者还包括保护自然资源、维护生态平衡、促进社会公正等多个领域。

一、可持续发展的定义

可持续发展是一个涉及环境、经济和社会等多个领域的复杂概念。1987 年，世界环境与发展委员会在《我们共同的未来》中正式提出了这一概念，定义为："可持续发展是既满足当代人的需要，又不对后代人满足其需要的能力构成危害的发展。"这一定义强调了发展过程中的代际公平性和资源的长远利用，要求在追求经济增长的同时，保护环境和社会福利（韩柯子等，2018）。

（一）社会角度

从社会角度分析，可持续发展意味着在满足当前人口需求的同时，不损害未来世代满足其自身需求的能力。这一视角强调社会公平、公正和包容，旨在通过改善公共服务、消除贫困和促进社会凝聚力，提升整体生活质量。可从社会公平和正义、教育和健康、文化多样性和社会凝聚力、公共参与和治理等方面详细探讨社会角度的可持续发展定义。

（二）经济角度

从经济角度来看，可持续发展强调经济增长与资源利用的协调发展。经济可持续性要求在推动经济增长的同时，确保资源的高效利用和合理分配，避免不可持续的资源开采和环境破坏。可持续经济发展模式不仅关注 GDP 的增长，还关注经济活动对环境和社会的影响，追求一种平衡与和谐的经济增长方式。

（三）环境角度

从环境角度来看，可持续发展是指在满足当前需求的同时，不破坏生态系统的稳定和生物多样性，确保环境资源能够长期可持续地供给。环境可持续性强调生态保护和环境修复，致力于减少污染、保护自然资源和应对气候变化，以维护地球生态系统的平衡和健康。

二、可持续发展理念的演变

可持续发展理念的发展经历了从关注环境保护到全面覆盖经济、社会和环境三个维度的过程。

（一）环境保护意识的萌芽（20世纪60年代）

可持续发展理念的最初萌芽可以追溯到20世纪60年代，当时公众开始关注人类活动对环境的负面影响。1962年，蕾切尔·卡逊的《寂静的春天》出版，揭露了农药DDT对鸟类和其他野生生物的致命危害。这本书唤醒了人们对环境污染问题的认识，是现代环境运动的起点。

同样在这个时期，国际上也开始出现对自然资源管理的关注。1971年，联合国教育、科学及文化组织（简称联合国教科文组织）启动“人与生物圈计划”，这是一项旨在保护生物多样性和促进生态研究的全球性计划。这些早期的努力主要集中在环境保护和自然资源的可持续利用上，还未全面涉及社会和经济的可持续性。

（二）生态与经济的交汇（20世纪70年代）

20世纪70年代是全球环保意识急剧增强的时期。1972年，联合国在斯德哥尔摩召开了人类环境会议，这是首次全球范围内的环境会议。会议通过了《人类环境宣言》《人类环境行动计划》，明确了环境保护的重要性。尽管当时的讨论更多集中在污染控制上，但生态保护与经济发展的协调成为讨论的主题。

1972年，罗马俱乐部发布的《增长的极限》进一步推动了对全球可持续发展问题的思考。该报告中提出了地球资源的有限性与人口、工业增长之间的矛盾。这一时期的探讨主要集中在资源的可持续利用和经济增长的极限，虽然还未明确提出“可持续发展”的概念，但已经开始探索环境保护与经济发展之间的平衡。

（三）可持续发展概念的提出（20世纪80年代）

1980年，世界自然保护联盟（IUCN）发布了《世界保护战略》，这是首次在全球范围内正式提出“可持续发展”概念的文件。该文件强调了环境保护和社会经济发展的协调，呼吁各国采取行动保护自然资源。

1987年，世界环境与发展委员会发布了具有里程碑意义的《我们共同的未来》报告。报告正式定义了可持续发展，即“可持续发展是既满足当代人的需要，又不对后代人满足其需要的能力构成危害的发展”。这一定义涵盖了环境、经济和社会三个维度，标志着可持续发展理念的正式确立。

（四）全球共识的形成与实施（20世纪90年代）

20世纪90年代是可持续发展理念得到广泛认可和推广的关键时期。1992年，联合国在里约热内卢召开了地球峰会，会议通过了《里约环境与发展宣言》《21世纪议程》等文件。这些文件不仅涉及环境保护，还涵盖了社会经济发展的多个方面，提出了可持续发展的全球行动计划。

《21世纪议程》明确了国际社会在各个领域采取可持续发展措施的必要性，包括贫困消除、健康、教育、居住、土地资源、能源等领域。这一时期，可持续发展已经不仅仅是一个环保问题，而是一个综合性的全球议题，涉及各个国家和地区的政策制定和行动计划。

（五）综合性与多维度的发展（21世纪初至今）

进入21世纪，特别是2000年联合国千年首脑会议的召开，联合国千年发展目标（MDGs）

明确了消除贫困、促进教育、改善卫生条件等一系列全球目标，标志着可持续发展理念的进一步深化。越来越多的国家和企业开始采用循环经济模式，通过资源再利用和废弃物管理，减少资源消耗和环境污染。在可持续发展的框架下，各国更加注重缩小社会不平等，特别是在性别、收入分配和教育机会方面，确保经济发展的同时，提升社会福祉。各国在教育系统中逐步纳入可持续发展内容，提高年轻一代对环境、经济和社会责任的理解。

第三节 应对全球环境变化与挑战

全球环境变化，包括气候变化、生物多样性丧失、资源枯竭和污染问题，成为21世纪最紧迫的挑战之一。这些问题不仅威胁到自然生态系统的稳定性，也直接影响到人类社会的可持续发展。低碳与可持续发展作为应对这些挑战的重要战略，强调在发展经济的同时保护环境，确保社会公平和资源的可持续利用。

一、可持续发展的要求

（1）*经济与环境的协调发展* 低碳与可持续发展要求在实现经济增长的同时，减少对环境的负面影响。具体而言，需要减少温室气体排放、降低资源消耗、减少污染物排放，并推广绿色技术和可再生能源。经济与环境的协调发展不仅能提升生态系统的韧性，还能创造新的就业机会和经济增长点。

（2）*社会公平与包容性* 可持续发展强调社会公平与包容性，要求在应对环境挑战的过程中，关注社会各阶层特别是弱势群体的利益。减少贫困、提升教育水平、改善公共健康是实现社会可持续性的关键。此外，需要确保所有人群都能公平地参与和受益于绿色经济转型。

（3）*资源的可持续利用* 资源的可持续利用是低碳与可持续发展的核心。要求各国合理管理自然资源，防止资源的过度开发和浪费，这包括土地、水资源、森林和矿产等。通过推动循环经济模式，鼓励资源的再利用和回收，有助于减少对新资源的需求和对环境的压力。

二、低碳发展的方法与路径

首先，低碳发展的路径在于全面推进能源转型。实现从化石燃料向可再生能源的转型，是迈向低碳未来的关键一步。太阳能、风能、水能和地热能等清洁能源应逐步取代传统的煤炭和石油，成为未来能源系统的核心力量。为了加速这一转变，政府应提供强有力的政策支持，包括对清洁能源项目的财政补贴、税收优惠和投资激励，以吸引更多的企业和投资者参与清洁能源的开发与应用。提高能效是减少碳排放的另一重要途径。各国应大力推动工业、建筑和交通等领域的节能技术创新，推广使用高效节能电器、执行绿色建筑标准和使用智能电网技术，全面降低能源消耗，提升能源利用效率。在能源结构调整的过程中，去煤化进程至关重要。逐步淘汰煤炭作为主要能源的使用，加快关闭高污染的煤电厂，并在过渡期内支持天然气等较为清洁的化石燃料，最终实现以可再生能源为主体的能源结构，是实现长期低碳目标的重要步骤。

其次，发展低碳经济与推动绿色技术创新，是实现低碳发展的重要路径（吴康等，2024）。在经济领域，绿色技术的研发和应用对减少碳排放和提高能源利用效率起着至关重要的作用。碳捕集与封存（CCS）技术可以有效减少工业生产中的碳排放，氢能技术和电动汽车的推广可以显著降低交通领域的碳足迹，智能电网则能够提高电力系统的整体效率和可再生能源利用效率。循环经济的发展模式应得到广泛推广。通过资源再利用、产品再制造和废弃物回收，可以最大限度地提高资源的使用效率，减少废弃物的产生，降低对环境的影响。针对电子产品的回收利用不仅可以减少对原生资源的依赖，还能有效减少废弃电子产品对环境的污染。同时，绿色金融的发展对于推动低碳经济至关重要。通过发展绿色金融市场，建立和完善绿色债券、绿色投资基金和碳市场等金融工具，能够引导大量资本流向环保项目和低碳技术领域，促进经济结构的绿色转型和可持续发展。

最后，社会与政策措施在推动低碳发展过程中发挥着不可或缺的作用。提高公众对环境问题的认识和对低碳生活方式的接受度，是推动社会整体向绿色发展转变的基础。通过在学校、社区和媒体中广泛开展环境教育和宣传，普及环保知识，倡导绿色消费、节能减排和低碳生活方式，可以有效提升社会各界的环保意识。同时，政府应制定并严格实施相关的政策和法律框架，如碳税、排放交易制度、能效标准等，通过法律手段确保企业和个人遵守环保规定，减少碳排放，保护环境。国际合作与技术转让在应对全球气候变化和环境挑战中起着关键作用。由于环境问题的全球性特征，发达国家与发展中国家应加强在技术转让、资金支持和能力建设等方面的合作，共同推动全球低碳发展。国际组织在协调各国政策、促进技术援助和推动全球环境治理方面也应发挥更大作用，确保各国共同朝着可持续发展的目标前进。

三、应对措施

（1）政策支持　政府应制定综合性的政策框架，包括经济激励、法律约束和行政措施，促进低碳技术的研发和应用。实施碳定价机制，如碳税或碳排放交易，激励企业减少碳排放。

（2）技术创新　鼓励科研机构和企业加大对低碳技术的研发投入。政府可以提供研发补助和税收优惠，支持创新技术的开发和商业化，特别是推动能源储存技术的发展，以解决可再生能源的不稳定性问题。

（3）国际合作　加强国际合作，特别是在技术转让和资金援助方面。发达国家应向发展中国家提供技术支持和资金援助，帮助其发展可再生能源和提升能效。国际社会应加强气候变化应对的政策协调，共同实现全球减排目标。

（4）公众参与　提高公众对低碳生活方式的认识和接受度是实现可持续发展的关键。政府和社会组织应开展广泛的宣传教育活动，推广节能减排、绿色消费和环保意识。社区层面的环保行动，如垃圾分类、植树造林等，也应得到鼓励和支持。

（5）监测与评估　建立有效的环境监测和评估体系，实时跟踪碳排放和环境质量的变化。政府应定期发布环境报告，透明公开相关数据，以便公众监督和参与。同时，政策的实施效果应及时评估，根据实际情况进行调整和优化。

（6）市场措施　实施低碳路径的市场措施包括碳定价机制、绿色金融、可再生能源激励、能效市场、企业社会责任与环保评估及低碳产品和服务的市场推广等方面。碳定价机制通过碳税和碳排放交易体系，将碳排放成本内部化，激励企业减少排放。绿色金融则通过绿色债券、绿色投资基金和碳市场，引导资本流向低碳项目，推动可持续发展。可再生能源激励措施，如补贴和可再生能源配额制，降低清洁能源的投资门槛，促进能源结构转型。能效市场通过能源服务公司（ESCO）模式和节能产品认证，推动高能效技术的应用。企业社会责任与环保评估要求企业披露碳排放信息，并通过环保评级吸引绿色投资。低碳产品和服务的市场推广通过低碳标签、绿色采购政策等手段，引导消费者选择环保产品，推动市场需求向低碳转型。

延伸阅读

雄安新区综合能源服务发展新路径的关键技术

《河北雄安新区起步区控制性规划》强调，贯彻能源生产与消费革命战略，聚焦节约、智能原则，以创新技术为驱动，推广绿色生活方式，逐步构建以电力为主导的终端能源消费格局；科学合理开发利用可再生能源，打造绿色低碳、安全高效、智慧友好、引领未来的现代能源体系。围绕这一目标，雄安新区积极开展综合能源业务，借助多能互补和商业模式创新，在交通、居民采暖、港口岸电、工业园区等多个领域推进电能替代，提升电力在终端能源消费中的占比。秉持综合化发展思路，消除源、网、荷、储等多环节的壁垒，实现风能、太阳能、地热能、储能等新能源与传统能源的互补利用，为雄安新区大规模新能源的顺利消纳提供支撑，加强综合能源设计、建设、运行优化技术的研究，最终建成以清洁能源为主体的多能互补综合能源服务系统。

与此同时，雄安新区应积极打造绿电绿能为主导的能源供应体系，即合理开发利用当地的地热、光伏等绿色资源，当本地资源无法满足需求时，可依托“三北”（东北、华北和西北）地区的风能、太阳能等清洁能源，并匹配相应的蓄电设施，从而提供充足的清洁能源。面向社区、楼宇、工业企业及园区等用能主体，开展以屋顶光伏、分散式风电、冷热电三联供、热泵、工业余热余压利用等分布式能源为核心的综合能源项目，攻克冷、热、电、气等多种形态能源的协同开发和梯级利用难题。

在“双碳”目标背景下，中国大唐集团有限公司于2018年4月28日正式成立中国大唐集团雄安能源有限公司，负责中国大唐集团有限公司在雄安新区的项目开发、投资、建设和运营。中国大唐集团雄安能源有限公司遵循中国大唐集团有限公司打造“绿色低碳、多能互补、高效协同、数字智慧”的世界一流能源供应商的企业发展愿景，全面融入京津冀一体化发展战略，服从服务于雄安新区“千年大计、国家大事”的大局，以综合能源服务为切入点，积极发挥综合能源集成商作用，秉持“绿色+、创新+、智慧+”的发展理念，探索打造发电、电网、政府、用户、科研院所、制造企业、建设等单位的全生命周期产业生态链，并将现代“云大物移智”（云计算、物联网、移动互联网、大数据、智慧城市）等新技术应用到能源产业，实现横向多能互补、纵向“源网荷储用”高效协同，为雄安新区的能源建设、三县改造、特色小镇发展寻找以绿色能源为主体的综合能源服务项目，并为雄安新区提供清洁、安全、高效、经济、智能的电热冷气水等智慧能源产品和综合能源服务。

（沈辉和李杰，2022）

思 考 题

1. 在当前全球气候变化的背景下，低碳发展为何被视为实现可持续发展的关键策略？试分析低碳发展对经济、环境和社会的综合影响。

2. 全球环境变化对各地区的影响有所不同。请举例说明不同地区面临的具体环境挑战，并探讨全球合作在应对这些挑战中的重要性。

3.教育和公众意识在推动低碳和可持续发展中扮演了什么角色？试论述提高公众环保意识对实现可持续发展的重要性。

主要参考文献

韩柯子，朱晨歌，王红帅. 2018. 可持续发展目标的内涵、进程与评估：从全球社会政策治理的视角. 中国海洋大学学报（社会科学版），（6）：72-79.

联合时报. 2024. 引领绿色低碳可持续发展新潮流 浦东新区政协举办“观澜论坛”. [2025-04-26]. https://www.shszx.gov.cn/shzx/dqzx/content/e1a8b26d-4635-47a1-804f-8068a729b65b.html.

普雷斯科特. 2007. 低碳经济遏制全球变暖：英国在行动. 环境保护，（11）：74-75.

沈辉，李杰. 2022.“双碳”目标下综合能源服务发展新路径及情景模拟：以雄安新区为例. 改革，（7）：117-126.

吴康，耿一睿，郭涛. 2024. 城市群绿色技术创新对碳排放的影响：基于人力资本的调节效应. 自然资源学报，39（9）：2121-2139.

邢继俊，赵刚. 2007. 中国要大力发展低碳经济. 中国科技论坛，（10）：87-92.

袁惊柱. 2023. 低碳转型背景下煤炭消费率先达峰的路径与政策研究. 中国软科学，（2）：12-22.

张宏，孙依囡. 2025. 企业低碳技术创新“增量提质”的协同政策效应与机制. 管理学报，22（3）：527-535.

Andrade C，Leite SM，Santos JA. 2012. Temperature extremes in Europe：overview of their driving atmospheric patterns. Natural Hazards and Earth System Sciences，12：1671-1691.

Brundtland GH. 1987. Our Common Future：Report of the world commission on environment and development. New York：Oxford University Press.

Cavicchioli R，Ripple WJ，Timmis KN，et al. 2019. Scientists' warning to humanity：microorganisms and climate change. Nat Rev Microbiol，17：569-586.

Chen K，de Schrijver E，Sivaraj S，et al. 2024. Impact of population aging on future temperature-related mortality at different global warming levels. Nat Commun，15：1796.

World Meteorological Organization. 1988. IPCC-intergovernmental panel on climate change. Retrieved from WMO.

第二章　低碳的理论基础

主要目标

本章对低碳的理论基础进行详细介绍，为后续各章节学习奠定基础，具体目标如下。

1）理解温室效应的原理，了解温室气体的种类、来源及浓度变化，熟悉温室效应的影响及其应对措施。

2）正确理解碳循环的基本过程、时间尺度，掌握碳平衡的概念，知悉碳循环的扰动与恢复，了解中国的“双碳”策略，了解全球碳循环研究及中国的贡献。

第一节　温室效应理论

地球大气由多种气体组成，主要包含：①氮气（N_2），占大气体积的78.08%，氮气是大气中最丰富的气体，主要来源于生物圈中的氮循环；②氧气（O_2），占大气体积的20.94%，氧气主要由光合作用产生，是地球上大多数生命形式所必需的气体；③氩气（Ar），占大气体积的0.93%，氩气是一种惰性气体，主要来源于地壳中的放射性衰变；④二氧化碳（CO_2），占大气体积的0.04%，二氧化碳是重要的温室气体，主要来源于化石燃料的燃烧和生物呼吸；⑤其他气体，包括氖（Ne）、氦（He）、甲烷（CH_4）、氢气（H_2）和一氧化氮（NO）等，这些气体的含量非常低，但对气候变化有重要影响（表2-1）。

表2-1　大气主要成分及其相对含量

成分	化学符号	体积百分比
氮气	N_2	78.08%
氧气	O_2	20.94%
氩气	Ar	0.93%
二氧化碳	CO_2	0.04%
其他气体	—	0.01%

温室效应（greenhouse effect）是地球大气中的某些气体（如二氧化碳、甲烷、氧化亚氮等）吸收和重新辐射地球表面释放的红外辐射（infrared radiation），从而使地球表面和大气变暖的现象，这些气体被称为温室气体（GHG）。温室效应是地球生命维持的重要机制，但随着工业化的发展，人类活动导致温室气体浓度增加，造成全球变暖和气候变化。

一、温室效应的原理

在自然界中，温室效应是一种正常现象，对地球的生命具有重要的保护作用。没有温室效应，地球表面平均温度将降至−18℃，无法支持现有的生命形式。然而，过多的人为温室气体排放加剧了这种效应，导致地球温度不断升高，造成气候变化等一系列环境问题，其基本原理包括如下两方面。

1）太阳辐射（solar radiation）：太阳发出的辐射主要是短波辐射，包括可见光和部分紫外线。这些辐射穿过大气层，到达地球表面。地球表面吸收大约70%的太阳辐射能量，并将其转化为热能，使地表温度升高。地表温度升高后，以长波辐射的形式向大气层发射热能，主要是红外线。

2）红外辐射（infrared radiation）：大气中的温室气体能够吸收地球表面释放的这些长波红外辐射。当长波红外辐射被大气中的温室气体吸收后，它们会振动并加热，然后再次辐射能量。这些再辐射的能量一部分向上进入太空，一部分向下重新辐射回地球表面，导致地球表面和大气层下部变暖。

温室气体吸收红外辐射的能力源于其分子结构，它们能够吸收特定波长的红外辐射并重新辐射。不同的温室气体对红外辐射的吸收能力和大气寿命各不相同，决定了它们对温室效应的贡献程度（图 2-1）。

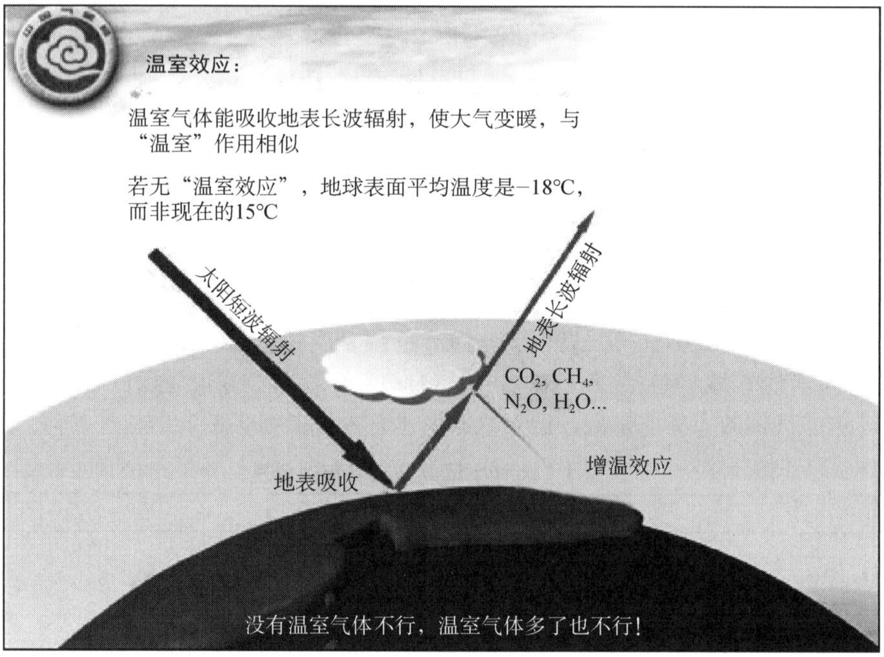

图 2-1 温室效应的基本原理（中国气象报社，2012）

二、温室气体的理论概述

温室气体对地球的温室效应有着重要影响，温室气体的排放源主要是工业活动、农业活动、能源生产和消费等。温室气体的增加对人类社会和自然环境产生深远影响。为了应对气候变化，促进清洁能源的发展，各国也在努力通过政策、技术创新和国际合作来减少温室气体的排放，以实现可持续发展的目标。因此掌握温室气体的种类及来源，有助于采取积极有效的措施来应对温室效应的影响。

（一）温室气体的种类和来源

主要的温室气体包含二氧化碳（CO_2）、甲烷（CH_4）、氧化亚氮（N_2O）及氟化气体（fluorinated gas），不同温室气体的来源不同（表 2-2）。

表 2-2 主要温室气体及其来源

温室气体	主要来源	全球增温潜能值（GWP）	大气寿命/年
CO_2	化石燃料燃烧、工业过程	1	数百年
CH_4	农业活动、垃圾填埋场、天然气开采	25	12
N_2O	农业氮肥使用、工业过程	298	114
HFCs	制冷剂、绝缘气体、灭火器	14 000	15
PFCs	工业过程	7 390	50 000
SF_6	制冷剂、绝缘气体、灭火器	23 900	3 200

1. 二氧化碳　二氧化碳是影响地球辐射平衡最主要的长寿命温室气体，主要来源于化石燃料燃烧、土地利用变化及海洋的溶解过程等活动。化石燃料的燃烧包括煤炭、石油和天然气的燃烧，这些活动是二氧化碳排放的重要来源。工业化前（1750 年之前）全球大气 CO_2 平均浓度保持在 278.3ppm[1] 左右，自工业革命以来，二氧化碳的浓度不断升高。此外，水泥生产过程中也会释放大量的二氧化碳。

在中国，快速的工业化和城市化进程导致了大量的二氧化碳排放。国际能源署发布的《全球能源回顾 2025》中显示，2024 年中国碳排放基本与 2023 年持平，为 126 亿 t。为了应对这一挑战，中国政府推出了多项减排措施，包括推动节能减排立法和标准制定、加速发展可再生能源、提高能源效率和推动低碳技术的应用等措施。

2. 甲烷　甲烷是影响地球辐射平衡第二重要的温室气体，甲烷的温室效应能力是二氧化碳的 25 倍左右，但在大气中的寿命较短。约 40%的甲烷来自自然源排放（如湿地和白蚁），约 60%来自人为源（如反刍动物、水稻种植、化石燃料开采、垃圾填埋和生物质燃烧）。农业活动中的反刍动物（如牛和羊）在消化过程中产生大量甲烷，稻田中的厌氧分解过程也会产生甲烷。此外，垃圾填埋场中的有机废弃物在厌氧条件下分解时，也会释放甲烷。

甲烷排放对农业有着显著的影响，特别是在畜牧业中。印度是世界上主要的牛奶生产国之一，这些反刍动物在消化过程中通过肠道发酵产生甲烷，成为印度甲烷排放的主要来源。为了减少甲烷排放，印度政府通过印度国家乳品发展委员会（NDDB）探索遗传改良计划，提供更有营养的饲料以提高奶牛的生产效率；同时在农业上鼓励农民采用改良的稻田管理技术，如间歇灌溉和使用甲烷抑制剂。此外，推广清洁能源和沼气技术也是减少农村地区甲烷排放的重要措施。

3. 氧化亚氮　氧化亚氮是影响地球辐射平衡的重要温室气体之一，其温室效应能力是二氧化碳的 298 倍。氧化亚氮主要来源于农业活动中土壤的氮肥使用、动物排泄物、化石燃料的燃烧及一些工业过程。农业中大量使用氮肥导致土壤中氮素过剩，通过微生物的硝化和反硝化作用，氮肥中的氮会转化为氧化亚氮并释放到大气中，这是氧化亚氮最主要的来源。

农业是氧化亚氮排放的主要来源。为了减少氧化亚氮排放，美国农业部（USDA）改进农业管理实践、开发耐逆境植物品种并建立新的土壤和水资源保护方法，通过推广精准农业技术，优化氮肥的使用量和施肥时间，提高灌溉技术等方式减少不必要的氮肥施用，从而降

1　ppm 为干空气中每百万（10^6）个气体分子所含的该种气体分子数

低氧化亚氮的排放。

4. 氟化气体　氟化气体包括氢氟碳化物（HFCs）、全氟化碳（PFCs）和六氟化硫（SF_6），主要来源于工业活动，用作制冷剂、灭火剂和清洁剂，具有很高的全球变暖潜能。这些气体尽管浓度低，但其温室效应能力极强。六氟化硫的温室效应能力是二氧化碳的23 900倍，且在大气中的寿命长达3200年。

在欧洲，氟化气体主要用于制冷剂、绝缘气体和灭火器中。为了减少这些气体的排放，欧盟出台了《氟化温室气体法规》，严格控制氟化气体的排放，包括氟化温室气体的封存、使用、回收和销毁规则的建立，以及对市场上特定产品和设备的限制条件，这些产品和设备包含或依赖于氟化温室气体的功能，要求逐步淘汰高全球增温潜能值（GWP）的氟化气体，并推动低GWP替代品的使用。

（二）温室气体的浓度变化

温室气体浓度随着时间的推移发生了显著变化（图2-2），是全球气候变化的关键因素之一，特别是工业革命以来，全球温室气体浓度呈上升趋势。自1750年以来主要温室气体（二氧化碳、甲烷和氧化亚氮）浓度不断上升，2022年主要温室气体全球平均浓度达到新高。全球大气中二氧化碳的年平均浓度从工业革命前的280ppm增加到2022年的418ppm，首次比工业革命前水平高出近50%；全球大气中甲烷的年平均浓度从约700ppb[1]增加到2022年的1923ppb，是工业化前水平的275%；全球大气中氧化亚氮的年平均浓度则从270ppb增加到约336ppb，具体数据见表2-3。

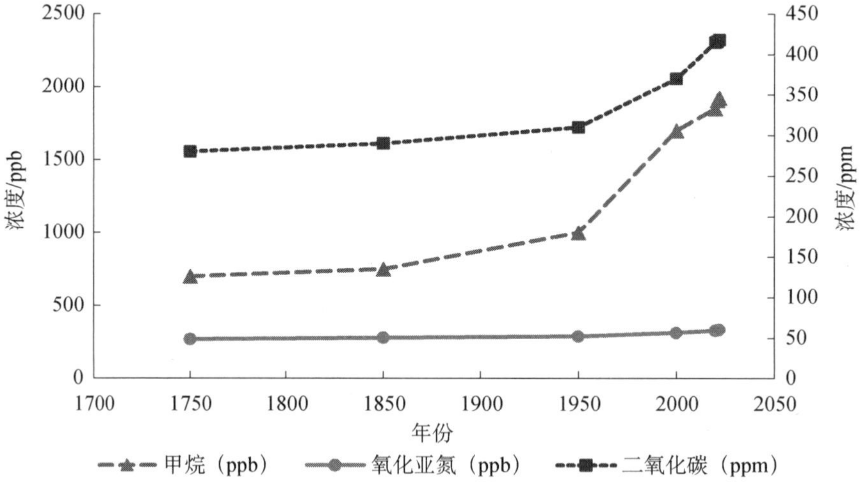

图2-2　温室气体浓度随时间的变化（中国气象局，2023）

表2-3　温室气体浓度变化（1750～2022年）

年份	二氧化碳/ppm	甲烷/ppb	氧化亚氮/ppb
1750	280	700	270
1850	290	750	280
1950	310	1000	290
2000	370	1700	315

1　ppb为干空气中每十亿（10^9）个气体分子所含的该种气体分子数。

续表

年份	二氧化碳/ppm	甲烷/ppb	氧化亚氮/ppb
2020	415	1850	330
2021	416	1907	334
2022	418	1923	336

这些数据表明，自工业革命以来，大气中各类温室气体的浓度持续增加。这些变化主要归因于人类活动，包括化石燃料的燃烧、农业活动、工业排放和森林砍伐等导致温室气体浓度持续上升，因此需要采取紧急和有效的措施来减少温室气体的排放，推动可再生能源的使用，确保增强气候的韧性，以避免气候变化带来的更严重后果。

三、温室效应的影响

温室气体是自然产生的，可以阻挡部分太阳光反射回太空，使得地球温度适合生物居住，对人类及其他数以百万计物种的生存至关重要。然而，在经历了数百年的工业化、砍伐森林和大规模的农业生产之后，大气中温室气体的含量增长到了一个前所未有的水平。随着人口的增长、经济的发展和生活水平的提高，温室气体排放总量也在增加，导致温室效应加剧，带来一系列的影响，整体可概括为全球变暖、生态系统变化、影响农业生产及人类健康等方面（图 2-3）。

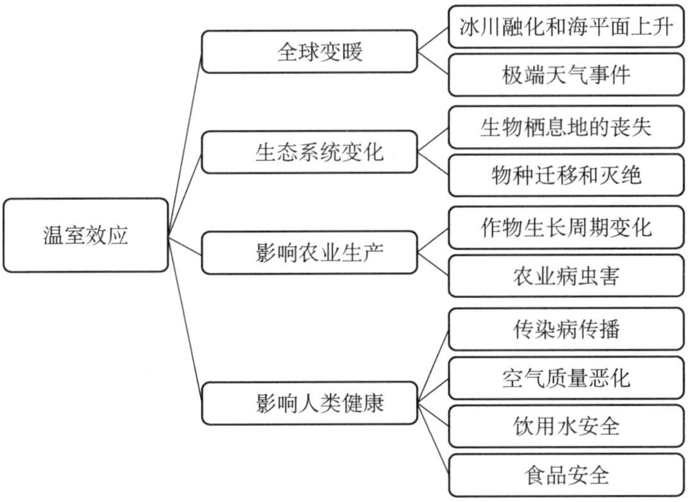

图 2-3 温室效应产生的主要影响

（一）全球变暖

全球变暖是温室效应最直接的结果。自 1990 年开始，IPCC 每 6～7 年会发布一次《气候变化评估报告》。2013 年，IPCC 发布第五次《气候变化评估报告》，指出人类活动“极有可能”导致了 20 世纪 50 年代以来的大部分（50%以上）地区地表平均温度升高。全球变暖导致冰川融化和海平面上升、极端天气事件频发等。

1. 冰川融化和海平面上升　冰川和极地冰盖的融化及海水的热膨胀导致海平面上升，威胁沿海地区的生态和人类居住环境。如果当前的排放趋势继续，到 2100 年全球海平面持续上升，可能将严重影响沿海城市和低洼岛屿国家。例如，在孟加拉国，海平面上升已经导致部分沿海地区的盐水入侵，影响了农业生产和居民的生活用水供应。孟加拉国政府正在实施一系列适应措施，包括建设防洪堤坝、推广耐盐作物和改善淡水供应系统。

2. 极端天气事件　全球变暖导致极端天气事件（如热浪、干旱、暴雨和飓风）的频率和强度增加。这些极端天气事件对人类社会和自然生态系统造成严重影响。2019年，热浪席卷欧洲，导致数千人死亡；澳大利亚的干旱和高温引发了严重的森林火灾，造成了巨大的经济损失和生态破坏。美国加利福尼亚州的森林火灾频发与气候变化密切相关，州政府采取了一系列应对措施，包括加强森林管理、增加消防资源和改善预警系统。此外，社区层面也在强化居民防火意识，鼓励居民采取防火措施。

（二）生态系统变化

气候变化对生态系统的影响广泛而深远，它影响了物种的分布、生物多样性和生态系统的功能。

1. 生物栖息地的丧失　气候变化导致生物栖息地的丧失和破碎化，影响了许多物种的生存和繁殖。珊瑚礁由于海水温度上升和酸化而大量白化，导致依赖珊瑚礁的海洋生物面临生存威胁。在澳大利亚，大堡礁的珊瑚白化问题引起了全球关注。为了保护珊瑚礁，澳大利亚政府启动了“大堡礁修复计划”，包括限制捕鱼、减少污染和恢复珊瑚种群等措施。

2. 物种迁移和灭绝　随着气温上升，许多物种被迫迁移到更适宜的栖息地，这增加了物种灭绝的风险。例如，北极熊由于北极冰盖的融化，面临栖息地丧失和食物短缺的威胁。在加拿大，北极熊的栖息地正在迅速缩小。为了解决这一问题，加拿大政府加强了北极地区的环境保护力度，并与国际社会合作，研究和实施北极熊保护计划。

（三）影响农业生产

气候变化给农业生产带来了巨大的挑战，导致作物生长周期发生变化，同时加剧了农业病虫害，进而影响农作物产量。

1. 作物生长周期变化　气温上升和降水模式的改变影响了作物的生长周期和产量。气候变暖导致一些地区的种植季节提前或延长，影响了农作物的生长和收获。在印度，气候变化给水稻和小麦的生产带来了显著影响。为应对这一问题，印度农业部推广了抗旱和抗热品种，并为农民提供技术培训，以提高作物的适应能力。

2. 农业病虫害　气候变化导致农业病虫害的扩散和加剧，增加了农业生产的不确定性。气候变暖使得蚜虫、叶蝉等在更广泛的地区繁殖和传播，增加了作物病害的发生率。在肯尼亚，咖啡种植区的气候变暖导致咖啡浆果病虫害加剧，严重影响了咖啡产量和质量。为应对这一挑战，肯尼亚政府与国际农业研究机构合作，推广抗病虫害的咖啡品种，并实施综合病虫害管理策略。

（四）影响人类健康

气候变化对人类健康的影响广泛而复杂，气候变化不仅影响疾病的传播模式，还对空气质量、饮用水安全和食品安全产生影响。

1. 传染病传播　气候变化导致气温和降水模式的改变，影响了许多传染病的传播模式。例如，蚊媒传染病如疟疾（malaria）和登革热（dengue fever）的传播范围可能随着气温上升而扩大。在非洲，气候变化导致疟疾的传播范围从低海拔地区扩展到高海拔地区。为应对这一挑战，非洲各国加强了疟疾防治措施，包括推广蚊帐、开展疫苗接种和加强疾病监测。

2. 空气质量恶化　气候变化导致极端天气事件频发，增加了空气污染的发生频率。例如，野火和高温导致的空气污染物[如 $PM_{2.5}$ 和臭氧（O_3）]浓度升高，对人类健康构成威胁。美国加利福尼亚州的森林火灾频发导致空气质量急剧恶化，增加了呼吸系统疾病和心血管疾病的发病率，州政府和联邦政府采取了多项应对措施，包括发布空气质量预警、加强医疗服务和推广空气净化设备。

3. 饮用水安全　气候变化影响了水资源的可获得性和质量。极端天气事件，如洪水和干旱可能导致饮用水污染和水资源短缺。在南亚地区，季风降雨的变化和冰川融化影响了河流的水量和水质，威胁了数百万人的饮用水安全。为应对这一挑战，南亚各国政府加强了水资源管理和保护措施，包括建设水库、推广节水技术和加强水质监测。

4. 食品安全　气候变化通过影响作物生长和病虫害，威胁食品安全。极端天气事件可能导致粮食减产和价格波动。在撒哈拉以南非洲地区，气候变化导致的干旱和洪水影响了农作物的生长和收成，增加了粮食不安全的风险。为应对这一挑战，当地政府和国际组织合作，推广气候智能型农业技术，改善农业基础设施和加强粮食安全保障措施。

四、应对温室效应的措施

为了减缓温室效应及其带来的影响，各国政府和国际组织采取了一系列应对措施。这些措施主要包括减少温室气体排放、增加碳汇、提高能源利用效率和推动技术创新。

（一）减少温室气体排放

减少温室气体排放是应对温室效应的关键措施。各国通过立法、制定政策和国际协议，如限制化石燃料的使用、推广可再生能源、提高能效标准等，来减少温室气体排放。

全球范围内的国际协议如《京都议定书》《巴黎协定》旨在通过国际合作，减少温室气体排放，限制全球温度上升。《巴黎协定》是一个具有法律约束力的气候变化国际条约，根据《巴黎协定》，各缔约方需准备、通报并维持其计划实现的连续国家自主贡献（NDCs），反映其减排努力和适应气候变化影响的措施。欧盟在《巴黎协定》的框架下，承诺到 2030 年将温室气体排放量在 1990 年的基础上减少至少 40%。为了实现这一目标，欧盟采取了一系列措施，包括推进可再生能源、提高能源效率和实施碳排放交易体系。

同时各国根据自身国情，制定了减排政策和行动计划。例如，美国制定《能源政策和节约法案》（EPCA），推动清洁能源的开发和利用。加拿大推出《加拿大净零排放问责法》（简称 C-12 法案），通过立法支持清洁技术的研究、开发、示范及商业化应用，以解决环境问题。

（二）增加碳汇

增加碳汇是通过植树造林、恢复湿地和改良农业土壤等措施，提高生态系统的碳储存能力，从而减少大气中的二氧化碳浓度。

1. 植树造林　通过大规模植树造林、科学管理森林、保护和恢复森林植被等活动，来增加森林面积和碳储存量。森林是重要的碳汇，能够吸收和储存大量的二氧化碳。中国的“退耕还林”工程是世界上最大的植树造林项目之一，自实施以来，显著提高了碳汇能力。例如，广州长隆碳汇造林项目通过造林活动吸收、固定二氧化碳，产生可测量、可报告、可核查的温室气体排放减排量。

2. 湿地恢复　湿地作为重要的碳汇，通过恢复和保护湿地，可以增加碳储存量，改善生态系统健康。美国的“密西西比河三角洲修复计划”（Mississippi River Delta Restoration Project）通过恢复湿地，增加了碳汇能力，并改善了水质和生物多样性。中国制定《中华人民共和国湿地保护法》，要求在湿地修复工作中应坚持自然恢复为主、自然恢复和人工修复相结合的原则，加强湿地修复工作，恢复湿地面积，主要恢复工作包括水体治理、土地整治、植被恢复、动物保护等措施，以增强湿地生态功能和碳汇功能。

3. 土壤碳管理　通过改良农业土壤，采用免耕、少耕、覆盖等保护性耕作措施，减少土壤侵蚀与有机质流失，增加土壤有机碳储存量；采用作物轮作与间作，以此促进土壤有机碳的累积，改善土壤物理性状，提高土壤肥力。例如，在中国东北黑土区采用玉米和大豆的轮作模式，可以提高土壤有机碳含量。澳大利亚的“土壤碳项目”（Soil Carbon Project）通过推广保护性耕作、轮作和有机肥施用等措施，提高了土壤碳储存量，改善了土壤健康和农业生产力。同时可构建具有激励效应的政策体系，包括形成统一的土壤碳汇计量标准，政府给予适当的土壤碳汇补贴，优化项目融资机制和保险机制，推动土壤固碳融入主流碳交易市场。

（三）提高能源利用效率

提高能源利用效率是减少温室气体排放的关键策略之一，通过优化能源消费结构，强化能源节约与能效提升，采用高效能源技术和设备等方法，减少能源消耗和碳排放。

1. 建筑节能　推广高效节能建筑设计和技术，如隔热材料、高效采暖和制冷系统等。德国的“被动房”（passivhaus）标准是一种超低能耗建筑设计，通过高效隔热、密闭建筑和热回收通风系统，实现了极低的能源消耗。中国颁布《建筑节能与可再生能源利用通用规范》，明确要求新建建筑应安装太阳能系统，促进可再生能源在建筑上的规模化高效应用。

2. 工业节能　推动工业企业采用高效节能技术和设备，优化生产工艺，减少能源消耗和排放。日本的“节能工厂”（Energy Conservation Factories）项目通过推广高效能源管理系统和节能技术，显著降低了工业企业的能耗和碳排放。中国颁布《工业能效提升行动计划》，针对钢铁、石化化工、有色金属、建材等重点行业，通过能量系统优化、余热余压利用、可再生能源利用和公辅设施改造等措施，深入挖掘节能潜力，有序推进技术工艺升级；加大高效用能设备应用力度，构建多能互补的工业用能结构，推动工业用能的低碳转型。

3. 交通节能　推广高效节能交通工具和技术，如电动汽车、混合动力汽车和公共交通系统，是实现绿色低碳发展的重要组成部分。挪威通过大力推广电动汽车和建设充电基础设施，有效减少了交通部门的碳排放。中国政府也推广新能源和清洁能源运输装备，鼓励使用天然气公交车、新能源汽车等，以减少交通领域的碳排放。

（四）推动技术创新

技术创新是应对温室效应的重要手段，通过研发和推广新技术，推动低碳发展和可持续发展。

1. 清洁能源技术　发展和推广风能、太阳能、水能、地热能和生物质能等清洁能源技术，替代化石能源，减少碳排放。丹麦是世界上风能利用最成功的国家之一，通过大规模建设风力发电设施，风能成为丹麦电力供应的主要来源。中国在风电设备制造方面已形成完备的产业链，能够制造大容量风电机组，并在风电技术方面取得了一系列创新成果。

2. 碳捕集、利用与封存（CCUS）技术　开发和推广碳捕集、利用与封存技术，通过捕集和封存二氧化碳，减少大气中的碳排放。碳捕集、利用与封存技术包括多种类型，主要有燃烧前捕集、燃烧后捕集、富氧燃烧捕集、化学链燃烧捕集等，以及 CO_2 的地质封存和利用，如提高石油采收率（EOR）、化工利用和生物利用等。挪威的斯莱普纳（Sleipner）项目是世界上第一个大规模的海上碳捕集、利用与封存项目，并且自 1996 年以来已封存大量二氧化碳。中国在 CCUS 技术投资方面有 EOR 项目、绿色煤电试点项目和新兴技术试点项目；提出了“三步走”的宏观实施路径，包括行业试点期、地区推广期和全国应用期，以促进 CCUS 技术的规模化落地。

3. 氢能技术　开发和推广氢能技术，通过氢气的生产、储存和利用，提供清洁的能源解决方案。目前，氢气的生产主要依赖于化石燃料，包括煤制氢和天然气制氢，这些方法技术成熟，但碳排放量较高。为减少碳排放，正在发展可再生能源制氢技术，如通过风能、太阳能进行电解水制氢，尽管目前成本较高，但预计到 2030 年后，可再生能源制氢将具有成本竞争力。日本在氢能技术方面处于领先地位，通过建设氢燃料电池汽车和加氢站，推动氢能在交通和能源领域的应用。中国也发布了《氢能产业发展中长期规划（2021-2035 年）》，明确了氢能的战略定位和发展目标。氢能技术在全球范围内发展势头强劲，但要实现更广泛的应用和产业化，还需克服成本、技术、标准和产业链等方面的挑战。

第二节　碳循环与碳平衡

碳循环（carbon cycle）是地球系统中碳元素在大气、水体、生物圈和岩石圈之间的循环过程。碳平衡（carbon balance）则是指在一定时间尺度内，碳循环各部分之间的碳输入和碳输出达到的平衡状态。理解碳循环与碳平衡对于制定有效的碳管理策略、减缓气候变化具有重要意义。

一、碳循环的基本过程

碳循环涉及大气圈、生物圈、水圈和岩石圈四大部分，碳元素在这些部分之间通过物理、化学和生物过程不断交换和转换。

（一）大气圈中的碳

大气圈中的碳主要以二氧化碳的形式存在，是生物地球化学循环的重要组成部分。植物通过光合作用将大气中的二氧化碳转化为有机物，储存在植物体内。植物的光合作用过程可以表示为

$$6CO_2+6H_2O \xrightarrow{\text{光能}} C_6H_{12}O_6+6O_2$$

植物吸收二氧化碳，并通过叶绿素捕捉太阳能，将其转化为葡萄糖和氧气。植物在生长过程中将固定的碳储存在其生物质中，如树干、叶子和根部。

（二）生物圈中的碳

植物通过光合作用固定的碳在植物死亡或被食草动物食用后进入土壤和食物链。食草动物消化植物，进行呼吸作用，释放二氧化碳回大气中。呼吸作用的过程可以表示为

$$C_6H_{12}O_6+6O_2 \longrightarrow 6CO_2+6H_2O+\text{能量}$$

动植物的死亡和分解将碳转移到土壤中，土壤中的有机物分解产生二氧化碳和甲烷，释放回大气中。微生物在土壤中分解有机物，释放碳到大气中，这一过程被称为分解（decomposition）。

（三）水圈中的碳

海洋是碳的巨大储库，通过溶解、化学和生物过程吸收和释放二氧化碳。海洋中的碳分为无机碳、有机碳和溶解碳三种形式，这些碳形式在湖泊、河流、水库等内陆水体中进行交换和转化。无机碳主要以碳酸盐（如碳酸钙）的形式存在，浮游植物通过光合作用吸收二氧化碳，部分碳以有机物形式沉积到海底，形成沉积物。

（四）岩石圈中的碳

碳在长时间尺度上通过地质过程进入岩石圈。火山喷发将岩石圈中的碳释放到大气中，而风化作用将大气中的二氧化碳固定到岩石中。岩石风化过程如下：

$$CO_2+H_2O \longrightarrow H_2CO_3$$

$$H_2CO_3+CaCO_3 \longrightarrow Ca(HCO_3)_2$$

二氧化碳与水反应形成碳酸，碳酸与碳酸钙反应形成可溶性碳酸氢钙，最终通过河流流入海洋（表 2-4）。

表 2-4 碳循环中各部分碳储量的分布（Várallyay，2005）

碳储库	碳储量/Pg	主要过程
大气圈	760	光合作用、呼吸作用、燃烧、风化等
生物圈	560	光合作用、呼吸作用、腐解等
水圈	39 000	溶解、光合作用、沉积等
岩石圈	65 000 000	火山活动、岩石风化、沉积物形成

二、碳循环的时间尺度

碳循环的过程具有不同的时间尺度，从几天到数百万年，它涉及从地质时间尺度到季节性变化的多个层面。短时间尺度的碳循环主要发生在大气圈、生物圈和水圈之间，而长时间尺度的碳循环涉及岩石圈的碳储存和释放。

（一）短时间尺度的碳循环

植物通过光合作用固定二氧化碳，生成有机物。植物和动物的呼吸作用、微生物的分解作用释放二氧化碳回大气。这些过程通常发生在几年到几十年。例如，森林生态系统中的碳循环包括树木的光合作用、叶子的掉落和分解、土壤有机碳的形成和分解等。热带雨林是碳汇的重要组成部分，其快速的生长和分解过程使得碳在大气圈和生物圈之间快速循环。

（二）长时间尺度的碳循环

地球的碳循环在地质时间尺度上非常缓慢，涉及碳在大气、海洋、生物圈和地壳之间的长期交换。例如，碳酸盐岩的形成和风化是地质时间尺度上碳循环的重要过程。岩石风化将大气中的二氧化碳固定到岩石中，形成碳酸盐。碳酸盐在海洋中沉积形成，经过数百万年的地质作用，最终被抬升到地表进行风化，将二氧化碳重新释放到大气中。这些过程通常需要数百万年到数亿年的时间（图 2-4）。

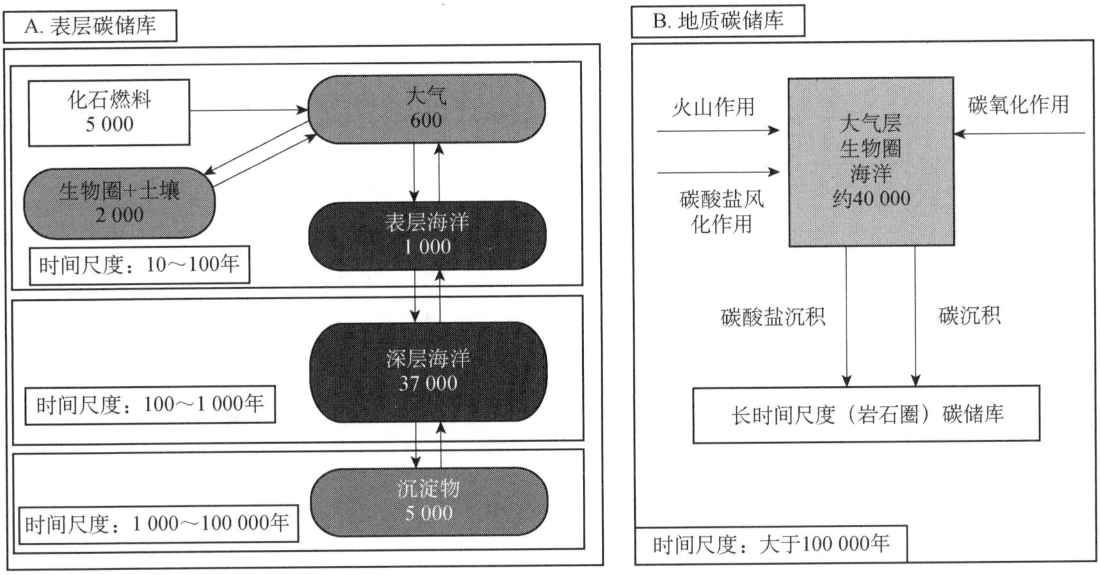

图 2-4 碳循环的不同时间尺度过程（汪品先，2018）

图中数字的单位为 Gt（10 亿 t）

三、碳循环的扰动与恢复

（一）碳循环与碳平衡的扰动机制

碳平衡是指碳循环各部分之间碳输入和碳输出达到的平衡状态。当某一碳储库中的碳输入大于输出时，该储库处于碳汇状态；反之，当某一碳储库中的碳输入小于输出时，则处于碳源状态。

1. 碳汇 碳汇（carbon sink）是吸收和储存碳的过程或场所。主要的碳汇包括森林、海洋和土壤。森林通过光合作用固定二氧化碳，是重要的陆地碳汇。陆地生态系统通过植物的光合作用吸收大气中的 CO_2，并将其固定在植被和土壤中。陆地碳汇主要包括森林、草地、湿地等植被碳汇，以及通过土壤和岩石风化作用形成的自然地质碳汇。此外，还有通过碳捕集、利用与封存（CCUS）技术实现的人工地质碳汇。海洋是地球上最大的碳汇，每年能吸收约 1/3 的人为 CO_2 排放。海洋碳汇主要包括沿海生态碳汇、海水生态碳汇和人工海洋碳汇。沿海生态碳汇主要由海岸植被固碳效应和沿海沉积物负载形成，海水生态碳汇主要由海洋碳泵效应形成，包括溶解作用和微生物泵作用，人工海洋碳汇涉及将 CO_2 注入深海或通过海洋施肥等方法增加碳吸收，海洋通过溶解和生物过程吸收二氧化碳，是最大的碳汇。

2. 碳源 碳源（carbon source）是指在碳循环过程中，向大气中释放碳的过程、活动或机制。它们是碳循环中的重要组成部分，对全球气候变化和温室气体浓度具有显著影响。自然碳源包括海洋释放、火山活动、森林火灾、土地利用变化（如森林砍伐、土地开垦）等，这些过程会释放大量的 CO_2 和其他温室气体到大气中。人为碳源主要是指工业化、城市化等活动导致的碳排放，具体包括：①能源消耗，燃烧化石燃料（煤、石油和天然气）是最大的人为碳源，占全球温室气体排放的大部分；②工业过程，包括水泥生产、化工行业等，这些过程会直接排放 CO_2 和其他温室气体；③农业活动，包括水稻种植过程中的甲烷排放、畜牧业的肠道发酵和粪便管理过程中的甲烷和氮氧化物排放；④废弃物处理，垃圾填埋场和污水处理厂等也会释放甲烷等温室气体（表 2-5）。

表 2-5 碳汇和碳源的主要过程和相应的碳通量（中国气象局，2023）

过程	类型	碳通量/（Pg C/年）	主要贡献
森林生长	碳汇	−1.6	光合作用固定 CO_2
海洋吸收	碳汇	−2.3	溶解和生物过程吸收 CO_2
化石燃料燃烧	碳源	9.0	煤、石油、天然气的燃烧
森林砍伐	碳源	1.1	生物量减少，释放 CO_2
土壤分解	碳源	1.7	有机物分解释放 CO_2 和 CH_4

（二）碳循环的恢复

人类活动对碳循环的扰动是多方面的，是当前碳循环变化的主要驱动力，主要包括化石燃料的使用、森林砍伐、土地利用变化等活动，这些活动打破了自然界原有的碳平衡。化石燃料的大量使用导致碳从地质碳库释放到大气中，增加了大气中的二氧化碳浓度。这种增加不仅加剧了温室效应，还引起气候变化。此外，人类活动导致的森林砍伐、土地利用变化等也对碳循环产生影响。例如，森林砍伐不仅减少了碳汇，还通过植物残体的分解和土壤有机质的下降增加了大气中的二氧化碳浓度（Canadell and Raupach，2008）。恢复碳平衡需要采取一系列措施，包括减少碳源排放和增加碳汇。

1. *减少碳源排放* 为了应对碳循环的扰动，恢复碳平衡，应积极减少碳源排放。可通过减少化石燃料使用、提高能源效率和发展可再生能源，如太阳能、风能等，以清洁能源满足新增用能需求；同时在工业、建筑、交通等领域提高能效标准，推广节能技术和产品，加快退出落后产能，大力发展战略性新兴产业，提高可再生能源应用比重；完善节能减排政策机制，发展绿色经济，支持节能减排技术研发和推广，在城市、园区和重点行业中推动节能降碳改造，提升能源利用效率，以实现降低碳排放。

2. *增加碳汇* 增加碳汇可通过保护现有森林、草原、湿地等生态系统，防止由碳汇转为碳源，同时推进山水林田湖草沙一体化保护和治理。具体可通过造林、再造林、森林管理等活动，提高森林覆盖率和蓄积量，增强森林的碳汇能力；加强草原生态保护修复，利用草地固碳能力，尤其是退化草地的固碳增量；通过农作物秸秆还田等措施，增加耕地土壤的碳储存；保护和修复红树林、海草床等海洋生态系统，增加海洋的碳储存和碳吸收能力；通过土壤管理措施，如减少耕作、增加有机质输入等，提高土壤碳汇能力。同时，积极研发和推广碳捕集技术，提高碳捕集能力。

四、中国的“双碳”战略

（一）主要措施

1. 提高能源利用效率　通过技术创新和管理优化，提高工业、建筑和交通等领域的能源利用效率，减少单位 GDP 的能耗和碳排放。工业领域：推进节能改造和能效管理，引导企业采用高效节能设备和工艺，优化生产流程；鼓励工业企业开展节能减排技术创新，推广先进节能技术。建筑领域：实施建筑节能标准，推广绿色建筑和节能建筑材料，鼓励既有建筑节能改造；加强建筑节能管理，推进智能建筑技术的应用。交通领域：优化交通运输结构，推广节能环保车辆，发展公共交通和绿色出行方式；鼓励电动汽车、混合动力汽车的普及应用，加快充电基础设施建设。

2. 发展可再生能源　推动能源绿色低碳转型，大力发展风能、太阳能、生物质能和水能等可再生能源，增加清洁能源在能源结构中的比例。到 2025 年，中国的非化石能源占一次能源消费的比重预计达到 20%左右。风能：加快风电项目建设，提高风能在能源结构中的比重。推进海上风电发展，支持分布式风电应用。太阳能：加快太阳能发电项目建设，支持分布式光伏发电系统的推广应用。鼓励光伏发电与农业、建筑等行业的融合发展。生物质能：发展生物质发电、生物质燃气和生物燃料，促进农业废弃物和城市垃圾的资源化利用。水能：合理开发水能资源，优化水电站运行，提高水电在能源结构中的比重，推动水电与其他可再生能源的协调发展。

3. 推进碳市场建设　建立和完善碳排放交易体系，通过市场机制引导促进温室气体减排和企业绿色低碳转型。全国碳排放权交易市场于 2021 年正式启动，涵盖电力行业，将逐步扩展至其他高排放行业。碳排放配额管理：制定和分配碳排放配额，建立碳排放权交易市场，推动碳排放权交易的规范化和透明化。碳排放监测与核查：加强碳排放监测和核查，确保碳排放数据的准确性和可靠性。推进碳排放核查技术标准化，提升碳排放核查能力。碳排放交易：推动企业参与碳排放交易，通过市场机制实现碳排放权的最优配置。鼓励企业通过技术改造和管理优化，减少碳排放，增加碳排放权交易收益。

4. 植树造林和恢复生态系统　通过大规模植树造林和生态系统恢复工程，增加森林覆盖率和碳汇能力。植树造林：大力推进植树造林工程，提高森林覆盖率；支持生态公益林建设，增强森林生态功能。退耕还林还草：实施退耕还林还草工程，恢复生态脆弱区的植被；推广生态农业，减少农业活动对生态环境的影响。湿地恢复：加强湿地保护和恢复，增加湿地面积和碳汇能力；推进湿地生态系统管理，提高湿地的生态服务功能。

5. 推动绿色低碳技术创新　支持和鼓励绿色低碳技术的研发和应用，提高技术水平，推动产业结构升级。政府通过政策激励、资金支持和市场引导，促进企业和科研机构在低碳技术领域的创新。技术研发：支持低碳技术研发，重点推进新能源技术、节能技术、碳捕集与封存（CCS）技术和智能电网技术等领域的科技创新。示范应用：开展低碳技术示范应用，推广先进低碳技术和产品。支持低碳技术产业化，推动低碳技术在工业、建筑、交通等领域的应用。国际合作：加强国际科技合作，学习借鉴国际先进低碳技术经验；积极参与国际低碳技术合作项目，共享低碳技术研发和应用成果。

（二）成效与展望

中国“双碳”战略实施以来，取得了显著成效。能源结构逐步优化，非化石能源占比稳步提高，碳排放强度持续下降，绿色低碳技术不断进步。能源结构转型：能源绿色低碳转型稳步推进，煤电机组经过节能降碳改造，首次超过煤电装机，能源结构更趋绿色低碳。产业升级：通过调控粗钢产量和推动战略性新兴产业发展，中国产业结构持续优化升级，有效遏制了高耗能、高排放项目的盲目发展。重点领域发展：在建筑、交通等领域，绿色低碳发展取得显著成效，如新建绿色建筑面积占比显著提升，新能源汽车产销量大幅增长。生态系统碳汇：中国生态系统碳汇能力稳步提升，通过重要区域生态系统保护和修复，以及大规模国土绿化行动，成为全球森林资源增长最快国家之一。展望未来，随着“双碳”战略的深入推进，中国将进一步推动经济社会的绿色低碳转型、实现高质量发展，为全球应对气候变化继续做出积极贡献。

五、碳循环研究进展及未来研究方向

全球碳循环研究是理解和应对气候变化的基础。通过全球碳循环的监测和模型模拟，可以评估不同碳源和碳汇的变化趋势，为制定碳减排政策提供科学依据。

（一）全球碳循环研究进展

全球碳循环是地球系统科学的关键组成部分，对于理解和预测气候变化至关重要。近年来，关于碳循环研究主要包括以下几个方面。

1. 碳循环观测网络　建立全球碳循环观测网络，通过卫星遥感、地面观测和海洋观测等手段，可准确地监测和估算大气、陆地和海洋的碳通量变化。全球碳循环观测网络的研究在近年来取得了显著进展，特别是在立体观测技术、遥感算法开发及数据产品共享等方面。全球碳循环关键参数产品技术体系：研究内容包括构建全球碳循环关键参数产品技术体系，以及发展大数据驱动的全球碳源汇直接估算新方法，以提高全球碳循环和碳源汇的模拟估算精度（刘良云等，2021）。碳循环关键参数产品生产与共享平台：项目构建了数据产品生产与共享平台，实现了多源数据的一致性处理，并提供了多种全球碳循环关键参数数据产品的存储和共享方式。全球气候观测系统（GCOS）和全球碳计划（GCP）是重要的国际合作平台。

2. 碳循环模型模拟　开发和应用碳循环模型，模拟碳循环过程和碳储量变化。森林碳循环模型：森林碳循环模型的研究方法和技巧不断发展，模型模拟成为研究森林碳循环及其对全球变化响应的重要方向。这些模型包括森林定位清查法、涡动协方差通量观测法、同位素示踪法和模型模拟法。模型模拟方法可以定量描述生态系统碳循环过程及其与全球变化的关系，并预测土壤和植被中的碳储量（Zhao et al.，2022）。全球气候和碳循环系统数值模拟：全球气候模型（GCM）和地球系统模型（ESM）的发展为研究碳循环提供了新的视角。这些模型能够模拟大气、海洋和生态系统之间的相互作用，并评估不同情景下的碳循环反馈（Ito and Oikawa，2002）。

3. 碳源和碳汇评估　评估不同碳源和碳汇的变化趋势，分析人类活动对碳循环的影响。通过综合观测数据和模型模拟，估算全球碳排放量和碳汇量，为制定碳减排政策提供科学依据。全球森林碳汇功能：森林作为陆地生态系统的重要组成部分，在碳汇功能中扮演关键角色。研究显示，全球森林碳汇存在显著的地理分布差异，其中欧洲、东亚、北美洲的森林生态系统对固碳增汇有积极贡献（付玉杰等，2022）。碳源和碳汇的量化：通过全球碳预算报告，科学家量化了全球碳源和碳汇的状态。一些研究报告提供了全球碳预算的详细数据，有助于了解全球碳循环的现状和趋势（刘坤等，2023）。

4. 碳循环与气候变化　研究碳循环与气候变化之间的相互作用，评估气候变化对碳循环的影响。全球变暖、极端天气事件和海洋酸化等气候变化现象对碳循环有重要影响，需要综合考虑碳循环和气候变化的耦合效应。气候变化可以改变生态系统的初级生产力和呼吸作用，进而影响陆地碳汇的功能。例如，极端气候事件如干旱和热浪可以减少植被的碳吸收能力（Markus et al.，2013）。

（二）中国在全球碳循环研究中的贡献

中国在全球碳循环研究中做出了重要贡献，主要体现在以下几个方面。

1. 碳观测网络建设　中国建立了覆盖全国的碳观测网络，包括地面观测站、塔式观测系统和遥感监测平台。中国科学院、中国气象局和中国环境监测总站等机构在碳观测领域开展了大量工作，积累了丰富的数据资源（中国科学院地理科学与资源研究所和中国气象局，2020）。中国陆地生态系统通量观测研究网络（ChinaFLUX）：自 2002 年建立以来，ChinaFLUX 已发展至 79 个观测站点，覆盖中国主要陆地生态系统类型，为理解生态系统碳汇功能时空变化机制提供了重要数据支撑，填补了全球陆地生态系统在东亚季风区碳氮水通量观测网络的区域空白，对国际通量网络的影响力日益增长。

2. 碳循环模型开发　中国科研机构开发了多种碳循环模型，如中国陆地生态系统碳循环模型（CASA-C）和中国海洋碳循环模型（NEMO-CO）。这些模型在模拟中国及全球碳循环过程方面发挥了重要作用（中国环境监测总站，2019）。中国陆地生态系统循环模型经历了从静态的生物地理模型、生物化学循环模型、遥感数据驱动的光能利用效率模型到动态全球植被模型（DGVM）的发展过程。这些模型在国际上得到了认可，并被广泛应用于模拟和预测生态系统碳循环动态（李新等，2021）。

3. 碳源和碳汇评估　中国科研人员在评估中国及全球碳源和碳汇方面开展了大量研究，取得了丰硕成果。例如，通过对中国森林、草地和湿地等生态系统的碳储量评估，提供了重要的科学数据支持（中国国家林业和草原局，2020）。碳汇评估方法：中国发展了包括森林野外调查和模型模拟在内的多种碳汇评估方法，这些方法有助于获取准确的碳汇数据（谢立军等，2023）。中国陆地生态系统的碳汇能力：中国陆地生态系统展现出较强的增汇能力，尤其在人工林建设、生态工程和生态恢复方面。研究指出，中国森林碳汇强度略高于美国，但总的陆地生态系统碳汇强度因沙漠和裸地的占比而受到影响（朴世龙等，2022）。

4. 国际合作与交流　中国积极参与国际碳循环研究合作，与全球气候观测系统（GCOS）、全球碳计划（GCP）和欧洲综合碳观测系统（ICOS）等国际组织开展合作，共同推进全球碳循环研究。中国科研人员在国际学术期刊上发表了大量高水平研究成果，为全球碳循环研究作出了重要贡献。中国的研究网络如 ChinaFLUX，通过与国际通量观测网络的合作，共享长期连续的生态系统碳水通量观测数据，为全球变化研究提供了重要的数据支持。

（三）碳循环与碳平衡研究的未来方向

随着全球气候变化的加剧，碳循环与碳平衡研究将面临新的挑战和机遇。未来研究方向主要分为以下几部分。

提高观测精度与覆盖范围。通过技术创新和资源投入，提高碳观测网络的精度，并扩大其覆盖范围，特别是加强对难以观测区域（如极地和深海）的碳循环研究，填补数据空白。

发展多尺度碳循环模型。结合地球系统模型、区域模型和地块尺度模型，发展多尺度碳循环模型，提高碳循环过程的模拟精度。加强模型之间的耦合和比较，提升模型的预测能力。

强化碳源和碳汇评估。通过综合观测数据和模型模拟，强化对不同碳源和碳汇的评估。特别是关注人为活动对碳循环的影响，如城市化、土地利用变化和工业排放等因素。

探索碳循环与气候变化的相互作用。深入研究碳循环与气候变化之间的相互作用，评估气候变化对碳循环的反馈效应，特别是关注极端天气事件和长期气候变化对碳储量和碳通量的影响。

加强国际合作与数据共享。通过国际合作，推动全球碳循环研究的数据共享和方法标准化。加强跨学科合作，融合地球科学、生态学、气象学等领域的研究成果，推动碳循环与碳平衡研究的综合发展。

延伸阅读

欧盟排放交易体系

《京都议定书》要求，2008～2012年，欧盟二氧化碳等6种温室气体年平均排放量要比1990年的排放量低8%。为了帮助其成员国履行减排承诺，获取运用总量交易机制减排温室气体的经验，欧盟制定了排放交易体系，并于2005年年初试运行，2008年年初开始正式运行（李布，2010）。

（一）欧盟排放交易体系属于总量交易

总量交易是指在一定区域内，在污染物排放总量不超过允许排放量或逐年降低的前提下，内部各排放源之间通过货币交换的方式相互调剂排放量，实现减少排放量、保护环境的目的。欧盟排放交易体系的具体做法是，欧盟各成员国根据欧盟委员会颁布的规则，为本国设置一个排放量的上限，确定纳入排放交易体系的产业和企业，并向这些企业分配一定数量的排放许可权——欧洲排放单位（EUA）。

如果企业能够使其实际排放量小于分配到的排放许可量，那么它就可以将剩余的排放权放到排放市场上出售，获取利润；反之，它就必须到市场上购买排放权，否则，将会受到重罚。

欧盟委员会规定，在试运行阶段，企业每超额排放1t二氧化碳，将被处罚40欧元，在正式运行阶段，罚款额提高至每吨100欧元，并且还要从次年的企业排放许可权中将该超额排放量扣除。由此，欧盟排放交易体系创造出一种激励机制，它激励私人部门最大可能地追求以成本最低方法实现减排。欧盟试图通过这种市场化机制，确保以最经济的方式履行《京都议定书》，把温室气体排放限制在社会所希望的水平上。

（二）欧盟排放交易体系采用分权化治理模式

分权化治理模式是指该体系所覆盖的成员国在排放交易体系中拥有相当大的自主决策权，这是欧盟排放交易体系与其他总量交易体系的最大区别。其他总量交易体系，如美国的二氧化硫排放交易体系都采用集中决策的治理模式。欧盟排放交易体系覆盖27个主权国家，它们在经济发展水平、产业结构、体制制度等方面存在较大差异，采用分权化治理模式，欧盟可以在总体上实现减排计划的同时，兼顾各成员国差异性，有效地平衡了各成员国和欧盟的利益。

欧盟交易体系分权化治理思想体现在排放总量的设置、分配、排放权交易的登记等各个方面。例如，在排放量的确定方面，欧盟并不预先确定排放总量，而是由各成员国先决定自己的排放量，然后汇总形成欧盟排放总量。

只是各成员国提出的排放量要符合欧盟排放交易指令的标准，并需要通过欧盟委员会审批，尤其是所设置的正式运行阶段的排放量要达到《京都议定书》的减排目标。在各国内部排放权的分配上，虽然各成员国所遵守的原则是一致的，但是各国可以根据本国具体情况，自主决定排放权在国内产业间分配的比例。此外，排放权的交易、实施流程的监督和实际排放量的确认等都是每个成员国的职责。因此，欧盟排放交易体系某种程度上可以被看作遵循共同标准和程序的 27 个独立交易体系的联合体。

分权化管理模式突显协调机制的重要性。欧盟委员会发布的关于排放交易的诸多指令（如 Directive2003/87/EC）是欧盟排放交易体系的基础性法律文件，它确定了各成员国实施排放交易体系所遵循的共同标准和程序。各国所制定的排放量、排放权的分配方案需经欧盟委员会根据相关指令审核许可后才能生效。此外，欧盟委员会还建立了庞大的排放权中央登记系统，排放权的分配及其在成员国之间的转移、排放量的确认都必须在中央登记系统登记。

总之，欧盟排放交易体系虽然由欧盟委员会控制，但是各成员国在设定排放总量、分配排放权、监督交易等方面有很大的自主权。这种在集中和分散之间进行平衡的能力，使其成为排放交易体系的典范。

思　考　题

1. 了解温室效应的基本原理。
2. 简述温室气体的种类及其来源。
3. 简述温室效应的影响及其应对措施。
4. 什么是碳循环？什么是碳平衡？
5. 简述碳循环的扰动与恢复。

主要参考文献

陈晓光，张强. 2021. 中国碳达峰与碳中和战略研究. 北京：经济科学出版社.

付玉杰，田地，侯正阳，等. 2022. 全球森林碳汇功能评估研究进展. 北京林业大学学报，44（10）：1-10.

李布. 2010. 欧盟碳排放交易体系的特征、绩效与启示. 重庆理工大学学报（社会科学版），24（3）：1-5.

李新，马瀚青，冉有华，等. 2021. 陆地碳循环模型-数据融合：前沿与挑战. 地球科学，51（10）：1650-1663.

刘坤，张慧，孔令辉，等. 2023. 陆地生态系统碳汇评估方法研究进展. 生态学报，43（10）：4294-4307.

刘良云，白雁，孙睿，等. 2021. "全球生态系统碳循环关键参数立体观测与反演"项目概述与研究进展. 遥感技术与应用，36（1）：11-24.

朴世龙，何悦，王旭辉，等. 2022. 中国陆地生态系统碳汇估算：方法、进展、展望.地球科学，52（6）：1010-1020.

汪品先. 2018. 地球系统与演变. 北京：科学出版社.

谢立军，白中科，杨博宇，等. 2023. 碳中和背景下国内外陆地生态系统碳汇评估方法研究进展. 地学前缘，30（2）：447-462.

中国国家林业和草原局. 2020. 中国森林碳汇评估报告. 北京：中国林业出版社.
中国环境监测总站. 2019. 全国碳排放监测技术指南. 北京：环境出版社.
中国科学院地理科学与资源研究所，中国气象局. 2020. 中国碳循环观测网络建设与应用. 北京：科学出版社.
中国气象报社. 2012. 正确观点：近 50 年全球变暖主要是人类活动排放温室气体造成的. [2025-05-13]. https://www.cma.gov.cn/2011xzt/2012zhuant/20121119/2012111911/201211191101/201211/t20121121_191169.html.
Canadell JG，Raupach MR. 2008. Managing forests for climate change mitigation. Science，320（5882）：1456-1457.
Intergovernmental Panel on Climate Change（IPCC）. 2014. Climate change 2014：impacts，adaptation，and vulnerability. part B：regional aspects. Cambridge：Cambridge University Press.
Ito A，Oikawa T. 2002. A simulation model of the carbon cycle in land ecosystems（Sim-CYCLE）：a description based on dry-matter production theory and plot-scale validation. Ecological Modelling.（151）：143-176.
Markus R，Michael B，Philippe C. 2013. Climate extremes and the carbon cycle. Nature，500：287-295.
Quéré CL，Andrew RM，Friedlingstein P，et al. 2018. Global carbon budget 2018. Earth System Science Data，10（4）：2141-2194.
Varallyay G. 2005. The inorganic carbon cycle. Cereal Research Communications，33（1）：1-12.
Zhao JF，Liu DS，Zhu YJ，et al. 2022. A review of forest carbon cycle models on spatiotemporal scales. Journal of Cleaner Production，339：130692.

第三章　可持续发展的理论基础

主要目标

1）介绍“可持续发展”的内涵、基本原则和重要意义，阐述可持续发展的三大支柱及它们之间的相互关系。

2）介绍可持续发展目标（SDGs）的主要内容和当前进展，阐述各国促进 SDGs 实现的不同模式。

3）探讨当前 SDGs 发展面临的困境及应对对策，促进 SDGs 的加快实现。

第一节　可持续发展的基本内涵与三大支柱

一、可持续发展的基本内涵

1987 年，世界环境与发展委员会出版《我们共同的未来》报告，将可持续发展定义为：“可持续发展是既满足当代人的需要，又不对后代人满足其需要的能力构成危害的发展。”该定义得到了国际社会的广泛共识，它包括两个重要概念：需要的概念，尤其是世界各国人们的基本需要，应将此放在特别优先的地位来考虑；限制的概念，技术状况和社会组织对环境满足眼前和将来需要的能力施加的限制。从国际上看，从 1992 年联合国确立可持续发展战略到 2015 年联合国通过全球可持续发展目标（SDGs）和气候变化《巴黎协定》，可持续发展在发展战略和政策层面达到了高潮（诸大建和张帅，2022）。

1. 可持续发展的核心思想与目标　　可持续发展的核心思想是生态环境平衡与经济发展相互匹配并协调一致，包含共同、协调、公平、高效和多维等多重发展内涵，是一种实现经济繁荣、社会进步、协调、环境友好的发展道路，是实现人类可持续发展的重要思想基础。可持续发展不仅需要协调人与自然之间的关系，更要关注人与人之间的关系，地区与地区之间的关系，要重视区域之间及人之间的协调发展。总之，可持续发展理论是人类社会进步的必要条件，也是未来发展的方向和目标。

可持续发展理论的目标是经济与社会发展形成良性循环。20 世纪 80 年代以前，尤其是发展中国家，为了保障人民的生活，不得不把经济的发展建立在对自然资源的过度开发和消耗上，造成资源的过度消耗和环境污染。随着工业化和城市化的进程加快，环境污染和生态破坏问题越来越严重，人口对资源环境的压力越来越大，技术进步缓慢，生产工艺设备落后，管理水平低下，致使能源、原材料消耗大，经济效益差，资源浪费和环境污染更严重。正因为这些，自然、经济和社会的发展呈现出一种恶性循环。可持续发展理论的目标是不仅满足人类的各种需要，务使人尽其才、物尽其用、地尽其利，还要关注各种经济活动的生态合理性，保护生态资源，不对后代人的生存和发展构成威胁。也就是说，既要考虑当前发展的需要，又要考虑未来发展的需要，不以牺牲后代人的利益为代价来谋求满足当代人利益，使经济与社会发展步入良性循环。

2. 可持续发展的原则

（1）公平性原则　可持续发展是一种机会、利益均等的发展，它既包括同代内区际间的均衡发展，即一个地区的发展不应以损害其他地区的发展为代价；也包括代际间的均衡发展，既满足当代人的需要，又不损害后代的发展能力。该原则认为人类各代都处在同一生存空间，他们对这一空间中的自然资源和社会财富拥有同等享用权，他们应该拥有同等的生存权。因此，可持续发展把消除贫困作为重要问题提了出来，要予以优先解决，要给各国、各地区的人、世世代代的人以平等的发展权。

（2）持续性原则　人类经济和社会的发展不能超越资源和环境的承载能力，即在满足需要的同时必须有限制因素，即发展的概念中包含着制约的因素。因此，在满足人类需要的过程中，必然有限制因素的存在。主要限制因素有人口数量、环境、资源，以及技术状况和社会组织对环境满足眼前和将来需要能力施加的限制。最主要的限制因素是人类赖以生存的物质基础——自然资源与环境。因此，持续性原则的核心是人类的经济和社会发展不能超越资源与环境的承载能力，从而真正将人类的当前利益与长远利益有机结合。

（3）共同性原则　各国可持续发展的模式虽然不同，但公平性和持续性原则是共同的。地球的整体性和相互依存性决定全球必须联合起来，认知我们的家园。

可持续发展是超越文化与历史的障碍来看待全球问题的，它所讨论的问题是关系到全人类的问题，所要达到的目标是全人类的共同目标。虽然国情不同，实现可持续发展的具体模式不可能是唯一的，但是无论富国还是贫国，公平性原则、持续性原则和共同性原则是统一的，各个国家要实现可持续发展都需要适当调整其国内和国际政策。只有全人类共同努力，才能实现可持续发展的总目标，从而将人类的局部利益与整体利益结合起来。

3. 可持续发展的重要意义　可持续发展原则的提出有着重要的意义。首先，它使人们重新认识人类与自然的关系。当今世界面临着人口、资源、环境和发展一系列重大问题。可持续发展概念是在人类深刻认识环境与资源的可持续能力基础上提出的。它源于环境保护却又是人类对传统发展模式的反思。它认识到：人类是自然的一部分，人类与自然界是不可分割的整体，人必须与自然协调才能持续生存，它否认人与自然的对立，承认自然的价值和权利。

其次，它使人类改变旧的思维方式和生产生活方式。地球环境所面临的最严重问题之一，就是不适当的生产和生活方式。工业革命以来，尤其是第二次世界大战以后，西方国家竞相追求经济的高速发展，通过大量消耗不可再生能源，促进经济的快速增长和维持较高消费水平的需要。以追求物质转化的数量作为社会经济发展的标志，并以此带来财富和文明。工业生产虽然增长了几十倍，但却出现了人口膨胀、资源短缺、环境恶化、生态破坏、贫困加剧和各国发展失衡的社会矛盾。因此，可持续发展从理论上结束了长期以来把发展经济和保护环境资源相对立的错误观点，呼吁人们放弃高消耗、高增长、高污染的粗放型生产方式和高消费、高浪费的生活方式。把保护环境与发展经济看作相辅相成、不可分割的两个方面，并明确提出它们是互相联系、互为因果的关系。所以可持续发展思想，是人类面对未来发展建立的、具有划时代意义的新概念、新思想和新意识。可见，可持续发展的思路，不但涉及人类未来的前途和命运，而且对人类的思维方式、生产方式、生活方式都将产生深刻的转变和影响。

最后，可持续发展理论建立了新的人地协调发展模式。传统发展就是高消耗、高增长的消费经济模式，不考虑自然的承受能力，以大量消耗自然资源来促进经济发展，造成人与自然环境的不协调。可持续发展是将自然界普遍存在的物质不灭和能量守恒定律，应用到作为有机整体的人与自然地理系统。满足人类需求是社会发展的中心。要求人类在尽量减少资源消耗的基础上，提高能源利用效率，做到少投入多产出，促进可再生能源的增长，使系统内部在相互协调的情况下，物质能量的转化率达到最佳效果，以满足人们的需求。同时要求人们在消费时，尽可能地多利用少排放，以减少自然的负荷，使系统的结构和功能保持良好状态，这是人类与自然地理环境相互协调可持续发展的新模式。

二、可持续发展的三大支柱

可持续发展由经济发展、社会进步和环境保护三大系统所构成，构成了可持续发展的三大支柱（周宏春等，2021）。可持续发展强调经济发展、社会进步和环境保护三者之间的平衡和协调，如图 3-1 所示。

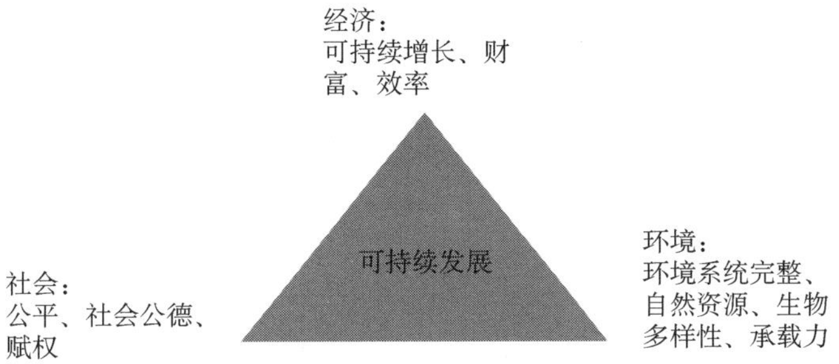

图 3-1 可持续发展的三大支柱（周宏春等，2021）

（1）经济可持续性　强调在满足当前世代需求的同时，不损害未来世代满足其需求的能力。这涉及资源的合理利用、经济增长方式的转变及经济结构的优化，以确保经济的长期健康发展。

（2）社会可持续性　关注社会公正、减少贫困、提高人民生活水平等方面。这包括减少社会不平等、提高教育水平、改善公共卫生条件、保障人权等，以确保社会的和谐稳定和全面进步。

（3）环境可持续性　强调保护和恢复地球生态系统的健康和生产力，以支持人类的生存和发展。这包括减少污染、保护生物多样性、合理利用自然资源、应对气候变化等，以确保人类活动不对自然环境造成不可逆的损害。

这三个支柱相互关联、相互依存，共同构成了可持续发展的完整框架。它们不仅关系到当前社会的发展，也关系到未来世代的生活质量和生存环境。因此，实现可持续发展需要全球范围内的合作和共同努力。

在实践中，这种协调发展要求政府、企业和民间组织采取综合性的策略和措施。例如，在制定能源政策时，不仅要考虑其对经济增长的推动作用，也要考虑对环境的影响及对不同社会群体的公平性。在企业层面，可持续发展的实践可能涉及采用更加环保的生产方式、确保供应链的公正和透明，以及提供公平的就业机会。

综上所述，可持续发展的三大支柱——环境、社会和经济不仅代表了发展的不同方面，还相互交织，共同构成一个复杂但协调的整体。在这个框架下，可以更有效地解决全球性挑战，如气候变化、贫困和不平等，同时为当前和未来几代人创造一个更加繁荣、公正和可持续的世界。

第二节 可持续发展目标

一、可持续发展目标的主要内容

2000 年联合国通过《联合国千年宣言》并提出 8 个联合国千年发展目标（MDGs）。联合国在消除极端贫穷和饥饿、普及初等教育、降低儿童死亡率等方面，取得了显著进展，但是 MDGs 主要关注社会政策议程，且仅面向发展中国家（牛文元，2012）。因此，2015 年 MDGs 到期之后，联合国发布《变革我们的世界：2030 年可持续发展议程》（以下简称《2030 议程》)。《2030 议程》代替《联合国千年宣言》成为全球 2015～2030 年的发展指南，包括 17 项可持续发展目标（SDGs）及 169 项具体目标（图 3-2）。相较于 MDGs，SDGs 在保留 MDGs 核心目标的基础之上，纳入了对气候变化、海洋保护、能源等新问题的考量。

1.在世界各地消除一切形式的贫困	2.消除饥饿，实现粮食安全，改善营养状况和促进可持续农业
3.确保健康的生活方式，促进各年龄段人群的福祉	4.确保包容、公平的优质教育，让全民终身享有学习机会
5.实现性别平等，为所有妇女、女童赋权	6.为所有人提供水和环境卫生并对其进行可持续管理
7.确保人人获得负担得起的、可靠和可持续的现代能源	8.促进持久、包容和可持续经济增长，促进充分的生产性就业和人人获得体面工作
9.建造具备抵御灾害能力的基础设施，促进具有包容性的可持续工业化，推动创新	10.减少国家内部和国家之间的不平等
11.建设包容、安全、有抵御灾害能力和可持续的城市和人类住区	12.采用可持续的消费和生产模式
13.采取紧急行动应对气候变化及其影响	14.保护和可持续利用海洋和海洋资源以促进可持续发展
15.保护、恢复和促进可持续利用陆地生态系统，可持续管理森林，防治荒漠化，制止和扭转土地退化，遏制生物多样性的丧失	16.创建和平、包容的社会以促进可持续发展，让所有人都能诉诸司法，在各级建立有效、负责和包容的机构
17.加强执行手段，重振可持续发展全球伙伴关系	可持续发展目标

图 3-2 SDGs 的主要内容

这 17 项变革世界的目标呼吁全球共同采取行动，消除贫困、保护地球、改善所有人的生活和未来，并为世界各国在 15 年内实现目标指明了方向，其具体目标如下。

1. 在世界各地消除一切形式的贫困

1）把陷入各种形式贫困的各年龄段男女和儿童至少减半。

2）确保所有男女，特别是穷人和弱势群体，享有平等获取经济资源的权利，享有基本服务，获得对土地和其他形式财产的所有权和控制权，继承遗产，获取自然资源、适当的新技术和金融服务。

3）增强穷人和弱势群体抵御灾害的能力，降低其遭受极端天气事件，以及其他经济、社会、环境冲击和灾害的概率和易受影响程度。

2. 消除饥饿，实现粮食安全，改善营养状况和促进可持续农业

1）消除饥饿，确保所有人，特别是穷人和弱势群体，全年都有安全、营养和充足的食物。

2）消除一切形式的营养不良，包括到2025年实现5岁以下儿童发育迟缓和消瘦问题相关国际目标，解决青春期少女、孕妇、哺乳期妇女和老年人的营养需求。

3）实现农业生产力翻倍和小规模粮食生产者，特别是妇女、土著居民、农户、牧民和渔民的收入翻番。

4）确保建立可持续粮食生产体系并执行具有抗灾能力的农作方法，以提高生产力和产量，帮助维护生态系统，加强适应气候变化和其他灾害的能力，逐步改善土地和土壤质量。

5）通过在国家、区域和国际层面建立管理得当、多样化的种子和植物库，保持种子、种植作物、养殖和驯养的动物及与之相关的野生物种的基因多样性。

3. 确保健康的生活方式，促进各年龄段人群的福祉

1）全球孕产妇每10万例活产的死亡率降至70人以下。

2）消除新生儿和5岁以下儿童可预防的死亡，各国争取将新生儿每1000例活产的死亡率至少降至12例，5岁以下儿童每1000例活产的死亡率至少降至25例。

3）消除艾滋病、结核病、疟疾和被忽视的热带疾病等流行病，抗击肝炎、水传播疾病和其他传染病。

4）通过预防、治疗及促进身心健康，将非传染性疾病导致的过早死亡减少1/3。

5）加强对滥用药物包括滥用麻醉药品和有害使用酒精的预防和治疗。

6）全球公路交通事故造成的死伤人数减半。

7）确保普及性健康和生殖健康保健服务，包括计划生育、信息获取和教育，将生殖健康纳入国家战略和方案。

8）实现全民健康保障，包括提供金融风险保护，人人享有优质的基本保健服务，人人获得安全、有效、优质和负担得起的基本药品和疫苗。

9）大幅减少危险化学品及空气、水和土壤污染导致的死亡和患病人数。

4. 确保包容、公平的优质教育，让全民终身享有学习机会

1）确保所有男女童完成免费、公平和优质的中小学教育，并取得相关和有效的学习成果。

2）确保所有男女童获得优质幼儿发展、看护和学前教育，为他们接受初级教育做好准备。

3）确保所有男女平等获得负担得起的优质技术、职业和高等教育，包括大学教育。

4）大幅增加掌握就业、体面工作和创业所需相关技能，包括技术性和职业性技能的青年和成年人数。

5）消除教育中的性别差距，确保残疾人、土著居民和处境脆弱儿童等弱势群体平等获得各级教育和职业培训。

6）确保所有青年和大部分成年男女具有识字和计算能力。

7）确保所有进行学习的人都掌握可持续发展所需的知识和技能。

5. 实现性别平等，为所有妇女、女童赋权

1）在全球消除对妇女和女童一切形式的歧视。

2）消除公共和私营部门针对妇女和女童一切形式的暴力行为，包括贩卖、性剥削及其他形式的剥削。

3）消除童婚、早婚、逼婚及割礼等一切伤害行为。

4）认可和尊重无偿护理和家务，各国可视本国情况提供公共服务、基础设施和社会保护政策，在家庭内部提倡责任共担。

5）确保妇女全面有效参与各级政治、经济和公共生活的决策，并享有进入以上各级决策领导层的平等机会。

6）确保普遍享有性和生殖健康以及生殖权利。

6. 为所有人提供水和环境卫生并对其进行可持续管理

1）人人普遍和公平获得安全和负担得起的饮用水。

2）人人享有适当和公平的环境卫生和个人卫生，杜绝露天排便，特别注意满足妇女、女童和弱势群体在此方面的需求。

3）通过以下方式改善水质：减少污染，消除倾倒废弃物现象，把危险化学品和材料的排放减少到最低限度，将未经处理废水比例减半，大幅增加全球废弃物回收和安全再利用。

4）所有行业大幅提高用水效率，确保可持续取用和供应淡水，以解决缺水问题，大幅减少缺水人数。

5）在各级进行水资源综合管理，包括酌情开展跨境合作。

6）保护和恢复与水有关的生态系统，包括山地、森林、湿地、河流、地下含水层和湖泊。

7. 确保人人获得负担得起的、可靠和可持续的现代能源

1）确保人人都能获得负担得起的、可靠的现代能源服务。

2）大幅增加可再生能源在全球能源结构中的比例。

3）全球能效改善率提高一倍。

8. 促进持久、包容和可持续经济增长，促进充分的生产性就业和人人获得体面工作

1）根据各国国情维持人均经济增长，特别是将最不发达国家国内生产总值年增长率至少维持在 7%。

2）通过多样化经营、技术升级和创新，包括重点发展高附加值和劳动密集型行业，实现更高水平的经济生产力。

3）推行以发展为导向的政策，支持生产性活动、体面就业、创业精神、创造力和创新；鼓励微型和中小型企业通过获取金融服务等方式实现正规化并成长壮大。

4）逐步改善全球消费和生产的资源使用效率，努力使经济增长和环境退化脱钩。

5）所有男女，包括青年和残疾人实现充分和生产性就业，有体面工作，并做到同工同酬。

6）大幅减少未就业和未受教育或培训的青年人比例。

7）立即采取有效措施，根除强制劳动、现代奴隶制和贩卖人口，禁止和消除最恶劣形式的童工，包括招募和利用童兵，到 2025 年终止一切形式的童工。

8）保护劳工权利，推动为所有工人，包括移民工人，特别是女性移民和没有稳定工作的人创造安全和有保障的工作环境。

9）制定和执行推广可持续旅游的政策，以创造就业机会，促进地方文化和产品。

10）加强国内金融机构的能力，鼓励并扩大全民获得银行、保险和金融服务的机会。

9. 建造具备抵御灾害能力的基础设施，促进具有包容性的可持续工业化，推动创新

1）发展优质、可靠、可持续和有抵御灾害能力的基础设施，包括区域和跨境基础设施，以支持经济发展和提升人类福祉。

2）根据各国国情，大幅提高工业在就业和国内生产总值中的比例，使最不发达国家的这一比例翻番。

3）增加小型工业和其他企业，特别是发展中国家的这些企业获得金融服务，包括负担得起的信贷的机会，将上述企业纳入价值链和市场。

4）所有国家根据自身能力采取行动，升级基础设施，改进工业以提升其可持续性，提高资源使用效率，更多采用清洁和环保技术及产业流程。

5）在所有国家，特别是发展中国家，加强科学研究，提升工业部门的技术能力，包括到2030年，鼓励创新，大幅增加每100万人口中的研发人员数量，并增加公共和私人研发支出。

10. 减少国家内部和国家之间的不平等

1）逐步实现和维持最底层40%人口的收入增长，并确保其增长率高于全国平均水平。

2）增强所有人的权能，促进他们融入社会、经济和政治生活，而不论其年龄、性别、残疾与否、种族、族裔、出身、宗教信仰、经济地位或其他任何区别。

3）确保机会均等，减少结果不平等现象，包括取消歧视性法律、政策和做法，推动与上述努力相关的适当立法、政策和行动。

4）采取政策，特别是财政、薪资和社会保障政策，逐步实现更大的平等。

5）改善对全球金融市场和金融机构的监管和监测，并加强上述监管措施的执行。

6）确保发展中国家在国际经济和金融机构决策过程中有更大的代表性和发言权，以建立更加有效、可信、负责和合法的机构。

7）促进有序、安全、正常和负责的移民和人口流动，包括执行合理规划和管理完善的移民政策。

11. 建设包容、安全、有抵御灾害能力和可持续的城市和人类住区

1）确保人人获得适当、安全和负担得起的住房和基本服务，并改造贫民窟。

2）向所有人提供安全、负担得起的、易于利用、可持续的交通运输系统，改善道路安全，特别是扩大公共交通。

3）在所有国家加强包容和可持续的城市建设，加强参与性、综合性、可持续的人类住区规划和管理能力。

4）进一步努力保护和捍卫世界文化和自然遗产。

5）大幅减少包括水灾在内的各种灾害造成的死亡人数和受灾人数，大幅减少上述灾害造成的与全球国内生产总值有关的直接经济损失，重点保护穷人和处境脆弱群体。

6）减少城市的人均负面环境影响，包括特别关注空气质量，以及城市废弃物管理等。

7）向所有人，特别是妇女、儿童、老年人和残疾人，普遍提供安全、包容、无障碍、绿色的公共空间。

12. 采用可持续的消费和生产模式

1）各国在照顾发展中国家发展水平和能力的基础上，落实《可持续消费和生产模式十年方案框架》。

2）实现自然资源的可持续管理和高效利用。

3）将零售和消费环节的全球人均粮食浪费减半，减少生产和供应环节的粮食损失，包括

收获后的损失。

4）到2020年，根据商定的国际框架，实现化学品和所有废弃物在整个存在周期的无害环境管理，并大幅减少它们排入大气以及渗漏到水和土壤的概率，尽可能降低它们对人类健康和环境造成的负面影响。

5）通过预防、减排、回收和再利用，大幅减少废弃物的产生。

6）鼓励各个公司，特别是大公司和跨国公司，采用可持续的做法，并将可持续性信息纳入各自报告周期。

7）根据国家政策和优先事项，推行可持续的公共采购做法。

8）确保各国人民都能获取关于可持续发展以及与自然和谐的生活方式的信息并具有上述意识。

13. 采取紧急行动应对气候变化及其影响

1）加强各国抵御和适应气候相关的灾害和自然灾害的能力。

2）将应对气候变化的举措纳入国家政策、战略和规划。

3）加强气候变化减缓、适应、减少影响和早期预警等方面的教育和宣传，加强人员和机构在此方面的能力。

14. 保护和可持续利用海洋和海洋资源以促进可持续发展

1）到2025年，预防和大幅减少各类海洋污染，特别是陆上活动造成的污染，包括海洋废弃物污染和营养盐污染。

2）到2020年，通过加强抵御灾害能力等方式，可持续管理和保护海洋和沿海生态系统，以免产生重大负面影响，并采取行动帮助它们恢复原状。

3）通过在各层级加强科学合作等方式，减少和应对海洋酸化的影响。

4）到2020年，有效规范捕捞活动，终止过度捕捞、非法、未报告和无管制的捕捞活动以及破坏性捕捞做法，执行科学的管理计划。

5）到2020年，根据国内和国际法，并基于现有的最佳科学资料，保护至少10%的沿海和海洋区域。

6）到2020年，禁止某些助长过剩产能和过度捕捞的渔业补贴，取消助长非法、未报告和无管制捕捞活动的补贴，避免出台新的这类补贴。

7）增加小岛屿发展中国家和最不发达国家通过可持续利用海洋资源获得的经济收益，包括可持续地管理渔业、水产养殖业和旅游业。

15. 保护、恢复和促进可持续利用陆地生态系统，可持续管理森林，防治荒漠化，制止和扭转土地退化，遏制生物多样性的丧失

1）到2020年，根据国际协议规定的义务，保护、恢复和可持续利用陆地和内陆的淡水生态系统及其服务，特别是森林、湿地、山麓和旱地。

2）到2020年，推动对所有类型森林进行可持续管理，停止毁林，恢复退化的森林，大幅增加全球植树造林和重新造林。

3）防治荒漠化，恢复退化的土地和土壤，包括受荒漠化、干旱和洪涝影响的土地。

4）保护山地生态系统，包括其生物多样性，以便加强山地生态系统的能力。

5）采取紧急重大行动来减少自然栖息地的退化，遏制生物多样性的丧失，到2020年，保护受威胁物种，防止其灭绝。

6）根据国际共识，公正和公平地分享利用遗传资源产生的利益，促进适当获取这类

资源。

7）采取紧急行动，终止偷猎和贩卖受保护的动植物物种，处理非法野生动植物产品的供求问题。

8）到 2020 年，采取措施防止引入外来入侵物种并大幅减少其对土地和水域生态系统的影响，控制或消灭其中的重点物种。

9）到 2020 年，把生态系统和生物多样性价值观纳入国家和地方规划、发展进程、减贫战略和核算。

16. 创建和平、包容的社会以促进可持续发展，让所有人都能诉诸司法，在各级建立有效、负责和包容的机构

1）在全球大幅减少一切形式的暴力和相关的死亡率。

2）制止对儿童进行虐待、剥削、贩卖以及一切形式的暴力和酷刑。

3）在国家和国际层面促进法治，确保所有人都有平等诉诸司法的机会。

4）大幅减少非法资金和武器流动，加强追赃和被盗资产返还力度，打击一切形式的有组织犯罪。

5）大幅减少一切形式的腐败和贿赂行为。

6）在各级建立有效、负责和透明的机构。

7）确保各级的决策反应迅速，具有包容性、参与性和代表性。

8）扩大和加强发展中国家对全球治理机构的参与。

9）为所有人提供法律身份，包括出生登记。

10）根据国家立法和国际协议，确保公众获得各种信息，保障基本自由。

17. 加强执行手段，重振可持续发展全球伙伴关系

1）通过向发展中国家提供国际支持等方式，以改善国内征税和提高财政收入的能力，加强筹集国内资源。

2）通过政策协调，酌情推动债务融资、债务减免和债务重组，以帮助发展中国家实现长期债务可持续性，处理重债穷国的外债问题以减轻其债务压力。

3）以优惠条件，包括彼此商定的减让和特惠条件，促进发展中国家开发及向其转让、传播和推广环境友好型的技术。

4）加强国际社会对在发展中国家开展高效的、有针对性的能力建设活动的支持力度，以支持各国落实各项可持续发展目标的国家计划。

5）大幅增加发展中国家的出口，尤其是到 2020 年使最不发达国家在全球出口中的比例翻番。

6）借鉴伙伴关系的经验和筹资战略，鼓励和推动建立有效的公共、公私和民间社会伙伴关系。

7）到 2020 年，加强向发展中国家，包括最不发达国家和小岛屿发展中国家提供的能力建设支持，大幅增加获得按收入、性别、年龄、种族、民族、移徙情况、残疾情况、地理位置和各国国情有关的其他特征分类的高质量、及时和可靠的数据。

二、SDGs 当前进展

根据《2024 年可持续发展目标报告》，只有 17%的可持续发展目标在按计划进行，近一

半的目标显示出微小或缓慢进展，超过 1/3 的目标停滞不前甚至倒退（图 3-3）（郭茹等，2022）。新型冠状病毒感染（COVID-19）大流行的持续影响、不断升级的冲突、日益紧张的地缘政治局势和日益恶化的气候危机严重阻碍了进展。如果不进行大规模的投资和采取切实的行动，可持续发展目标将难以实现。

图 3-3 各项具体目标进展情况百分比（%）

按目标分列、基于具体目标评估结果的 17 个可持续发展目标进展情况如图 3-4 所示。

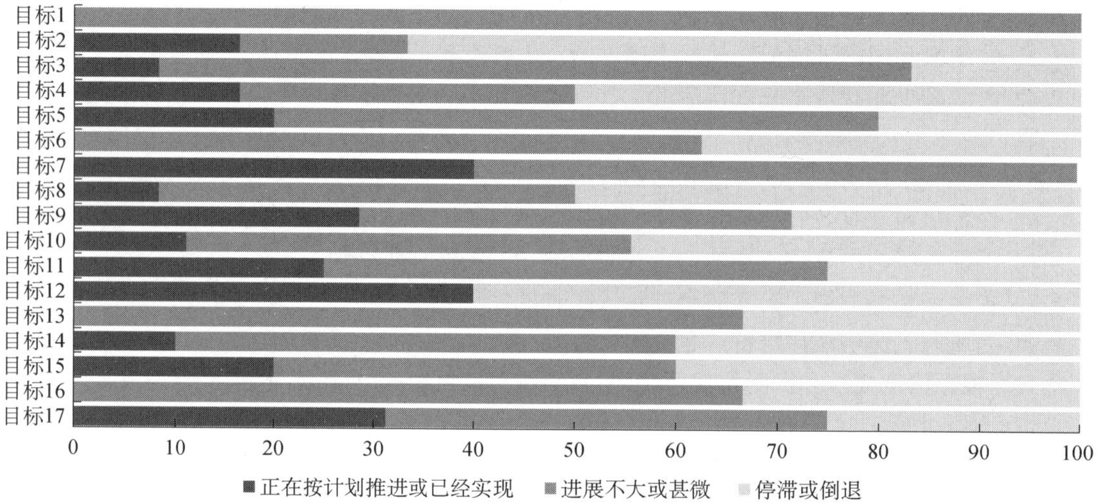

图 3-4 按目标分列、基于具体目标评估结果的 17 个可持续发展目标进展情况（%）

1. 在世界各地消除一切形式的贫困　COVID-19 大流行及 2020～2022 年的后续冲击阻碍了全球消除极端贫困的努力。全球极端贫困率在 2020 年首次上升，导致进展倒退了三年。此后，复苏进展不均衡，低收入国家尤其滞后。如果当前趋势持续下去，到 2030 年仍可能有 5.9 亿人生活在极端贫困中。若没有大幅加速减贫进程，到 2030 年预计只有不到三成的国家能够将国家贫困率减半（图 3-5）。

2. 消除饥饿，实现粮食安全，改善营养状况和促进可持续农业　虽然 2022 年全球饥饿和粮食不安全状况有所稳定，但实现零饥饿的目标仍然遥远，全球近 1/10 的人面临饥饿；2022 年有 24 亿人经历了中度到严重的粮食不安全状况。尽管取得了一些进展，但仍有 1.48 亿 5 岁以下儿童营养不良。如果当前趋势持续，到 2030 年将有 1/5 的 5 岁以下儿童受到营养不良的影响。2022 年，由于冲突造成的供应链中断等连锁反应，全球近 60%的国家面临中度到异常高的食品价格。

3. 确保健康的生活方式，促进各年龄段人群的福祉　COVID-19 大流行严重破坏了全球健康，几乎抹去了过去 10 年在预期寿命方面的进展。尽管大多数与健康相关的指标在全球范围内正朝着正确方向发展，但目前的趋势不足以实现 2030 年设定的目标。

孕产妇死亡率基本停滞在超过 2030 年目标三倍的水平。尽管 2022 年 5 岁以下儿童死亡率达到了历史最低，但下降速度有所放缓。全球超过一半的人口没有获得基本卫生服务的覆

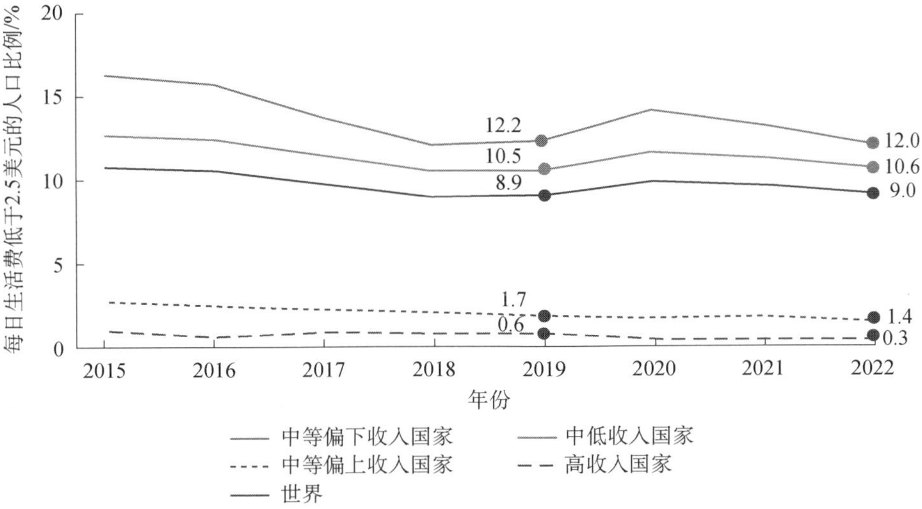

彩图

图 3-5 按国家收入水平分列的每日生活费低于 2.15 美元的人口比例

盖，老龄化的卫生人力难以满足人口增长的需求。

4. 确保包容、公平的优质教育，让全民终身享有学习机会　自 2015 年以来，目标 4 的进展缓慢，到 2019 年全球只有 58%的学生达到最低阅读能力。许多国家面临教育基础设施不足、教师短缺和教师培训不足等挑战。尽管技术扩大了教育机会，但也加剧了不平等，特别是边缘化和低收入社区的数百万人无法获得教育。

为实现国家 2030 年的教育目标，各国每年需为 140 万名儿童提供学前教育，每两秒钟就需有一名新生入学，且小学完成率的年均进展需增加三倍。且全球各地区高中毕业率在 2015～2023 年均有不同程度的上升（图 3-6）。

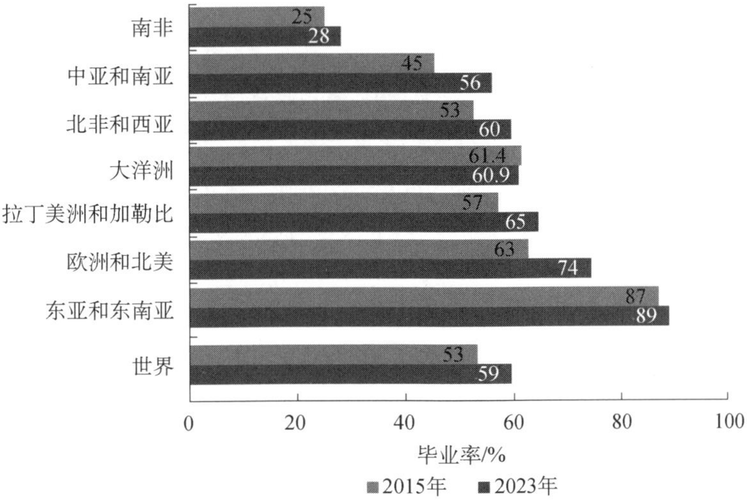

图 3-6 全球各地区高中毕业率情况

5. 实现性别平等，为所有妇女、女童赋权　世界在追求到 2030 年实现性别平等的过程中仍然落后。尽管有害习俗在减少，但速度不足以跟上人口增长的步伐。仍有 1/5 的女孩在 18 岁前结婚，令人震惊的是，有 2.3 亿女孩和妇女遭受了女性生殖器切割。许多妇女仍然无法实现对自身性和生殖健康的决定权。针对妇女的暴力行为依然存在，且残疾妇女受到的影响尤为严重，图 3-7 是按法律领域分列的积极法律改革。

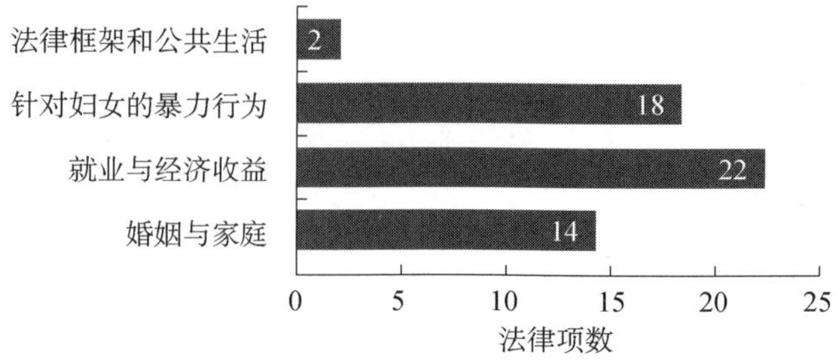

图 3-7 按法律领域分列的积极法律改革

6. 为所有人提供水和环境卫生并对其进行可持续管理 尽管有所改进，但在水和卫生方面的进展仍然不足。按照目前的速度（图 3-8），到 2030 年，仍将有 20 亿人无法获得安全管理的饮用水，30 亿人无法获得安全管理的卫生设施，14 亿人无法获得基本的卫生服务。

2022 年，全球约一半的人口至少在一年中的某个时期经历了严重的水资源短缺。水资源压力值衡量的是所有淡水取用量与总量的比值，1/4 的人口面临“极高”水平的水资源压力。气候变化加剧了这些问题，对社会稳定构成了重大风险。

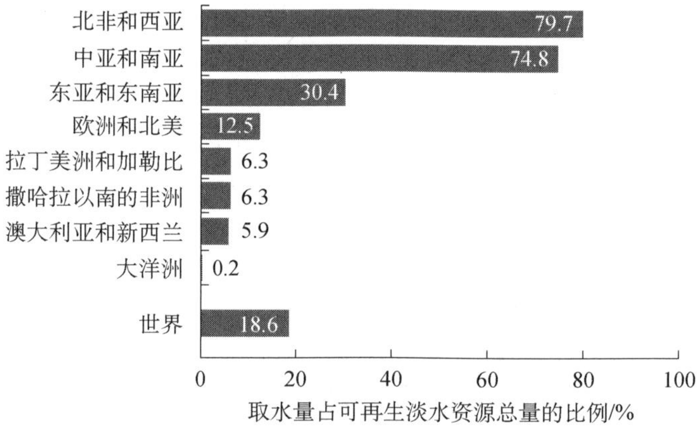

图 3-8 水资源压力值（2021 年）

7. 确保人人获得负担得起的、可靠和可持续的现代能源 在实现可持续能源目标方面取得了显著进展。缺乏电力供应的人数从 2015 年的 9.58 亿减少到 2022 年的 6.85 亿。没有清洁烹饪燃料的人数从 28 亿减少到 21 亿。全球可再生能源发电的能力开始以空前的速度扩展，这一趋势预计将持续。

然而，近期事件如 COVID-19 大流行和战争，打乱了进展步伐。如果不改变现状，预计到 2030 年仍将有 6.6 亿人无法获得电力供应，约 18 亿人无法获得清洁的烹饪燃料和技术。

8. 促进持久、包容和可持续经济增长，促进充分的生产性就业和人人获得体面工作 COVID-19 后果、贸易紧张局势、发展中国家债务上升、冲突和地缘政治紧张局势等事件共同威胁全球经济增长。尽管全球人均实际 GDP 增长在 2021 年反弹，但在 2022 年放缓，并预计将稳定到 2025 年。

2023 年全球失业率降至历史最低的 5%，但实现体面工作的道路上仍有许多障碍。女性和青年失业率较高。非正规就业是全球重大挑战，2023 年有超过 20 亿非正规工作者缺乏社会保障。

9. 建造具备抵御灾害能力的基础设施，促进具有包容性的可持续工业化，推动创新 自2022年以来，制造业增长停滞在约2.7%的水平，预计这种情况将持续到2024年，原因是COVID-19大流行和地缘政治紧张局势的持续影响。中高技术部门在2021年的制造业增加值份额保持在约46%。航空运输业正在强劲反弹。小企业仍面临诸如信贷获取有限的障碍，特别是在撒哈拉以南非洲和最不发达国家，只有约17%的小企业能够获得贷款或信贷额度。

10. 减少国家内部和国家之间的不平等 尽管疫情带来了经济中断，由于社会援助项目，全球生活在收入中位数一半以下的人口比例在下降。然而，工人工资未能跟上生产力的步伐，劳动收入在GDP中的份额重新开始其长期下降趋势（图3-9）。

2023年，移民路线上死亡的人数创下历史新高。全球难民人数达到了历史最高水平。发展中国家在国际经济决策中没有得到公平的代表。加强他们的发言权和参与度对于确保一个更具包容性和公平的全球经济体系至关重要。

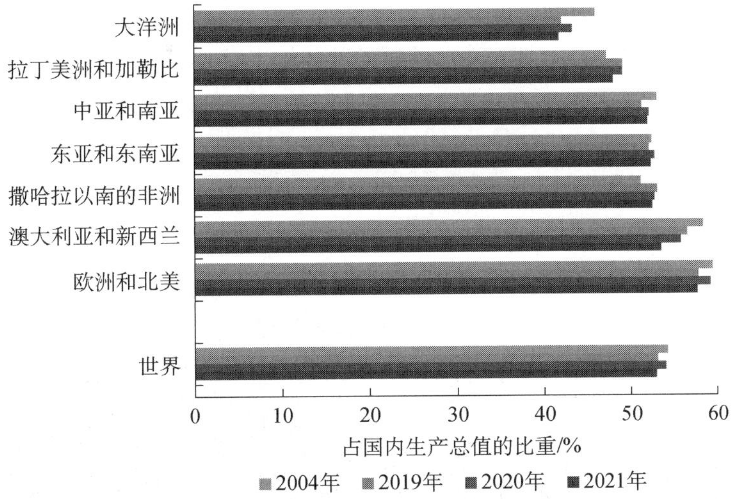

彩图

图3-9 劳动收入占国内生产总值的比重

11. 建设包容、安全、有抵御灾害能力和可持续的城市和人类住区 全球超过一半的人口目前居住在城市，但城市地区面临着众多复杂挑战。全球约有1/4的城市人口生活在贫民窟，2022年总贫民窟人口达到11亿（图3-10）。缺乏公平的公共交通是一个重大问题，特别是在最不发达国家，仅有四成的人方便使用公共交通。

只有40%的城市居民能方便地到达开放的公共空间。2000～2020年，城市扩展速度是其密集化速度的3.7倍，导致对自然环境和土地使用的负面影响。

12. 采用可持续的消费和生产模式 各国在履行关于危险废弃物和其他化学品的国际环境协议义务及实施综合方法以应对环境退化方面取得了进展。然而，不可持续的消费和生产模式仍然存在。2022年，全球食物浪费达到10.5亿t，但193个国家中只有9个自主贡献了本国关于气候变化行动的食物浪费内容。全球电子废弃物的快速增长大多未得到有效处理，仅有22%的电子废弃物被可持续地收集和管理。

13. 采取紧急行动应对气候变化及其影响 2023年气候纪录被打破，气候危机实时加剧。气温不断上升，全球温室气体排放持续增加。世界各地的社区正遭受极端天气和越来越频繁且强烈的灾害，日复一日地摧毁生命和生计。同时，化石燃料补贴达到了历史新高。

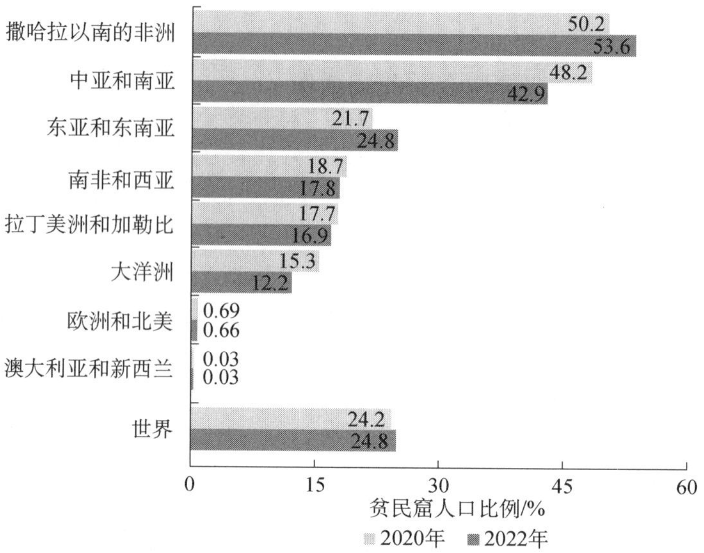

图 3-10 全球贫民窟人口比例

全球面临关键时刻。所有国家必须紧急加速全经济范围的低碳转型，以避免不断增加的经济和社会成本（图 3-11）。

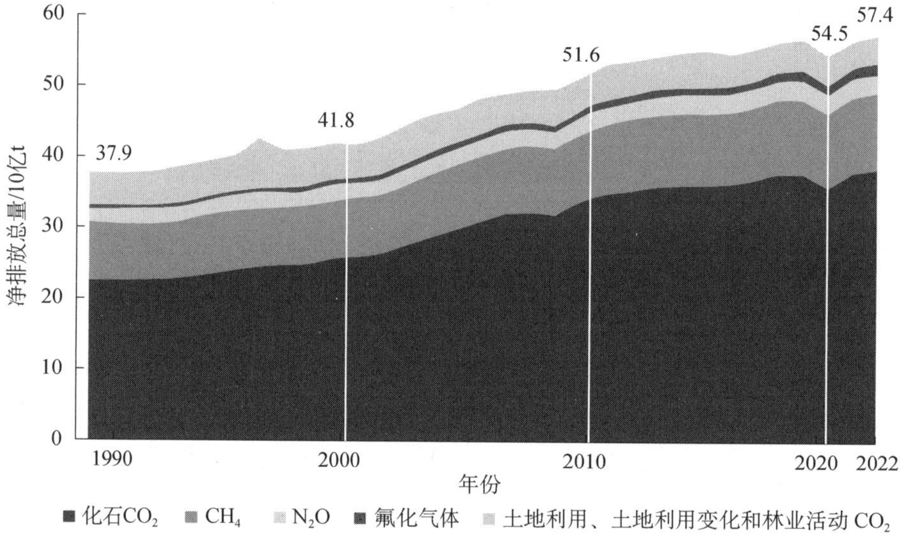

彩图

图 3-11 人为温室气体净排放总量（1990～2022 年）

14. 保护和可持续利用海洋和海洋资源以促进可持续发展　海洋面临着富营养化、酸化加剧、鱼类资源减少（图 3-12）、温度上升和广泛污染的重大挑战。这些因素破坏栖息地、减少生物多样性、威胁沿海社区和海洋生态系统的健康，而海洋生态系统对全球 30 亿多人至关重要。

15. 保护、恢复和促进可持续利用陆地生态系统，可持续管理森林，防治荒漠化，制止和扭转土地退化，遏制生物多样性的丧失　全球趋势显示，尽管生物多样性和森林在维持地球生命系统中发挥着关键作用，但它们仍面临持续的挑战。尽管在可持续森林管理方面取得了显著进展，但全球森林面积仍继续减少，主要是由于农业扩张。此外，物种正悄然灭

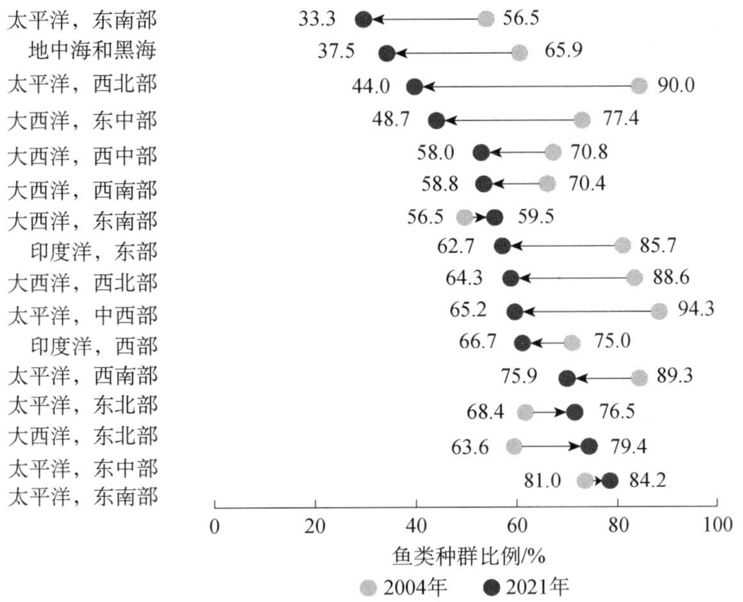

图 3-12　按海洋区域分列的生物可持续水平内的鱼类种群比例

绝，关键生物多样性区域的保护停滞不前，全球非法野生动物贩运稳步增加，对生物多样性及其为人类提供的利益构成了严重威胁。

16. 创建和平、包容的社会以促进可持续发展，让所有人都能诉诸司法，在各级建立有效、负责和包容的机构　全球范围内冲突和暴力有组织犯罪持续上升，导致巨大的人道主义灾难并阻碍可持续发展。到 2024 年 5 月，被迫流离失所的人数达到了前所未有的 1.2 亿。2023 年，武装冲突中的平民伤亡人数激增了 72%（图 3-13）。

腐败继续转移可持续发展的资源，1/5 的人报告在 2023 年 4 月至 2024 年 5 月被要求支付或已经支付贿赂给公职人员。全球 1/3 的囚犯未被判刑，实现公正的司法程序和改善监狱条件是当务之急。

图 3-13　与冲突有关的平民死亡人数和同比增长率

17. *加强执行手段，重振可持续发展全球伙伴关系*　发展中国家面临每年 4 万亿美元的投资缺口，难以实现可持续发展目标。流入发展中国家的国外直接投资减少，汇款和官方发展援助的增幅有限。秘书长呼吁各国每年支持至少 5000 亿美元的 SDG 刺激计划。同时，发展中国家的外债水平仍处于前所未有的高位，约 60%的低收入国家面临高债务困境的风险或已经陷入困境（图 3-14）。

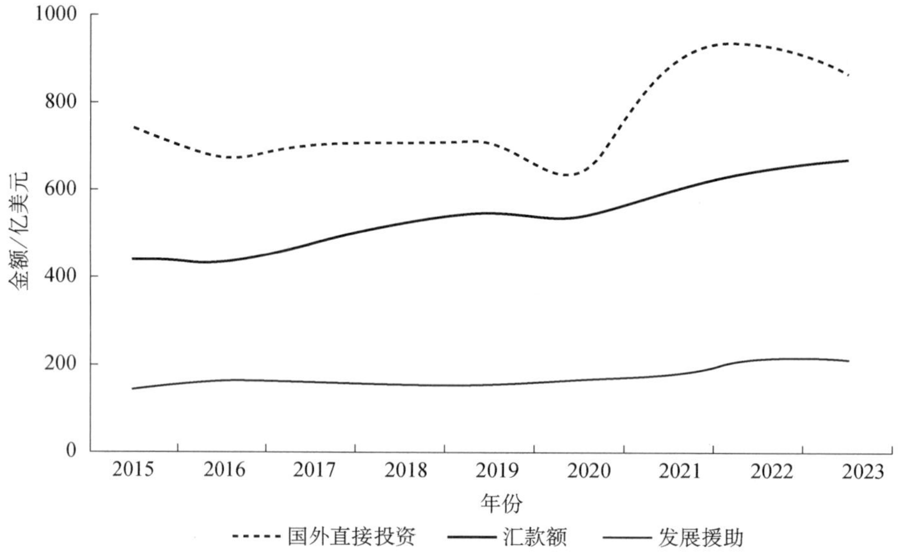

图 3-14　流向发展中国家的汇款、外国直接投资和官方援助

三、SDGs 实践模式

关婷和薛澜（2019）从政府参与和社会参与两个角度对 SDGs 不同执行开展情况进行了分类，将政府出台了行动计划但没有 SDGs 社会协调机构的国家归为政府主导类别，执行模式为政府主导模式；将社会成立了 SDGs 协调机构但政府没有出台行动计划的国家归为社会主导类别，执行模式为社会主导模式；将既有国别行动计划，又有较高社会参与水平的国家归为共同治理类别，执行模式为共同治理模式；两者皆弱为执行阻滞类别，执行模式为执行阻滞模式。

（1）*政府主导模式*　政府主导模式在各国 SDGs 行动中占据主导地位，也是大部分发展中国家最常采取的模式。采取政府主导模式的重要前提是政府具备参与意愿和能力落实《2030 议程》，并通过调动本国（或国际）资源采取行动。

目前，大部分国家采取政府主导模式，并采取与本国规划或政策结合的方式落实 SDGs。此外，大多数国家政府都设立了 SDGs 跨部门协调机制，负责该目标的落实。从社会参与的角度来看，在政府主导模式的国家中，社会参与水平总体较低。大多数的社会参与属于“政府邀请”形式，而非社会组织或企业主动采取行动。

以中国为例，中国是在 2012 年参与联合国可持续发展高级别政治论坛（HLPF）的。2015 年 9 月，国家主席习近平发表题为《谋共同永续发展做合作共赢伙伴》的重要讲话，表明了中国参与联合国《2030 议程》的决心和承诺。2016 年，中国发布了《中国落实 2030 年可持续发展议程国别方案》。在政府主导的框架下，中国采取了一系列体制机制创新促进 SDGs 的落实。2017 年 8 月，中国成立了“中国国际发展知识中心”，旨在统筹协调国内外发展研究资源，促进各国发展及 SDGs 相关研究成果合作和交流。同时，中国积极推进落实 2030 议程创新示范区建设，试图探索一批可复制、可推广的可持续发展现实样板。此外，中国还采取了一系列国际合作创新机制促进落实 SDGs，包括推动建立全球能源互联网、增加对外援助（设立南南合作援助基金）、通过“一带一路”倡议助力全球可持续发展等。

（2）社会主导模式　社会主导模式主要是指以企业、公众和社会组织作为参与主体落实 SDGs 的执行模式。这些非政府机构和公众通过自发成立协调机构主动采取 SDGs 行动。与政府主导模式不同，在社会主导模式中，政府被赋予的定位是参与者之一，而不是领导者或唯一行动者。社会主导模式一般出现在社会组织相对发达的国家和地区，非政府组织、企业等行动者具备调动资源的意愿和能力、能够引导社会理念和行动来促进 SDGs 的落实。

以瑞典为例，瑞典在 2017 年参加了联合国可持续发展高级别政治论坛（HLPF）。显然，相比其他国家，瑞典在执行 SDGs 的起点上要优越得多。2016 年可持续发展解决方案网络（SDSN）联合贝塔斯曼基金会发布的《可持续发展目标指数和指示板》显示，瑞典在 157 个被评测国家中排名第一，这意味着瑞典在世界各国中具备实现 SDGs 最好的基础条件，所面临的挑战最小。不仅如此，瑞典社会组织高度发达，其较高的经济与社会发展水平使瑞典社会具备较好落实 SDGs 的条件。瑞典国别报告指出，“长期以来，社会合作与协调一直是瑞典社会模型的核心，这也将成为瑞典执行《2030 议程》的主要方式。瑞典的私营机构、公民社会、科研组织和城市已经建立一系列与《2030 议程》主题相关的平台与合作机制”。

从政府角度来讲，瑞典国会与政府是促进 SDGs 行动的重要机构。但是，与中国不同，瑞典政府并没有出台专项的 SDGs 行动计划。瑞典国别报告显示，瑞典政府建立了跨部门《2030 议程》工作组，所有部门均参与。其中，公共行政部负责协调和促进《2030 议程》在国内层面的执行，国际发展合作与气候部则领衔国际层面的执行，国会中的外交委员会和财政委员会主要负责推进《2030 议程》。2015 年 7 月，瑞典成立了可持续发展科学委员会。2016 年 3 月，政府还授权组建了由 7 人组成的 SDGs 国家代表团，负责鼓励和支持瑞典《2030 议程》行动的国际/国内利益相关者的经验和知识交流。此外，瑞典统计局初步分析并公布了瑞典 120 个 SDGs 相关指标，其中 100 个与全球指标内容完全或部分一致。目前，该指标体系仍在进一步完善过程中。

从社会角度来看，很多瑞典企业将《2030 议程》视为“世界上最大的订单”，致力于向全球市场提供可持续产品及服务，如促进环境与气候科技的发展，鼓励可持续发展的商业模式创新等。以瑞典可持续发展网络组织为例，它由 26 家非常具有影响力的瑞典企业、3 个专家机构、瑞典基金和瑞典国际发展合作署组成。通过采取合作的方式，这个组织构成了落实 SDGs 目标的重要平台。类似的案例还有很多，众多可持续发展跨国合作的商业项目及科研教育项目为瑞典落实 SDGs 提供了重要支撑，瑞典公民社会组织、工会等非政府机构采取的 SDGs 行动也非常引人注目。

（3）共同治理模式　共同治理模式主要指政府与非政府组织、企业等共同主动参与 SDGs 落实的行动。政府通过出台专项的国别行动计划等积极推进决策和执行，同时，非政府组织、企业等社会参与者也主动参与其中。传统上讲，共同治理模式更可能出现在经济发展水平较高、社会组织相对发达且政府有较高 SDGs 执行意愿的国家中。然而，采用共同治理模式的国家不仅包含发达国家，如德国；也包含发展中国家，如巴西。不仅如此，各个国家所采取的SDGs国别行动出现了一个向共同治理模式转变的趋势：在有意愿落实SDGs的发达国家中，政府显示出越来越高的参与热情；在有意愿落实SDGs的发展中国家中，政府也非常鼓励非政府组织与企业等积极参与SDGs的落实。

以日本为例，在联合国出台《2030议程》后，日本致力于成为SDGs行动的世界模范。一直以来日本所倡导的可持续、包容与参与式社会建设，为SDGs执行提供了良好的价值导向和社会基础。2016年5月，日本成立了由总理和部长组成的新内阁“SDGs总部”，作为协调SDGs行动的国家最高权力机构。日本“SDGs总部”分别于2016年9月和11月举行了多次SDGs圆桌会议，广泛邀请来自非政府组织、学术界、私营机构、国际组织的社会各界代表和公民代表参加，讨论日本SDGs行动方案。

2016年12月，日本政府通过了SDGs实施指导原则，作为其落实SDGs的主要战略方案。该指导原则提出了“日本将成为未来可持续发展的全球引领者，致力于经济、社会与环境的协同发展，不落下任何一个人”的愿景，并根据日本国情指出了5个基本原则和8个优先落实SDGs目标的重点领域。针对这些优先领域，日本政府对本国SDGs行动进行了罗列和逐次分析，并审查了232项SDGs指标的数据可获得性，并广泛采用科学、科技和创新（STI）工具来设立SDGs指标体系，依此衡量国家SDGs行动的整体进度。

（4）执行阻滞模式　执行阻滞模式主要指国家政府在落实《2030议程》的过程中，因执行意愿低或者执行SDGs的能力和条件比较弱，导致政策执行停滞不前、政策目标落空的情形。诚然，仅从联合国成员参与HLPF的角度，就已经能够初步判断其是否具有执行SDGs的意愿：能够主动参与HLPF并报告本国SDGs进展的国家，已经显示了该国政府较高的参与意愿和积极性。然而，不同国家在执行SDGs的条件和能力方面仍有较大差别。

以博茨瓦纳为例，对这类执行模式进行说明。博茨瓦纳曾经是一个经济发展水平非常低的国家（1993年贫困率为47%），随着钻石产业及贸易与旅游业的发展，其贫困率于2009～2010年下降至19.3%。虽然博茨瓦纳已经在经济发展方面取得巨大的进步，但是，减贫显然仍是该国的主要发展目标之一。2017年，博茨瓦纳政府代表出席了HLPF并做了专题报告。该报告由国家指导委员会（及其下设的四个技术工作组）完成。报告显示，博茨瓦纳政府将采取“全政府途径”落实可持续发展目标。其中，减贫和经济增长是该国最重要的目标之一；在减贫的同时，兼顾社会发展与环境保护。

但从政府行动来看，博茨瓦纳没有出台专项SDGs国家计划，而是将SDGs融入现有中长期规划中，包括国家发展规划（2017～2023）、2036展望及与SDGs相关的区域与城市发展规划。与2017年HLPF论坛相应，报告针对该年度主题所涉及的具体SDGs逐一进行了回顾。但是，博茨瓦纳政府并没有指出针对SDGs的一些专项举措或资源投入。从社会和企业角度来看，相关行动也以“价值倡导”居多，较少提及具体行动计划与落实措施。

事实上，博茨瓦纳在SDGs执行方面有三个非常大的挑战：第一，因技术能力不足导致相关数据难以获得。第二，国家监管体系不健全，监管能力不足。第三，财政资源不足。从博茨瓦纳的报告中，不难看出该国的主要目标仍然是减贫和经济发展，国家发展的重点和基本逻辑并没有因为SDGs而发生变化。此外，制度支持、经济支持、社会支持及国家执行SDGs的能力都比较弱，政府并没有计划采取制度和机制创新来落实SDGs，而仅仅提及可能会采用新的赋能科技，如信息和通信技术。由此可以预期，博茨瓦纳在未来执行SDGs可能会面临较大的障碍。

第三节　可持续发展的实践路径

一、中国 SDGs 取得的成就

推进联合国可持续发展目标（SDGs）是世界共识，也是中国需要（金书秦等，2022）。联合国可持续发展解决方案网络（SDSN）发布了 2024 年可持续发展目标指数（SDG Index）报告，旨在评估和衡量全球各个地区的联合国成员在实现可持续发展目标方面的进展情况。中国在历年可持续发展报告中的得分与排名如表 3-1 和表 3-2 所示（United Nations，2024）。

表 3-1　中国在历年可持续发展报告中的得分与排名

报告年度	得分	区域平均分	排名
2019	69.6	65.7	39/162
2020	70.1	65.7	48/166
2021	70.6	66.7	57/165
2022	70.7	65.9	56/163
2023	70.9	67.2	63/166
2024	70.85	66.5	68/167

表 3-2　中国历年 SDGs 得分情况

SDGs 得分	2019 年	2020 年	2021 年	2022 年	2023 年
平均得分	69.6	70.1	70.6	70.7	70.9
SDG1	96.5	96.2	97.3	97.3	98.0
SDG2	82.6	82.6	82.3	82.2	82.2
SDG3	81.5	83.1	83.4	83.5	84.0
SDG4	99.7	99.8	99.8	99.8	99.8
SDG5	73.8	75.2	75.5	75.3	76.1
SDG6	68.5	69.5	70.1	70.7	70.7
SDG7	67.2	68.2	68.9	69.2	69.2
SDG8	75.2	74.8	77.1	76.5	76.5
SDG9	76.7	78.4	80.5	82.0	83.3
SDG10	34.9	36.5	36.5	36.5	36.5
SDG11	68.5	70.1	71.0	71.1	71.1
SDG12	75.5	75.4	75.2	75.0	74.5
SDG13	77.3	77.4	76.0	75.9	75.9
SDG14	55.3	55.6	55.9	55.9	56.7
SDG15	48.3	48.1	47.9	47.8	47.5
SDG16	56.1	56.2	57.1	57.8	57.3
SDG17	46.2	44.9	45.3	45.4	45.4

表 3-1 和表 3-2 的数据反映出中国在实现 SDGs 方面取得的显著进展，具体体现在以下几个方面。

减贫和经济增长：中国在过去几十年中通过快速的经济增长成功使数亿人摆脱了贫困。政府的政策和投资集中在促进包容性经济增长和提高人民生活水平。例如，精准扶贫和乡村振兴战略极大地推动了贫困地区的发展。中国在 2020 年年底如期完成脱贫攻坚目标任务，现行标准下 9899 万农村贫困人口全部脱贫。

可再生能源和环境保护：中国是全球最大的可再生能源投资国之一，尤其在太阳能和风能领域。政府实施了一系列政策和措施来减少碳排放和改善空气质量，如推广新能源汽车和加强工业排放控制。

教育和健康：在教育方面，中国的九年义务教育普及率已接近 100%，高等教育入学率也在不断提高。在健康领域，中国大力推动全民健康覆盖，改善医疗服务质量和可及性。特别是在新冠疫情期间，中国有效地控制了新冠病毒的传播，显示出强大的公共卫生应对能力。

水资源管理和基础设施：中国在水资源管理和基础设施建设方面也取得重要进展。通过实施南水北调工程和多项水污染防治行动计划，中国改善了水资源的分配和质量。这些举措不仅提升了居民的生活质量，也促进了农业和工业的发展。

中国在生态环境保护方面也有显著的数据支持，2015～2022 年，全国地级及以上城市空气质量不断改善，全国地表水环境质量持续提升，土壤污染风险管控取得明显进展；同时，2022 年万元国内生产总值能耗较 2015 年下降 15.5%，是全球能耗强度降低最快的国家之一。

二、中国 SDGs 面临的挑战

尽管取得了显著进步，中国在实现 SDGs 的某些领域仍面临挑战。在环境保护和社会平等及全球合作等领域仍面临挑战（Zhang et al.，2022）。在实现各项 SDGs 的过程中不同国家可能面临各自独特的挑战，多样的挑战通常反映了不同国家在环境、经济、文化和政治方面的差异。但深入分析可以发现，在这些挑战中也存在着世界各国普遍面临的问题，具体可概括为以下 5 个方面。

（1）*数据缺失和监测能力不足*　自 2015 年以来，193 个国家或地区中只有不到一半拥有国际可比数据。尤其是对于资源匮乏和技术落后的国家而言，往往难以收集到充足、可靠的数据来监测 SDGs 的进展，这严重制约了人们对问题的诊断能力。同时，数据的及时性也需要被给予高度的重视。2022 年和 2023 年的最新可用数据不到 30%，而超过一半的最新数据来自 2020 年和 2021 年。相对而言，中国在数据收集方面已取得显著进步，但仍然面临数据质量和区域数据可得性不均衡的问题。现有中国省域尺度 SDGs 指标框架显示（Cao et al.，2023），有 9 项 SDGs 的指标数量未达到官方 SDGs 指标数量的 50%，包括 SDG1（消除贫穷）、SDG2（消除饥饿）、SDG5（性别平等）、SDG8（经济增长）、SDG10（减少不平等）、SDG12（消费与生产）、SDG13（气候行动）、SDG16（和平与正义）和 SDG17（伙伴关系）。数据缺失在较大程度上影响了各国对 SDGs 实施效果的精准评估和监测。

（2）*不同 SDGs 间相互联系的高度复杂性*　由于 17 项 SDGs 覆盖了经济、社会和环境三大领域，它们之间既可以相互促进（协同效应），也可以相互制约（权衡效应）。因此，各项 SDGs 之间的相互联系表现出一种内在的复杂性，这对加快 SDGs 的实现构成了巨大挑战。例如，致力于消除贫困（SDG1）和饥饿（SDG2），可能需要增加农业生产。但如果不恰当地增加化肥和农药的使用，就可能对水质（SDG6）产生负面影响，并对陆地生态系统（SDG15）造成破坏。此外，工业化和创新（SDG9）促进经济增长（SDG8），但如果不采取科学合理的方法，就可能加剧气候变化（SDG13）和其他环境问题。在中国背景下，随着国家努力实现现代化，这种复杂性尤为明显。中国正在大力推动清洁能源（SDG7）的应用，以减少对化石燃料的依赖；同时，也在努力实现工业化升级（SDG9）。但必须小心平衡不同行动，以确保不会因追求经济增长而牺牲环境质量（SDG11 和 SDG12）或其他社会福利。

（3）区域差异和负外部性影响　不同国家或地区之间在环境条件、资源存量、经济发展水平及公共服务设施完善程度等方面的差异，导致各个国家或地区追求不同的发展目标。例如，发展中国家可能更注重基础设施建设（SDG9）和消除贫困（SDG1）、饥饿（SDG2），而发达国家可能将重点放在应对气候变化（SDG13）和环境保护（SDG12 和 SDG15）等方面。在中国，沿海发达地区可能会更关注创新和可持续工业化（SDG9），而内陆和边远地区可能更需要解决贫困（SDG1）、基础教育（SDG4）和经济发展（SDG8）等基本问题。此外，一个国家或地区的经济活动，如工业生产或农业扩张，可能会导致跨界的环境污染（如空气和水污染）和资源枯竭（如过度捕鱼），影响其他国家乃至全球的环境和社会福祉。因此，通过制度和经济激励促进区域合作来解决跨区域的环境和社会问题是推进 SDGs 整体实现的关键环节。

（4）科学、政策和社会联系不足　科学、政策和社会之间的联系不足是世界各国实现 SDGs 过程中普遍面临的挑战。自 2015 年以来，虽然各国不断努力创建协调 SDGs 实施的制度和机构，但当前还缺少对这些新兴机构在实现 SDGs 效果方面的论证。此外，科学对决策的影响面临着时滞性和理解难度的挑战，限制了科学研究在政策制定中的应用。在此过程中，公众对 SDGs 的认知和参与水平起到关键作用，而当前的信息传递机制不足以确保广泛的社会参与。由此可见，建立更为顺畅的科学与政策对话桥梁，以及深化公众对 SDGs 的理解，激发社会广泛的参与和支持是亟待解决的关键挑战。

（5）全球变化对 SDGs 实现的不确定性影响　全球气候变化、环境恶化、资源枯竭及政治经济格局变化等全球挑战不断加剧，对 SDGs 实现带来了较大的不确定性。一方面，气候变化可能加剧贫困（SDG1）、粮食安全（SDG2）、水资源供给（SDG6）等问题，同时生态系统退化也会威胁 SDG14 和 SDG15 等关于海洋和陆地生态系统保护的目标。另一方面，部分国家或地区间长期存在的政治对立，甚至潜在的关系恶化，以及经贸关系脱钩趋势的上升，进一步加剧了全球 SDGs 实现的挑战。因此，各国需要在应对全球变化与推进 SDGs 实现之间寻求平衡。通过加强国际合作，积极制定包容性政策，共同应对全球挑战将是降低全球变化对 SDGs 实现带来不确定性影响的重要手段。

三、中国 SDGs 实践路径

面对加快实现 SDGs 的紧迫性，通过综合考虑学术界、政府、社会公众的关注事项，提出以下 4 方面的行动建议，以期加快中国实现各项 SDGs，并为 SDGs 在全球层面的实现做出贡献。

（1）提升跨地区和跨部门治理政策的一致性　设立跨地区协调机制，避免各地区发展目标的冲突。通过定期的联席会议和政策对话，加强信息共享和政策协同，确保不同地区政策目标的一致性，但应允许执行方式的多样性，以最大限度地提高整体实现效果。同时，应加强跨部门协作，建立更紧密的政策协调机制。通过建设高效的政府内协同平台，有助于提升多部门政策目标的协调性，保障 SDGs 在全国范围内的均衡实现。

（2）利用协同，减轻权衡，聚焦优先目标　综合考虑各项目标在协同网络和权衡网络中的影响强度，识别出对 17 项 SDGs 实现起主导作用的关键目标，可将其作为优先发展目标。已有研究指出，科学推进清洁能源建设（SDG7）、改善消费与生产模式（SDG12）、加强生态系统保护与修复（SDG14 和 SDG15），以及提升民生福祉和社会公平、缩小城乡和贫富差距（SDG8 和 SDG10），可作为中国整体推进 SDGs 实现的优先发展目标。但也需要注意，在不同发展阶段和不同地区需要对优先发展目标进行适当调整，以保障局部与整体目标的一致，以及短期和长期目标的一致。

（3）加强面向 SDGs 实现的基础理论研究　设立专项研究基金，支持高校、研究所及企业开展面向 SDGs 实现的相关研究。鼓励跨学科研究，深入探索 SDGs 领域的关键科学问题。此外，可成立 SDGs 实现政策研究中心，聚集理论、模型和政策研究专家，深入研究实现 SDGs 相关政策。该中心可定期发布研究报告，提供具体的实际操作建议，确保研究成果能够直接指导政策的制定与调整。

（4）加强数据获取能力，填补 SDGs 数据缺口　建立包括社会、经济、环境等多领域的数据监测和管理体系。通过技术手段提升数据获取的及时性和准确性，为 SDGs 实现提供全面的数据支持。鼓励政府与企业、社会组织建立数据合作伙伴关系，通过共享数据资源来填补 SDGs 数据缺口。设立奖励机制，激发各方积极参与数据共享，提高数据的利用效益，为 SDGs 实现提供更为可靠的数据基础。

延伸阅读

“双碳”战略与 SDGs 的关系

“双碳”是碳达峰与碳中和的简称，旨在倡导绿色、环保、低碳的生活方式。“双碳”战略与 SDGs 都涉及增长与发展问题，均包括经济–社会–环境三大维度。SDGs 是世界各国关于可持续发展的集中诉求，涵盖了经济发展、社会公正、生态公平等重要方面和努力方向，可以分为五大类。第一，以人为中心的发展，包括 SDG1～SDGs5。这些目标强调消除贫困饥饿，提升并确保人的发展能力，并为人的发展提供资源保障。第二，经济繁荣和发展，包括 SDG6～SDG12。这些目标涉及资源与能源，强调包容性和可持续的经济增长、可持续的工业化与城市化、可持续的生产与消费。第三，全球环境可持续能力，包括 SDG13～SDG15。这三个目标关注气候变化、海洋和陆地生物，涉及全球生态安全边界和人类共同的公共产品。第四，社会和谐，即 SDG16。该目标强调制度建设，通过包容性社会、法制及有能力的机构，为可持续发展提供制度保障。第五，合作共赢，即 SDG17。该目标强调为实现可持续发展开展国际合作，包括资金、技术、贸易、能力建设、系统性问题等多个方面。

“双碳”战略是我国政府根据《联合国气候变化框架公约》《巴黎协定》提出的应对气候变化国家自主贡献目标。“双碳”战略是党中央经过深思熟虑制定的重大战略决策，是对国际社会的庄严承诺，也是推动高质量发展的内在要求。我国已进入新发展阶段，推进“双碳”战略是破解资源环境约束突出问题、实现可持续发展的迫切需要，是顺应技术进步趋势、推动经济结构转型升级的迫切需要，是满足人民群众日益增长的优美生态环境需求、促进人与自然和谐共生的迫切需要，是主动担当大国责任、推动构建人类命运共同体的迫切需要。

“双碳”战略虽然与 SDGs 在实施范围、责任主体、涵盖内容等方面有所不同，但是二者均体现了对美好未来的向往，体现了有别于工业文明的生态文明发展导向。

思　考　题

1. 可持续发展的三大支柱分别是什么？三大支柱之间如何相互作用？

2. 联合国可持续发展目标（SDGs）的主要目标主要包括哪些内容，具体涉及几个方面？

3. SDGs 目标的实现在不同国家有几种实践模式，不同模式的特征是什么？

4. 我们身边有哪些实践能够体现可持续发展？作为当代大学生，如何为国家可持续发展贡献自己的力量？

主要参考文献

关婷，薛澜. 2019. 世界各国是如何执行全球可持续发展目标（SDGs）的？. 中国人口资源与环境，29（1）：11-20.

郭茹，戴欣宇，刘林京，等. 2022. 可持续发展目标评价研究进展及中国实践. 生态经济，38（1）：211-217.

金书秦，张玖弘，谷保静. 2022. 从世界看中国：落实联合国可持续发展目标的成效、差距和展望. 中国人口资源与环境，33（12）：1-10.

牛文元. 2012. 可持续发展理论的内涵认知：纪念联合国里约环发大会 20 周年. 中国人口资源与环境，22（5）：9-14.

世界环境与发展委员会. 1997. 我们共同的未来. 王之佳，柯金良，译. 长春：吉林人民出版社.

周宏春，史作廷，江晓军. 2021. 中国可持续发展 30 年：回顾、阶段热点及其展望. 中国人口资源与环境，31（9）：171-178.

诸大建，张帅. 2022. 中国生态文明实践如何检验和深化可持续性科学. 中国人口资源与环境，32（9）：1-10.

Cao M，Chen M，Zhang J，et al. 2023. Spatio-temporal changes in the causal interactions among Sustainable Development Goals in China. Humanities and Social Sciences Communications，10：450.

United Nations. 2024. Sustainable development report. New York：United Nations.

Zhang JZ，Wang S，Zhao WW，et al. 2022. Finding pathways to synergistic development of sustainable development goals in China. Humanities and Social Sciences Communications，9：21.

第四章　低碳与可持续发展间的关系

主要目标

1）理解低碳在可持续发展中的关键作用。能够识别并理解低碳发展模式如何推动可持续发展的实现，包括低碳对环境、经济、社会可持续发展的促进作用。

2）分析可持续发展对低碳的推动作用。能够分析各类可持续发展如何推动全球经济向低碳化转型；理解政策在低碳经济发展中的引导作用，并能够辨识政策框架在实现可持续发展目标中的系统性贡献。

3）探讨低碳与可持续发展在政策和实践中的交汇融合。能够探讨低碳与可持续发展如何在政策制定和实际应用中相互支持和融合，阐明低碳发展在实现经济、社会、环境多重目标中的核心作用。

第一节　低碳对可持续发展的促进作用

全球气候变化和环境恶化成为当今世界面临的重大挑战。低碳理念作为应对气候变化的重要路径，已经融入国际社会的发展共识。低碳不仅是一种生活方式，更是一种经济模式和技术手段，与可持续发展理念高度契合。结合第三章，本节将从环境、经济和社会三个方面详细论述低碳对可持续发展的促进作用。

一、低碳对环境可持续发展的促进作用

（一）缓解气候变化

低碳理念的实践在缓解气候变化方面起到了至关重要的作用，全球气候变化的加剧主要源于温室气体（尤其是二氧化碳）的过量排放，而低碳理念的核心目标之一就是通过减少碳排放来减缓全球变暖的速度。低碳实践在能源结构、产业转型和技术革新方面做出了重要贡献，为减缓气候变化提供了行之有效的路径。

首先，清洁能源替代化石能源是缓解气候变化的核心策略之一。传统的煤炭、石油和天然气等化石燃料燃烧是二氧化碳排放的主要来源，占全球碳排放的70%以上。通过大力发展太阳能、风能、水力发电和生物质能等可再生能源，可以显著减少碳排放。根据国际能源署（IEA）最新发布的数据，2023 年全球可再生能源新增装机 510 GW。国际可再生能源署（IRENA）发布《可再生能源装机容量统计年鉴 2024》，阐述了 2023 年及过去 10 年（2013～2023 年）全球可再生能源发电部署情况。2023 年，全球可再生能源新增装机容量再创新高，达到 473.6GW（同比增长 13.9%），占电力新增装机容量的 86%。太阳能和风能继续主导可

再生能源扩张，占 2023 年可再生能源新增装机容量的 97.6%，达到历史新高。其中，太阳能发电装机容量大幅增加 346GW（+32.2%），风电增加 116GW（+12.9%），水电增加 7GW（+0.6%），其他包括生物质能新增 4.4GW（+3%）、地热能新增 0.2GW。全球可再生能源总量 2023 年达到 3 869 705MW，相比 2022 年增长率为 13.94%（图 4-1）。

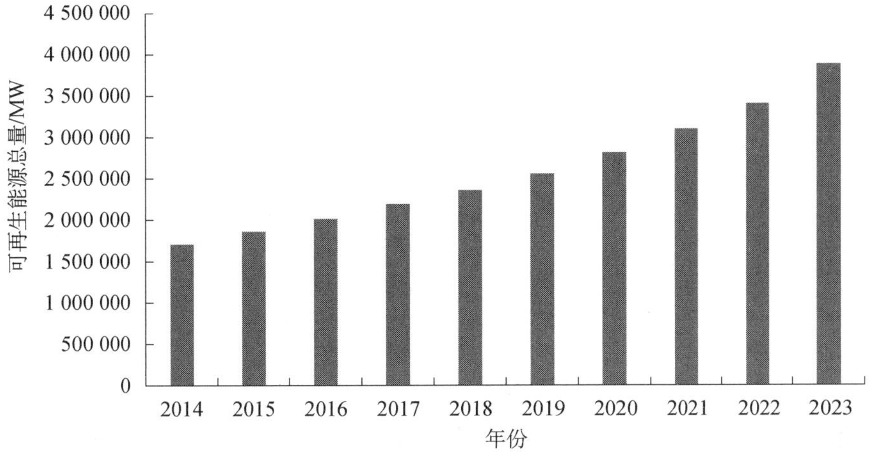

图 4-1　全球可再生能源总量

此外，核能作为一种零排放的清洁能源也被越来越多地纳入低碳能源体系。在交通领域，电动车和混合动力汽车的推广显著减少了交通工具对石油的依赖，降低了交通运输行业的碳排放。据国际清洁交通委员会（ICCT）的研究，2030 年全球范围内电动车的普及率有望达到 30%以上，其潜在的减排量将超过 15 亿 t 二氧化碳当量。

其次，低碳实践在碳捕集与封存（CCS）和碳汇增强方面也取得了显著成效。CCS 技术是从工业排放源中捕获二氧化碳并将其储存于地下的技术，被视为实现碳中和的重要手段（林伯强和刘智威，2024）。此外，沿海蓝碳生态系统（如红树林、海草床）在吸收二氧化碳方面的效率是森林的 10 倍以上，其保护和修复也成为全球低碳实践的重要组成部分。这些举措不仅直接减少了大气中的二氧化碳浓度，还间接减缓了气候变化对生态系统和人类社会的负面影响。

（二）改善空气和水质量

低碳发展模式通过减少化石燃料的使用和推广可再生能源，从根本上降低了空气中的污染物浓度。燃煤电厂、交通工具尾气等高碳排放源是 $PM_{2.5}$、二氧化硫（SO_2）和氮氧化物（NO_x）的主要来源，这些污染物不仅造成雾霾天气，还对人体健康产生严重威胁。通过替代性能源如风能、太阳能，以及推广电动车和公共交通系统，低碳模式显著减少了空气污染。

低碳模式对水资源的保护体现在两方面，一是减少高碳工业和农业中的用水量和污染物排放，二是通过技术创新提高水资源利用效率。传统煤电发电过程中需要大量的冷却用水，而太阳能和风能等可再生能源则几乎不消耗水资源。此外，低碳农业推广节水灌溉技术，降低化肥和农药的使用，减少了地表水和地下水的污染。这种综合性的水资源管理方式，不仅促进了生态环境的恢复，也保障了水资源的长期可持续利用。

（三）生物多样性保护

低碳发展模式通过减少对化石燃料的开采和使用，降低了对自然栖息地的侵占和破坏。传统高碳经济活动，如煤矿开采、石油钻探和大规模森林砍伐，不仅破坏了生物的栖息环境，还导致栖息地的永久丧失。采用低碳技术，如风能、太阳能发电和可再生能源利用，可以减少对土地资源的过度开发，从而保护森林、湿地和海洋等关键生态系统，为多种生物提供安全的栖息地。

低碳发展还为生态修复创造了新的机会，通过减少污染、恢复植被和改善土地利用，促进生物多样性的恢复。通过植树造林和湿地修复，不仅吸收了大量的二氧化碳，还恢复了野生动植物的栖息环境。此外，低碳农业技术减少了化学农药和肥料的使用，有助于保护土壤微生物和农业生态系统的多样性，从而支持全球生物多样性保护的长期目标。

二、低碳对经济可持续发展的促进作用

（一）促进绿色产业发展

绿色产业是低碳经济的重要驱动力，通过推动可再生能源、新能源汽车、绿色建筑和环境技术等领域的创新和发展，为全球经济提供了新的增长点。例如，太阳能和风能技术的快速发展不仅降低了发电成本，还创造了大量的就业机会。根据国际可再生能源署（IRENA）的数据，2023 年全球可再生能源领域提供了约 1300 万个就业岗位，这表明绿色产业不仅对环境可持续发展至关重要，还对社会经济的繁荣产生了积极影响。

此外，绿色产业还推动了传统工业的升级转型。一些高耗能、高排放的行业，如钢铁、水泥和化工，通过引入低碳技术和能源替代，显著降低了碳足迹（张贤等，2021）。绿色建筑技术通过节能材料和智能管理系统大幅减少了建筑运行中的能源消耗（刘晓君等，2019）。随着绿色金融和政策激励的支持，越来越多的企业和投资者将绿色产业视为未来发展的核心方向，这不仅优化了全球经济结构，还为应对气候变化和资源枯竭提供了可行的解决方案。

（二）提升资源利用效率

低碳发展模式强调高效、可持续的资源利用，通过技术创新和管理优化提升资源利用效率。在能源领域，低碳技术的应用极大地提高了能源转换效率。例如，风能、太阳能等可再生能源技术不仅能够实现零碳排放，还减少了传统发电方式中能源浪费的问题。此外，智能电网和储能技术的推广，使得能源的输送和存储更加高效，降低了能源消耗的波动性和不稳定性。

同时，循环经济模式在低碳经济中发挥了重要作用，通过废弃物资源化和材料再利用，减少资源浪费。以电子废弃物回收为例，低碳技术不仅实现了贵金属的高效提取，还避免了废弃物对环境的污染。许多国家正在推动“零废城市”计划，将垃圾转化为资源，从而最大限度地利用有限的资源。总体而言，提升资源利用效率不仅是低碳发展的核心目标，也是解决资源枯竭、环境污染和经济发展瓶颈的有效手段。

（三）降低环境治理成本

传统高碳经济活动带来的环境问题，如空气污染、水资源短缺和土地退化，往往需要高昂的治理成本。低碳发展通过从源头减少污染排放，显著降低了环境修复的投入。例如，燃

煤电厂的废气排放是酸雨和雾霾的主要来源，而采用风能、太阳能等低碳能源后，空气污染问题得以显著改善，从而减少了医疗费用和环境治理的开支。

低碳发展推动了污染防治技术的应用，如碳捕集与封存（CCS）技术，可以在工业生产过程中捕获二氧化碳，避免其排放到大气中。这种技术不仅减少了治理温室气体的成本，还为碳资源的再利用创造了经济价值。总体来看，低碳经济是一种“防治结合”的发展模式，通过降低污染产生的概率和程度，从根本上减少了政府和社会在环境修复上的经济负担。

（四）国际合作与竞争力提升

在全球化的背景下，低碳发展模式为国际合作和经济竞争力的提升创造了新机遇。各国在减排目标上达成共识，《巴黎协定》通过合作实现技术转让、资金支持和碳市场建设。这种全球性协作不仅推动了低碳技术的普及，还促进了国际社会在应对气候变化上的共同责任。发展中国家通过国际气候基金的援助，获得了先进的可再生能源技术，提升了其经济的可持续性。

同时，低碳发展模式使得绿色竞争力成为衡量国家和企业实力的重要指标。欧盟推出碳边境调节机制（CBAM），对高排放产品征税，迫使出口国优化产业结构、采用低碳技术，这不仅推动了全球低碳经济的进程，还提升了国家间的经济公平性。此外，绿色竞争力也为企业赢得了市场优势。电动汽车领域的技术创新使得相关企业在国际市场上占据主导地位。通过国际合作与竞争力的提升，低碳经济为实现全球经济与环境的协调发展提供了新路径。

三、低碳对社会可持续发展的促进作用

（一）提高公众健康水平

低碳发展通过减少对化石燃料的依赖和推广可再生能源，显著降低了空气污染水平，从而改善了公众的身体健康。高碳经济模式导致的空气污染，特别是 $PM_{2.5}$ 和一氧化碳等有害气体的排放，与呼吸道疾病、心血管疾病和其他慢性病直接相关。采用低碳能源，不仅减少了温室气体排放，还显著降低了与污染相关的疾病发生率。世界卫生组织（WHO）的数据显示，清洁空气每年可避免数百万人因空气污染导致的死亡和健康问题，特别是在城市地区。

除了改善空气质量，低碳发展还通过营造更加宜居的生活环境，提升公众的心理健康水平（周丽等，2020）。绿色建筑设计和城市绿地的扩展，为居民提供了更加舒适、安静和健康的居住环境。步行道、自行车道等低碳交通系统的建设，不仅鼓励了身体活动，还减少了交通噪声对心理压力的影响。新加坡的“花园城市”战略即是典型案例，通过将低碳理念融入城市设计，使得居民生活幸福感显著提升，心理疾病发生率下降。

（二）促进社会公平

低碳发展通过分布式能源系统的推广和绿色技术的普及，为偏远地区和贫困社区提供了更公平的能源获取途径。传统能源基础设施通常集中在城市和经济发达地区，而低碳模式则强调可再生能源的本地化生产。太阳能微电网和小型风力发电机在非洲和南亚偏远地区的应用，不仅解决了电力短缺问题，还为当地社区创造了经济机会。这种能源公平的实现，为贫困人口带来了发展机会，缩小了社会差距。

低碳经济还通过绿色产业发展，为社会不同阶层提供了更多的就业机会（闫里鹏和牟俊霖，2023）。可再生能源领域和绿色建筑行业的大量就业岗位，不仅覆盖了城市劳动力，还惠

及了农村和边缘化群体。低碳技术的推广降低了小型企业进入市场的技术门槛，为经济弱势群体提供了更多创业和发展的机会。这种社会公平的体现，不仅促进了经济增长，也为构建更加和谐的社会提供了基础。

（三）增强社会责任意识

低碳发展提高了公众对环境保护的意识，引导人们在日常生活中采取更环保的行为。像垃圾分类、使用公共交通、减少塑料制品等绿色生活方式，正在成为全球公民的新常态。在许多国家，环保宣传活动和低碳教育课程的推广，使公众对碳足迹和可持续发展的认识不断加深。这种意识的提升，不仅改变了个人行为，也为社会整体的低碳转型提供了动力。

低碳发展模式还促使企业更加重视企业社会责任（corporate social responsibility，CSR）。企业在追求经济利益的同时，开始主动降低生产过程中的碳排放，并开发绿色产品以满足消费者的环保需求（王海等，2024）。许多跨国公司不仅通过减少自身排放履行责任，还推动供应链上下游企业共同参与低碳转型。这种企业社会责任的增强，不仅提升了品牌形象，也为社会可持续发展做出了重要贡献。

第二节　可持续发展推动低碳发展

一、可持续发展为低碳发展提供指导方向

可持续发展理念促成相应政策出台，这一理念为应对全球性挑战提供了明确的理论基础和实践方向，强调经济、社会、环境三方面的协调发展，直面资源枯竭、环境恶化和社会不平等等问题，为可持续发展政策制定提供了指导框架。同时，随着国际社会达成广泛共识及公众环保意识的提升，各国政府通过政策将这一理念具体化，推动其从理论走向实践，从而实现全球可持续发展的目标。

可持续发展政策通过设定明确的目标和框架，为全球各国提供了清晰的指导方向，促使其逐步从高碳发展模式向低碳经济转型。首先，可持续发展政策通常会设立明确的减排目标，以应对全球气候变化的挑战。这些目标不仅包含温室气体的具体减排数量，还包括实现这一目标的时间节点。这种量化的目标设定，推动了各国政府将气候变化和低碳发展纳入国家政策议程，成为经济发展的重要考虑因素。通过设定这些目标，政府不仅明确了应对气候变化的决心，还为社会各界提供了明确的行动方向和努力的目标。这种顶层设计使得低碳经济的发展具有明确的方向性，各国政府在制定和实施经济政策时，需要充分考虑这些减排目标，从而使经济发展路径逐渐从依赖高碳排放的模式转向更加可持续的低碳发展方式。

在明确目标的基础上，可持续发展政策还为实现这些目标提供了系统的框架和实施机制。这些框架通常涵盖从政策制定、技术支持到法律保障的一系列环节，确保低碳转型在各个层面得以顺利推进。政策框架为低碳经济的发展提供了系统性的保障，通过整合资源、协调部门和跨领域合作，推动了低碳技术的研发和应用。与此同时，政策框架还要求各国制定具体的行动计划，明确各行业的减排责任和时间表。这种结构性的安排不仅能够有效规范各类经济活动，减少高碳排放的现象，还能够通过政策引导，激励企业和个人主动参与到低碳经济的建设中来。此外，政策框架还为低碳经济的推进设立了监督和评估机制，确保各项措施的有效落实。通过这些措施，政策框架为低碳经济的实施提供了有力的支撑，使得低碳转

型成为经济发展的主流方向。

随着可持续发展政策的实施，全球各国逐步从高碳发展模式向低碳经济转型的趋势愈发明显。这一转型不仅体现在能源结构的调整和生产方式的变革上，还表现在社会对低碳发展的认知和态度的转变中。通过政策引导，各国政府、企业和公众逐渐意识到低碳发展的重要性，并在经济活动中开始更多地考虑环境影响和可持续性。这种观念的转变，为低碳经济的普及和推广奠定了基础。具体而言，各国在能源领域逐步减少对化石燃料的依赖，转而大力发展可再生能源，如太阳能、风能和生物质能等，推动能源生产向低碳化方向发展。同时，工业、交通、建筑等领域也在政策的引导下，通过技术创新和效率提升，逐步减少碳排放。低碳经济的发展不仅改善了环境质量，也带动了新兴产业的兴起和经济结构的优化。在这一过程中，各国通过政策框架的引导和约束，逐步形成了低碳发展的共识，并在全球范围内推动了经济发展模式的根本性转变。

二、可持续发展为低碳发展提供清洁能源技术支持

可持续发展政策往往包含对清洁能源技术的支持、对传统高碳行业的规范及生态保护的重视，从而在全社会形成一种向低碳方向发展的趋势（朱旭峰等，2024）。同时，可持续发展政策还通过法律手段和规范措施，约束了不符合低碳要求的行为，使得低碳发展成为各国经济发展的重要组成部分。

可持续发展政策通过支持清洁能源技术，为低碳经济的发展提供了技术基础和创新动力。这些政策通常通过政府补贴、税收优惠、研发资金支持等多种方式，鼓励企业和研究机构投入到清洁能源技术的开发和应用中。这些技术包括太阳能、风能、生物质能和地热能等可再生能源，以及电池储能、智能电网和电动交通等关键技术领域。通过政策的引导和支持，清洁能源技术得以迅速发展和推广，从而逐步替代传统的化石燃料能源，减少温室气体排放。此外，政策支持还推动了清洁能源产业的规模化发展，提高了技术的经济性和市场竞争力，降低了清洁能源的使用成本。随着技术的成熟和市场的扩大，清洁能源在能源结构中的比重不断增加，为全球向低碳经济的转型提供了强有力的技术保障。这种对清洁能源技术的支持不仅推动了产业创新，还创造了大量绿色就业机会，促进了经济的可持续发展。

同时，可持续发展政策对传统高碳行业的规范和调整，也是推动低碳发展的重要手段。传统高碳行业，如煤炭、电力、钢铁和化工等，在经济发展中占有重要地位，但它们也是温室气体排放的主要来源。为了实现低碳经济的目标，可持续发展政策通常会对这些行业实施严格的排放标准和环境监管，要求企业采取措施降低碳排放强度。这些措施包括提高能源利用效率、引入清洁生产技术、减少废弃物排放等。此外，政策还通过设定碳税、碳交易等市场机制，增加高碳排放的经济成本，迫使企业加快转型步伐。这种规范不仅推动了传统行业的升级改造，也促使企业探索新的发展模式，如低碳制造、循环经济和绿色供应链等。通过这些政策手段，高碳行业逐步走向绿色化，减少了对环境的负面影响，同时也为低碳技术的应用和推广创造了更大的市场空间。这种规范和调整，既是对环境责任的履行，也是对经济可持续发展的深远布局。

可持续发展政策在推动低碳经济转型中扮演着至关重要的角色，特别是在支持清洁能源技术方面。这些政策通常包括对清洁能源技术的鼓励和资助措施，如税收减免、补贴和财政激励，以促进太阳能、风能、水能等可再生能源的开发和应用。同时，政府和相关机构应加

大对清洁能源技术研发的投入，包括创新研究、实验室开发和商业化示范项目，以加速新技术的成熟和推广。此外，通过建立碳交易市场等市场机制，可以促使企业在清洁能源技术方面进行投资，这不仅能降低整体碳排放，还能提高可再生能源的竞争力。为了确保这些技术的有效实施，必须加强对清洁能源技术的教育与培训，以提升专业人才的数量和素质，从而更好地维护清洁能源系统。同时，可持续发展政策还应促进各国之间的国际合作，通过分享技术、经验和最佳实践，推动全球清洁能源技术的发展。综合来看，这些可持续发展的政策与措施能够有效支持清洁能源技术的推广与应用，进而促进低碳经济的实现。

三、可持续发展为低碳发展提供市场机制和经济激励手段

可持续发展政策在推动低碳发展时通过激励措施，如税收减免、补贴支持、碳市场的建立等，降低了企业和社会公众在转向低碳经济过程中可能面临的经济成本，从而加速了低碳技术的普及和推广。同时，通过政策的调控，资源从高碳产业向低碳产业的转移得以加速，绿色投资和绿色金融的发展也得到了有效促进，进一步提高了整个社会的低碳意识，促进了可持续发展理念的深入人心。

首先，可持续发展政策通过引入市场机制，为低碳发展提供了强有力的推动力。市场机制的引入，使得低碳发展不再仅仅依赖于政府的直接干预，而是通过经济规律和市场力量来推动企业和社会各界主动减少碳排放。这些市场机制包括碳排放权交易、碳税等手段。碳排放权交易通过设定一个总体的碳排放上限，并将这一上限分配到各个企业，允许企业之间进行排放权的买卖，从而在整个经济体内形成碳排放的市场价格。这种机制的设计，不仅使得碳排放具有了明确的经济成本，也促使企业通过提高能源利用效率、采用清洁技术等手段，降低自身的碳排放，从而在市场竞争中占据优势。通过市场机制的引导，低碳技术的研发和应用得到了有效的推动，同时也为企业的创新和转型提供了动力。这种市场化的手段，使得低碳发展成为企业追求利润和可持续增长的重要途径。

其次，经济激励手段的运用，进一步增强了可持续发展政策对低碳发展的推动作用。这些激励手段包括税收减免、补贴支持、绿色信贷等，旨在降低企业和社会各界在向低碳转型过程中的成本，从而鼓励更多的市场主体参与到低碳发展的进程中。政府可以对投资可再生能源项目的企业提供税收优惠，或对购买电动汽车的消费者提供财政补贴，这些措施直接降低了企业和消费者的支出成本，增加了低碳产品和技术的市场需求。

最后，可持续发展政策通过整合市场机制和经济激励手段，推动了低碳发展的全面实施和持续深化。这种整合不仅提高了政策的执行效果，也使得低碳发展成为经济增长的重要动力源之一。通过市场机制的引导和经济激励的扶持，企业和社会各界的行为逐渐与低碳发展的目标保持一致，形成了一种自下而上的发展动力。此外，政府通过政策的调控，可以在不同发展阶段对市场机制和经济激励手段进行调整和优化，以应对市场变化和技术进步的需求。例如，随着碳市场的逐步成熟，政府可以逐步减少对某些领域的直接补贴，将更多的资源投入新兴的低碳技术领域，推动经济结构的进一步绿色转型。同时，市场机制的灵活性和经济激励的多样性，也为国际合作和技术交流提供了广阔的空间，各国可以在全球范围内共享低碳发展的经验和技术成果，形成全球低碳经济的共同体。通过这种政策整合的方式，可持续发展政策不仅推动了当前的低碳经济发展，也为未来的绿色经济奠定了坚实的基础，确保了经济与环境的协调发展。

第三节　两者在政策和实践中的交汇融合

低碳与可持续发展在政策和实践中的交汇融合，体现了全球社会在应对气候变化、保护环境、推动经济增长和改善社会福祉方面的综合努力。这种交汇融合不仅在理念上相辅相成，而且在政策制定和实践推广中相互推动，共同构建了一个面向未来的绿色发展框架。

一、低碳与可持续发展的理念高度契合

可持续发展是指在满足当代人类需求的同时，不损害后代满足其需求的能力。它涉及经济、社会、环境三方面的平衡与协调发展。低碳发展与可持续发展的理念高度契合，首先体现在它们共同追求的核心目标——在满足当前社会经济需求的同时，不损害环境和资源，使未来世代也能够享有同样的资源和环境质量。可持续发展理念强调经济增长、社会进步和环境保护之间的平衡，它要求在追求经济效益的同时，减少对自然资源的消耗，降低对生态系统的负面影响。低碳发展正是实现这一平衡的重要路径之一。通过减少温室气体排放，低碳发展直接应对了气候变化这一全球性挑战，缓解了由于气候变化带来的环境压力。同时，低碳发展推动能源结构的优化，鼓励使用清洁能源和提高能源效率，这不仅减少了对不可再生能源的依赖，也降低了污染物的排放，有助于改善空气质量和公众健康。因此，低碳发展在保护自然环境、应对气候变化的同时，也为实现可持续发展提供了必要的环境基础。它不仅是应对当前气候危机的有效手段，也是实现长期环境可持续性的关键。

此外，低碳发展与可持续发展在推动社会经济转型方面也高度契合。可持续发展不仅关注环境保护，还强调社会公平和经济的长期稳定性。低碳发展通过推动技术创新、产业升级和绿色经济的增长，创造了新的就业机会，促进了经济的可持续发展。例如，清洁能源产业的发展为许多国家提供了新的增长点，创造了大量绿色就业（绿色就业是指在保护环境和促进可持续发展的大背景下产生的就业机会），同时减少了经济对化石燃料的依赖，增强了能源安全性。与此同时，低碳发展的推广还推动了资源的高效利用和循环经济的实践，这不仅减少了资源浪费和环境污染，也提高了经济的韧性和可持续性。在社会层面，低碳发展通过推动绿色基础设施建设和可持续城市规划，改善了居民的生活质量，减少了贫困和不平等现象的发生。因此，低碳发展不仅为环境可持续性提供了保障，还通过促进经济多样化和社会公平，推动了可持续发展的全面实现。两者理念的契合使得低碳发展成为可持续发展的重要组成部分，也使得可持续发展成为低碳经济长期发展的必然路径。

二、低碳与可持续发展在政策制定中相互推动

在政策层面，低碳与可持续发展的相互推动表现为综合性政策框架的形成和实施。该政策通常不仅关注气候变化，还同时考虑经济增长、社会公平和环境保护。《巴黎协定》不仅设定了全球温控目标，还鼓励各国制定涵盖减排、适应、技术转让和资金支持等多方面的国家自主贡献，这些行动计划涵盖了低碳发展和可持续发展的各个方面。类似的，各国在制定国家发展战略时，也逐渐将低碳发展目标纳入可持续发展议程，通过政策整合，实现经济、社会和环境目标的协同推进。例如，能源政策的调整不仅关注减少碳排放，还旨在推动可再生能源产业的发展、创造就业机会、提高能源安全性等。这些政策措施的融合，使得低碳发展

不仅是环境保护的手段，更成为推动可持续经济和社会发展的动力。

同样，低碳在推动政策制定方面也起到了重要的作用。首先是环境问题驱动政策需求，随着全球气候变暖、极端天气事件频发，减少温室气体排放已成为全球共识；特别是随着环保教育的普及和公众环保意识的提高，人们越来越关注低碳生活和绿色消费。低碳作为一种应对气候变化的有效手段，逐渐被各国政府与公众所重视。类似的，高碳排放的工业化和城市化进程导致了严重的环境污染，如空气污染、水体污染等，严重影响人类健康和生态系统安全。减少这些污染物的排放，改善环境质量的公众诉求进一步推动低碳政策的制定和实施。

三、低碳与可持续发展在实践推广中交汇融合

在实践层面，低碳与可持续发展交汇融合的体现尤为明显。各国在推进低碳技术的研发和应用时，往往会考虑其对经济和社会的广泛影响。例如，在推广电动汽车的过程中，不仅仅是为了减少交通领域的碳排放，还涉及整个交通系统的优化、能源结构的改变及对产业链上相关工作的创造和调整。这些实践措施在推动低碳经济的同时，也在促进更广泛的可持续发展目标的实现。此外，在城市规划、建筑设计、工业生产等领域，低碳与可持续发展的理念已经深入融合。绿色建筑和智慧城市的推广，体现了低碳技术与可持续发展理念的完美结合，通过提高能源利用效率、减少废弃物排放、改善居民生活质量，实现经济效益与环境效益的双赢。

延伸阅读

为人类可持续发展提供思想启迪

新华社国家高端智库、习近平生态文明思想研究中心联合课题组26日发布智库报告《让世界读懂美丽中国的“绿色密码”——习近平生态文明思想的中国实践与世界贡献》，深入阐释习近平生态文明思想的时代背景、核心要义、丰富内涵和世界贡献。

报告认为，新时代以来，中国生态文明建设取得举世瞩目的重大成就，根本在于以习近平同志为核心的党中央坚强领导，根本在于习近平生态文明思想的科学指引。这一重要思想将理论与实践相结合、历史和现实相贯通，深刻阐释了人与自然、保护与发展、环境与民生、中国与世界的关系，为建设人与自然和谐共生的美丽中国、共同构建人与自然生命共同体提供了强大思想武器。

伴随数百年工业化进程，人类在创造巨大物质财富的同时，也加速了对自然资源的攫取，打破了地球生态系统平衡，人与自然深层次矛盾日益显现。世界正站在一个十字路口——是以资源环境为代价换取一时的经济增长，还是走人与自然和谐共生之路，成为摆在全世界面前的时代之问。

党的十八大以来，中国把生态文明建设作为关系中华民族永续发展的根本大计，大力推进生态文明理论创新、实践创新、制度创新，推动生态环境保护发生历史性、转折性、全局性变化，美丽中国建设迈出重大步伐。

中国生态文明建设取得举世瞩目的巨大成就，成为新时代党和国家事业取得历史性成就、发生历史性变革的重要组成部分，深刻揭示了习近平生态文明思想的真理力量和实践伟力。

报告指出，习近平生态文明思想的形成具有深刻的时代背景和鲜明的历史特点，是在世情国情社情发生复杂深刻变化的历史条件下，对生态文明建设的时代之问、世界之问、人民之问作出的科学解答。

报告认为，这一重大思想系统阐释了人与自然、保护与发展、环境与民生、国内与国际等关系，涵盖新时代生态文明建设的根本保证、历史依据、基本原则、核心理念、宗旨要求、战略路径、系统观念、制度保障、社会力量、全球倡议等基本问题，其主要方面集中体现为“十个坚持”，即坚持党对生态文明建设的全面领导，坚持生态兴则文明兴，坚持人与自然和谐共生，坚持绿水青山就是金山银山，坚持良好生态环境是最普惠的民生福祉，坚持绿色发展是发展观的深刻革命，坚持统筹山水林田湖草沙系统治理，坚持用最严格制度最严密法治保护生态环境，坚持把建设美丽中国转化为全体人民自觉行动，坚持共谋全球生态文明建设之路。

（新华社，2024）

思 考 题

1. 低碳发展与可持续发展的理念在具体政策实施中是如何交汇和互补的？请结合实际案例分析政策制定者在推进这两个目标时可能面临的挑战和机遇。

2. 从社会公平和经济包容性的角度来看，如何确保低碳发展的路径不会加剧全球或国内的贫富差距？请讨论在推动低碳经济过程中，如何同时兼顾社会的可持续性和公平性。

3. 全球气候变化带来了日益紧迫的环境危机，低碳发展被视为应对这一危机的关键路径。在这一背景下，如何将低碳发展策略与可持续发展目标紧密结合，以实现长远的经济、社会和环境效益？请提出并论证可能的综合性策略。

主要参考文献

林伯强，刘智威. 2024. CCS 相较储能何时拥有成本优势？从中国电力系统低碳转型出发. 系统工程理论与实践，45（1）：109-126.

刘晓君，贺丽，胡伟，等. 2019. 中国绿色建筑全产业链政策评价. 城市问题，（6）：71-79.

王海，郭冠宇，尹俊雅. 2024. 在转型中向“绿”而行：产业结构调整与企业绿色创新. 数量经济技术经济研究，42（1）：93-115.

新华社. 2024. 为人类可持续发展提供思想启迪. [2025-05-13]. http://www.qstheory.cn/qshyjx/2024-11/27/c_1130223238.htm.

闫里鹏，牟俊霖. 2023. 低碳城市试点对劳动就业的影响机制及其异质性. 中国人口资源与环境，33（7）：105-116.

张贤，许毛，徐冬，等. 2021. 中国煤制氢 CCUS 技术改造的碳足迹评估. 中国人口资源与环境，31（12）：1-11.

周丽，夏玉辉，陈文颖. 2020. 中国低碳发展目标及协同效益研究综述. 中国人口资源与环境，30（7）：10-17.

朱旭峰，薛佳依，魏俊杰. 2024.“双碳”目标下企业绿色转型和低碳发展的路径研究. 生态文明研究，（5）：24-36.

第二篇

技术与实践

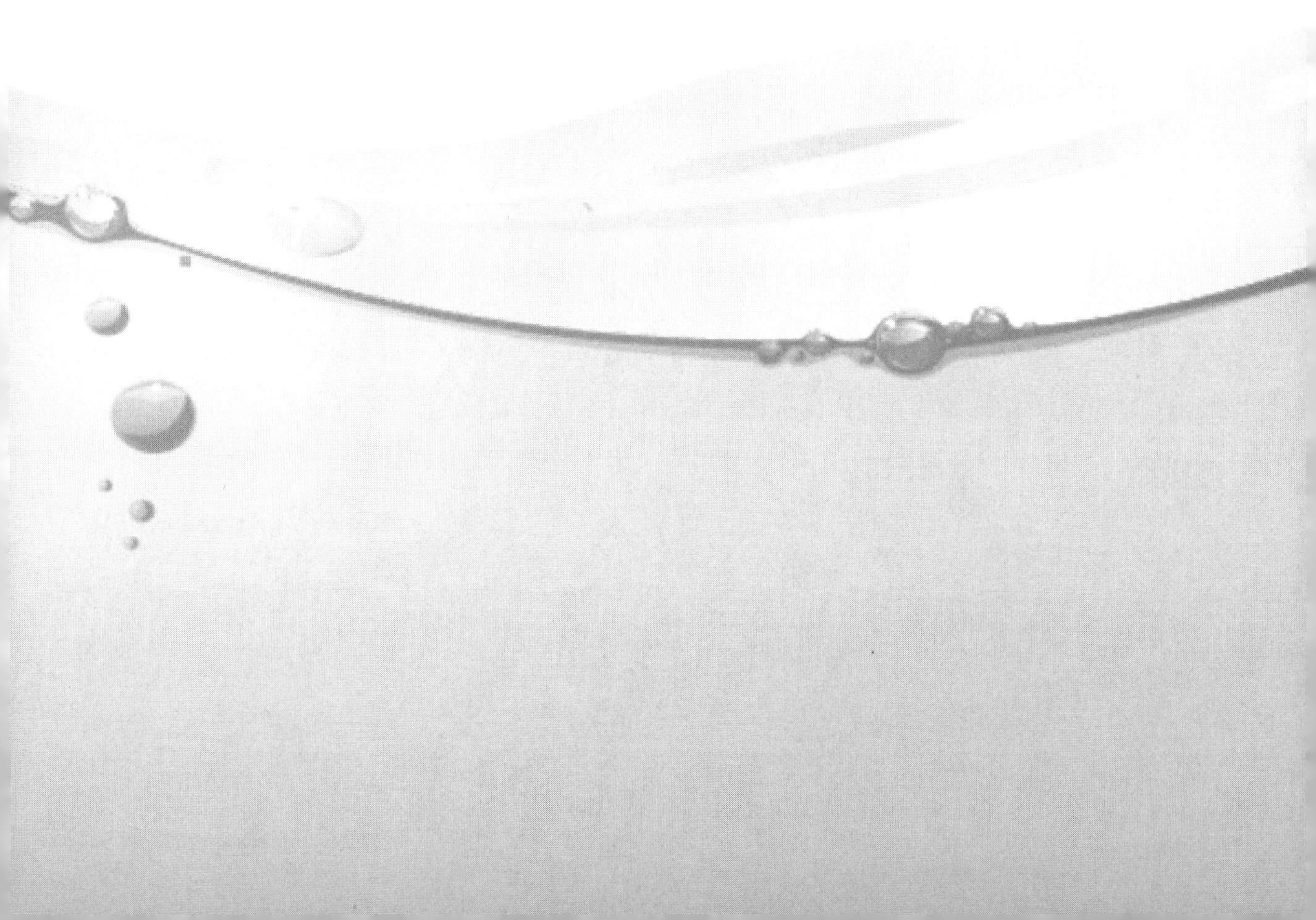

第五章 低碳技术

主要目标

1）应用低碳技术和措施。学生能够识别和应用各种低碳技术（如可再生能源技术，节能技术，碳捕集、利用与封存技术）。

2）进行可持续发展管理。培养学生在企业或组织中制定和实施可持续发展战略的能力，掌握环境管理体系和可持续发展评估方法。

3）案例分析与问题解决。通过实际案例的学习，学生具备分析低碳和可持续发展实践案例的能力，能够提出合理的改进建议和解决方案。

第一节 可再生能源技术

一、可再生能源技术分类

可再生能源是指在自然界可以循环再生，是取之不尽，用之不竭的能源，不需要人力参与便会自动再生，是相对于会穷尽的非再生能源的一种能源，包括太阳能、水能、风能、生物质能、波浪能、潮汐能、海洋温差能、地热能等。

能源是指能够提供能量的自然物质资源，它可以直接或间接转化为热能、电能、光能、机械能、化学能等为人类所用。这些能源主要包括煤炭、原油、天然气、煤层气、水能、核能、风能、太阳能、地热能、生物质能等一次能源和电力、热力、成品油等二次能源，以及其他新能源和可再生能源（方利国，2008）。

（一）太阳能技术

太阳能（solar energy）是一种可再生能源，是指太阳的热辐射能，主要表现就是常说的太阳光线。在现代一般用作发电或者为热水器提供能源。

1. 太阳能发电　太阳能发电系统的核心由能够将光能直接转化为电能的半导体装置（太阳能电池）组成。这些发电组件可以被连接在一起，形成小型或大型的阵列，发电功率为几百瓦到几百千瓦。

2. 太阳能热水　太阳能热水技术已经发展成熟，并在全球多个地区得到广泛应用。太阳能热水技术适合在我国香港使用，而因为气候条件，利用太阳能进行空间供暖的应用则相对不常见。

除了以上两种主要的技术，还有其他多种太阳能应用技术，如太阳能聚焦热发电技术，通过反射材料（如镜子）聚焦太阳能，产生高温后利用传统发电设备将热能转换为电能；太阳能空间供暖；太阳能制冷；太阳能照明等。

这些技术展示了太阳能的多样性和应用潜力，为可再生能源的利用提供了丰富的选择。

（二）风能技术

风能是由空气运动产生的能量，这种运动源于地球上不同区域对太阳辐射的吸收差异及地球自转的影响。因此，风能被视为太阳能的间接形式。

风力发电机是一种设备，可以将风的动能转换为涡轮叶片的旋转运动，从而带动发电机发电。风力发电机主要分为以下几种类型。

1. *海上风力发电场*　自 21 世纪以来，开发者开始在海床上建设风力发电机，以利用海面上更强劲的风力。这些风力发电场通常位于离岸数千米以外的海面上，能够有效捕捉更高强度的风能，提供大量电力。

2. *大型风力发电机*　大型风力发电机通常用于大型风力发电场，能够生成数百千瓦到几兆瓦的电力，适合于大规模的电力需求。

3. *小型风力发电机*　小型风力发电机通常用于偏远地区，适合个人或小型社区的电力需求。这些小型装置有时与太阳能光伏板结合使用，能独立于电网为用户提供电力。小型风力发电机的额定功率可在几百瓦到几千瓦，甚至可以在帆船上使用，为电池充电。

综上所述，风能的多样化应用，包括大型海上风场和适用于偏远地区的小型风力发电机，使其成为一种可再生能源的重要方式，有助于提升可持续发展的电力供应。

（三）水能技术

水能是太阳能的间接形式。太阳辐射的热量将海洋中的水分蒸发，然后以雨水的形式降下，流入河流并最终汇入大海。水能可以通过机械涡轮的方法来利用。

（四）生物质能技术

生物质能技术是指利用植物或动物废料发电的技术。由于植物中蕴含的能量来源于光合作用中吸收的太阳能，因此生物质能被视为一种可再生能源。生物质如能源作物、木柴、林业废料及甘蔗渣等，都可以在焚化炉或锅炉中燃烧，以产生工业生产过程中用的热水或蒸汽，或者产生蒸汽推动涡轮机发电，或者既产热又产电（称为生物质热电联产），这种技术在有丰富生物质资源的地区得到了比较广泛的应用。

生物质还可以通过生物过程（如发酵或者厌氧消化等）转化成气体燃料或者液体燃料。乙醇是一种由含有糖分、淀粉或纤维素的生物质经过发酵所产生的最终产物。乙醇可以用作车用燃料，以替代汽油或者与汽油混合。此外，生物质也可以通过厌氧消化产生甲烷来用于发电。

（五）生物质热电联产技术

在一个综合系统中，利用单一能源同时生产热和电，当单一能源是生物质时，这种过程就称为生物质热电联产。

炉烧和流化床焚烧技术是主要的焚烧技术。炉烧是一种传统技术，用于燃烧固体燃料，目前仍被广泛应用于热水锅炉和小型电厂的蒸汽生产过程中。而流化床焚烧技术则越来越多地被用在生物质热电联产厂中。一般情况下，锅炉产生蒸汽用于涡轮发电，而余热则用于产生热水或低压蒸汽。

大型生物质发电系统的效率与化石燃料系统相当接近，但由于锅炉的特殊设计以适应生物质的燃烧，其成本会比较高。生物质热电联产系统的总效率要比单纯发电系统高得多。传统电厂的效率通常在35%左右，而在热电联产系统中，由于余热被回收利用，总效率甚至可以达到80%。

生物质热电联产技术的经济性取决于燃料供应、所使用的技术、设备效率和热电需求量。收集和预先处理生物质燃料，以及分配热电的过程，会增加额外的成本，因此生物质热电联产技术适用于能就近提供充足的原料并具有热电需求的地区。

（六）生物燃料技术

生物燃料的广义是指任何来源于生物质的燃料。根据这个定义，生物燃料包括来自农产品、动物废弃物、工业有机废弃物、林业有机废弃物、家庭有机废弃物及其他有机废弃物的液体或气体燃料。填埋气和污水处理过程中产生的生物气体也可以归入生物燃料，通过生物方法制造的生物燃料（生物乙醇和生物柴油），可以替代汽车使用的化石燃料。生物乙醇和生物柴油可以单独使用或与汽油或传统柴油混合使用，作为汽车燃料。

（七）海洋可再生能源技术

地球表面超过70%的区域被海洋覆盖。海洋中的潮汐和海浪蕴藏着大量的能量。潮汐的出现主要是由于月亮的引力，而海浪则主要是由风引起的。潮汐和海浪都是间歇性的，通过机械设备可以将其中的能量转化为电能。此外，海洋流也可以用于发电。

大部分海洋可再生能源技术仍处于开发阶段，只有少数技术进入了商业应用阶段。

1）潮汐能：潮汐是指海平面周期性的涨退现象。潮汐现象主要是由太阳和月亮对海水的引力作用而产生，是最可预期的自然力量之一。在涨潮时，海平面上升；而在退潮时，海平面下降。每天（月亮绕地球一周所需的时间为27.32d）会有两次潮涨和潮退。在连续的潮涨和潮退之间，海水水平面的落差被称为“潮差”。

由于地球和月亮都围绕太阳转动，因此月亮和太阳的相对位置也会影响潮汐现象。当它们排列成一条直线时，引力作用非常强大，导致的潮差也较大，这种现象称为“高潮”。而当二者并不直接排列成一条直线时，潮差则会小一点。当月亮和太阳相对地球排列成直角时，所引发的潮差最小，这种现象称为“小潮”。

潮汐能的储存通常通过蓄水湾实现，随后可以将海水放出以推动水轮发电。蓄水湾越大，在潮汐过程中能够储存的能量就越大。假设一个蓄水湾的截面积固定，而潮差为H（单位为m），则其单位面积的储能为$4.91H^2$（单位为kJ/m^2）。这只是潮汐能潜力值的最大理论值。

潮汐能的获取可以通过在河口建立堤坝形成蓄水湾来完成。在涨潮过程中，通过一些水闸将海水注入蓄水湾，随后在退潮时关闭这些水闸。实现在海水落潮后，蓄留的海水排出可以推动传统水轮，从而带动发电机发电。

潮汐能发电可以通过在涨潮时直接推动堤坝上安装的水轮发电（称为“涨潮发电”），或者在涨潮时让海潮通过水闸进入蓄水塘，关闸后再在退潮时让海水通过水轮发电（称为“退潮发电”）。在简单的退潮发电和涨潮发电设施中，每个潮汐周期内设备使用的时间相对较短（通常为3～6h），其间产生的电功率相对较低。

另一种方法是双向发电，能够从涨潮和退潮过程中提取能量。不过，由于电力输出更加均匀分布，电功率值会有所降低。

2）海浪能（或称波浪能）是通过风与海面之间的相互作用产生的。海浪不仅包含动能

（海水前移的运动），还包含位能（部分海水的水位升高）。海浪能的最丰富区域位于南北半球的纬度 40°～60°，这主要是由该地区的信风带造成的。

理论上，深海海浪的功率 P 可用以下公式表达（单位为 W/m）：

$$P=\rho g^2 H^2 T/32\pi$$

或者大约可以简化为

$$P \approx H^2 T$$

式中，ρ 为海水密度（单位通常为 kg/m^3）；g 为重力加速度；H 为海浪高度（浪峰与浪谷之间的垂直距离，单位为 m）；T 为海浪周期（单位为 s）。

这个公式表明，海浪的能量与海水密度、海浪高度的平方及海浪周期直接相关。通过合理的技术手段，海浪能可被有效地转化为电能，为可再生能源的开发提供了重要的机会。

3）海洋流发电技术利用类似于风力发电机转子的海洋流涡轮来收集海洋流能。与通过流动空气推动的风力发电机不同，海洋流涡轮位于海面下，由潮汐流或海洋流推动。转动的涡轮转子通过齿轮箱驱动发电机进行发电。

这些转子通常被安装固定在海床的柱子上，以确保它们牢固地定位在海洋中，从而有效地利用海洋流的能量。海洋流发电是一种可再生能源技术，能够捕获海洋流动产生的动力，为清洁能源的生产提供了一个重要的途径。由于海洋流的稳定性和可预测性，这种技术在能源的持续生产上展现了良好的潜力。

（八）地热能技术

地热能是地球内部自然存在的热能，源自地球的内热。地球从表面到核心可以分为四层：地壳，厚度为 5～40km，温度为 15～500℃；地幔，厚度约为 2885km，温度为 700～3000℃；外核，厚度为 2270km，温度大约为 5000℃；内核，半径约为 1216km，温度大约为 7000℃。

地球内部的熔岩中，放射性物质的衰变反应不断产生热能，并向地表传递。

热载体（水或蒸汽）可以将地球深处较热区域的热能以喷泉或温泉的形式传输到地面，或通过热载体提取干热岩或岩浆的热能，从而利用地壳中的热能。

地热能具有可持续性和多样化的应用前景，但其利用受到地域条件和资源分布的限制。

二、可再生能源的储量、装机容量与利用

能源储量数据对人类未来的发展及能源政策的制定有着重要的参考意义。能源储量主要有理论蕴藏量、技术可开发量、经济可开发量。

理论蕴藏量通常是指埋藏在地球内的某种资源已探明储量和预测储量之和，是地球上某一种、某一类或各种资源量的总和。蕴藏量只具物质概念，没有考虑其经济性质。对于不可再生能源而言，其蕴藏量是一定的，它随着开采而逐步减少；而对于可再生能源而言，蕴藏量是个变量。

技术可开发量通常是指在现有技术水平、经济条件和政策法规下，能够从能源储量中实际开发的能源资源量。这意味着，随着技术的进步，某些之前无法开发的能源可能变得可开发，因此这个量是动态变化的。这个概念通常用于评估能源资源的开发潜力和可持续性，是能源规划和资源管理的重要依据。

经济可开发量通常是指在当前技术条件和市场条件下，可以以经济效益进行开采和利用

的那部分能源储量。这通常取决于能源的开采成本、市场需求、价格预期及环保标准等因素。在实际的能源资源开发过程中，经济可开发量的评估对于确定开发项目的可行性和优先级具有重要意义。

为了实现可持续发展目标，全球对可再生能源的发展和利用都做出了有力的举措，将拥有巨大能源储量的可再生能源为人类带来便利，拓宽了可再生能源的装机容量。

（一）太阳能

1. 太阳能资源储量　尽管太阳辐射到地球大气层外界的能量仅为其总辐射量的 22 亿分之一，但其辐射总量已高达 1.73×10^5TW，即太阳每秒钟投射到地球上的能量相当 5.9×10^6t 煤。

全球太阳能资源的分布呈现出显著的地域差异，主要受到纬度、地形、气候和日照时间等因素的影响。根据国际太阳能热利用区域分类，全世界太阳能辐射强度和日照时间最佳的区域包括北非、中东地区、美国西南部和墨西哥、南欧、澳大利亚、南非、南美洲东西海岸及中国西部地区等。其中北非地区是世界太阳能辐射最强烈的地区之一。

中国总面积的 2/3 以上地区年日照时数大于 2200h。从时间分布来看，根据每年的平均太阳能水平面辐射总量分别有偏小年景、正常年景、偏大年景，中国近 10 年的年平均水平面总辐射量约为 1515.1kW·h/m^2。中国气象局发布的《2023 年中国风能太阳能资源年景公报》显示，2023 年，全国太阳能资源为偏小年景，年平均水平面总辐射量约为 1496.1kW·h/m^2。从空间分布看，中国太阳能资源分布如表 5-1 所示（李传统，2012）。

表 5-1　中国太阳能资源分布

地区	级别	年总辐射量/（kW·h/m^2）	年日照数/h
内蒙古、新疆塔里木、青藏高原	丰富区	＞1740	＞3300
新疆北部、东北三省西部、内蒙古东部、华北、陕北、宁夏、甘肃的一部分	较丰富区	1510～1740	2600～3000
东北三省，内蒙古，黄河、长江中下游及东南沿海，云南、西藏、四川的一部分	可利用区	1200～1510	2000～2600
四川、贵州、云南、湖南、江西大部分地区	频发区	930～1280	＜180

2. 太阳能装机容量　近年来，中国太阳能发电装机稳步增长。《中国可再生能源发展报告 2023 年度》是水电水利规划设计总院编写的第八个年度发展报告，其中提到，至 2023 年，中国新增装机 216 GW，年底累计装机 609 GW，占全国电力总装机容量的 20.9%。其太阳能装机的利用效率水平连续五年保持在 95%以上（表 5-2）。

表 5-2　2023 年各国家和组织太阳能装机容量对比

国家和组织	新增装机/GW	累计装机/GW	占全国电力总装机容量/%
中国	216	609	20.9
欧盟	55.9	269	
美国	32.4	179	53
日本	6.5	87.0	
德国	14.1	81.6	
印度	10	72	

3. 太阳能利用　太阳能利用技术是一种将太阳辐射能转化为可利用的能源形式的技

术，主要包括光电转换和光热转换两种方式。

（1）光电转换技术　光电转换技术是指利用太阳能电池将太阳能转化为电能的过程。太阳能电池是一种半导体材料，它可以将光线转化为电流，供电给外部电路使用。

光伏发电系统由太阳能电池板、逆变器、电池组、控制器等组成。太阳能电池板将光线转化为电流，逆变器将直流电转化为交流电，电池组负责储存电能，控制器则控制整个系统的运行。光伏发电系统具有适应性强、环保、可再生等优点，已经广泛应用于太阳能路灯、太阳能电池板、太阳能电站等领域。

（2）光热转换技术　光热转换技术是指通过聚光器、太阳能热水器等设备，将太阳的辐射能转化为热能。这种技术广泛应用于供暖、热水供应、工业用热等领域。主要技术有太阳能热水器、太阳房、太阳能干燥。

（二）风能

1. 风能资源储量　据估计，地球上的风能理论蕴藏量巨大，总量约为 2.74×10^9MW，是地球上水能的 10 倍（表 5-3）。

表 5-3　全球风能资源分布

地区	陆地面积/km^2	风力为 3～7 级所占的面积/km^2	风力为 3～7 级所占的面积比例/%
北美	19 339	7 876	41
拉丁美洲和加勒比	18 482	3 310	18
西欧	4 742	1 968	42
东欧和独联体	23 049	6 783	29
中东和北非	8 142	2 566	32
撒哈拉以南非洲	7 255	2 209	30
太平洋地区	21 354	4 188	20
中国	9 597	1 056	11
中亚和南亚	4 299	243	6

我国位于亚欧大陆东部太平洋的西岸，由于海陆热力性质差异明显，所以我国形成了十分明显的“季风现象”，每年夏季风从海洋吹向陆地，盛行东南季风；每年冬季风从陆地吹向海洋，盛行西北季风。由于季风显著，我国是一个风能资源十分丰富的国家。

受到了地理位置和地形因素的影响，风能理论蕴藏量分布不均。青藏高原东部、横断山脉、云贵高原、东南丘陵、黄土高原、塔里木盆地等地区，由于受到地形的阻挡作用较强，属于风能资源的贫乏区。我国风能资源比较丰富的区域主要有三个地区，分别是东南沿海地区、东北和西北地区及青藏高原西北部。

2. 风电装机容量　2023 年，全国新增装机 75.66GW，达历史新高，同比增长 101.6%；年底累计装机 440GW，同比增长 20.8%，占全国电力总装机容量的 15.1%。陆上风电仍是风电新增装机主体，年度新增 69.33GW。海上风电累计装机 37.28GW，同比增长 20.5%，累计装机连续三年位居全球首位（表 5-4）。

表 5-4　2023 年各国家风电装机容量对比

国家	新增装机/GW	累计装机/GW	数据来源
中国	75.66	440	国家能源局

续表

国家	新增装机/GW	累计装机/GW	数据来源
美国	5.83	145.83	SEIA
巴西	4.8	28.8	ABSOLAR
德国	3.49	70.1	Bundesnetzagentur
印度	2.33	44.26	MNRE
荷兰	1.9	10.59	DNE
瑞典	1.9	16.46	Energimyndigheten

3. 风能利用　风能利用是指通过技术手段将自然界中空气流动产生的动能转化为可供人类使用的能源形式的过程。其核心原理是风力推动风机叶片旋转，通过传动系统带动发电机将机械能转化为电能。风能作为一种清洁的可再生能源，具有资源丰富、分布广泛、低碳环保等优势，主要应用包括并网型风力发电、离网小型风电系统及风能互补利用等。

尽管风能利用前景广阔，但也面临风速波动性大、地域选择性高、噪声影响等技术挑战。为提升风能利用效率，现代技术正朝着大功率、智能化、深远海等方向发展，同时结合储能技术或与其他能源协同开发，以克服间歇性问题，实现更稳定的能源供应。风能成为全球能源结构调整和可持续发展的重要领域之一。

（三）水能

全世界江河的水能资源蕴藏量丰富，中国、巴西、美国、加拿大、印度的技术可开发量位于世界前列。中国河流众多，径流丰沛、落差巨大，蕴藏着非常丰富的水能资源。电力规划设计总院发布的《中国电力发展报告 2023》显示，根据最新水力资源普查结果，我国水能资源技术可开发量为 687GW。四川、云南两省水力资源开发程度分别为 59.3%、64.4%。西藏地区水力资源开发程度仅为 1.7%，水力资源开发潜力巨大。我国其他地区水力资源平均开发程度为 88.1%。中国的大型水电站主要集中在长江、黄河和珠江的上游。主要水电站有葛洲坝、龙羊峡和三峡水电站。

我国常规水电积极稳妥推进。2023 年，新增常规水电装机 2.43GW，年底累计装机达到 371GW，在建大型常规水电站容量 30.64GW。抽水蓄能累计投产规模突破 50GW。2023 年，新增投产抽水蓄能 5.15GW，西北区域抽水蓄能投产实现零的突破（国家能源局，2024）。

2023 年，中国、巴西、美国、加拿大和俄罗斯是水电装机容量相对较大的几个国家，仅中国占全球新增装机容量的一半。欧洲正致力于对现有水电设施进行现代化改造，并开发抽水蓄能，以实现其 2030 年可再生能源目标。

（四）海洋能

海洋能资源开发潜力巨大。地球表面积约 5.1 亿 km^2，其中海洋面积约 3.61 亿 km^2，占 71%，海水容积多达 13.7 亿 km^3。根据 IRENA 分析，2020 年全球累计海洋能资源潜力在每年 45 000～130 000TW・h，总量为当前全球电力需求的两倍以上。

海洋能前景虽好，但多数技术仍不成熟。相比之下，潮汐能发展最快，当前已部分投入商业化实践。潮流能和波浪能仍处在技术攻关阶段，温差能和盐差能还在研究初期。

中国运行时间最长、装机容量最大的潮汐能电站是江厦潮汐电站。电站建于 1985 年，采用单库双向方式运行，总装机容量 4.1MW，仅次于 254MW 的韩国始华湖电站、240MW 的法国朗斯电站、20MW 的加拿大安纳波利斯电站，至今仍保持亚洲第二、世界第四。

（五）生物质能和地热能

相对风光发电来说，生物质能和地热能在我国整个能源电力中占比几乎也可以忽略不计，很难成为“大众”能源，但对于优化我国能源结构、完善产业体系仍具有相当重要的现实意义，是我国能源发展中不可或缺的一部分。

我国拥有丰富的地热资源，生物质能储量也非常大。生物质能利用方式主要包括生物质发电、生物液体燃料、生物质成型燃料、生物质燃气和生物制氢技术等类型。国家能源局发布的《2023 年度全国可再生能源电力发展监测评价报告》显示，截止到 2023 年年底，我国生物质发电装机容量达到 44GW，当年新增生物质发电新增装机容量为 2.68GW。生物质能累计装机容量排名前五的省份是广东、山东、江苏、浙江、黑龙江，几乎占全国装机规模的一半。我国现已基本上建立涵盖生物质发电上游、中游和下游全产业链的产业体系，但也存在产业结构明显失衡、创新能力不足、电价补贴拖欠严重等现实问题，不利于生物质能利用的平稳健康发展。

第二节 节 能 技 术

一、节能的定义

按照世界能源委员会 1979 年提出的定义，节能是指加强用能管理，采用技术上可行、经济上合理及环境和社会可以接受的措施，减少从能源生产到消费各个环节中的损失和浪费，更加有效、合理地利用能源。其中，技术上可行是指在现有技术基础上可以实现；经济上合理就是要有一个合适的投入产出比；环境可以接受是指节能还要减少对环境的污染，其指标要达到环保要求；社会可以接受是指不影响正常的生产与生活水平的提高；有效就是要降低能源的损失与浪费。主要包括：能源优化开发利用技术；单项节能改造技术与节能技术的系统集成；节能型的生产工艺，高性能用能设备，可直接或间接减少能耗的新材料开发与应用技术。

节能是我国可持续发展的一项长远发展战略，是我国的基本国策。从狭义地讲，节能是指节约煤炭、石油、电力、天然气等能源，包括能源资源的开发、输配与转换（电力、蒸汽、煤气等）或加工（各种成品油、副产煤气为二次能源，直到用户消费过程中的各个环节，都有节能的具体工作去做）。从节约石化源的角度来讲，节能和降低碳排放是息息相关的。从广义地讲，节能是指除狭义节能内容之外的节能方法，如节约原材料消耗，提高产品质量、劳动生产率，减少人力消耗，提高能源利用效率等。

随着社会的不断进步与科学技术的不断发展，人们越来越关心我们赖以生存的地球，世界上大多数国家也充分认识到环境对我们人类发展的重要性。各国都在采取积极有效的措施改善环境，减少污染。其中最为重要也是最为紧迫的问题就是能源问题，要从根本上解决能源问题，除了寻找新的能源，节能是关键的也是目前最直接有效的重要措施，在最近几年，通过努力，人们在节能技术的研究和产品开发上都取得了巨大的成果。

二、节能的意义与作用

（一）深刻认识强化节能提高能效的重要意义

节能提高能效是满足我国现代化能源增长需求的重要保障。目前我国能源消费主要集中在工业领域，与居民生活息息相关的建筑、交通用能较少，人均能源消费量尚不足发达国家平均水平的60%。节能提高能效是满足我国能源需求增长的最优先来源。

节能提高能效是实现建设美丽中国和应对气候变化目标的重要前提。近年来，我国不断强化污染治理，环境质量改善之快前所未有。但随着末端治理的空间不断收窄、成本持续上升，必须从源头上大幅提高能源利用效率，协同推进源头预防、过程控制、末端治理。同时，在应对气候变化中，节能是最具减排潜力、最经济的方式，是实现我国2030年应对气候变化国家自主贡献最主要的途径。

节能提高能效是壮大绿色发展新动能的重要源泉。作为世界能源消费大国，一方面，超高能效设备产品、低能耗建筑、节能和新能源汽车等在我国有着广阔的市场空间和应用前景，可不断形成绿色发展新动能；另一方面，对传统产业实施节能升级改造，可以赋能实体经济，在绿色转型中形成新的经济增长点。

（二）节能提高能效在生态文明建设中发挥积极作用

1）能源利用效率是衡量一个国家和地区发展质量效益的重要标志。作为全球能耗强度降低最迅速的国家之一，我国节约能源占同时期全球节能量的一半左右，对促进世界可持续发展发挥了重要作用。

2）我国能源利用技术实现跨越式进步，燃煤发电、电解铝、水泥等能耗水平进入世界先进行列。节能建筑全面推广，绿色建筑技术取得长足进步。综合交通运输体系持续完善，高速铁路里程位居世界第一，新能源汽车保有量占世界一半以上。

3）通过节能提高能效，推动重点地区煤炭消费减量替代，减少二氧化硫、氮氧化物排放近千万吨，减排二氧化碳超过27亿t，对从源头上降低污染物排放负荷和碳排放强度发挥了关键作用。节能提高能效不仅节约了末端治理的大量投资，而且促进了节能环保等产业发展，为绿色低碳转型奠定了重要的产业和技术支撑。

三、节能技术的经济评价

节能技术的经济评价是节能项目可行性研究的重要组成部分，也是节能项目投资决策科学化的重要手段。经济评价的目的是通过节能措施项目的费用和效益计算、分析及多方案比较，分析论证拟建节能项目的财务可行性和经济合理性，为项目的科学决策提供依据。

（一）节能技术经济评价指标

节能技术经济评价既要考虑传统的经济指标，同时也要考虑到节能减排指标。为此，节能技术经济评价应从节能效果评价、经济评价、减排效果评价三个方面考虑。

1. 节能效果评价指标　节能量是评价节能效果的依据。常用的节能量评价指标有单项能源节约量、单位产品综合能耗降低量、技术措施节能量、重点耗能设备系统效率提高值、万元投资节能量等。

2. 经济评价指标　包括静态指标和动态指标。一般静态指标主要包括投资回收期、投资利润率、借款偿还期、单位万元投资节能效益。动态指标主要有财务净现值和净现值率、财务内部收益率。经济评价以动态分析为主，静态分析为辅。节能项目的敏感性分析：敏感性分析是通过分析、预测项目主要因素发生变化时对经济评价指标的影响，从中找出敏感因素，并确定其影响程度。一般考虑各项购进消耗的能源价格为发生变化主要因素。

3. 减排效果评价指标　节能项目的实施都会降低温室气体的排放，因此，应该对节能项目的减排效果进行评价。针对节能项目的减排效果，可采用的评价指标有温室气体减排能力、单位投资减排能力等。

（二）节能技术经济评价方法

1. 投资回收期法　该法常用于资金有限并重资金返还速度的情况。投资回收期有静态和动态两种计算方法，从项目建设开始算起。投资回收期比基准投资回收期短，考虑接受项目（张建国等，2009）。多方案比较时，投资回收期短的方案为较优方案。基准投资回收期是评价建设项目投资回收期所规定的标准期限，一般应是同行业平均先进定额。在回收期较短时，静态和动态的计算结果比较接近，在回收期较长或贷款利率高时，结果相差较大。

2. 投资效果法　该法在项目方案初选阶段可作为筛选依据，可判别项目单位投资盈利能力是否达到本行业平均水平。对具体节能项目，可计算投资节能能力、投资 CO_2（SO_2）年减排能力，并根据节能量和减排量价值，计算投资节能效益。根据对项目的经济性、节能效果、减排效果的不同关注点，选择其中一个或多个指标描述投资效果。每年节约单位能源所需的投资额，如低于国家规定标准时，方案可行。

3. 净现值收益法　净现值或净收益是通过计算一个项目的总收益与总支出之间的净值差异，来衡量其经济效果。当净现值大于 0，经济上可行；净现值等于 0，节能方案收支相抵，在经济上无收益，但若有环境效益，可考虑实施；净现值小于 0，节能项目将亏损，在经济上不可行。一般情况下，该方法所需要的资料要求较全面，适用于从整体和全局考虑的评价项目。

4. 内部收益率法　不同方案比较时，内部收益率大的方案为最优。内部收益率是项目动态经济评价的主要指标，内部收益率指标往往与净现值指标结合起来使用。

以上的项目评价方法是基于财务评价指标的方法，在进行项目国民经济评价时，需要采用经济净现值或经济内部收益率等指标。

四、节能技术的全生命周期评价

（一）节能技术的评价方法

节能技术评价指标体系初步考虑设置能效水平、技术创新、经济效益、社会效益、推广潜力和行业指标 6 项一级指标，以及节能量、节能率、技术先进性、技术实用性、技术可靠性、投资回收期、单位节能量投资额、社会效益贡献、推广范围、推广难度、行业特征等 11 项二级指标所构成的评价指标体系（辛升，2020），具体如表 5-5 所示。

节能技术评价指标的定义如下。

1）节能量。用能单位在一定范围内应用某项节能新技术或新产品后，在同等时期内生产同等数量的产品或提供相同数量的服务比原来减少的能源消耗量。节能量是绝对值，节约的能源品种可以是煤、电、油、气等，单位一般换算成标准煤。

表 5-5 评价指标体系参照表

一级指标	二级指标	简要说明
能效水平	节能量	绝对量
	节能率	相对量，联合使用
技术创新	技术先进性	技术先进性的水平评价（国际、国内）
	技术实用性	解决的实际问题情况（经济性等）
	技术可靠性	技术应用阶段及实践情况
经济效益	投资回收期	收回初始投资的年限长短
	单位节能量投资额	投资总额与年节能能力的比
社会效益	社会效益贡献	对社会发展所起到的推动作用、环境效益等
推广潜力	推广范围	技术应用的程度、应用的行业领域范围等
	推广难度	政策导向、市场认可等
行业指标	行业特征	所在行业领域的具体特点和情况

2）节能率。用能单位在一定范围内应用某项节能新技术或新产品后，生产同等数量的产品或提供相同数量的服务所减少的能源消耗量与采用节能新技术新产品之前的能源消耗量之比。该指标可与节能量联合使用，从不同角度反映用能单位由于采用某项节能新技术所带来的节能效果。节能率是相对值，其单位为百分比（%）。

3）技术先进性。新技术与传统技术相比在技术原理、生产力水平等方面的进步水平，也可以根据新技术与国际领先技术的比较情况分析技术先进性。一般来说，技术先进性由高到低包括国际领先、国际先进、国内领先、国内先进 4 个水平层次。

4）技术实用性。《中华人民共和国专利法》规定，实用性是指该发明或者实用新型能够制造或者便于使用，并且能够产生积极效果的特性。技术实用性是由技术发展的环境和目标决定的。

5）技术可靠性。技术应用的可靠程度，是指在满足技术适用条件下，根据技术投入应用的情况和实践进行分析。

6）投资回收期。投资回收期分为静态投资回收期和动态投资回收期，用于技术经济性评价通常采用的是静态投资回收期。根据《节能产品评价导则》（GB/T 15320—2001）的有关规定，该计算应扣除采用该节能新技术在寿命期内的额外运行管理和维护费用。

投资回收期指标衡量的是收回初始投资年限的长短，如投资回收期越长，投资风险越高。指标计算简单，易于理解，在一定程度上考虑了投资的风险状况。该指标是投资决策者主要参考指标之一。

7）单位节能量投资额。应用节能技术进行节能改造投入的成本与节能技术应用后年节能量的比值，单位通常为元/吨标准煤。

8）社会效益指标。社会效益贡献主要考虑技术对社会发展所起的积极作用或产生的有益效果，如技术在生态文明建设和绿色发展理念中的作用，包括项目贡献程度，也包括技术应用带来的环境效益等。

9）推广范围。主要从技术推广适用的领域、技术推广的潜在范围、技术普及的程度前景等来考虑。一般而言，通用类技术的推广范围优于行业技术，而适用于多个行业、大行业的技术的推广范围优于适用于小行业的技术。

10）推广难度。节能技术推广的难度，主要与市场对技术的认可度、技术改造的复杂程度、与现有工艺流程的匹配情况等相关。此外，推广难度也与国家产业政策导向相关。

11）行业特征。行业特征根据具体技术的行业特点来设定。针对不同行业的特征建立有差异的技术评价体系，同时要考虑不同行业技术推广应用的节能潜力、发展前景等因素。

（二）节能技术生命周期评价

生命周期评价（life cycle assessment，LCA）是一种对产品、工艺或活动的全过程，包括原材料开采、产品生产、运输、使用、废弃物处置，所消耗的资源及污染物排放造成的潜在环境影响等进行量化的系统分析方法。其目的在于识别关键环节，有效避免或减缓二次污染或污染转移，实现源头优化管控，进而开展科学、高效、系统的环境管理（翟一杰等，2021）。

针对评价对象的不断扩展和日趋复杂化，LCA 方法体系也在不断地改进自身缺陷，发展出新的形式。目前，根据系统边界及方法学原理的不同，生命周期评价方法可分为过程生命周期评价（process-based LCA）、投入产出生命周期评价（input-output LCA）及混合生命周期评价（hybrid LCA）。这三类 LCA 方法在分析和评价不同尺度的研究对象时各有利弊，在研究具体问题时往往需要通过结合使用以发挥各类方法的优势（王长波等，2015）。

1. *生命周期评价发展历史*　工业产品采用 LCA 方法评价环境影响始于 20 世纪 70 年代的欧美，80 年代大多数使用环保平衡（EcoBalance）这个名称。从接受 1992 年巴西里约热内卢联合国环境与发展会议结果，到 1993 年开始环境经营的国际标准化，LCA 这个名称在国际上才固定下来。

20 世纪 60 年代末和 70 年代初期，LCA 理念逐渐渗透到能源领域、废弃物处理、包装方案等应用研究领域；80 年代中后期到 90 年代初这一时期，LCA 在方法论方向上的研究进展迅速；20 世纪 90 年代以后，在环境毒理学与化学学会（SETAC）、欧洲生命周期评价开发促进会（SPOLD）的联合倡导下，国际标准化组织制定和发布了关于 LCA 的 ISO14040 系列标准，进一步促进了 LCA 方法论的发展和完善及实践应用的规范化；从 90 年代中期以来，LCA 在许多工业行业中取得了很大成果，LCA 研究成果在一些企业决策制订过程中发挥出了很大的作用。21 世纪伊始，LCA 理论进入了全球化的新发展阶段。2002 年，联合国环境规划署和环境毒理学与化学学会，提出并推动生命周期评价全球化的倡议，开始了生命周期概念的国际性合作。

2. *生命周期评价的框架*　1997 年 6 月，ISO14040 标准《环境管理—生命周期评价—原则与框架》正式颁布，LCA 由 4 个相互关联的部分组成，它们是：目标定义和范围界定（goal definition and scope/boundary Setting）、清单分析（life-cycle inventory，LCI）、影响评价（impact assessment）和改进评价（improve assessment）。LCA 的 4 个部分作为统一的整体，既相互联系，又相互影响。SETAC 将 LCA 描述为由 4 个相互关联的组分组成的模型（图 5-1）（刘夏璐等，2010）。

3. *实施生命周期评价的目的*　原则上讲，不同的主体，出于不同的目的，都可以实施 LCA 评估或引用 LCA 评估结论。

LCA 方法鼓励各种组织，尤其是企业，将环境问题结合到他们的总体决策过程中。通过 LCA 方法，并与其他的环境管理工具相互补充，帮助更好地理解、控制和减少对环境的影响。从企业的角度考虑，可以在以下时机实施 LCA：①在产品决策中提供辅助信息；②在产品或技术的设计或再设计时提供与环境相关的帮助；③在产品的环境声明中或实施环境标识

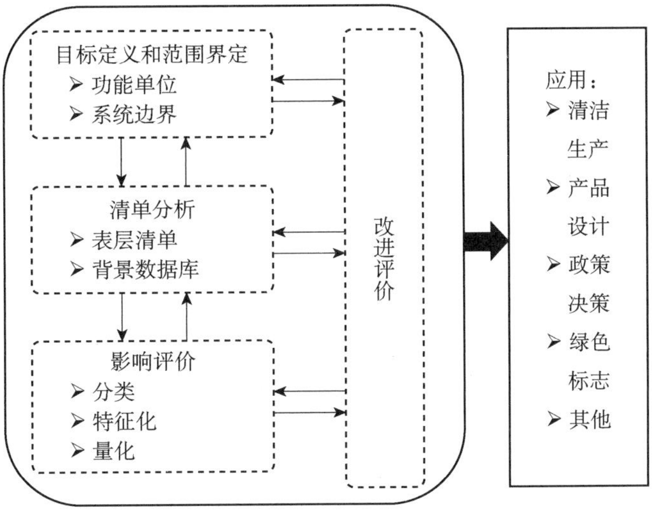

图 5-1 生命周期评价框架图

计划时；④在制定企业的环境战略和政策时；⑤在企业与公共关系沟通的过程中。

4. 生命周期评价的类型 LCA 按照其技术复杂程度可分为三类。

1）概念型 LCA（或称“生命周期思想”）：根据有限的，通常是定性的清单分析评估环境影响。因此，它不宜作为市场促销或公众传播的依据，但可帮助决策人员识别哪些产品在环境影响方面具有竞争优势。

2）简化型或速成型 LCA：它涉及全部生命周期，但仅限于进行简化的评价，如使用通用数据（定性或定量）、使用标准的运输或能源生产模式，着重分析最主要的环境因素、潜在环境影响、生命周期阶段或 LCA 步骤，同时给出评价结果的可靠性分析。其研究结果多数用于内部评估和不要求提供正式报告场合。

3）详细型 LCA：包括 ISO14040 所要求的目标定义和范围界定、清单分析、影响评价和改进评价全部 4 个部分，常用于产品开发、环境声明（环境标志）、组织的营销和包装系统的选择等。

（三）生命周期评价的应用

目前，LCA 作为国际上普遍采用的环境评价重要管理工具，在国内各行业的应用研究开展得非常广泛，如在高分子材料、建筑行业、石化产品、环境保护等多个领域中得到广泛应用。

LCA 在有色金属行业的应用研究非常广泛，如姜金龙等在研究不同方法生产金属铜的过程中引入 LCA，发现其间的环境影响与生产工艺直接相关。研究结果表明，湿法冶炼铜过程环境影响明显低于火法炼铜的环境影响。黄带弟等通过生命周期评价的介入研究氧化钴生产过程的环境负荷，提出需要在生产工艺、原材料、能源结构上进行优化。

同时也应看到我国 LCA 在有色金属冶炼、废弃资源循环利用方面的实践性研究大都面向产品进行，对工艺过程的研究较少，目前还处在 LCA 思想和方法的初步尝试阶段，且大多采用简式 LCA 应用于生产实践，实施全过程 LCA 目前难度还很大，无论是 LCA 方法还是清单数据库的建立都与国外在此方面的研究水平存在着很大的差距，评价结果的权威性有待检验。此外，中国 LCA 应用研究多局限于微观层面，存在本土化 LCA 有效基础数据匮乏、同一对象评价结果一致性差、区域间差异及技术演进应对性差等难题，进而导致应用面狭窄、溯源困难、结论冲突、源头减量化难控制等诸多问题。究其根源，中国在本土化生命周期清单（life cycle inventory）数据库和生命周期影响评价（life cycle impact assessment）模型构建方面尚未完善。

以下是生命周期评价的一个案例——建筑瓷砖的环境影响评价。

我国是世界上最大的建材生产国。从资源的消耗到对环境的损害，建材行业一直是污染较严重的产业。为考察建材生产过程对环境的影响，用 LCA 方法评价了某建筑瓷砖生产过程对环境的影响。该瓷砖生产线的年产量为 30.4 万块，采用连续性流水线生产。所需原料有钢渣、黏土、硅藻土、石英粉、釉料及其他添加剂等，消耗一定的燃料、电力和水，排放出一定的废气、废水、废渣，其生产工艺示意图见图 5-2。

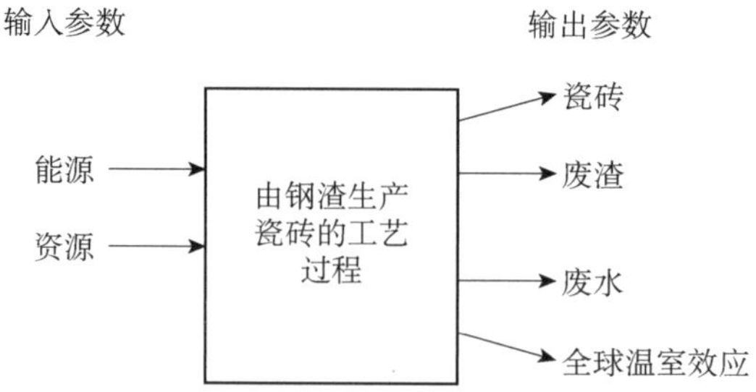

图 5-2　某瓷砖生产工艺示意图

在 LCA 实施过程中，首先是目标定义。对该瓷砖生产过程的环境影响评价的目标定义为只考察其生产过程对环境的影响；范围界定在直接原料消耗和直接废弃物排放，不考虑原料的生产加工过程及废水、废渣的再处理过程。

对该瓷砖生产过程的环境影响 LCA 的编目分析，主要按能源和资源消耗、各种废弃物排放及其引起的直接环境影响进行数据分类、编目。例如，能源消耗可按加热、照明、取暖等过程进行编目；资源消耗则按原料配比进行数据分类；各种废弃物排放按废气、废水、废渣等进行编目分析。由于该生产过程排放的有害废气量很小，主要是二氧化碳，故废气排放量可以忽略，而以温室效应指标进行数据编目。另外，在该瓷砖生产过程中其他环境影响指标如人体健康、区域毒性、噪声等也很小，因此在编目分析中也忽略不计。

通过输入输出法计算，得到该瓷砖生产过程对环境的影响（图 5-3）。图 5-3 上图为能源和资源的消耗情况，下图为对环境的影响。由图 5-3 可知，该瓷砖生产过程的能耗和水的消耗较大。

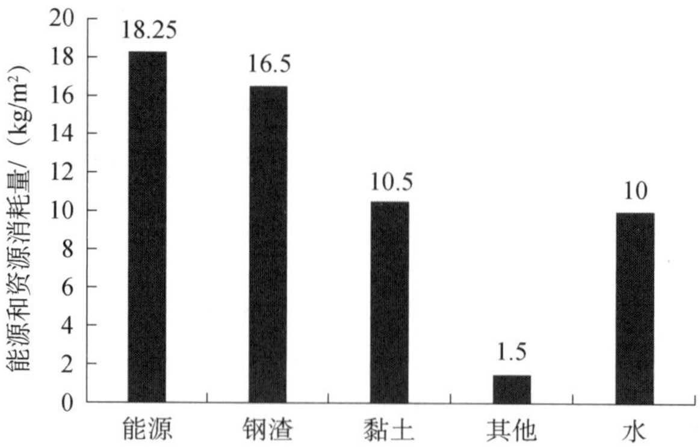

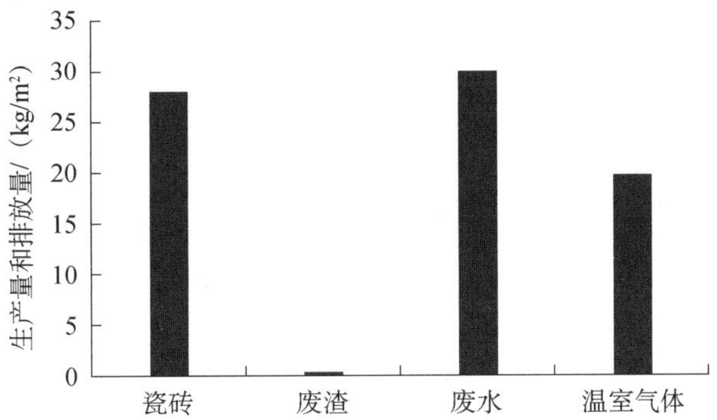

图 5-3 某瓷砖生产过程的环境影响 LCA 结果

另外，该工艺过程的废渣排放量较小，仅为 0.5kg/m^2；废水的排放量为 30kg/m^2，且可以循环再利用。相对而言，该工艺过程的温室气体效应较大，生产 1m^2 瓷砖要向大气层排放 19.8kg 温室气体，因此，年产量为 30 万 m^2 的瓷砖向空中排放的温室气体总量是相当可观的。

对 LCA 结果的解释，除上述的环境影响数据外，通过对该瓷砖生产过程的生命周期评价，提出的改进工艺主要有降低能耗、降低废水排放量、减少温室气体效应影响等。

第三节 碳捕集、利用与封存技术

一、碳中和背景下的碳捕集、利用与封存

（一）碳捕集、利用与封存概念

碳捕集、利用与封存（CCUS）是将 CO_2 从大气中、能源利用或者工业过程中分离出来并直接加以利用或注入地层。政府间气候变化专门委员会（IPCC）、国际能源署（IEA）、国际可再生能源署（IRENA）等国际机构的研究报告均指出 CCUS 是未来应对气候变化、实现《巴黎协定》目标及碳中和的重要减排技术。随着全球主要国家加快推进碳减排工作及提出碳中和目标，CCUS 技术受到主要国家的高度重视（图 5-4）。

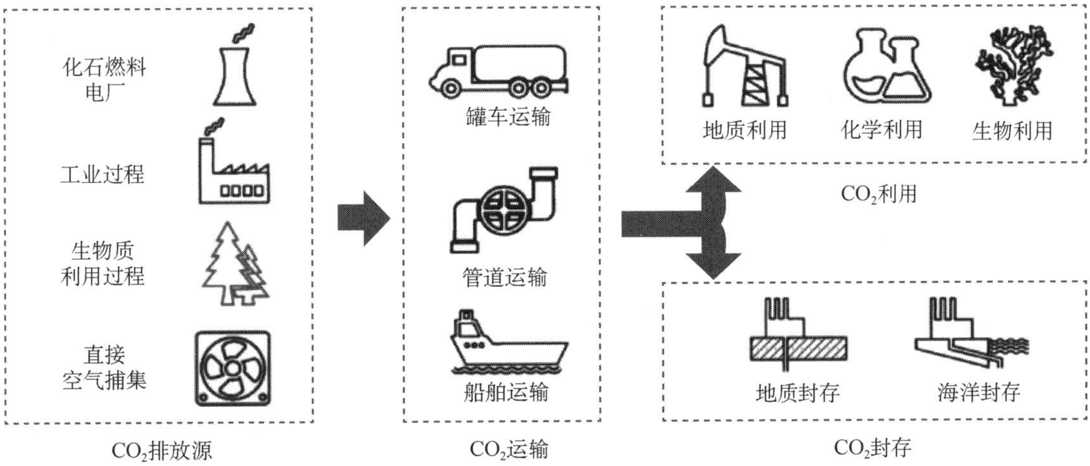

图 5-4 CCUS 系统流程图

CCUS 主要分为四个阶段。

1）捕集阶段。从工业、电力生产和燃料处理过程中分离并收集 CO_2，对收集到的 CO_2 进行净化和压缩。目前，常用的 CO_2 捕集方式主要有燃烧前捕集、燃烧后捕集和富氧燃烧捕集，其中燃烧后捕集方式技术上最成熟，应用范围也最广。

2）运输阶段。将收到的 CO_2 运输到封存地（主要通过管道或者船只运输）。目前运输压缩的 CO_2 的主要方法是通过管道，与此同时，海上交通便利的地方可以通过船只运输液态 CO_2，且这种运输方案更加经济。

3）封存阶段。封存是指将 CO_2 长期封存于地下构造、生物圈或海洋中。地质封存是应用最广泛的碳封存技术，适宜 CO_2 地质封存的结构一般包括：衰竭油气藏、煤层、海底盐沼池和咸水层等地质体。此外，还可以通过化学反应将 CO_2 转化成无机矿物性碳酸盐从而达到几乎永久性的储存，但这种技术仍处于研究阶段，其经济可行性也存在较大的不确定性。

4）利用阶段。在封存的同时实现 CO_2 的利用，以实现一定的经济利益。这方面应用比较多的是将 CO_2 注入衰竭的油藏，提高石油采收率，或者将 CO_2 注入渗透率较低的煤层，达到增采煤层气（ECBM）的目的。另外，CO_2 在食品、化工、生物、建材领域也得到了广泛的应用。

作为当前仍旧以煤炭为主要消费能源的国家，CCUS 将发挥关键作用。科技创新是实现碳中和的核心驱动力，也是战略目标实现的根本保障。

（二）CCUS 技术体系

CCUS 技术体系涵盖 CO_2 捕集、运输、利用与封存技术（图 5-5）。随着技术进步，CCUS 正在逐步完善和丰富。CO_2 捕集技术正在由第一代向第二代过渡，第三代技术也开始崭露头角。第一代捕集技术是指现阶段已完成工程示范并投入商业运行的技术，如传统的燃烧前物理吸收技术、燃烧后化学吸收技术等。第二代捕集技术是指能够在 2025 年进行商业部署的捕集技术，如基于化学吸收技术、化学吸附技术等。第三代捕集技术又称为变革性技术，是指能够在 2035 年开始投入商业运行的技术，如化学链燃烧技术等。CO_2 运输技术正由传统的罐车和船舶运输向管道和海底管道运输发展。我国 CO_2 输送管道在管径、输量、距离等方面已具备规模化特征，目前已具备一定的经济效益。CO_2 利用技术正在由较早的 CO_2 地质利用实现能源资源增采，如 CO_2 强化石油开采（CO_2-EOR）、强化煤层气开采（CO_2-ECBM）等，未来 CO_2 化工利用和生物利用逐渐进步，将实现高附加值化学品合成、生物产品转化等绿色碳源使用方式。

CO_2 封存技术按照地质封存体的不同，可分为陆上、海上咸水层封存、枯竭油气田封存等。近年来，中国已有部分企业开始探索海上封存技术，为未来沿海地区 CO_2 大规模封存探路。除上述 CCUS 技术外，CCUS 的技术耦合集成形成了若干新兴的技术概念，如 CO_2 捕集-转化一体化、捕集-矿化一体化等。这些技术能在不同尺度实现能量集约利用，进而降低 CCUS 技术的减排成本。

（三）CCUS 技术的争议

CCUS 技术是一项具有战略意义的新兴温室气体控制技术，但从发展的角度来看尚处于研发和示范阶段，目前仍有很多问题制约其发展。一些学者反对在现阶段或近期大规模普及 CCUS 项目，有关争议主要表现在以下几个方面。

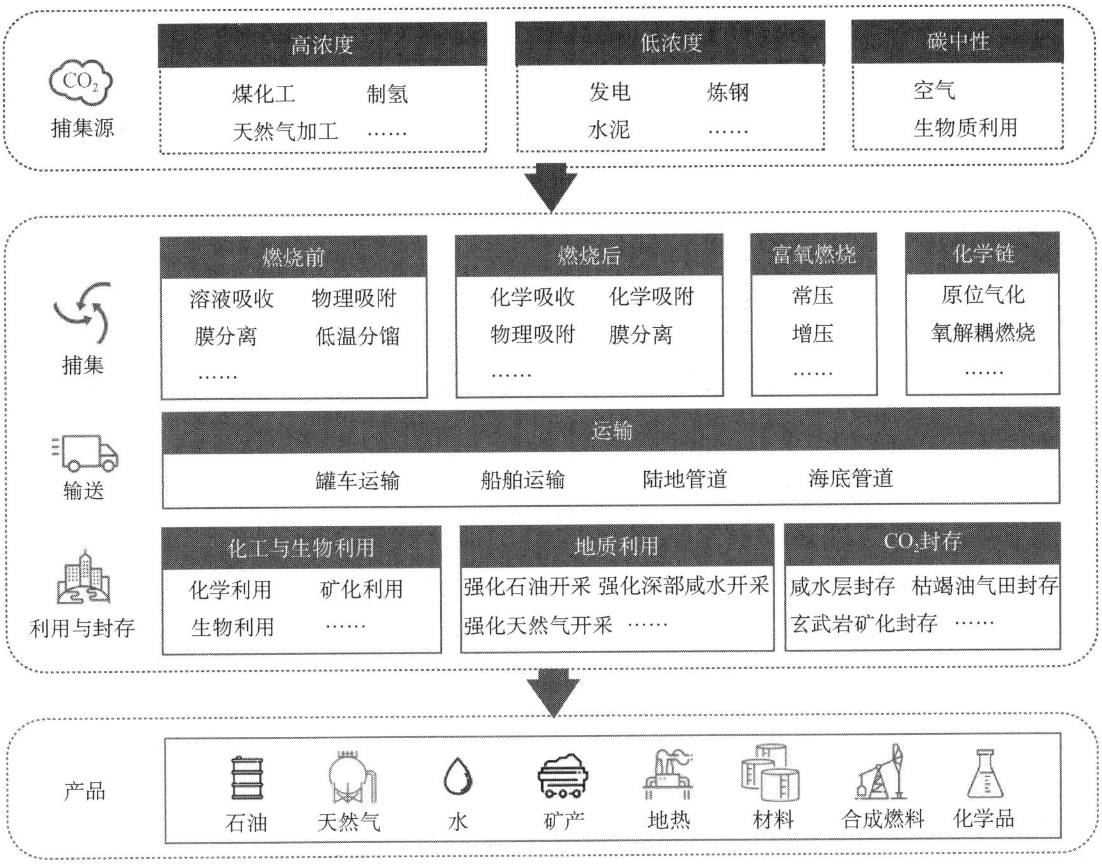

图 5-5 CCUS 技术体系

1）长期封存的安全性风险。据 IPCC 预计，99%封存的 CO_2 很可能在封存地点封存 100 年以上，甚至可以达到 1000 年以上，CO_2 压缩设备、管道、注入和封存地点都有可能发生 CO_2 泄漏，如果 CO_2 发生泄漏可能危害人体健康、影响当地生态系统。除此之外，进行 CO_2 封存还可能污染地下水，甚至可能诱发地震。如果进行海洋封存也有可能影响海洋环境。

2）高能耗、高成本。以电厂燃烧前捕集系统为例，以目前技术水平，低浓度 CO_2 的捕集、分离、提纯过程将使整个电厂发电效率降低约 20%，除此之外，运输、注入等环节也均需消耗一定能量。高能耗势必会带来高成本，据 IPCC 的评估，CO_2 捕集使天然气循环电厂的发电成本增加 65%～70%。

3）缺乏公众支持。整个 CCUS 系统成本相当高，并且可能发生泄漏，因此无法得到项目所在地的公众支持。

4）使用范围的局限性。CCUS 方案需要新建的电厂预留 CO_2 捕集空间，这就意味着这些电厂要在没有 CCUS 系统，没有成熟的 CCUS 技术，没有确定的封存地点和融资担保的情况下运行很长时间。

5）可再生能源的竞争者。CCUS 将会增强对化石能源的依赖，会直接减少对低能量消耗系统和可再生能源系统的投资。CCUS 的发展需要大量的公共补贴，所以，CCUS 技术将是可再生能源和提高能源利用效率技术在投入方面的竞争者。CCUS 还会产生一个技术困境：CCUS 关系到 CO_2 排放大户（电厂和重工业），CCUS 技术的应用将使社会经济更依赖于集中式能量供应系统，从而妨碍比较分散的可再生能源系统的发展。

二、CCUS 技术发展历程及现状

（一）CCUS 技术发展历程

1. 技术孕育阶段　20 世纪 30 年代，基于化学吸收的 CO_2 分离技术已在天然气和食品工业中使用，但孕育 CCUS 技术主要在 20 世纪 70 年代初至 80 年代末。20 世纪 70 年代初，美国首先使用 CO_2 注入油田提高石油采收率，那时候没有 CO_2 封存概念，因此这个阶段的技术只能被叫作 CO_2 利用技术。

2. 技术诞生阶段　在应对气候变化的问题上，人们从利用 CO_2 增加石油开采的工程实践中得到启发——如果将化石燃料燃烧产生的 CO_2 永久封存起来，使其与大气隔绝，就能在短时间内大量减少温室气体排放。1989 年，碳捕集与封存技术项目由麻省理工学院发起，此时提出 CO_2 捕集和封存的概念。此次事件标志着 CO_2 捕集与封存技术正式诞生于学术领域。但在这项技术的早期，工业生产中还是以利用 CO_2 为主，而不是将其作为控制温室气体排放的手段；项目合作的范围限于相关的能源企业，极少有政策上的支持和政府的参与。在 CCUS 技术诞生阶段，有两个国际案例证实了 CCUS 技术的可行性。1991 年，挪威政府制定了 CO_2 排放税，推动了 Statoil 公司把北海 Sleipner 油气田排放的 CO_2 捕集并注入地下咸水层封存。该项目是世界上第一个商业化的 CO_2 封存项目，于 1996 年开始运行，每年捕集 100 万 t CO_2，并注入海床 1000m 以下的于特西拉（Utsira）盐水层，至今尚无 CO_2 泄漏的记录。1998 年，加拿大石油天然气公司（EnCana）利用美国达科他气化公司（DGC）排放的 CO_2 浓度为 96%的废气在 Weyburn 实施大型 EOR 项目，此项目为大规模 CO_2 地质封存提供了数据支持和参考价值。

3. 诞生后快速发展阶段　随着气候变化问题日趋严峻及捕集与封存技术的发展，CO_2 捕集技术应用的方向发生了变化。CCUS 技术研发和利用的重点逐渐转为减缓 CO_2 的排放以应对日益突出的气候变化问题，当然经济效益仍是影响 CCUS 技术发展的重要因素。由于 CCUS 技术处于诞生的初期，只有很少的单位和企业了解该技术的可行性。2001 年，《联合国气候变化框架公约》邀请 IPCC 准备 CO_2 捕集与封存技术特别报告，目的在于论证此项技术的可行性，让 CCUS 技术能够被更多的技术工作人员或决策者认可。2002 年 11 月，IPCC 在加拿大里贾纳市召开了一个关于 CCUS 的研讨会，研讨会的结果成为第一个有关 CO_2 捕集和封存的评估文献的基础。

由于 IPCC 等国际组织和有关科研院所在技术方面的大力推广，加之气候变化和温室气体减排的政治压力，CCUS 逐渐得到国际社会和各国政府的认可。越来越多的政策开始扶持 CCUS 技术的发展，具体形式包括：增加财政拨款、将 CCUS 技术纳入科技发展战略或者是税收政策上优惠等。例如，美国能源部对 CCUS 项目的预算由 1998 年的 100 万美元增加到 2003 年的 5400 万美元；2005 年，CCUS 技术被纳入中国《国家中长期科学和技术发展规划纲要（2006—2020 年）》中。

这一阶段的中后期，CCUS 项目合作范围不断扩大，之前的合作范围为一些大型能源企业和科研院所，后面扩展为企业、科研院所、政府之间的合作，合作规模也不断地扩大。由于 CCUS 是一项系统性技术，涉及捕集、封存甚至利用环节，系统涉及面广，投入巨大，采用合作的方式更利于推动该技术的进步。2003 年，美国能源部开展了 7 个包含州政府机构、大学和私营企业的区域封存伙伴项目（regional carbon sequestration partnership），成立了国内研究中心以帮助制定不同区域 CO_2 捕集和永久封存的最佳方案。

这一阶段，一些专注于 CCUS 技术的研发与共享的组织也相继成立。2000 年 7 月，麻省理工学院发起了碳封存计划（CSI）。CSI 是一个由政府、学术机构企业合作组成的工业界协会，其目标是：提供碳封存目标源的信息与评估；建立组成成员的信息网络，定期举行相关活动和分享信息；探究碳封存技术层面和社会层面的问题；联系工业界和政府界；寻找新的研究方法等。2003 年 6 月，碳收集领导人论坛（Carbon Sequestration Leadership Forum）创立，为 CCUS 技术的发展提供了国际平台。2005 年，英国碳捕集与封存协会（UKCCSC）成立，它是一个集工业、技术、自然、环境、社会和经济于一体的组织，致力于促进英国在碳捕集和封存技术的实力，并将 CCUS 的技术和项目应用到世界范围。

（二）CCUS 发展现状

1. 国外发展现状

（1）美国　美国的《国内税收法》出台了一些税收抵免政策以促进 CCUS 的发展。2008 年，《能源改进与扩展法案》中首次提出该政策，规定对 CO_2 驱油封存与地质封存项目分别提供 10 美元/吨、20 美元/吨的补贴。但是此项目的补贴成本远低于封存成本，这一政策没有收获良好的效果。2018 年通过的《两党预算法》对地质封存和驱油封存项目的抵免金额分别增加至 50 美元/吨、35 美元/吨，抵免额度增加后大大促进了地质封存的发展。2019 年新增项目中地质封存比例明显上升。2022 年 8 月通过的《通胀消减法案》再次更新 45Q（国内税收法）条款，一是将纯地质封存及驱油封存的抵免额度分别涨至 85 美元/吨、60 美元/吨；二是为直接空气捕集单独设立抵免额度，地质封存和驱油封存的抵免额度分别为 180 美元/吨、130 美元/吨；三是降低 CCUS 设施捕集量申请门槛，发电和工业设施最低捕集量分别降至 18 750t、12 500t；四是可直接现金退税。除税收抵免外，《美国能源法案 2020》中授权 60 多亿美元用于 CCUS 的研发和工程示范项目。

（2）加拿大　加拿大在 CCUS 支持政策方面的力度位于世界前列。10 多年前艾伯塔省政府就以近 20 亿美元的投资极大促进 CCUS 的发展。近年来，加拿大联邦及地方政府主要通过税费抵免、基金资助、政府拨款等形式加大支持力度，其中较有影响力的政策是 2022 年新近出台的《清洁燃料法规》《联邦预算》。

（3）欧洲　为促进 CCUS 技术发展并尽早实现商业化，欧盟及欧洲部分国家主要通过“欧洲创新基金”支持 CCUS 技术研发和创新，通过“欧洲能源复兴计划”“地平线欧洲计划”等支持 CCUS 技术发展及示范项目建设。此外，英国、挪威等国结合其国内实际情况也出台了一系列支持发展政策。

2. 国内发展现状　近年来，中国在 CCUS 研发与示范方面的支持力度不断加大，鼓励范围也从单一环节的技术路线研究或中试转向工业规模全流程示范。表 5-6 列出了近年来我国为促进 CCUS 的技术发展和示范项目的一些政策。

值得注意的是，2024 年，我国继 20 世纪 60 年代在世界上首次完成人工合成结晶牛胰岛素之后，又在人工合成淀粉方面取得重大颠覆性、原创性突破，并且这也是国际上首次在实验室内实现二氧化碳到淀粉的合成。利用化学催化剂将高浓度二氧化碳在高密度氢能作用下还原成一碳化合物，然后通过设计构建一碳聚合新酶，依据化学聚糖反应原理将一碳化合物聚合成三碳化合物，最后通过生物途径优化，将三碳化合物聚合成六碳化合物，再进一步合成直链和支链淀粉。人工合成淀粉对节约资源、缓解温室效应、解决粮食危机甚至是星际航行方面都具有重要意义。

表 5-6 我国促进 CCUS 的政策

发布时间	发布单位	名称	相关内容
2021 年	中国人民银行、国家发展和改革委员会、中国证券监督管理委员会	《绿色债券支持项目目录》(2021 年版)	CCUS 列入支持目录
2021 年	国务院	《关于加快建立健全绿色低碳循环发展经济体系的指导意见》	开展碳捕集、利用与封存试验示范
2021 年	中国人民银行	设立碳减排支持工具	内部减排重点领域内企业发放碳减排贷款
2021 年	国家能源局、科学技术部	《"十四五"能源领域科技创新规划》	研发高效低能耗捕集技术和装置
2022 年	国家发展和改革委员会、国家能源局	《关于完善能源绿色低碳转型体制机制和政策措施的意见》	完善火电领域 CCUS 技术研发和试验示范政策

(三)碳捕集与封存技术典型案例

2022 年 8 月 29 日，中国石化宣布我国最大的碳捕集、利用与封存全产业链示范基地、国内首个百万吨级 CCUS 项目——“齐鲁石化-胜利油田百万吨级 CCUS 项目”正式注气运行，标志着我国 CCUS 产业已经开始成熟的商业化运营。该项目每年可减排二氧化碳 100 万 t，相当于植树近 900 万棵，对搭建“人工碳循环”模式具有重要意义，为我国大规模开展 CCUS 项目建设提供更丰富的工程实践经验和技术数据，有效助力我国实现“双碳”目标。

在碳捕集环节，“齐鲁石化-胜利油田百万吨级 CCUS 项目”由齐鲁石化捕集提供二氧化碳，并将其运送至胜利油田进行驱油封存，实现了二氧化碳捕集、驱油与封存一体化应用。齐鲁石化的碳源来自公司第二化肥厂煤气化装置，该装置排放的二氧化碳尾气属于优质的碳源，排放量大且性能稳定，纯度高达 90%。齐鲁石化通过液化提纯技术，回收煤气化装置尾气中的二氧化碳，可有效降低成本，且碳捕集端全部装置均实现国产化。同时，该项目采用多项绿色技术，降低装置运行能耗，减少碳排放。

在利用与封存环节，CCUS 项目要提高封存率和采收率，核心是全过程密闭。在注入端，针对液态 CO_2 易气化外排及多井同时注入计量分配难度大的难题，胜利油田研发了全密闭高效注入技术，破解了“零排放、低温计量、分压分注”等核心技术难题；在采出端，创新实施采出气液全程密闭集输与处理工艺，采出气分水后输送至回注站直接增压回注至地层进行二次驱油与封存，确保“油不落地、水不外排、气不上天”。胜利油田形成了“二氧化碳高压混相驱”核心技术并取得矿场应用突破，已在 20 个区块累计注入二氧化碳 64 万 t，封存 50 多万吨，增油 10 多万吨。

在运输环节，齐鲁石化捕集的二氧化碳采用陆上车辆运输方式，送至胜利油田进行驱油封存。根据中国石化的规划，齐鲁石化至胜利油田的百公里二氧化碳输送管道将陆续投产，将在国内首次实现二氧化碳长距离超临界压力管输，真正做到制、输、用全过程、全密闭。

“十四五”时期，中国石化将研究建立碳捕集利用与封存技术研发中心，重点部署 CCUS+风光电、CCUS+氢能、CCUS+生物质能等前沿和储备性技术攻关，加大二氧化碳制备高价值化学品、二氧化碳矿化利用等技术应用力度，突破碳捕集、输送、利用、封存等各环节核心技术和关键设备难题，建成“技术开发—工程示范—产业化”的二氧化碳利用技术创新体系，延展清洁固碳产业链，打造碳减排技术创新策源地。

延伸阅读

智能化与低碳技术创新的动态关系及政策启示

智能化与低碳技术创新呈现“U”形曲线关系，其影响效应随产业转型升级阶段不同而呈现显著差异。在产业发展初期阶段，智能化可能对低碳技术创新产生制约作用。这主要源于产业结构合理化程度不足时，智能化会强化产业间的马太效应，导致创新要素配置失衡——资本、人才等高端生产要素过度集中于新兴科技产业，而传统产业面临创新资源匮乏的困境。同时，智能化发展加剧了技术获取的不平等性，核心技术的稀缺性在产业结构低端化的背景下进一步扩大了技术代差。从劳动力市场来看，智能化催生的技术壁垒导致就业市场两极分化：高技能人才获得超额回报，而大量低技能劳动者被迫从事低附加值工作。这种要素配置失衡与技能结构断层共同削弱了社会整体创新基础，此时推动产业结构优化升级、促进要素自由流动成为激活低碳技术创新的关键路径。

当产业转型升级达到较高水平后，智能化对低碳技术创新的促进作用开始显现。优化的产业结构能够实现生产要素的高效配置，为技术创新构建良性循环机制。产业高度化发展体现为生产过程的技术密集度和加工深度的提升，这不仅强化了智能化的技术扩散效应，还通过规模经济显著降低了单位产品的绿色创新成本。产业间的协同创新进一步释放聚合效应，推动低碳技术实现突破性发展。

生产规模扩张通过降低平均成本为企业绿色创新提供资金保障；政府支持通过研发补贴等方式有效激励企业创新投入。值得注意的是，对外开放和外资引进表现出抑制作用，这既源于进口技术对本土创新的挤出效应，也与放松环境监管引发的“污染天堂”效应密切相关。这些发现为制定差异化的产业政策提供了重要启示，强调需要根据产业发展阶段实施精准施策。

（侯建和康围，2024）

思 考 题

1. 能源有哪些主要分类方法？
2. 举例说明可再生能源（如风能）与非可再生能源（如煤）各自的优缺点；发展可再生能源的意义是什么？
3. 我国的能源资源结构与能源消费结构有何特点？
4. 简述北京鸟巢、上海世博园各展馆设计使用的与太阳能光伏发电项目相关的基本资料（如配置、功能、成本、寿命、收益等）。
5. 简述节能技术按不同标准的分类。
6. 联系日常生活，你认为生活中如何实现节能减排？
7. 节能理论有哪些新进展？
8. 节能、安全与环境保护的关系是什么？
9. 举例说明节能技术经济评价的应用。
10. 简述生命周期评价的主要内容；论述生命周期评价的优点及局限性。

主要参考文献

侯建，康围. 2024. 智能化、产业转型升级与低碳技术创新. 管理评论，36（9）：96-106.
李传统. 2012. 新能源与可再生能源技术. 2 版. 南京：东南大学出版社.
刘夏璐，王洪涛，陈建，等. 2010. 中国生命周期参考数据库的建立方法与基础模型. 环境科学学报，30：2136-2144.
王长波，张力小，庞明月. 2015. 生命周期评价方法研究综述：兼论混合生命周期评价的发展与应用. 自然资源学报，30：1232-1242.
辛升. 2020. 节能技术评价指标体系研究与应用. 中国能源，42：8-10，39.
翟一杰，张天祚，申晓旭，等. 2021. 生命周期评价方法研究进展. 资源科学，43：446-455.
张建国，刘海燕，康艳兵，等. 2009. 节能项目技术经济评价指标和方法研究. 中国能源，31：23-26，44.

第六章　可持续发展技术

主要目标

1）了解不同种类资源（水资源、工业资源、农业资源、垃圾资源等）循环利用的措施。

2）掌握我国水资源的基本情况，了解清洁能源技术对水资源的影响；掌握碳中和背景下水资源利用与保护的优势及作用。

第一节　资源循环利用

资源循环利用可促进可持续发展、减少环境污染、节约自然资源、推动经济增长，并有助于实现经济效益、环境效益和社会效益的统一。

资源循环利用通过延长资源的使用寿命，减少对有限自然资源的依赖，为后代留下更丰富的资源基础。这种可持续的利用方式有助于平衡经济、社会和环境之间的关系，确保人类社会的长期繁荣。传统的线性经济模式下，资源被开采、加工、使用后往往被丢弃，导致大量废弃物和污染的产生。资源循环利用将这些废弃物重新纳入生产过程，减少废弃物的产生和排放，降低垃圾填埋和焚烧的需求，减轻环境污染压力。循环利用资源，可以减少对自然资源的开采和消耗，降低对有限资源的依赖，从而实现资源的节约和合理开发利用。循环利用产业本身是一个庞大的经济领域，创造了大量就业机会，带动了相关产业的发展。通过提高资源利用效率，企业可以降低成本，增强竞争力，推动经济增长。资源循环利用不仅减少了环境污染，节约了资源，还创造了经济价值，实现了经济效益、环境效益和社会效益的统一。

一、水资源循环利用技术

人多水少、水资源时空分布不均，与经济要素之间不适配是我国基本水情。我国水资源总量虽然较大，但人均水资源量只有世界平均水平的 1/4，是全球 13 个人均水资源量最匮乏的国家之一。且随着人口数量的不断增加，人均水资源量还将继续降低。

因此，水资源短缺问题是制约我国经济社会可持续发展的瓶颈之一。平衡水资源供需、实现水资源循环利用是当前社会面临的重要问题。水资源循环利用是实现生态文明建设、低碳生活及全社会可持续发展的重要手段之一（王敏晰等，2021）。

水资源循环利用基本理念是在循环经济的基础上提高水资源利用效率。一方面是通过制定相关法律政策，对各行业用水量进行约束，通过采取节水措施、雨污水回用等方法来实现新鲜用水减量化，减轻污水处理负荷。另一方面是通过改进水处理技术，使污水或雨水经处理达标后回用于农田灌溉、道路清扫、绿化用水等，达到再利用的目的。污水的再生利用既可以缓解水资源短缺现象，又可以及时收集、解决污水排放去向问题，减少水环境污染（胡洪营等，2015）。

我国的污水回用模式根据不同的污水再利用需求进行分类，主要分为集中处理再利用模式与建筑中水再利用模式。集中处理再利用模式是对污水处理厂中的污水资源进行深层次集中处理，使处理后的水质达到水质要求标准，最后通过集中运输配送管道分配给再生水用户（张迎珍，2017）。建筑中水再利用模式是与集中处理再利用模式的集中处理相对而言的，城市中污水一般采取分散式处理，针对商业区及居民区等城市区域的自排水，采用独立分布的水处理设备对污水进行深度处理后再利用，这种方式产生的再生水主要用作冲厕、洗车等居民生活用水及城市绿化灌溉、喷洒公路等城市公共资源维护用水（陈皓琪，2018）。

城市生活污水循环再生利用是一项非常有前景意义的措施。城市生活污水循环再生首先通过机械方法去除水中粒径较大的悬浮颗粒物，接着通过生物处理技术，如AAO（生物脱氮除磷工艺，即厌氧-缺氧-好氧法）等去除水中含有的具有生物可分解特性的有机物等。最后通过深度处理技术，如紫外线消毒、氯气灭菌等进行深度处理达到回用水标准后，通过运输配送管道输送给用户，用于城市资源维护用水、生活用水及工业用水等，从而实现城市水资源循环利用，其对于节能减排、社会可持续发展具有重要意义。

此外，还可将再生水应用于景观环境中，如应用生物膜技术、活性污泥技术等水污染处理技术，可以促进城市污水再生，并将再生水源用于城市灌溉和绿化，既可以促进水资源的循环利用，又能促进城市的绿化建设，从而推动现代文明城市的建设和发展。其一，人工湖泊用水。利用再生水源满足人工湖泊的用水需要，从而进一步推动城市景观环境建设，优化城市景观环境。其二，城市基础建设活动用水。利用再生水源满足城市基础建设的需要，如城市路面清扫、消防、防尘用水等，发挥再生水源的价值，促进水资源的循环利用，实现节源环保的目标（孙策，2023）。

目前，企业也常常利用水资源经济循环利用集成工艺技术以实现污染的达标排放甚至零排放，实现社会、经济与环境的和谐发展，本技术的原理主要通过能量的梯级利用，水资源的合理分析优化，对高温尾气通过换热设备进行冷凝回收，通过水质综合分析系统，针对各类回收物特性，采用不同的处理方式，将回收液中有效元素制备提取，液体采用污水处理工艺及渗透膜处理技术后进行循环利用，其工艺流程图如图6-1所示。

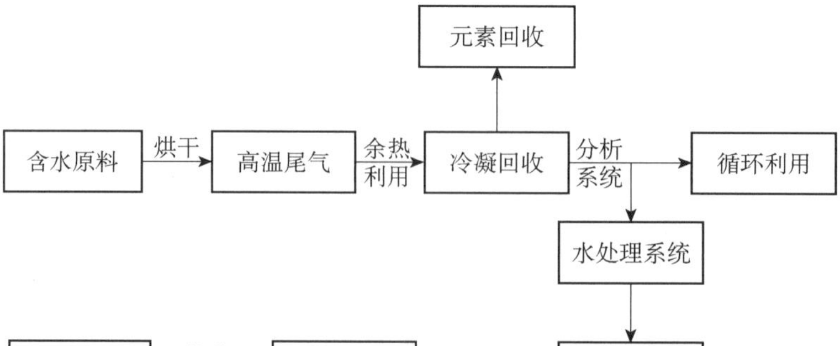

图6-1 水资源经济循环利用集成工艺流程简图（张伟祥和杨文芳，2021）

水资源经济循环利用集成工艺具有诸多优点，包括水资源的综合利用、有效元素的回收利用。另外，该工艺技术在未来可以有效针对各个企业工艺过程进行诊断分析，采用结构简单紧凑设备、工艺技术融合，充分利用现代信息技术提高系统运行，为实现社会可持续发展提供了新思路。

通过构建水资源循环利用体系可以更好地实现水资源的循环利用，构建水资源循环利用体系可从“水源—取水—净水—收集—处理—利用”流程展开，再生水利用阶段应综合考虑区域实际情况，根据各产业用水生态足迹统筹分配再生水中生产、生活、生态用水的比例，提高水资源循环利用效率（图 6-2）。

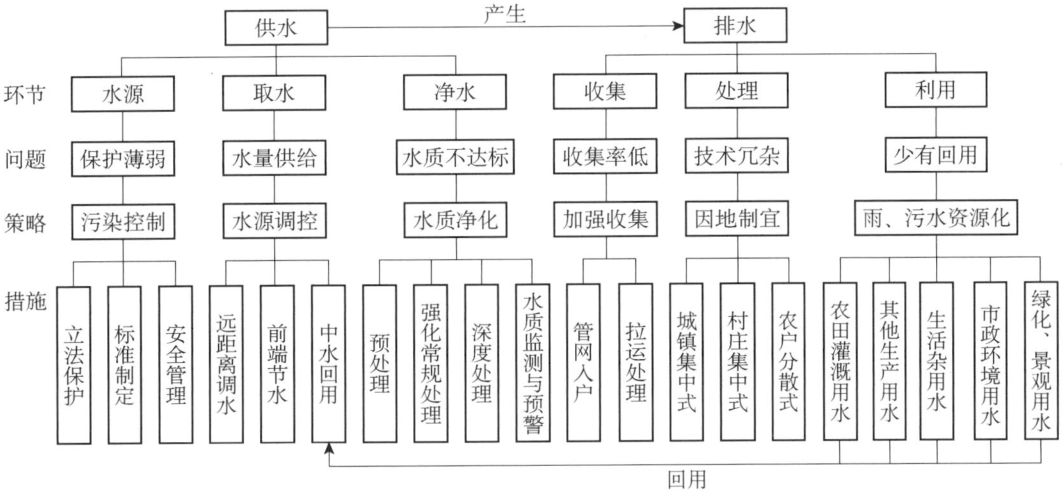

图 6-2　水资源循环利用体系框架（王雪莉等，2023）

水资源的优化循环利用能有效增加水资源的利用效能，如引入先进的计算机技术，并将其应用于水资源的优化配置和利用中。在水资源管理中结合计算机技术，可以实现复杂时空下水资源的优化利用，对于水资源的循环利用从而实现低碳、可持续发展具有重要的现实意义（武朝霞和匡丽虹，2024）。

综上，水资源循环利用是实现可持续发展的必要手段，提高水资源循环利用效率可从水源保护、节水净水、污水收集处理后回用、雨水资源化利用等多维度出发，通过科学用水、技术节水加强水资源各个环节的循环利用，促进水资源可持续利用，从而促进社会可持续发展。

二、工业资源循环利用

我国工业发展中的深层次问题，是单位产品能源、资源消耗过高、污染物排放总量大，从而导致环境承载力接近上限。排放量大导致治理量大，生产成本增加，在经济下行时段和下行区域，容易致使一些企业违法违规排污，是影响经济社会健康持续发展，环境质量恶化的突出问题之一（武朝霞和匡丽虹，2024）。

虽然近年来我国工业资源综合利用取得较大成绩，但依然存在着一些问题。例如，每年的固体废弃物产生量大，原有的废弃物堆存量多，废玻璃等低价值的废旧物资回收率低；资源综合利用技术装备水平不高，部分关键技术尚未取得突破，企业创新能力不强，高附加值、规模化利用能力不足；可再生能源报废设备、快递包装废弃物等新出现的固体废弃物量大，尚未形成有效的回收利用途径和技术经济模式（赵姗，2022）。

回收循环利用可以通过再生利用、二手商品交易、再制造等不同层级的利用方式实现多维度降碳。再生利用可有效减少原材料开采、运输及生产加工过程中的碳排放；二手商品交易、再制造等可延长产品使用寿命。据测算，2022 年我国二氧化碳排放约减少 30 亿 t，推动废弃物循环利用取得显著的环保效果。预计到 2030 年将超过 35%（朱黎阳和端木祥慈，2024）。

例如，废钢是再生绿色资源，也是钢铁工业不可或缺的铁素资源。重构废钢循环利用技术体系，从根本上破解废钢高质循环利用的瓶颈问题对钢铁工业的绿色低碳转型至关重要（王国栋等，2024）。

因此，树立绿色发展、循环发展理念，改变依靠大量消耗资源、能源的粗放式经济发展方式，提高资源、能源利用效率成为提高工业发展质量和效益的紧迫问题。

随着科学技术和管理技术的发展，工业资源循环利用的条件也更加广泛。利用互联网和物联网建立资源循环利用网络，可以有效促进不同主体之间的资源沟通和循环利用，进一步推动资源内循环、外循环时间维的发展。这种网络化的方法不仅扩展了资源循环利用的范围，还提升了效率和可持续性（刘俊海等，2016）。另外，在工业集聚区建设资源循环利用产业园，能够形成产业集聚效应，促进各类资源的高效利用和再利用。这种园区化模式不仅考验资源利用产业的发展，还整体提升了城市的资源循环利用效率，为城市可持续发展提供了重要支持。

由于废弃矿井中含有大量的可再生地热资源，有着巨大的应用前景，因此矿业产业的可持续发展需要大力依靠废弃矿井地热资源的再利用。在废弃矿井地热资源供热利用中，针对水损失会影响循环换热系统换热效果的问题，一种地热资源再开发与循环利用技术被提出（郭世博，2023）。首先，分析地层渗透率、储层平均渗透率和地温梯度在循环换热系统水损失中的影响，根据分析结果优化循环换热系统；然后，优化单井同轴套管闭式循环换热系统，设计双层保温管结构缓解水损失情况，并对固井水泥成分加以研究，确定最优成分占比范围。在河北省的某处废弃矿井开展实验，经验证，优化后的循环换热系统在进出口温度方面得到了优化，提高了对废弃矿井地热资源的开发利用效果。

此外，随着新能源产业的快速发展，为了响应“双碳、可持续发展”的战略目标，我国连续 8 年成为全球新能源汽车销量最好的国家，新能源汽车行业发展的快速增长显著提升了锂电池材料的价格。由于锂、钴、镍等材料严重依赖进口，因此我国目前新能源汽车的可持续发展存在问题，同时也影响了国家从化石能源向电力能源转型的进程。动力电池的回收再利用可以在一定程度上缓解锂电池材料供给紧张问题，同时有助于降低新能源汽车的生产成本（张杭君，2024）。因此，废旧锂离子电池的绿色高效回收成为当前研究的热点。

目前，新能源动力锂离子电池中的正极材料，主要含镍、钴、锂等有价金属，回收有价金属资源用于钴酸锂、镍钴锰酸锂、镍钴铝酸锂等三元正极材料的再造，可循环应用于车载动力电池、储能电池及消费类电子产品等锂离子电池材料领域（曹笃盟，2022）。因此新能源动力锂离子电池回收可以采用“预处理—湿法冶金”工艺，基本原理是以废旧锂离子电池单体为主要原料，经破碎、热解、分选等预处理工艺分离出外壳、铜箔、铝箔和电池粉料等组分，再通过还原酸浸、沉淀分离等工艺，得到镍钴锰氢氧化物和碳酸锂产品，镍、钴金属收率大于 98%，锂金属收率大于 85%，所得镍钴中间产品可循环用于电池材料的制备。

此外，冶金工业是国民经济和国防建设的重要基础性产业。合理利用冶金固体废弃物是减轻环境污染的关键，同时能有效回收冶金工业废渣中的有价金属，缓解资源短缺现状。而开发综合利用新技术是处理冶金固体废弃物的主要途径。通过将酸浸后的物料进行烘干、熔炼后得到粗锡锭，利用火法除杂技术除去其中少量的铜、镍等杂质，再通过真空提纯工艺，以“真空挥发—分级冷凝”为核心，分离出铅、锑、铋、砷、锌等较难分离的元素，制得纯度较高的锡阳极板，再通过电解工艺，得到高纯精锡及含有少量贵金属的阳极泥。通过对锡阳极板电解后的阳极泥进行贵重金属的提纯，采用酸浸—精炼工艺，实现贵金属的有效收集，并且其纯度高，整个回收过程产出尾渣率极低且可用于循环回收（曹海宙，2023）。

三、农业资源循环利用技术

我国是农业大国，发展农业资源循环利用具有重要意义。通过循环利用农业废弃物，可以提高资源利用效率，减少资源浪费和环境污染，同时推动农业可持续发展并促进农业现代化，改善农村生态环境和公共卫生，从而实现资源节约、环境保护和经济社会协调发展，符合国家可持续发展的战略目标。

现阶段，无论是全球农业生产实际情况还是学术领域探讨，针对循环农业尚未形成统一定论，其实现方式多种多样，策略更是各不相同，但核心内涵却极为明确，即在可持续发展中不断寻求创新，以生态资源促进经济资源，以保护环境促进经济增长，让农业生产与生态保护形成统一整体，并不断完善与优化，让农作物资源化发展得到全面控制，减少现代农业生产对生态环境的破坏，减少废弃物与有害物质是实现我国美丽乡村事业的重要前提（伍兰萍，2022）。

（一）畜禽废弃物

安徽省阜阳市阜南县龙王乡针对畜禽粪污及其他有机废弃物，以厌氧发酵技术为核心，采用碳、氮、磷梯次利用工程技术和有机废弃物能肥联产物质流梯次利用循环技术，集成创新畜禽粪污收储运，预处理技术，高效厌氧发酵碳转化技术，发酵残余物碳、氮、磷等养分农田回用再循环利用等关键技术，实现了农业废弃物综合转化和生物天然气产业联动技术体系产业化应用（张萌和刘养卉，2020）。

畜禽废弃物的初次利用容易造成二次污染问题。沼渣具有固体有机的特点，可用作农田基肥。沼液可以作为叶面肥喷洒在农田上，并可以回收 C、N 和 P 饲料进行反哺农田。在此基础上，区域农业废弃沼气项目产业链正在构建梯级利用的循环模型，如图 6-3 所示。对图 6-3 模型中物质流动的分析发现，该模型中的营养物质在种植业、养殖业之间形成良性循环，反映了对生态农业和有机农业之间有机平衡的理念，在此理念框架下得出农业系统内种养结合资源化物质流动梯次循环利用流程，如图 6-4 所示（石惠娴等，2023）。

畜禽粪便厌氧发酵制备沼气及沼气利用过程能有效消除粪便污染，减少温室气体排放，是一种极具代表性的双向清洁过程（甄峰等，2012）。山东民和牧业股份有限公司（简称民和）的创新高氨氮鸡粪厌氧发酵技术，解决了高氨氮厌氧发酵工程难以稳定运行的世界难题，连续 10 年稳定调控纯鸡粪 CSTR（连续搅拌罐式反应器）中温厌氧发酵系统，发酵进料 TS（总固体）为 8%～10%，系统耐受氨氮能力由 3000mg/L 提升至 6000mg/L，发酵装置容积产气率在 $1.5m^3/(m^3 \cdot d)$ 以上，沼气甲烷含量在 60%以上，已开展产甲烷促进剂的工程应用研究，以期进一步提高进料 TS，提升产甲烷效果。民和创新的发酵“三定原则”，使民和厌氧发酵系统 10 年持续平衡稳定，不需停产维护。民和“三定原则”如图 6-5 所示，包括

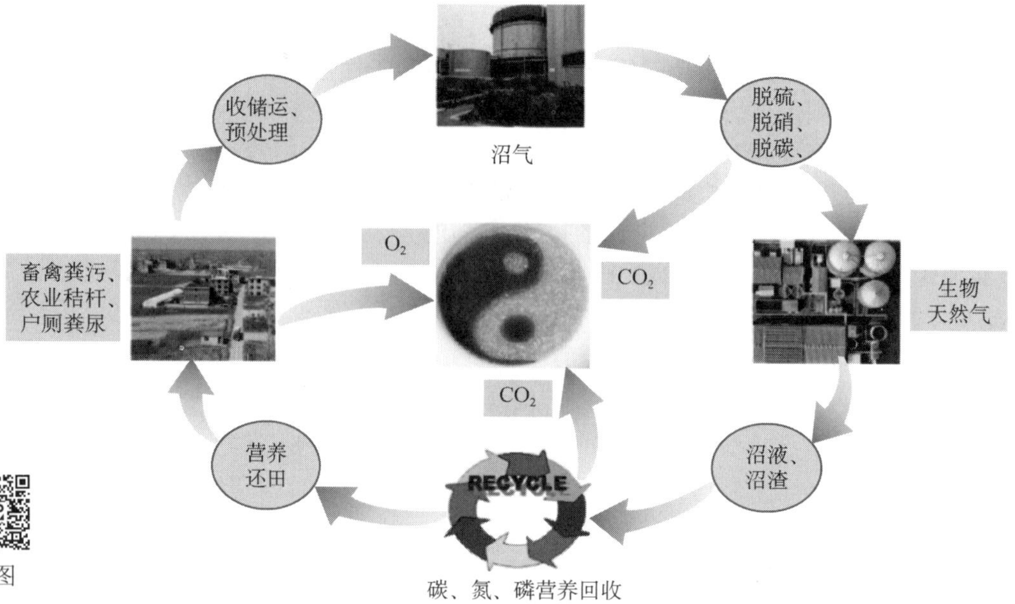

彩图

图 6-3 农业废弃物沼气工程全产业链梯次利用循环模式（石惠娴等，2023）

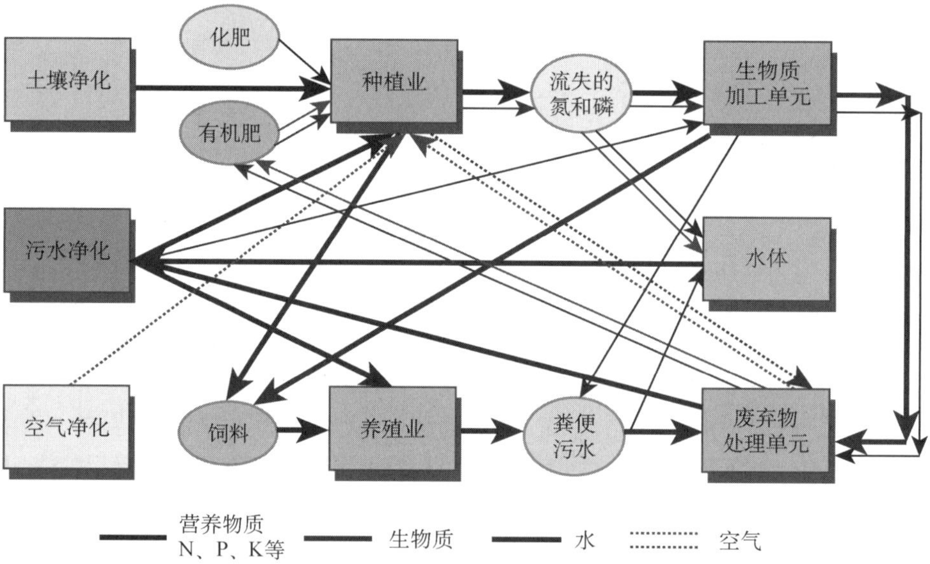

彩图

图 6-4 农业系统内种养结合资源化物质流动梯次循环利用流程（石惠娴等，2023）

进料稳定原则（进料定时、料量定量、种类固定）、操作稳定原则（稳定搅拌、固定排渣排砂等运行操作）、定期监测原则（定期监测发酵罐内参数，如挥发性脂肪酸、pH、氨氮等运行参数）（董泰丽和陈莉，2020）。

（二）农作物秸秆循环利用典型案例——“秸-饲-肥”种养结合模式

“秸-饲-肥”种养结合模式是利用农作物的秸秆经过物理、化学、生物处理（青贮、压块、膨化）、加入辅料或营养元素，制成营养丰富、适口性较好的家畜饲料（图 6-6）。秸秆是畜禽产品的粗饲料，转化为肉、奶等产品，增加了一定的附加值，提高了居民的饮食结

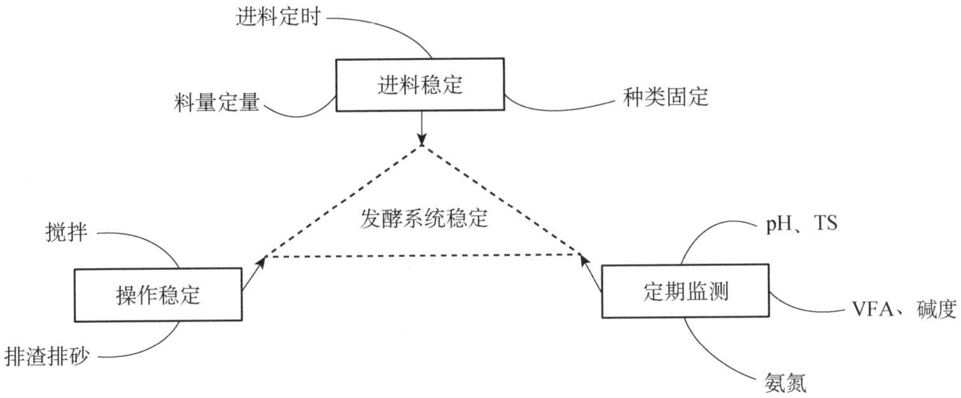

图 6-5 山东民和发酵系统“三定原则”（董泰丽和陈莉，2020）

构，保证了市场的稳定供应，同时，秸秆饲料经禽畜消化吸收后排出的粪便经过高温有氧堆肥、发酵等无害化处理方式作为有机肥还田，从而实现种植业和养殖业的有机结合。该模式可提高秸秆的转化率、扩大饲料来源、节省饲料消耗、解决粮食供求矛盾，同时还具有提高土地的有机质含量、培肥地力、减少化肥使用等方面的作用（柳建平和刘璐，2023）。

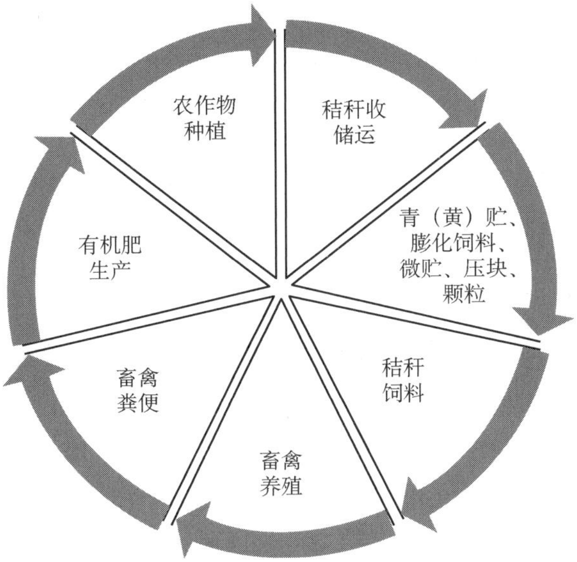

图 6-6 秸-饲-肥种养结合模式流程图（柳建平和刘璐，2023）

菏泽市是我国东部的农业重镇，每年产生大量的秸秆废弃物，传统的焚烧和堆肥处理方式存在空气污染和土壤质量下降等问题。菏泽地区创新性的秸秆循环利用技术将秸秆转化为生物能源和有机肥料，提高了资源利用效率，减少了废弃物的排放。生物能源的生产减少了对传统能源的依赖，减少了温室气体排放，土壤改良措施也有助于减少土壤污染。生物能源的销售带来了一定的经济收益，同时土壤改良提高了农作物产量，增加了农民的收入。项目的实施促进了当地农业生产的可持续发展，提升了农民的生活水平，也为生态环境保护做出了积极贡献（王丹丹等，2024）。表 6-1 是菏泽地区 2023 年秸秆利用情况，从表中可看出，全年秸秆产量为 850.7 万 t，收集量为 721.5 万 t，秸秆的利用效率达到了 94.5%。可见，菏泽地区秸秆利用效率比较高，也表示秸秆的循环利用技术比较成熟。

表 6-1 菏泽地区 2023 年秸秆利用情况（王丹丹等，2024）

地区	秸秆生产情况/万 t		秸秆利用情况		秸秆还田离田情况/万 t	
	产生量	可收集量	秸秆利用量/万 t	综合利用效率/%	直接还田量	离田利用量
合计	850.7	721.5	681.7	94.5	607.4	86.2
A 区	84.8	71.7	67.4	94	64.2	3.3
B 区	74.8	69	65	94.2	64	1.2
C 区	170.7	143.8	135.6	94.2	125.6	10.1
D 区	114.9	97.7	92.2	94.3	75	24.1
E 区	71.9	61	57.4	94.1	42.6	18.6
F 区	98.7	81.8	78.2	95.6	68.1	10.1
G 区	138.4	115.3	109.6	95	93.1	17.2
H 区	96.5	81.2	76.3	94	74.8	1.6

四、垃圾资源循环利用技术

垃圾资源循环利用是实现资源节约、环境保护和经济发展的重要手段。它不仅有助于缓解资源紧张和环境污染问题，还能为社会经济带来实际的益处和长期的可持续性。因此，推动和支持垃圾资源循环利用，是当前和未来环保和可持续发展的关键策略之一。

不同种类的垃圾有不同的循环利用方法。金属类垃圾包括铁、铝、铜等金属，可以通过回收和熔炼再次用于制造新的金属产品；塑料类垃圾如塑料瓶、塑料袋等可以经过分类回收后再生产成新的塑料制品，并且部分塑料可以通过焚烧技术产生能量；玻璃类垃圾如玻璃瓶及其他玻璃制品等可以回收并熔炼成新的玻璃制品；纸张类垃圾可以通过回收造纸工艺制成再生纸；有机废弃物如食品残渣、植物废弃物等可以进行堆肥处理，生成有机肥料，并且通过生物降解产生的甲烷气体可以用作能源；电子垃圾如废弃的电子设备进行回收，提取其中的金属和其他可再利用的材料，并且可以确保电子垃圾中的有害物质不会对环境造成污染；建筑和装修废弃物如废弃的混凝土、砖块等可以经过处理再用于建筑和道路建设。

（一）建筑垃圾资源化利用技术

我国城镇化进度增长迅速，每年都会产生大量的建筑垃圾，难以降解。我国绝大多数建筑垃圾采用露天堆放及直接填埋的方式处置，对土地、水体和大气造成严重污染（高永涛等，2024）。目前，发达国家对建筑垃圾的资源化利用效率超过 90%（李炜，2014），而我国对建筑垃圾的资源化利用不足 10%（董浩等，2021），但我国政府和企业都在积极探索建筑垃圾减量化与资源化利用的有效途径。

1. 垃圾分选技术　通常建筑垃圾中含有很多杂质，为了实现较高的资源化利用效率，一般需要对建筑垃圾预分选，将其中的塑料、大块木材及其他回收价值低的杂质分选出来，然后对建筑垃圾进行初步破碎处理，使得大块状建筑垃圾得到初步处理，方便后续加工。破碎后的建筑垃圾经过多道分选设备后，形成含杂率低的再生骨料，成为二次循环利用的原材料（卞家鑫，2019；徐玉波等，2019）。国内常见的建筑垃圾分选技术（陈雅芝，2019；张肖明等，2020；李建国，2019）主要有人工、磁力、风力、浮选、摩擦与弹跳、光电（表 6-2）。

表 6-2　常见的建筑垃圾分选技术比较（杨治广，2020）

分选技术	分选的原料	优点	缺点
人工	废纸、废金属、废竹木、废塑料等	分选精度高，适合建筑垃圾源头分类	经济效益取决于市场价格，人工费用逐渐增加
磁力	磁性金属	可以有效分选出磁性物质，应用非常广泛	小颗粒磁性金属难以分选
风力	废纸、废塑料、废竹木等轻物质	应用广泛，技术成熟	系统复杂、噪声大、污染空气、分选不干净
浮选	轻物质	噪声小，分选干净	系统复杂、造价高，以水为介质易造成二次污染
摩擦与弹跳	轻物质	设备简单，成本低	研究较少，分选参数不容易控制
光电	颜色差异大的物质	精度高	系统复杂、效率低，工业应用较少

2. 骨料生产　骨料生产是通过处理和加工建筑垃圾中的废弃混凝土、砖石等材料，将其重新利用于道路、桥梁等基础设施建设。这种方法能减少建筑垃圾的堆积，降低环境污染，节约资源，提高资源利用效率。该方法首先对建筑垃圾包括废弃的混凝土、砖石和钢筋等建筑材料进行分类和收集，之后进行清洗、筛选和破碎处理，去除杂质并破碎成适合后续加工的碎片。通过破碎分离回收的钢筋，可用于其他建筑工程，而合格的骨料则可继续用于基础设施建设，这种循环利用的方式大大提高了资源利用效率，有助于实现可持续发展目标（夏松等，2024）。

3. 再生混凝土制备技术　再生混凝土是在混凝土废弃物中加入适量再生骨料，并经过适当的调配和处理而成的新型建材。再生混凝土能够替代传统的天然石料混凝土，具有降低环境影响和节约原材料的优势。再生混凝土的制备技术主要包括再生骨料的加入比例控制、混凝土配合比设计和养护等关键工艺。在住宅建筑中，再生混凝土可以用于楼板、柱子和地基等结构元素。再生混凝土制备主要技术及制备流程如图 6-7 所示（孙冰，2023）。

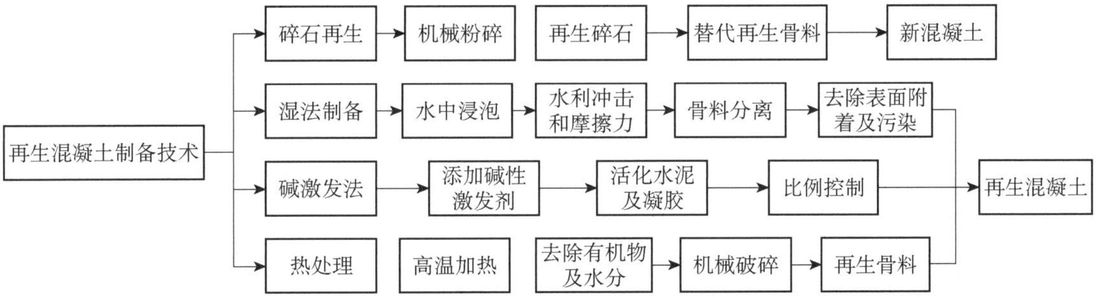

图 6-7　再生混凝土制备主要技术及其制备流程（孙冰，2023）

（二）餐厨垃圾常见循环利用技术

1. 厌氧消化　厌氧消化技术是最重要的生物质能利用技术之一，它使固体有机物变为溶解性有机物，再将蕴藏在废弃物中的能量转化为沼气用来燃烧或发电，以实现资源和能源的回收。相较于其他餐厨垃圾资源化利用技术，厌氧消化流程简单，仅依靠单相反应器即可完成厌氧消化制甲烷过程，但餐厨垃圾中存在大体积有机固体与毒性物质（周海林，2021）。因此，单相反应器厌氧消化技术易受到毒性物质及大体积固体干扰而产生不稳定性转变，降低餐厨垃圾甲烷生成率，结合当前研究来看，可在城市污泥处理系统辅助下进行混合发酵，经多次试验得出，餐厨垃圾与城市污泥比例维持在 1∶1 时甲烷生产效果最佳，此外还可添加材料减少垃圾气味，加入活性炭等材料提高甲烷生产效果（赵润等，2014）。

在厌氧消化处理技术的近年来发展中，人们可以将滤床式反应器（LBR）及升流式厌氧污泥床（UASB）串联，如图 6-8 所示，防止过滤板堵塞等问题，减小底物粒径，平衡甲烷生产过程。LBR、UASB 串联极大地提高了餐厨垃圾产甲烷效率，同时降低沼气发酵压力，在餐厨垃圾资源化利用中，厌氧消化技术资源利用效果较好。

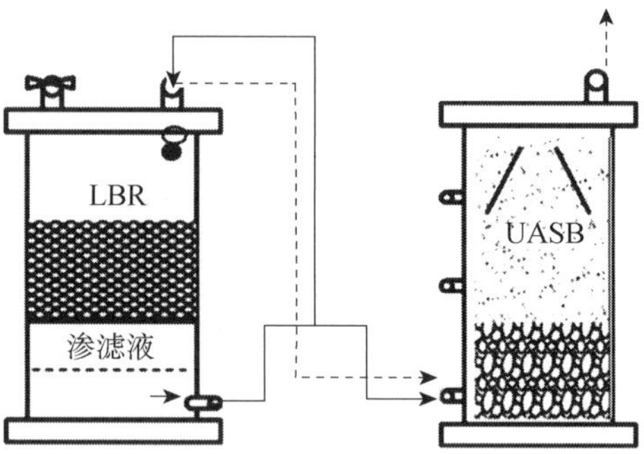

图 6-8 LBR、UASB 串联式厌氧消化工艺（陈宏伟，2021）

2. 好氧堆肥　堆肥处理是指在好氧环境下，运用多种微生物分解餐厨垃圾的有机物，将其分解成更稳定和有益的有机肥料。这种堆肥过程需要维持适当的湿度和通气，以促进细菌和真菌等微生物的活动，从而有效地将有机物转化为肥料。餐厨垃圾中的有机质含量高达60%以上，是一种优质的堆肥原料，但是餐厨垃圾中含水率及盐分含量较高，对堆肥工艺及堆肥后产品的品质需要严格控制（周俊等，2020）。国内外对餐厨垃圾堆肥的研究较多，黄焕忠教授团队通过向餐厨垃圾中添加锯木屑、沸石、功能菌群等方法获得了高附加值的堆肥产品，并在有机农场得到了应用（Zhou et al.，2014；Wang et al.，2016，2018；Chan et al.，2016）。

五、其他资源的循环利用

其他资源涵盖种类巨多，下面主要列举退役风电光伏组件、中医药资源循环利用及沥青路面。

（一）退役风电光伏组件

我国风电光伏产业迅猛发展，装机规模不断扩大。随着风电光伏组件设计寿命的限制，风电光伏组件即将步入退役密集期。因此，为了促进整个社会的可持续发展，应加强该方面探究，并通过对其设备改造、回收、利用等，促进资源化利用（马建平，2024）。

风电光伏组件的主要材料包括钢铁、铝、铜、树脂等，风电光伏机组退役带来大量待回收材料，风机的转子叶片、机舱、机舱内的部件、塔架、基础底座等组件包含钢、铜、铝、玻璃纤维、碳纤维、环氧树脂、润滑剂和冷却剂等材料，具有回收价值。以 1.5MW、叶片长度为 34～45m 风机为例，若 100%回收，可回收废钢铁、废铜、废铝及叶片复合材料约 195.8t（表 6-3）。2040 年，随着 280GW 风机退役，约 3655 万 t 固体废弃物待回收（江单丹和刘进，2024）。1kW 光伏组件约 79.2kg，按照 2040 年报废 250GW 光伏组件测算，约 2000 万 t 固体废弃物待回收；光伏组件的组成材料一般 65%～75%为玻璃、10%～15%为铝材、

10%为 EVA（乙烯-乙酸乙烯酯共聚物）或 POE（聚烯烃弹性体）、3%～5%为硅、1.5%为铜、0.3%为银及其他，90%的材料可进行循环再利用。因此，对退役风电光伏组件进行合理回收利用可有效节约资源。

表 6-3　1.5MW 风机可回收材料统计表（江单丹和刘进，2024）

材料种类	铜	铁	铝	钢	玻璃纤维	树脂和胶	合计
回收质量/t	4.35	1	2.6	170	11.55	6.3	195.8

总之，壮大新能源产业是推动我国能源绿色低碳转型的重要路径。新能源产业废弃物具有产生规模大、产生时间相对集中、废弃物成分复杂等特点，如不能对相关废弃物加以利用或妥善处理，新能源产业健康可持续发展就得不到保障。而通过退役风电光伏组件循环利用，能够减少设备生产运维过程中的原生材料消耗，降低新能源产业自身的碳排放（么新，2023）。

（二）中医药资源循环利用

中医药是中华民族的伟大创造和中国古代科学的瑰宝，是独特的卫生资源、潜力巨大的经济资源，具有原创优势的科技资源，也是优秀的文化资源和重要的生态资源。然而，在中医药资源的生产、加工、开发利用及产业化过程中，却存在着巨大浪费。据测算，每年我国中成药、功能性食品、中兽药、生物农药等药材深加工产业化过程，产生固体废弃物高达 5000 万 t，其再生利用可释放潜在价值千亿元。因此，如何促进中医药资源循环利用，实现中医药产业绿色低碳高质量发展成为整个社会的聚焦点（蒋明睿，2023）。

当前中医药药渣已被用作饲料添加剂、生物有机肥、食用菌栽培基质、造纸原料等，部分实现其资源化利用。但这仅是对药渣的粗放低值转化，且尚停留在初级阶段，未充分挖掘其潜在的资源利用价值。

目前，由于对能源的需求不断增加，人们正在寻找廉价、环保、可再生且能替代化石燃料的能源。研究表明，中医药药渣含有纤维素、半纤维素、木质素等生物质能高分子，其生物质经过热解、气化、水热液化等技术可产生燃气、生物燃油、煤焦油等。

此外，以废弃生物质中医药药渣为原料，$ZnCl_2$ 为活化剂，制备生物炭碳基氧还原电催化剂，其具有出色的长期稳定性，在实际应用中有望作为商业贵金属电催化剂的替代品，同时也为废弃生物质的资源化利用提供了新路径（赵悦等，2023）。以土茯苓药渣制备含铁、硫化合物等多孔炭材料，该材料含有的中孔结构和较大的比表面积为离子传输提供了良好的通道（张庆武等，2022）。

因此，中医药制药企业可采取各项生物质转化技术，将中医药药渣中的生物质能转化成清洁能源供企业常规生产用能，替代部分煤炭。这样既能实现中药药渣资源的循环利用、节约生产成本、提高经济效益，又能实现低碳排放，助推低碳节能减排。

（三）沥青路面

沥青路面材料作为我国道路的主要筑路材料，被广泛应用于城市道路和公路建设中。为保证道路通行的舒适、安全与畅通，需进行定期维修养护。每年的维修养护将产生很多沥青路面废旧材料，如将其重新应用到道路建设中，不仅能节约资源与成本，还能避免污染，从而推动循环经济可持续发展。

传统废旧沥青路面材料循环再生利用的技术，按施工温度、加工工艺及加工地点，可划分为厂拌热再生、就地热再生、厂拌冷再生、就地冷再生和全深式再生 5 种再生方式（交通运输部公路科学研究院，2019）。

索智及其团队致力于解决废旧沥青路面再生利用中的多项技术难题，创新地结合了“烹饪废油处治”“废旧沥青路面材料再生”，研究出了沥青质沉淀干扰技术，并成功研发出生物油基系列再生新材料，实现了老化沥青冷态活化再生技术的“促溶升级”；他们还提出了旧料预润技术，建立了基于性能平衡的设计方法，实现了冷态活化沥青再生技术的“减水增效”；除此之外，他们还建立了再生材料分级数据库和严格的质量控制体系，这为再生材料的广泛应用奠定了基础（索智等，2023）。该技术推动了绿色、循环和低碳发展的实现，为可持续发展提供了宝贵经验和示范效应。

第二节　清洁水资源

一、中国水问题的基本特征

改革开放以来，随着城市化和工业化的飞速发展，中国水资源面临的问题日益增大，尤其是在全球气候变化的背景下，中国的水问题日趋严重，表现出多样性、流域性等基本特征。

（一）水问题的多样性

农业用水、干旱灾害和洪涝灾害等是传统社会的水问题，类型比较单一，对应的，我国的水管理体制总体上取得了一定的成效。但随着经济和社会的不断进步，特别是城市化和工业化进程的加快，现如今水问题已经从单一转变为相互作用、相互影响的综合性水问题。例如，水资源短缺、水灾害加剧、水生态退化成为非常突出的水问题。与此同时，水问题的转变也意味着传统的水管理体制成效减弱，多重水问题的出现，对经济和社会的发展形成了很大的压力。

1. 水资源短缺　我国水资源总量相对丰富，但人均占有量少且时空分布不均，不能与人口和耕地资源的空间分布相匹配，目前，水环境质量问题日益明显也是水资源的一个突出问题。《中国水资源公报》数据表明，全国多年降水总量大约为 6.2 万亿 m^3，约占全球淡水资源总量的 0.018%，换算成降水深度为 648mm，低于全球平均水平（800mm）；另外，多年平均水资源总量（地下水和地表水总和）不足 2.8 万亿 m^3，位居世界第六；可利用水资源量为 8140 亿 m^3，仅占水资源总量的 29%，与此同时，中国人均水资源量为 2220m^3，仅为世界人均水平的 1/4，是世界上 13 个缺水最严重的国家之一；单位陆地面积水资源量 29.9 万 m^3/km^2，单位耕地面积水资源量 2.16 万 m^3/hm^2，约为世界平均水平的 1/2。

2. 水资源污染

（1）主要江河　《2023 中国生态环境状况公报》表明，2023 年，全国监测的 3632 个地表水国控断面中，优良水质断面占 89.4%，比 2022 年上升 1.5 个百分点；劣Ⅴ类水质断面占 0.7%，与 2022 年持平。2016～2023 年，全国地表水Ⅰ～Ⅲ类水质断面比例由 67.8%上升至 89.4%，上升了 21.6 个百分点；劣Ⅴ水质断面比例由 8.6%降至 0.7%，下降了 7.9 个百分点。主要江河水情况：2023 年，长江、黄河、珠江、松花江、淮河、海河、辽河七大流域和浙闽片河流、西北诸河、西南诸河等主要江河监测的 3119 个国控断面中，Ⅰ～Ⅲ类水质断面占

91.7%，比 2022 年上升了 1.5 个百分点；劣Ⅴ类水质断面占 0.4%，与 2022 年持平。长江流域、黄河流域、浙闽片河流域、西北诸河和西南诸河水质为优，淮河流域、海河流域和辽河流域水质良好，松花江流域为轻度污染。

（2）主要湖泊（水库）　2023 年，水质监测的 209 个重要湖泊（水库）中，Ⅰ～Ⅲ类水质湖泊（水库）占 74.6%；劣Ⅴ类水质湖泊（水库）占 4.8%，与 2022 年持平。主要污染指标为化学需氧量、总磷和高锰酸钾盐指数。营养状态监测的 205 个重要湖泊（水库）中，贫营养状态湖泊（水库）占 8.3%，中营养状态湖泊（水库）占 64.4%，轻度富营养状态湖泊（水库）占 23.4%；中度富营养状态湖泊（水库）占 3.9%。其中，太湖、巢湖为轻度污染，主要污染指标为总磷；丹江口水库水质为优，全湖为中营养状态，监测的 10 条入库河流的入库口断面中，Ⅱ类水质断面占 80.0%，Ⅲ类占 10.0%，Ⅳ类占 10.0%，无其他类；洱海水质良好，全湖为中营养状态，监测的 2 条入湖河流的入湖口断面中，Ⅱ类和Ⅲ类水质断面各 1 个；白洋淀水质良好，全湖为中营养状态，监测的 4 条入湖河流的入湖口断面中，Ⅱ类和Ⅲ类水质断面各 2 个。

（3）主要用水区域　主要用水区域分为地级及以上城市、县级城镇、农村千吨万人。《水污染防治行动计划》实施进展报告显示，2023 年，地级及以上城市在用集中式生活饮用水水源监测的 889 个断面（点位）中，858 个断面（点位）全年均达标，占 96.5%。其中地表水水源监测断面（点位）634 个，628 个断面（点位）全年均达标，占 99.1%，主要超标指标为高锰酸盐指数、硫酸盐和铁；地下水水源监测点位 255 个，230 个点位全年均达标，占 90.2%，主要超标指标为锰、铁和氟化物。2023 年，县级城镇在用集中式生活饮用水水源监测的 2655 个断面（点位）中，2516 个断面（点位）全年均达标，占 94.8%。其中地表水水源监测断面（点位）1761 个，1750 个断面（点位）全年均达标，占 99.4%，主要超标指标为总磷、高锰酸盐指数和硫酸盐；地下水水源监测点位 894 个，766 个点位全年均达标，占 85.7%，主要超标指标为锰、氟化物和铁。2023 年，农村千吨万人集中式生活饮用水水源监测的 10 219 个断面（点位）中，8607 个断面（点位）全年均达标，占 84.2%。其中地表水水源监测断面 5629 个，5449 个断面全年均达标，占 96.8%，主要超标指标为总磷、硫酸盐和锰；地下水水源监测点位 4590 个，3158 个点位全年均达标，占 68.8%，主要超标指标为氟化物、钠和锰，主要是天然背景值较高所致。

3. 水管理问题　我国在转型期间，水管理体制不健全，也是水问题产生和加剧的一个重要原因。总的来说，未能明确政府、市场和社会的不同角色和相互关系是我国水管理体制的不足之处，政府各部门之间协作和分工的不合理导致了水资源管理机构的效率低下，且尚未能建立起面向市场经济的体制机制，社会参与水管理的作用也没有得到有效的发挥。

自 1950 年开始，随着水利事业的进步和社会的发展，我国也在不断调整水管理体制。计划经济时期，我国水管理工程以建设为主，没有考虑经济规律和重视建设管理。改革开放以来，水管理工作的重点逐步从资源开发利用转移到资源管理上来，水环境、水生态的问题也越来越受到重视。在这一转变过程中，我国逐渐探索与社会主义市场经济相适应的水管理体制机制，数次调整了水管理机构，渐渐形成了完整的管理体系。伴随着一批水管理法规的颁布和实施，我国的水管理逐步走向依法管理的道路。1999 年以来，水管理的思路和方向进一步发生了重大转变，水资源管理正在从水利工程为主转变为可持续发展水利。

但是，现在的水管理体制还存在着许多的问题，并不能完全适应新时期的水管理需求，具体表现在以下几个方面：①最为突出的问题是现行流域管理机制不健全，主要表现为现有的流域管理机构职能单一，管理手段不完善，不能承担水资源综合管理的职责；缺乏综合考虑流域综合管理的法规；水环境与水资源管理在体制机制上存在着较大的冲突；利益相关方参与不足，公共权益得不到保证。②现行水管理体制弊端集中体现为水利和环保部门之间的不协调。水环境保护与管理事务中，环保部门和水利部门在水污染防治方面存在职能分工不明确的问题，流域管理是水利和环保部门之间最难协调的问题。③利益相关方参与不足是水管理中的一个较为突出的问题，目前的水管理体制机制是一套自上而下的行政管理体制，但是公众参与的范围和深度仍然十分有限，随着市场经济的不断发展，各个利益集团之间的矛盾也日益突出，使得自上而下的管理体制受到挑战。

（二）水问题的流域性

中国目前面临的流域性问题，比世界上任何国家在同一发展阶段所面临的问题都复杂，主要的问题如下。

1）流域水资源短缺。我国北方水资源短缺问题最为严重，淮河、海河和黄河流域水资源短缺尤为严重，水资源供需矛盾，进一步加剧了流域上下游、地表水与地下水、区域间的水分配问题。

2）流域水污染问题。流域水污染越来越严重加剧和催生了很多矛盾，从全国范围来看，表现为东部和西部之间的矛盾，区域层面表现为乡村与城市之间的矛盾，除此之外，上游和下游、地表与地下及河流与海洋之间的矛盾也因为流域水污染问题逐渐加重。

3）生态环境与经济功能矛盾加剧。因水污染加剧，水资源过度开发和水利工程大范围修建与管理不足等问题，河流的经济功能和生态功能之间的矛盾日益激化，大量水利工程背后存在着复杂的利益问题加剧了集团利益冲突、造成区域矛盾，甚至会引发严重的社会问题。

4）流域性灾害问题。近年来，流域性灾害的影响越来越严重。因水量不足和水质不达标造成的流域性饮用水安全问题最为突出。此外，航运、渔业的开发与保护方面也存在着流域性问题。在全球变暖的背景下，流域性灾害的发生和影响将变得更加不确定。

二、清洁能源技术对水资源的影响

能源需求量随着人类社会的不断发展而持续增加。传统化石能源燃烧后产生的二氧化碳和其他污染物对环境产生了严重的影响，尤其是加剧了全球气候变化。因此，寻求和发展清洁能源成为全球的共识。

清洁能源包括核能、水能、生物质能、地热能、太阳能和风能，这些能源可以再生、低碳或零碳排放的特点为低碳发展和可持续发展提供了重要途径。虽然这些能源对碳排放和环境污染方面有一定的改善作用，但是其开发和使用过程中会对水量、水生态、水质等水资源要素有一定的负面影响。例如，水能的利用开发会改变河流径流，水库大坝蓄洪会影响河流下游的水质和水体生态结构；地热能和核能的利用会产生大量温排水，对水体环境造成污染；太阳能的光伏元件生产和蓄电池的废弃会产生有毒物质；风电场的建设会引起水土流失和影响大气热交换。这些因素在一定程度上对水资源产生负面影响，因此减少清洁能源对水资源的影响是实现能源和水资源可持续利用的重要内容。

（一）清洁能源类型及其对水资源的影响

尽管清洁能源对环境有积极影响，但它们并不“清洁”，在开发和利用过程中会对水资源产生一定程度的影响。不同类型的清洁能源因为开采和利用过程存在差异，因此对水资源的影响也各不相同，本节将逐个分析各类清洁能源类型在生产和使用过程中对水资源的影响。

1. 水能　水力发电是一种将水的势能转换成电能的发电方式，水力发电会对河流水量、径流、水质、水生态环境产生较大的影响。

水力发电类型主要包括常规水电站（大型水电站、小型水电站、微型水电站等）、潮汐能发电站、波浪能发电站等（表 6-4）。

表 6-4　水力发电类型

类型	原理	典型工程
常规水电站	建设水库大坝拦蓄河流进行发电	三峡水电站、白鹤滩水电站
潮汐能发电站	利用潮汐涨落进行发电	江厦潮汐试验电站
波浪能发电站	利用海浪能量进行发电	集成发电、制淡、供电三功能的独立发电系统

大型水电站通过水库泄洪对下游水质产生负面或者正面的影响。正面影响表现为库区对水体中悬浮颗粒物进行物理沉降，提升了水体清澈度，与此同时，库区内生物化学变化对降低水的硬度有一定的好处。但是，大型水电站的负面影响范围较广，主要表现在水质下降、水库富营养化、下游河岸塌陷、下游水生生物的生存环境恶化等方面。因库区的水流量和氧含量较低会减弱其自净和稀释能力，因此上游水体冲击土壤时，会带入大量的有机物，使库区水体中的氮、磷、钾等元素含量增加。这会导致水库中藻类大量繁殖，进一步引起水质富营养化，降低水质。另外，库底难以降解的有毒物质和沉积的重金属会产生二次污染，一旦水库开始蓄水，河流的生态环境将转为水库的生态环境。水库的拦沙作用会导致下游原本附着在泥沙里面的矿物质和微生物显著减少，也会在一定程度上恶化下游水生生物的生存环境。水库排放的低温水也将抑制浮游生物的多样性，使得下游近 30km 的河段中鱼类难以繁殖。水库的发电水轮机会对鱼类造成直接性伤害，如果水电设施缺乏有效的过鱼通道，那么洄游性鱼类将会面临灭绝的风险。另外，进行峰值调控的水电站有时会导致下游河道的水环境容量急剧下降，甚至断流，对下游水生生态系统构成严重威胁。

潮汐能发电是利用海洋潮汐的升降和潮流来产生电能，这对相应海湾内的水生态和水质产生一定的影响。有研究表明，潮汐能发电站的建设会阻碍海湾内外的水体交流和转换，泥沙淤积情况会因附近海域的潮汐规律的改变而加重。还有研究表明，潮汐改变和泥沙淤积会使得海湾内的生物生存空间减小，进而影响到鸟类觅食空间和海产品养殖产量，且海湾内外水体交流不畅，鱼类经过潮汐站会受到水轮机的机械伤害。

综上所述，常规水电工程中水库大坝的拦沙蓄洪会对河流水量、径流、水质、水生态环境等产生显著影响；潮汐能发电中海湾大坝的水体阻隔对海湾水质和水生态产生影响。

2. 核能　核能发电是一种通过核反应释放能量并转化为电能的方式，在发电过程中几乎不产生温室气体和二氧化硫气体。其对水资源的需求主要体现在冷却过程中，对水资源产生水质和水温方面的影响进而影响水生态。

在核辐射影响方面，早期核电站排放废水的放射性较强，但这一问题自 20 世纪 70 年代后有了较大改善，核废水辐射强度从 10 居里（1 居里＝3.7×1010 贝可）降至 5 居里以下。有研究对大亚湾核电站基地周边海洋、空气、陆地中的水体进行采样检测，发现水蒸气、海水、井水中的氚年均值均高于本底水平，但是未出现累积效应，且周边饮用水中氚浓度和陆地及海洋生物的有机氚浓度并未异常。除辐射影响外，核电厂还会对水环境产生非放射性的影响。首先，核电厂吸取周边环境水体进入冷却系统时会对吸入水生生物产生机械性损伤；其次，核电厂排放的冷却水存在氯气，进入水体后会威胁水体中藻类和浮游生物的生存；最后，核电厂使用水体冷却后的排放会造成周边环境水体的升温，水体溶氧量会因此降低，非离子氨含量提升，以及总氮总磷浓度增加等，水体中的有机物、重金属和悬浮固体会与温度升高产生相互作用，从而加剧对水生生态系统的破坏。

综上所述，目前的核电站辐射释放均满足国家标准要求，对水资源产生的影响相对减弱。但核电站冷却系统吸入环境水体进行冷却、杀菌除藻废水排放、冷却完成后温水排放的过程均对水质和水生态会产生一定影响。

3. 地热能　地热能是一种利用地下热量产生能量的可再生能源，用途包括工业烘干、发电、供暖、温泉等。地热能的开采和使用会影响地下水资源水质、水位和水温。地热水与地下岩层长期接触中，会积累多种重金属和有害物质，地热水在使用后如果直接排放会对地表环境造成污染。研究发现，地热水中的氟化物为污染环境的主要因素。地热水含有大量的重金属元素，如果用其灌溉，有毒元素会进一步迁移到含水层，对地下水质产生一定的影响。另外，如果高温尾水直接排放进入地表水体后，将破坏原有的温度环境，进而影响水体正常功能和生物生长。同时，如果超量抽取地热水有可能引起地面沉降，这与岩石强度和抽水量有关。

综上所述，地热能会在地下水位、水质、水温方面产生影响。地下热水的超量抽取会造成地面沉降，尾水直接排放会造成地面水体化学污染和热污染，进而破坏地面水环境。

4. 生物质能　生物质能是一种利用木屑、农作物秸秆等有机物产生能量的方式。在生产或者使用过程中，生物质能主要用作发电，发电过程对水质和水生态产生一定的影响。燃烧过程中，生物质会产生大量的灰渣，如果管理不善，其排放和堆积会占用农田，堵塞河道，从而对水体产生一定的污染。秸秆发电会排放焦油，对水体生态具有一定的毒性影响，相关元素主要有锰、锌、铬、钔、镍、砷、钡、镉、铅、汞等。

水体富营养化是生物质能使用对环境的主要影响，主要包括沼气、生物质发电、燃料乙醇等形式的生物质能。混合发电方式和直接燃烧的方式会产生锅炉排污水、冷却系统排水、化学酸碱废水等生产性废水。另外，生物质气化发电方式中，气化过程会产生大量的焦油，加剧了水体富营养化。且目前可燃净化技术尚未成熟，因此可燃气体中仍含有烟灰、微尘和焦油。

综上所述，生物质能发电对水生态和水质影响相辅相成，燃烧过程排放的焦油会产生水体生态毒性并造成水体富营养化，燃烧后的灰分如不合理利用，其堆积会占用农田和堵塞河道，影响水体生态。

5. 太阳能　太阳能发电包括太阳能热发电和光伏发电，在发电过程中对水资源影响较小，但是电能存储、光伏面板生产、光热发电环节会对水质产生一定的影响。太阳能电池板在使用的过程中不会产生污染，但是其主要生产材料是晶体硅，生产过程中会产生四氯化硅等含氯硅烷类的副产品和氯化氢，其具有强烈的毒性，一旦泄漏会对环境造成危害。但是随着我国在多晶硅生产流程尾气端加入氢化工序，将尾气中的四氯化硅转化为三氯氢硅作为燃料，实现了污染物在生产流程的闭环，解决了这个污染难题。

与并网光伏系统不一样的是，离网光伏系统需要配备蓄电池用于储能，以保证其在阴雨天气、夜间等光照不足时依然可以输出电能。目前储能电池以铅蓄电池为主，其含有大量的重金属有害物质，如铅、锑、镉、硫酸等，如果管理不善会对水资源造成严重的破坏。目前我国家用型光伏发电没有专业人士和规范流程处理废旧电池，会造成废旧电池随意丢弃的现象，对环境造成不可忽视的影响。

太阳能光热发电利用聚光技术将太阳能转换为热能，再通过发电机组将热能转换为电能，主要使用水、导热油、熔盐等作为导热介质，其中熔盐的应用最为广泛。光热电站运行时需要经过处理的除盐水，目前生产除盐水的工艺会产生百分之一的废水，为高盐含废水，对环境造成一定的影响。另外，使用导热油的光热电站运行过程如果发生泄漏，也会对环境造成严重的影响。

上述内容分析了太阳能发电对水资源的影响，主要集中在水质污染方面。光伏发电的光伏面板生产过程、蓄电池废弃处理、光热发电工艺产生的高含盐废水和导热油渗漏，是太阳能发电水质污染的主要来源。但是，随着生产工艺的提升和退役元器件回收流程的完善，上述污染能得到有效控制。

6. 风能　风能发电是将风能转化为电能，以风力发电为主，发电过程不直接使用水资源，但在施工及维护期间对降雨、水质等方面产生一定的影响。

风电场会扰动场内土壤容重，降低土壤含水量及养分。陆地上风电场在施工期间会破坏土层结构和破坏地表形态，造成植被破坏，进而导致水土流失；在湿地区域建设风电场会改变土壤结构和破坏地表形态，造成该区域内底栖生物消亡；海上风电场除了造成底栖生物消亡以外，会引起周围悬浮泥沙增加，施工的撞击和震动会影响亲鱼培育，降低出苗率。

风电场运行期间会对降雨产生微弱的影响。理论上，风电场会改变当地风速和大气热交换过程，间接影响区域气候与降水量。另外，风电场运行期间会对水质产生影响。

上述内容分析了风力发电场对水资源的影响，主要体现在施工期间，陆地风电场和湿地风电场会破坏土层结构和植被，造成一定程度的水土流失；海上风电场施工会影响水体生态系统，在运行期间，风电场会影响大气热交换从而影响降雨量并且对水质也有一定的消极影响。

7. 其他清洁能源类型　氢能、海洋温差能、海水咸淡水能等其他清洁能源类型对水资源的影响相对较小。氢能的生产方式有水解、生物质能转化和天然气重整等，其生产过程对水资源的影响主要表现在水解过程中的废水排放；海洋温差能是通过海水表层和深层的温差转化为电能，其生产过程会改变电厂周边海水层化环流结构、溶解氧、含盐量等指标，进而对海洋生态环境产生一定的影响；海水咸淡水能利用海水与淡水之间的浓度差产生电能，其生产过程产生废水较少，对水资源影响较少。

（二）降低清洁能源对水资源影响可采取的措施及策略

1. 水能　针对水电站影响鱼类洄游的问题，可在大坝建造相应鱼道以保证鱼类能够顺利通过，类似案例有我国雅鲁藏布江的藏木水电站；潮汐能发电站可以采用浮运施工代替围堰法减少水体隔断，类似案例有安纳波利斯潮汐电站采用音响驱使鱼类从鱼道通过；波浪能发电的液压油可能存在泄漏，可利用海水或者空气代替液压油的使用，或者采用隔离阀门，增加可靠性控制；对有毒防腐涂层的问题，可使用长寿命材料以减少维护频率，如有机锡化合物或者橡胶材料等。

2. 核能　冷却系统杀菌除藻工艺排放的氯气可采取电化学等低排放方式代替传统的加氯处理；核电厂引起的水体升温可采取二次循环冷却方式减少对水体的热量排放，与此同时，此类废热可用于温水养殖业的辅助和北方海水的破冰等对热量品质要求不高的场合；最后，冷却系统从环境水体取水可加装旋转滤网装置，减少对吸入水生物的机械损害。

3. 生物质能　生物质能的原材料大多来自农作物，农作物生长需要耗费水源，可采取高效的灌溉系统减少水资源的消耗；生物质能发电产生的灰分，可用作肥料，避免随意丢弃。

4. 地热能　为减少地热能开采利用时尾水排放引起的化学污染、地面沉降和热污染问题，可将尾水回灌至地下。尾水回灌能有效提升地热资源利用效率，减少地表水质污染和热污染，并且能使得地下储热再次提取，维持地热资源的长久利用，这也是世界各国普遍应用的最经济有效的方式。

5. 太阳能　为减少光伏面板蓄电池产生的化学污染，首先应提高光伏面板的生产工艺，可以在多晶硅生产流程尾气端加入氢化工序，将尾气中四氯化硅转化为三氯氢硅并以此为燃料，实现污染物在生产过程中的闭环。为了减少蓄电池丢弃带来的危害，可普及并网系统，以减少蓄电需求。类似案例有西班牙和德国，太阳能电力卖给公共电网的售价高于公共电网的电价，促进光伏发电系统并入公共电网。对于光热发电站的高含盐废水，可对其进行阶梯利用和循环，最后剩余少量难以回收的末端废水可固化处理，尽量减少对环境的影响。也可将高含盐废水作为化学原料供给化工企业。对于使用导热油的光热电站产生的含油废水，可经过一系列净化处理后重复利用，剩余的浮油、浮渣等应按危险废弃物处理。

6. 风能　为减少风电场带来的水土流失影响，风电场在施工期间开挖填方等工作要避开雨水充沛期，减少表层种植土的浪费，降低对植被的影响。在施工结束后，对场区内的土地进行覆土平整，进行异地植草，减少场区水土流失，降低对生态的影响。

三、碳中和背景下水资源的利用与保护

近代人类利用自然的速度逐渐加快，对地球资源和环境的利用日趋升级，部分国家和地区对地球资源和环境的利用已经趋于极限。人类的生存和可持续发展在气候变暖、环境污染、资源枯竭等问题下面临严峻挑战，其中全球变暖是众多挑战中最为突出的问题，也直接决定着人类未来的生存空间和活动方式。

《联合国气候变化框架公约》于2015年第21次缔约方大会签署《巴黎协定》，旨在通过全球各国共同努力，控制全球温度升高不超过2℃，避免升温造成全球性水短缺或洪涝灾害等问题。地球环境系统依赖于多个循环过程，其中水循环和碳循环最为重要，且二者会相互作用、相互影响。实现碳中和，本质上就是实现人类活动的二氧化碳排放量“收支相抵”，而实现零排放碳循环过程则需要高效水循环过程的辅助和支撑。众所周知，水是生命之源，生产之要，实现水资源有效利用与保护关系着国家安全，是实现“双碳”目标的关键基础。但是，如何实现水资源安全高效利用与保护，成为未来较长时期人类需要面对和解决的一大科技难题。

（一）水资源利用与保护战略趋势

《巴黎协定》为2020年后全球应对气候变化行动做出了安排，各国纷纷出台相应政策应对挑战，减排与增汇是实现碳中和的两条路径，各个领域都需根据自身特点不断探究相应举措，水资源的利用和保护对碳减排与增汇都有巨大作用。能源行业在二氧化碳排放源中占据主体，水电作为清洁能源，其发展可为能源低碳化转型做出一定的贡献。在提升碳利用效率、碳捕集相关技术中，额外用水同样成为水资源利用的一大挑战，因此也需提高水资源的利用效率，解决水资源在利用过程中出现的问题。

水资源作为生态之基，具有生态系统的自然碳汇功能，对其进行保护和利用有利于生态

系统的平衡。部分地区的自然碳汇能力因为地下水超采、水土流失、生态破坏等现象而减弱，为解决这些问题，必须采取相应措施利用和保护水源；与此同时，水资源自身还面临着水资源短缺、水污染、用水不当、水土流失导致的水资源浪费和生态环境破坏等问题，解决这些问题要求水资源利用与保护更加注重节水优先、科学至上、空间均衡，坚持生态优先和绿色发展原则，推动绿色技术创新体系的发展，推进建设智慧水利工程。

（二）碳中和背景下水资源利用与保护的优势及作用

能源产业聚集区域和生态功能保障区域一般都是水资源主要集中区域，流域内重化工产业和高能耗产业的不断开发，造成流域区域内暴雨洪涝、水土流失、地下污染等一系列水资源问题。“双碳”目标的提出，为中国能源行业发展和生态文明建设提供了重要的发展方向：实现水资源优化和供给侧低碳转型，从源头上对水资源进行有意识的保护与利用，切实保护水资源，可见碳中和对水资源保护利用的重要作用。同时，水资源保护利用也与实现“双碳”目标密切相关。第一，水电作为清洁能源，在推动能源结构优化的过程中起着关键作用；第二，水资源作为生产之要，在促进能源行业碳减排具有极大的天然生态优势；第三，有效保护水资源有利于生态系统的修复与重构，保证生态系统的平衡，从而促进生态系统的碳吸收功能。

1\. 水资源利用与保护促进碳减排　人类的社会活动和经济活动产生大量的碳排放，导致温室气体浓度全球范围内的上升，引起全球海平面升高、气候带移动、植被迁徙、极端气候和自然灾害等严重自然问题。例如，2021 年我国郑州特大暴雨和德国西部特大洪水灾害，给当地人民的生命财产造成了巨大的损害。而保护和利用水资源，可提高碳捕集能力和碳利用效率，实现碳中和的目标，必然会减少极端气候引发的自然灾害，对降低全球灾害程度和受灾风险具有重要的意义。

（1）水资源利用与保护提升能源行业中的碳利用效率　在能源开采及使用过程中，水资源作为重要的媒介和反应介质有效提高了碳利用效率。以页岩气和石油开采过程为例，油田注水是石油开采过程中保证油层压力并提高采收率的重要措施，对水的悬浮物、溶解氧等水质指标要求较高。页岩气开采过程中利用水注入地层，压裂页岩形成裂隙网格，这一过程会消耗大量的水资源。在能源加工过程中，以活力发电和水煤浆生产为例，将褐煤研磨后，结合工业废水（污水）、造纸黑液等原料，可通过制浆工业制得水煤浆，水的加入使褐煤转变成清洁煤燃料和气化原料，实现含碳资源的高效利用；火力发电中冷却与除尘需要耗费水资源，如使用水蒸气冷却能够较大提高燃气轮机效率，从而降低能耗。在能源使用过程中，如在煤炭的燃烧过程中，水蒸气作为反应介质与煤发生较强的水煤气反应，可降低燃烧温度和提高燃烧效率。值得指出的是，能源与水相互依存，中国能源与水资源特征差异明显，加强废水回收利用，实现可持续用水，对能源行业碳利用意义重大。

（2）水资源利用与保护保障未来碳捕集技术的效益　尽管太阳能、水电、风能、生物质能等清洁能源减少了 CO_2 排放，但与化石燃料的稳定性和丰富性相比，其使用成本和效率使其短期内难以取代化石能源，中国仍需以煤炭作为基础能源，做好经济社会发展的基础保障，因此未来对火力发电厂进行碳捕集改造十分必要。

一般来说，化学吸收法捕集 CO_2 的解吸过程一般利用热法再生技术，脱硫脱硝后的烟气首先通过直接接触式冷却器进行冷却，贫胺基溶剂在吸收塔中从烟气中吸收 CO_2，再用水去除任何残留的氨；然后，将富含 CO_2 的溶剂泵送到再生塔，通过加热分离 CO_2，浓缩的 CO_2 被压缩并运输到储存地点。在此过程中，需要水来支持直接接触式冷却器、吸收塔和再生塔的冷却环节，同时需要水蒸气为再生塔中分离 CO_2 提供热量。

我国的西电东送、南水北调等国家重大工程在一定程度上缓解了我国水资源与能源分配不均的问题，但未来碳减排技术的落实为我国的能源与水资源利用提出了更高的要求。我国北部和西北部 6 个缺水省份的煤炭总量占全国总产量的 70%，导致我国电力需求和火力发电的区域不平衡，而碳捕集技术所需要的额外冷却用水将进一步威胁水资源供应和电力需求之间的平衡。在总体碳减排的背景下，各部门在制定相关政策方面不应只考虑自身的利益偏好，应在保证水资源可持续发展的前提下，缓解碳减排对水资源造成的压力。具体可以提高农业灌溉效率，大力发展风电、水电和太阳能等清洁技术，控制缺水地区的火力发电额度，通过“火力电厂-水域资源-政府机构”三方面相互协调、相互促进，为碳减排各个技术的普及提供水资源保障。

2. 水资源利用与保护促进自然碳汇

（1）水资源利用对自然碳汇的促进作用　发挥水资源的功能性、有效性是科学利用水资源的表现。发挥水资源的功能性，对改造干旱荒漠地区植被、促进受损湿地修复有着重要意义，有利于促进其自然碳汇的功能。研究发现，实施碳汇修复、生态补水等措施后，东部沿海湿地 13 年间面积增加了近一倍，塔里木河下游碳汇区域由 2001 年的 1.54%增长至 2020 年的 7.8%。以上实例均说明，对于缺水土壤盐量过高等导致的植被生长不佳、自然碳汇削弱的情况，可以通过调配水资源对生态环境进行修复，碳汇区域得以增长。发挥水资源利用的有效性方面，确定生态系统所需的最优水量，合理配置水资源最大限度促进自然碳汇作用。农林草灌溉方面，根据不同植物不同生长阶段所需水量，结合滴灌、喷灌等灌溉技术合理利用水资源，提高农业、草业、林业净碳汇。在修复湿地过程中，确定最佳输水时间和控制最佳水位相结合，促进湿地恢复，从而增加碳汇。水在不同生态系统中均发挥着无可替代的重要作用，应寻求科学的方式对其利用以促进自然碳汇。

（2）水资源保护对自然碳汇的促进作用　人类社会的经济活动可能导致水土流失、水污染等问题，但由于生态系统的正反馈调节机制，同时也会导致水体富营养化，从而使水质进一步恶化，加剧生态系统的崩溃。水土流失导致土质下降，影响植物的生长。植物生长及生态系统的稳定关系着自然碳汇的功能，因此，应将植被保护和水资源保护同步纳入促进自然碳汇的过程中。在水资源保护过程中采取植生态林等措施直接促进碳汇，同时，注重对水资源的保护，改善植物生长环境，促进碳汇重建。

在具体实施措施上，应当兼顾生态效益和经济效益。当前，通过植被栽植修复河道、建设林泽工程、基塘工程等措施保证库区生态安全的过程中，应将生态水利工程的建设补充纳入考虑，有效改善水环境的同时赋予植被良好的生长环境，促进自然碳汇。对水土流失区域，可采取保水措施，涵养水源促进植被恢复。治理水污染、改善水土流失与植被恢复的工作相辅相成。

四、总结

现有实践表明，水资源对能源结构调整、提高碳减排、增加自然碳汇具有极其重要的作用。基于目前的发展现状，未来的发展方向应是：生态能源一体化、规划运行智慧化、设计建造绿色化、空间利用充分化和改造发展统筹化。

面对世界百年未有之大变局和中华民族实现伟大复兴战略全局，对水资源利用与保护提出了更高的要求，应当承担起“双碳”的国家战略使命，筑牢国家能源可持续发展的“绿色基石”。应充分发挥水资源自身优势特点，促进国家能源结构转型升级，推动流域生态保护与高质量发展，促进国家富强和民族复兴。

延伸阅读

科技创新促进人水和谐共生

2024 年 11 月，水业可持续发展大会在北京举行。大会以“科技创新引领 人水和谐共生”为主题，旨在聚焦行业技术创新和发展需求搭建水业交流平台，促进“政产学研用”深度融合，通过对以水循环技术创新提高企业和园区水效水平、推进节水型城市建设提升用水效能，推动技术进步和模式创新，助力产业高质量发展。

水资源是事关国计民生的基础性自然资源和战略性经济资源，海水淡化作为增加水资源供给，提升水资源安全保障水平的重要途径，将发挥更为重要的作用，也将成为海洋领域新质生产力和未来产业的重要方向之一。我们要把城市节水放在更加突出的位置，精准节水、系统节水、机制节水，构建水资源高效利用、水环境明显改善、水安全有效保障的水系统，走好节水减污降碳，绿色可持续的高质量发展的道路。

习近平总书记在党的二十大报告中指出，中国式现代化是人与自然和谐共生的现代化。人水和谐共生，是指人与人、人与水处于没有冲突与对抗的、自然的、良性的共处状态，区域、涉水行业、用水户、水资源、水生态、水环境、社会经济发展等各相关因素表现出一种满意的运行和发展状态，是人与自然关系和谐的重要方面和具体体现。实现人水和谐共生，是推进建设人与自然和谐共生的现代化生态基础和支撑保障。党的二十大报告强调，必须坚持科技是第一生产力、人才是第一资源、创新是第一动力，深入实施科教兴国战略、人才强国战略、创新驱动发展战略，开辟发展新领域新赛道，不断塑造发展新动能新优势。奋进新征程，促进人水和谐共生，我们使命在肩，核心利器是科技创新，科技创新是促进人水和谐共生建设的强劲驱动力。

（张丽娜和吴凤平，2023）

思　考　题

1. 简述水资源循环利用的具体方法。
2. 建筑垃圾资源的循环利用技术有哪些？
3. 中国水问题的多样性表现在哪些方面？
4. 简述清洁能源技术（太阳能、风能、水能）对水资源的影响。
5. 简述碳中和背景下水资源保护与利用的优势。

主要参考文献

卞家鑫. 2019. 我国建筑垃圾资源化利用现状及发展策略. 城镇建设，（9）：164.
曹笃盟. 2022. 新能源汽车动力蓄电池回收关键技术创新与应用. 金昌：金川集团股份有限公司.
曹海宙. 2023. 冶金工业多金属固废高值化清洁高效回收再利用关键技术研发及示范应用. 丽水：浙江遂

昌汇金有色金属有限公司.
陈皓琪. 2018. 城市污水资源化及再利用技术探析. 中国资源综合利用，36（5）：51-53.
陈雅芝. 2019. 国内外建筑垃圾资源化利用政策的比较研究. 建筑技术，50（3）：4.
董浩，曾波，唐飞. 2021. 建筑垃圾资源化处置技术. 建筑技术，（7）：805-808.
董泰丽，陈莉. 2020. 畜禽粪便资源化循环利用关键技术与模式探讨——以山东民和为例. 安徽农业科学，48（17）：216-220.
高永涛，陈欢，张银亮. 2024. 建筑垃圾再生微粉资源化利用的试验研究. 中国资源综合利用，42（6）：33-38.
郭世博. 2023. 废弃矿井地热资源再开发与循环利用技术. 能源与环保，45（10）：172-178.
胡洪营，石磊，许春华. 2015. 区域水资源介循环利用模式：概念·结构·特征. 环境科学研究，28（6）：839-847.
江单丹，刘进. 2024. 江苏省退役风电光伏设备资源循环利用现状与对策研究. 中国设备工程，（4）：235-237.
蒋明睿. 2023. 中药资源如何循环利用实现绿色发展？. 新华日报，（12）[2025-05-13].
交通运输部公路科学研究院. 2019. JTG/T 5521—2019 公路沥青路面再生技术规范. 北京：人民交通出版社.
李建国. 2019. 阳泉市建筑垃圾现状分析和资源化利用措施. 四川建材，45（10）：2.
刘俊海，张立影，刘继亮. 2016. 工业资源循环利用结构与途径探析. 黑龙江环境通报，40（1）：6-7.
柳建平，刘璐. 2023. 农作物秸秆资源循环利用：技术、模式及存在的主要问题. 可持续发展，13（2）：847-860.
马建平. 2024. 退役光伏与风电设备资源化利用探究. 大众标准化，（11）：95-97.
石惠娴，沈昊文，潘方慧，等. 2023. 农业废弃物资源化梯次利用低碳模式研究. 安徽农业科学，51（3）：209-212.
孙冰. 2023. 建筑垃圾资源化技术与应用及发展趋势分析. 节能与环保，（12）：66-71.
孙策. 2023. 环境保护中水污染处理技术和再生利用研究. 皮革制作与环保科技，4（13）：22-24.
索智，季节，金珊珊，等. 2023. 废旧沥青路面绿色高值化冷态再生循环利用关键技术及示范应用. 建设科技，（11）：98-100.
王丹丹，张立东，颜久印. 2024. 秸秆生物质资源生态循环利用的现状分析. 节能与环保，（3）：38-43.
王国栋，张龙强，付静，等. 2024. “双碳”背景下我国废钢资源高质循环利用战略研究. 中国工程科学，26（3）：63-73.
王敏晰，马宇，刘威，等. 2021. 生态文明建设与资源循环利用耦合关系. 资源科学，43（3）：577-587.
王雪莉，温禾，陈永. 2023. 基于水资源生态足迹的水资源循环利用技术体系研究.环境保护科学，49（4）：68-73.
伍兰萍. 2022. 关于循环农业的农作物秸秆资源化利用模式探讨. 山西农经，（1）：134-136.
武朝霞，匡丽虹. 2024. 基于《水资源优化配置理论及应用案例》探索计算机技术对水资源优化利用的辅助作用. 人民黄河，46（5）：166.
夏松，李晓东，张宇航. 2024. 建筑垃圾减量化与资源化利用技术研究. 城市建设理论研究（电子版），（5）：108-110.
徐玉波，李颖，樊斌. 2019. 我国建筑垃圾资源化利用行业现状问题和建议. 墙材革新与建筑节能，（12）：58-61.

么新. 2023. 完善退役风电、光伏设备循环利用体系促进新能源产业绿色低碳循环发展. 资源再生，（8）：32-33.
杨治广. 2020. 废物处理与处置. 上海：复旦大学出版社.
张萌，刘养卉. 2020. 乡村振兴战略背景下农村电商发展路径探析：基于甘肃省武威市的调查. 中国集体经济，（5）：1-2.
张杭君，汪美贞，袁霞. 环境生态工程导论. 北京：化学工业出版社.
张丽娜，吴凤平. 2023. 依靠科技创新促进人水和谐共生. 中国科技论坛，（7）：8-10.
张庆武，沈鑫，胡梦杭，等. 2022. 土茯苓药渣制备超级电容器电极材料研究. 甘肃科技，38（23）：52-56.
张伟祥，杨文芳. 2021. 简述水资源经济循环利用集成工艺技术. 甘肃科技，37（20）：78-80.
张肖明，黄沛增，崔庆怡. 2020. 西安市建筑垃圾减量化和资源化利用现状研究. 建筑节能，（1）：102-107.
张迎珍. 2017. 城市生活污水资源化利用探讨. 太原师范学院学报（自然科学版），（2）：118-122.
赵润，董云仙，谭志卫. 2014. 程海流域生态系统服务功能价值评估. 环境科学导刊，（4）：19-23.
赵悦，李德念，阳济章，等. 2023. 中药渣生物炭活化制备碳基电催化剂及其氧还原反应催化性能研究. 材料导报，37（2）：5-11.
甄峰，李东，孙永明，等. 2012. 沼气高值化利用与净化提纯技术. 环境科学与技术，35（11）：103-108.
周俊，王梦瑶，王改红，等. 2020. 餐厨垃圾资源化利用技术研究现状及展望. 生物资源，42（1）：87-96.
周海林. 2021. 餐厨垃圾资源化利用技术研究现状及展望. 中国资源综合利用，39（5）：70-73.
朱黎阳，端木祥慈. 2024. 开展回收循环利用行动 畅通资源循环利用链条 为经济社会高质量发展注入新动力. 中国经贸导刊，（4）：22-23.
Chan MT，Selvam A，Wong JWC. 2016. Reducing nitro-gen loss and salinity during "struvite" food waste com-posting by zeolite amendment. Bioresour Technol，200：838-844.
Liu J. 2023. Recycling utilization of crop straw resources：technology，mode and main problems. Sustainable Development，13（2）：847-860.
Wang X，Selvam A，Lau SSS，et al. 2018. Influence of lime and struvite on microbial community succession and odour emission during food waste composting. Bioresource Technol，247：652-659.
Wang X，Selvam A，Wong JWC. 2016. Influence of lime on struvite formation and nitrogen conservation during food waste composting. Bioresource Technol，217：227-232.
Zhou Y，Selvam A，Wong JWC. 2014. Evaluation of humic substances during co-composting of food waste，saw-dust and Chinese medicinal herbal residues. Bioresour Technol，168：229-234.

第七章　智 能 技 术

主要目标

1）熟悉物联网在不同领域中的应用，分析其如何通过提高能效、减少碳排放和优化资源管理来助力低碳经济的发展。

2）了解物联网技术和大数据的发展，以及大数据与能源优化的概念，掌握大数据与能源优化的发展现状和实施策略。

第一节　物联网与低碳管理

一、物联网技术

（一）物联网的概念

互联网技术是指通过网络协议将计算设备、通信系统和数据资源相互连接的一系列技术和方法的集合。它以信息的采集、传输、存储和处理为核心，构建起了全球范围内的信息交互和共享网络。互联网技术的核心特性包括分布式结构、开放性、交互性和可扩展性，支持从基础的邮件通信到复杂的实时数据处理等多种应用场景。

物联网（internet of things）是互联网技术的延伸和发展。它是一个将物理世界与数字世界紧密连接的技术框架，其核心思想是将物理对象与互联网连接起来，从而实现数据的收集、分析和共享，最终实现智能化管理和控制。这些物理对象通过嵌入式传感器、软件和其他技术进行互联，能够实时交换信息，并通过数据分析和自动化控制，实现更高效的操作和管理（Abdul-Qawy et al.，2015；Nižetić et al.，2020）。

物联网的基本构成要素包括数据、设备、网络和云服务器 4 部分。数据是物联网的“燃料”，通过各种传感器和设备，物联网技术提供了多种方式来收集关于物理世界的信息。设备是物联网的物理组件或“事物”，它们负责收集数据并将其传输到网络中。物联网设备通过各种网络协议连接，这些协议使设备能够有效地进行通信。最后，这些数据通常被传输到云服务器中进行处理、存储和分析，以支持决策和自动化操作。基于上述构成要素，物联网的架构可以被视为一个有组织的网络，由互联的设备、传感器、执行器和云服务器组成，这些元素共同实现数据的流动。

物联网的架构通常分为多个层次：感知层、网络层、数据处理层和应用层。在物联网架构的感知层，主要包括传感器和设备。感知层的主要功能是收集来自物理环境的数据，这些数据可以是温度、湿度、运动等信息。传感器通过执行器将这些信息传送到网络中进行后续处理。网络层则负责将感知层收集到的数据传输到数据处理中心，这一层通常包含各种通信技术和协议，如 Wi-Fi、蓝牙、Zigbee 等。网络层确保数据在设备之间顺畅流动，并将其传输到云平台或服务器进行分析和存储。在数据处理层中，云计算和数据分析技术发挥着重要作用，负责对收集到的数据进行分析、处理和存储，以提取有用的信息，将原始数据转化为可操作的见解，从而支持智能决策和自动化。应用层则是用户与物联网系统交互的地方，包含各种应用程序和用户界面，允许用户查看数据、控制设备并获取实时反馈。

此外，物联网的架构不仅限于上述层次，还包括传感器、执行器、网络、数据处理系统和用户界面这 5 个核心实体。传感器用于收集环境数据；执行器负责执行指令，如开关设备等；网络是连接设备的通信基础设施；数据处理系统负责分析和存储数据；最终的用户界面是用户与物联网交互的方式。这些核心实体共同构成了物联网的生态系统，支撑着物联网的广泛应用和发展。

随着技术的不断进步，物联网已经渗透到人们生活的方方面面，包括能源、交通、农业、环境、医疗等领域。通过将分散且独立的设备连接起来，物联网技术极大地提升了各个领域的自动化水平与效率，促使数据驱动的决策成为现实，从而优化资源配置，降低成本，提升生活质量。

（二）物联网与低碳管理的关联

在全球面临气候变化和能源危机的当下，低碳经济和可持续发展已成为各国政府和企业的核心议题。低碳管理是指通过减少温室气体排放和提高能源效率，以降低经济活动对环境的负面影响，实现可持续发展的目标。而物联网作为一种跨领域的创新技术，具有巨大的潜力来促进低碳管理的实施。

物联网通过实时监测、智能分析和自动化控制，可以显著提高能源和资源的利用效率，从而减少碳排放。例如，在能源管理领域，物联网技术能够优化电力系统的运行，减少不必要的能源消耗；在建筑管理中，智能化的控制系统能够动态调整照明、供暖和制冷设备的运行状态，避免能源的浪费；在交通领域，通过物联网实现的智能交通系统，可以有效减少交通拥堵，从而降低燃料消耗和车辆排放。

物联网在低碳管理中的应用不仅限于直接减少碳排放，还包括间接地促进更环保的生活方式和生产方式。例如，通过物联网技术的应用，消费者可以实时了解自己在日常生活中的碳足迹，从而激励其采取更为环保的行为。此外，企业也可以利用物联网技术优化生产流程，减少能源和资源的浪费，同时提升产品的环保性能。

然而，物联网与低碳管理的结合并非没有挑战。首先，物联网设备本身的能源消耗和制造过程中的碳足迹是一个不容忽视的问题。虽然物联网能够帮助人们减少整体碳排放，但其大规模的部署也可能会带来额外的能源需求和环境压力。因此，在设计和部署物联网系统时，必须考虑其自身生命周期内的环境影响，采取措施减少其碳足迹。其次，物联网的广泛应用需要强大的数据处理能力和通信网络支持，这可能导致数据中心的能源消耗增加，从而间接地影响碳排放。因此，发展更加节能的数据处理技术和低功耗的物联网设备，是推动物联网与低碳管理协同发展的关键。

尽管如此，物联网在推动低碳经济发展中的潜力仍然不可小觑。通过精细化管理和智能化控制，物联网有望在全球范围内大幅度提升能源效率、减少浪费，从而对减缓气候变化起到积极作用。展望未来，随着物联网技术的进一步成熟和应用范围的不断扩大，其在低碳管理中的作用将变得更加重要。

因此，本章将深入探讨物联网在不同领域中的应用，分析其如何通过提高能效、减少碳排放和优化资源管理来助力低碳经济的发展。同时，还将探讨物联网在实现可持续发展目标中可能面临的挑战，并提出相应的解决方案，以期为相关领域的研究和实践提供有益的参考。

二、物联网在能源管理中的应用

物联网技术的快速发展为能源管理带来了深刻的变革。通过连接和优化能源的生产、分配和消费环节，物联网在推动能源效率提升和碳排放减少等方面展现出了巨大的潜力（Bedi et al.，2018）。本部分将深入探讨物联网在智能电网、智能建筑与智能家居及工业物联网中的应用，展示物联网在能源管理中的独特优势。

（一）智能电网

智能电网是物联网在能源管理中的重要应用之一。传统电网主要依赖于集中式电力生产，电力的传输和分配相对僵化，无法实时响应需求变化。智能电网则通过在电网中部署各种传感器、智能电表和控制设备，形成一个高度互联的网络，实现电力系统的智能化管理。

智能电网的核心在于其数据采集与分析能力。通过物联网设备，智能电网可以实时监测电力需求、供应和网络状态，利用大数据分析对电力负荷进行预测和优化。举例来说，在电力需求高峰期，智能电网可以动态调整电力的分配，避免由过载导致的停电风险；而在电力需求较少时，它可以有效管理发电设备的运作，减少能源浪费。此外，智能电网还支持分布式能源如太阳能和风能的接入，这些可再生能源的波动性较大，但智能电网能够通过实时分析数据和调度，平衡电力的供需关系，显著减少碳排放。

（二）智能建筑与智能家居

在智能建筑与智能家居领域，物联网技术的应用同样可以对能源管理产生积极影响。智能建筑通过集成传感器、智能控制系统和自动化技术，能够实现对建筑物内各种能源消耗设备的实时监控和管理。具体来说，智能建筑中的温控系统可以根据室内外环境的变化，自动调节空调和采暖系统的运行，从而降低不必要的能耗。智能照明系统则能够根据自然光的强度和人们的活动状态，动态调整照明亮度，最大限度地利用自然光线，减少电力消耗。

在智能家居中，物联网技术进一步延伸至家庭能源管理。例如，智能插座和家电设备能够实时监控电力使用情况，并在设备闲置或无效耗电时自动关闭，从而减少待机能耗。智能电表还允许用户监控家庭整体能耗，通过分析历史数据，用户可以调整用电习惯，如在电价较低的时段进行高耗能活动，从而优化能源使用效率。

智能建筑与智能家居系统不仅有助于节约能源，还能够通过减少电力的非必要消耗，从而减少家庭和商业建筑的碳排放。随着物联网设备的普及，越来越多的建筑正在转向智能化管理，这一趋势将为实现低碳经济目标提供强有力的支持。

（三）工业物联网

工业物联网是在工业环境中应用物联网技术，以提高生产效率和资源利用效率，同时减少能源消耗和环境影响。在制造业中，工业物联网通过传感器网络实时监测生产过程中各个环节的情况，包括设备运转状态、能源消耗情况、生产效率等，从而实现对生产线的精准控制和优化。

一个典型的应用场景是预知维护（predictive maintenance）。通过物联网传感器实时采集设备运行数据，并结合大数据分析和机器学习算法，工厂可以提前预测设备的故障风险，进行预防性维护，避免由设备故障导致的生产中断。这不仅可以提高设备的使用寿命，还能减少不必要的能源消耗和碳排放。

此外，工业物联网还能够通过优化生产流程来实现节能减排。例如，在工业供热、制冷和动力系统中，工业物联网设备可以实时监控和调节系统的运行状态，以确保能源的高效利用和最低限度的浪费。在某些情况下，通过结合能源管理系统和工业物联网技术，工厂还可以根据能源市场的实时价格波动，灵活地调整能源采购和使用策略，降低运营成本和减少碳排放。

总的来说，物联网在能源管理中的应用为提高能源效率、减少浪费和碳排放提供了强大的工具。无论是在智能电网、智能建筑还是工业领域，物联网都通过数据驱动的决策支持和自动化控制，推动了更高效且更可持续的能源管理模式的发展。随着物联网技术的进一步成熟和普及，其在低碳经济中的作用将更加显著。

三、物联网在交通管理中的应用

物联网技术在交通管理中的应用正日益成为推动低碳城市发展的关键手段。随着全球城市化进程的加速，交通运输业已成为能源消耗和温室气体排放的重要来源之一。传统的交通管理方式往往难以有效应对日益复杂的城市交通需求，而物联网技术为实现智能交通、优化交通资源配置、减少碳排放提供了新的解决方案。本章将探讨物联网在智能交通系统、车联网和智能物流与供应链管理中的应用，并分析其在低碳管理中的贡献。

（一）智能交通系统

智能交通系统是物联网技术在交通领域应用的核心之一。智能交通系统通过集成传感器、摄像头、交通信号灯和无线通信设备，实时采集和分析交通流量、道路状况和气象信息，帮助城市交通管理部门做出智能化决策。该系统不仅能有效缓解交通拥堵，还能减少由堵车引发的不必要燃料消耗和尾气排放，从而减少碳足迹。

智能交通系统的一个典型应用是智能交通信号控制系统。通过物联网技术，交通信号灯可以根据实时交通流量动态调整红绿灯的时长，优先疏导主干道或特定方向的车流，减少车辆在路口等待的时间。这种智能交通信号控制系统可以有效减少车辆怠速时的燃油消耗和排放物。另一个例子是智能停车管理系统，该系统利用传感器和通信网络帮助驾驶员快速找到空闲车位，减少因寻找停车位而产生的无效行驶时间，进而减少燃油消耗和二氧化碳排放。

（二）车联网

车联网（internet of vehicles）是指车辆与交通基础设施、其他车辆、行人及云端服务器之间的通信系统。通过车联网技术，车辆可以共享道路信息、行驶路径和交通状况，从而选择更为高效的驾驶决策。这种技术的广泛应用不仅有助于提高道路交通的安全性，还能显著减少能源消耗和碳排放（Ma et al.，2024）。

车联网技术在低碳出行中的应用主要体现在三个方面。首先，车辆之间的道路信息共享可以帮助驾驶员优化行驶路径，避开拥堵路段，从而减少行驶时间和油耗。其次，车联网与智能交通系统的无缝连接，可以实时提供交通信息和节能驾驶建议。最后，车联网支持自动驾驶技术，通过精准的路径规划和速度控制，进一步提高交通效率并减少碳排放。

此外，电动汽车的普及为低碳交通提供了新的契机，而车联网技术可以进一步提升电动汽车的能效。例如，车联网能通过车辆与充电桩之间的通信，优化充电时间和充电功率，避开用电高峰，促进利用可再生能源充电，减缓对电网的冲击，并减少整体碳排放。

（三）智能物流与供应链管理

物流与供应链管理是交通运输的重要组成部分，也是物联网技术应用的重要领域。传统物流行业往往存在运输路线规划不合理、空载率高等问题，导致能源浪费和碳排放增加。物联网技术可以通过实时跟踪货物、车辆和路况信息，优化物流路径和车队管理，从而实现物流过程的低碳化。

物联网在智能物流中的应用体现在以下几个方面。首先，基于物联网的车队管理系统可以实时监控车辆位置、速度和油耗，帮助物流公司优化调度和路线规划，减少车辆的空驶和绕行现象，从而减少燃油消耗和碳排放。其次，智能仓储管理系统通过物联网技术实现库存的动态监控和管理，减少库存积压和资源浪费，提升供应链的整体能效。此外，物联网还可以通过冷链监控系统，确保冷藏运输的能效最大化，减少冷藏过程中的能源消耗。

总的来说，物联网在交通管理中的应用不仅提升了交通系统的智能化水平，也为实现低碳发展目标提供了有效途径。通过智能交通系统、车联网和智能物流与供应链管理的综合应用，物联网技术正在推动交通行业向着更加高效、节能和环保的方向发展。未来，随着物联网技术的进一步成熟和推广，其在低碳交通管理中的作用将愈发重要，将为全球应对气候变化和实现可持续发展目标贡献更多力量。

四、物联网在农业中的应用

随着全球人口的增长和气候变化的加剧，农业生产面临着前所未有的挑战。如何在提高农业产量的同时，减少资源浪费和环境污染，已成为全球农业生产关注的焦点。在此背景下，物联网技术逐渐成为智慧农业的核心推动力，通过数据驱动的精细化管理，实现农业的可持续发展和低碳转型（Sanusi et al.，2024；Tzounis et al.，2017）。

（一）智慧农业的兴起

智慧农业是指将物联网、大数据、人工智能等新兴技术与农业生产相结合，通过实时监测和智能决策，提高农业生产效率，降低资源消耗，并减少对环境负面影响的农业形态。与传统农业不同，智慧农业以数据为基础，利用传感器、无人机、卫星遥感等设备，实时采集土壤、气象、水资源、作物生长等信息，并通过大数据分析和智能算法，实现精准化、智能化的农业管理。

智慧农业的兴起标志着农业生产方式的根本性变革。它不仅提高了农业的生产效率，还为实现农业的低碳化提供了可能途径。通过物联网技术的应用，农业生产中的能源、水资源、化肥等投入可以得到有效管理和优化，从而减少浪费和环境污染。

（二）物联网在农业节能减排中的贡献

物联网技术在农业中的应用，主要体现在精准灌溉与水资源管理、智能温室与能源管理和农业废弃物管理等方面，这些应用有效地减少了农业生产的碳足迹。

1. 精准灌溉与水资源管理　水资源是农业生产中最为关键的资源之一，但传统灌溉方式往往存在浪费严重、效率低下等问题。物联网技术可以实时监测农田中的土壤湿度、气温、风速等数据，并通过智能控制系统，根据作物的实际需水量精准调控灌溉量。这样不仅大幅度降低了水资源的浪费，还避免了过度灌溉导致的土壤侵蚀和地下水污染等问题。

2. 智能温室与能源管理　智能温室是智慧农业的典型应用场景之一。物联网技术可以对温室内的温度、湿度、光照、二氧化碳浓度等进行实时监控，并根据作物的生长需求，自动调节加热、通风、光照等系统，以创造最适宜的作物生长环境。相比传统温室，智能温室可以大幅度减少能源消耗。例如，通过优化光照控制，可以减少人工照明的使用时间，从而减少电力消耗和碳排放。同时，智能温室还可以通过数据分析，优化施肥和用药策略，减少化肥和农药的使用，进一步减少农业生产对环境造成的负担。

3. 农业废弃物管理　农业生产过程中产生的大量废弃物，如秸秆、动物粪便等，若处理不当，不仅会浪费资源，还会对环境造成污染。物联网技术可以帮助实现农业废弃物的智能化管理。例如，通过在堆肥场安装传感器，可以实时监测温度、湿度等关键参数，确保堆肥过程的最佳条件，从而加速有机废弃物的降解，并减少温室气体的排放。此外，物联网还可以促进废弃物的资源化利用。例如，通过智能系统监控和控制生物质能转化设备，实现农业废弃物的能源化处理，将废弃物转化为清洁能源，从而减少对化石能源的依赖和碳排放。

（三）智慧农业与可持续发展的结合

智慧农业不仅是提高生产力的工具，更是实现农业可持续发展的关键途径之一。通过物联网技术的应用，农民不仅可以增加单位土地的产出，减少农业活动对自然资源的依赖，还能够有效应对气候变化带来的挑战，减轻农业对环境的负面影响。

此外，物联网技术的推广应用有助于改变农业的传统运作模式。随着数据驱动农业的普及，农民逐渐能够从过去的经验决策转向基于科学数据的精准管理，从而减少决策中的盲目性与风险。这种智能化的管理方式不仅能够提高农业的经济效益，还能够通过优化资源利用和减少碳排放，推动农业领域的可持续发展。

未来，随着 5G 技术和人工智能技术的发展，物联网在农业中的应用将更加普及和深入。无论是小规模农场还是大规模农业企业，都能够借助物联网实现更智能、更高效和更环保的生产方式。物联网与农业的结合，正成为推动全球低碳经济与可持续发展目标实现的强大力量。

物联网技术为农业带来了前所未有的变革，使得精准化、智能化和低碳化的生产成为可能。在未来，随着技术的进一步成熟与推广，物联网将继续在农业中发挥更重要的作用，助力农业走向更加绿色、可持续的发展道路。

五、物联网在环境监测中的应用

随着全球气候变化和环境污染问题日益严峻，环境监测成为应对这些挑战的关键手段之一。物联网技术通过连接大量传感器、数据采集设备和通信网络，为环境监测提供了强大的支持。物联网能够实现对环境的实时监控、数据分析与处理，从而为政策制定者、环保机构和企业提供科学依据，推动可持续发展进程。

（一）空气质量监测

空气污染已成为全球性的环境问题，尤其是在大城市和工业化地区，空气质量的恶化对人类健康和生态环境构成严重威胁。传统的空气质量监测通常依赖于少量的固定监测站，这些站点虽然能够提供精确的数据，但其覆盖范围有限，难以满足对大范围和动态环境变化的监控需求。

物联网的引入大大拓展了空气质量监测的广度和深度。通过在城市各个角落安装大量的低成本、低功耗传感器，物联网可以实现对 $PM_{2.5}$、二氧化氮、臭氧等多种大气污染物的实时监测。这些传感器将数据上传至云端，进行集中处理和分析。物联网技术不仅提高了监测数据的精确性和实时性，还可以通过大数据分析发现污染源头和扩散路径，为环保政策的制定提供依据。例如，某些城市已开始使用移动物联网设备，如搭载在公共交通工具上的传感器，以实时监控城市不同区域的空气质量，从而制定更加精准的污染控制策略。

（二）水质监测与管理

水资源的保护与管理是环境可持续发展的重要组成部分。随着工业废水、农业径流和城市污水排放问题的加剧，水质监测变得尤为重要。传统的水质监测方式通常需要人工采样和实验室分析，这不仅耗时耗力，而且难以实现大规模的连续监测。

物联网技术为水质监测带来了革命性的变化。通过在河流、湖泊、海洋及地下水源中布置智能传感器网络，物联网系统能够实时监控水体的温度、pH、溶解氧、重金属含量等关键参数。这些传感器将采集到的数据通过无线网络传输到中央数据处理系统，环保机构可以通过数据平台实时查看水质变化情况，快速识别污染事件，并采取相应的应急措施。例如，在某些工业园区中，物联网系统可以实时监控工业废水的排放情况，一旦发现异常排放，系统能够立即发出警报，并自动控制排放设备，以防止污染物进入自然水体。

此外，物联网在水质管理中的应用还包括节水灌溉和水资源优化分配。利用通过物联网传感器获取的土壤湿度、降水量和蒸发量数据，可以优化灌溉方案，实现精准灌溉，减少水资源浪费。这对于干旱地区的农业生产尤为重要，既保护了水资源，又提高了作物产量，真正实现了生态与经济效益的双赢。

（三）土壤与生态系统监测

土壤作为生态系统的重要组成部分，其质量和健康直接影响着植物生长、农业生产和整个生态链的稳定性。土壤污染、土地退化及过度开发等问题，正威胁着全球的粮食安全和生物多样性。传统的土壤监测方式大多依赖于定点采样与实验室分析，存在采样频率低、覆盖范围有限等问题，难以全面反映土壤状况的动态变化。

物联网技术的应用使得土壤监测变得更加智能化和精准化。通过在农业区、森林和自然保护区中布置传感器网络，物联网可以实时监测土壤的湿度、温度、养分含量、重金属浓度等指标。这些数据通过无线传输技术被上传到云端进行分析，为农业生产、土地利用规划和生态保护提供重要的参考依据。例如，在精准农业中，物联网系统可以根据土壤湿度和养分含量的实时数据，自动调节灌溉和施肥量，避免过度使用水肥资源，减少对土壤的破坏。同时，物联网技术还能监测土壤侵蚀和污染扩散情况，及时预警，防止生态系统的进一步退化。

此外，物联网还被广泛应用于生态系统的监测和管理中。通过在森林、湿地和草原等生态系统中部署传感器网络，物联网可以实时监控植物生长状况、动物活动、气候变化等数据。这些数据不仅有助于生态系统的保护和恢复，还能为应对气候变化、保护生物多样性提供科学依据。例如，在某些国家的自然保护区，物联网技术被用于实时监控野生动物的活动轨迹和栖息地环境，一旦发现异常行为或环境恶化，系统能够及时发出警报，帮助管理人员采取相应措施。

综上所述，物联网在环境监测中的应用，可以极大地提升监测的精度和效率。通过实时数据采集与分析，物联网为应对环境挑战提供重要工具，并为实现可持续发展目标奠定坚实的技术基础。

六、总结

物联网技术在当今社会的广泛应用，已经显著改变了各行各业的运营模式，也为低碳管理带来了前所未有的机遇。随着全球气候变化问题的日益严峻，减少碳排放已成为全球共识，物联网技术凭借其强大的数据采集、分析和自动化能力，正在成为推动低碳发展的重要工具（Hittinger and Jaramillo，2019；Nižetić et al.，2020）。

（一）物联网对低碳管理的重要性

物联网通过连接大量的设备、系统和传感器，使得能源、建筑、交通、农业、环境监测等领域的运作更加智能和高效。首先，在能源管理方面，物联网能够实时监控和优化能源的生产、传输和消耗过程。例如，智能电网的应用使得能源分配更加精准，减少了能源浪费和不必要的碳排放。智能建筑与智能家居系统则通过运行自动化控制设备、调节温度和优化照明，显著减少了日常能耗。其次，在交通管理方面，物联网通过智能交通系统和车联网技术，能够有效减少交通拥堵，优化出行路径，从而减少燃油消耗和碳排放。此外，物流行业通过物联网技术的应用，实现了供应链的优化管理，减少了资源浪费和运输过程中的碳足迹。

农业作为全球碳排放的重要来源之一，通过物联网技术的应用，同样能够实现低碳管理。智慧农业利用物联网传感器对土壤、水分和气候等环境因素进行实时监控和精准调控，减少了化肥和水资源的过度使用，从而降低了农业生产中的碳排放。同时，物联网还在农业废弃物的处理和再利用中发挥了关键作用。

在环境监测领域，物联网通过分布式传感器网络实时监测空气、水质和土壤的质量，为环境保护和污染控制提供了科学依据。这不仅有助于及时应对环境问题，还能够通过大数据分析，预测和预防潜在的环境风险，进一步推动低碳社会的建设。

（二）推动物联网与低碳管理协同发展的策略

为了充分发挥物联网在低碳管理中的作用，各方需要通力合作，制定并实施有效的策略。

首先，政策和法规的支持至关重要。各国政府应制定明确的标准和指南，鼓励企业和社会各界广泛应用物联网技术来减少碳排放。此外，政府还可以通过财政激励措施，促进绿色技术的研发和应用，加速物联网与低碳管理的融合。

其次，企业应积极采用物联网技术，优化自身的运营模式，并与供应链伙伴紧密协作，实现全链条的低碳管理。同时，企业还应注重员工的培训和公众教育，提高对物联网技术在低碳管理中重要性的认识，从而推动技术的广泛应用。

最后，学术界和科研机构也应继续深入研究物联网与低碳管理的结合点，开发新的技术和方法，解决当前存在的技术瓶颈和挑战。例如，如何减少物联网设备本身的能耗和碳排放、如何更好地保护物联网系统的安全性和隐私性等问题，都是未来需要深入探索的领域。

（三）呼吁多方协作以实现可持续发展目标

物联网在低碳管理中的应用并非单一主体可以完成的任务，而是需要政府、企业、学术界和公众的共同努力。各方应形成共识，加强合作，共同制定和实施切实可行的行动计划，以加速低碳技术的推广应用。

此外，国际合作也是推动物联网与低碳管理协同发展的重要途径。各国应共享技术成果和经验，共同应对气候变化这一全球性挑战。在此过程中，国际组织应发挥协调和指导作用，促进各方的积极参与，推动全球低碳经济的发展。

综上所述，物联网在低碳管理中的应用前景广阔，但也面临诸多挑战。通过政策支持、技术创新和多方合作，可以有效推动物联网技术在低碳管理中的深度应用，为实现全球可持续发展目标做出贡献。在未来的发展道路上，必须持续关注和探索物联网与低碳管理的结合点，推动社会向更加绿色、低碳的方向迈进。

第二节　大数据与能源优化

大数据与能源优化是指利用大数据分析和管理技术来优化能源利用与管理的过程。通过收集、存储、处理和分析大规模的能源数据，可以发现能源利用的潜在问题、优化能源系统的运行和提高能源利用效率。大数据技术可以帮助能源行业实现更加精细化和智能化的能源管理，从而减少能源浪费、降低成本和提高能源利用效率。这可以在能源采集、生产、输配和消费等方面被广泛应用。通过大数据与能源优化，可以实现对能源系统的全面监测和精细管理，从而更好地满足能源需求，提高能源利用效率，减少排放和对环境的影响。

一、大数据与能源优化概述

（一）大数据的概念

“大数据”作为一种概念和思潮由计算领域发端，之后逐渐延伸到科学和商业领域（梅宏，2022）。高性能计算公司美国硅图公司（SGI）的首席科学家约翰·马西（John Mashey）在一个国际会议报告中指出：随着数据量的快速增长，必将出现数据难理解、难获取、难处理和难组织 4 个难题，并用“big data”（大数据）来描述这一挑战，在计算领域引发思考。2007 年，数据库领域的先驱人物吉姆·格雷（Jim Gray）指出大数据将成为人类触摸、理解和逼近现实复杂系统的有效途径，并认为在实验观测、理论推导和计算仿真三种科学研究范式后，将迎来第四范式——“数据探索”，后来同行学者将其总结为“数据密集型科学发现”，开启了从科研视角审视大数据的热潮。2012 年，牛津大学教授维克托·迈尔-舍恩伯格（Viktor Mayer-Schnberger）在其畅销著作 *Big Data：A Revolution That Will Transform How We Live，Work and Think* 中指出，数据分析将从“随机采样”“精确求解”“强调因果”的传统模式演变为大数据时代的“全体数据”“近似求解”“只看关联不问因果”的新模式，从而引发商业应用领域对大数据方法的广泛思考与探讨。

麦肯锡全球研究院所给出的定义是：一种规模大到在获取、存储、管理、分析方面大大超出了传统数据库软件工具能力范围的数据集合，具有海量的数据规模、快速的数据流转、多样的数据类型和价值密度低四大特征。

（二）能源优化的概念

能源优化是指使用各种技术和方法来最大限度地提高能源的利用效率，减少能源的浪费和损耗，降低能源消耗对环境的影响。能源优化包括节能技术的应用、能源管理体系的建立、能源设备的更新和改进等方面，旨在实现经济效益、环境效益和社会效益的统一。通过能源优化，可以降低能源成本，减少环境污染，提高资源利用效率，促进可持续发展。

以大数据、云计算、物联网、移动互联网、人工智能、区块链等为代表的先进信息技术与能源生产、传输、存储、消费及能源市场等环节深度融合，持续催生具有设备智能、多能协同、信息对称、供需分散、系统扁平、交易开放等特征的智慧能源新技术、新模式、新业态。世界上各主要国家近年来纷纷将科技创新视为推动能源转型的重要突破口，积极制定各种政策和措施抢占发展制高点。

可再生能源、非常规油气、核能、储能、氢能、智慧能源等一大批新兴能源技术正以前所未有的速度加快迭代，成为全球能源向绿色低碳转型的核心驱动力，推动能源产业从资源、资本主导向技术主导转变。

（三）大数据与能源优化的关系

先进的信息技术与能源产业深度融合，电力、煤炭、油气等领域数字化、智能化升级示范有序推进。能源互联网、智慧能源、综合能源服务等新模式、新业态持续涌现。

大数据与能源优化有着密切的关系。大数据技术可以通过收集、存储和分析大规模的能源使用数据，帮助企业和组织更好地监控能源消耗情况，识别能源浪费和低效率的问题，并提出针对性的优化方案。通过大数据分析，可以发现能源使用的模式和趋势，从而做出更准确的预测和规划，有效降低能源消耗成本。

另外，大数据技术还可以被应用于能源系统的智能化管理和优化调度中。通过对能源设备和系统的数据进行实时监控和分析，制订具有针对性的能源调节和优化措施，以提高能源利用效率，减少能源浪费（彭小圣等，2015；刘勇和闫鲁杰，2014）。

总之，大数据技术可以为能源管理和优化提供更准确的数据支持和智能化的决策辅助，有助于实现能源的有效利用和可持续发展。

二、大数据行业与能源行业的发展现状

（一）大数据行业的发展现状

1. *大数据发展历程*　　大数据的发展可以划分为3个阶段（秦华伟等，2021）。

第一阶段：萌芽期（20世纪90年代至21世纪初）。大数据起源于美国，1980年著名未来学家阿尔文·托夫勒在其所著的《第三次浪潮》一书中提到大数据，称大数据为第三次浪潮中的华彩乐章。

在这一阶段，数据挖掘理论和数据库技术逐步成熟，一批商业智能工具和知识管理技术开始被应用，如数据仓库、专家系统、知识管理系统等，企业、机构对内部数据进行统计、分析、挖掘和利用。本质上，这些技术是利用企业、机构的内部数据进行统计、分析。例如，思爱普（SAP）系统的很大一部分功能就是对企业的运营信息进行统计、分析。

第二阶段：成熟期（21 世纪初至 2010 年）。21 世纪的前十年，互联网行业迎来了飞速发展，信息技术（IT）不断推陈出新，大数据最先在互联网行业得到重视。2005 年，大数据实现了重大突破，Hadoop 平台诞生，并成为数据分析的主要技术。2008 年，《自然》杂志推出了名为“大数据”的封面专栏，大数据开始引起人们的关注。

在这一阶段，Web2.0 应用迅猛发展，非结构化数据大量产生，传统处理方法难以应对，这带动了大数据技术的快速突破，大数据解决方案逐渐走向成熟，形成了并行计算与分布式系统两大核心技术，谷歌开发的 GFS（Google File System）和 MapReduce 等大数据技术受到追捧，开源的 Hadoop 平台以其独特的优势得到推广。电信、银行、电商等数据量巨大的行业开始利用这些技术，在社会经济领域产生了深刻的影响。

第三阶段：大规模应用期（2010 年后）。2010 年后，世界多个国家和地区纷纷布局大数据战略。2012 年，在瑞士达沃斯召开的世界经济论坛上，大数据作为论坛主题之一备受关注，会上发布的《大数据，大影响》报告提出，大数据成为一种新型的经济资产。2013 年，大数据技术开始向商业、科技、医疗、政府、教育、经济、交通、物流等领域渗透，因此 2013 年也被称为“大数据元年”。

在这一阶段，大数据应用渗透至各行各业，企业依赖数据进行决策，信息社会智能化程度大幅提高，同时出现跨行业、跨领域的数据整合，甚至是全社会的数据整合，人们从各种各样的数据中寻找对于社会治理、产业发展更有价值的应用。

2. 大数据发展总体态势　美国和欧盟发布法案，确保数据价值在隐私保护的前提下释放。美国众议院和参议院于 2022 年 6 月发布了《美国数据隐私和保护法案》讨论稿，该法案在制度设计上既考虑了增强个人数据权利的国际趋势，又包含数据价值释放的内容。法案并未禁止一般个人数据处理活动，而是为个人提供了“选择退出”方式，以促进对个人数据的合理利用。2022 年 4 月，欧洲议会就欧盟《数据治理法案》进行最终投票表决，并获得议会批准。该法案是落实《欧洲数据战略》的重要举措，构建了三个适用于各个行业的数据共享机制，确保在符合欧洲公共利益和数据提供者合法权益的条件下，实现数据更广泛的国际共享。该法案构建了适用于所有部门的数据使用权基本规则，将促进个人和企业自愿共享数据，并统一某些公共部门数据的使用条件。

韩国和日本设置专门机构，推进各行业数字化转型。韩国在 2022 年 4 月成立了以国务总理作为委员长的国家数据政策委员会，作为国家数据和新产业政策的管理机构，并于 9 月召开了韩国国家数据政策委员会的第一次会议，发表了对 8 个数据领域、5 个新产业领域共计 13 个领域的改善计划，目标是在韩国打造全球顶级水平的数字力量。2021 年 9 月，日本政府成立数字厅，成为负责日本行政数字化的最高部门，旨在构建更完善的数字政府，推动数字化转型，目标为“用智能手机在 60s 内完成所有行政程序”，最大程度地利用数字化技术优势，将数字科技作为全新要素融入传统社会，促进经济社会形态积极转型。

2021 年年底出台的《“十四五”大数据产业发展规划》明确了中国未来五年大数据产业发展工作的行动纲领。2022 年，党中央、国务院先后通过《要素市场化配置综合改革试点总体方案》《关于加快建设全国统一大市场的意见》《关于构建数据基础制度更好发挥数据要素作用的意见》等文件，多次强调了释放数据要素价值对于我国发展的必要性、紧迫性，为我国大数据发展提供了良好的政策环境和明确的发展目标。

根据中国信息通信研究院《大数据白皮书（2022 年）》统计，在高校教育方面，147 所

“双一流”高校中有87所已开设了大数据专业，占比达到59%。根据上海软科教育信息咨询有限公司统计，大数据专业的热度已经超过软件工程等传统热门专业。各省积极开展大数据人才培育专项行动，如广东实施“十万”产业数字化复合型人才培训行动，上海要求各级党校（行政学院）增加大数据与城市数字化转型的培训内容，浙江围绕数字化人才制定“高精尖缺”人才目录，江苏搭建“智改数转”人才智库平台，福建明确要求县级以上地方人民政府制订大数据人才发展计划。

（二）能源行业的发展现状

1. 能源需求

（1）能源需求总量　一个国家的能源需求总量由终端能源需求量、能源加工转换损失量和能源损失量三部分构成（魏一鸣和廖华，2019）。

1）终端能源需求量：按照OECD/IEA的定义，终端能源需求是终端用能设备入口得到的能源。因此，终端能源需求量等于一次能源消费量减去能源加工、转换和储运这三个中间环节的损失及能源工业所用能源后的能源量。其中，中间环节的损失包括选煤和型煤加工损失，炼油损失，油气田损失，发电、电厂供热、炼焦、制气损失，输电损失，煤炭储运损失，油气运输损失。在中国能源平衡表统计中，按等价值计算的终端能源消费中只扣除选煤、炼焦、油田、炼油、输配电损失，未扣除发电损失和能源工业所用能源。因此，计算得出的终端能源需求量远高于按照国际通行准则计算得出的数量。

2）能源加工转换损失量：是指一定时期内全国投入加工、转换的各种能源数量之和与产出各种能源产品之和的差额，是观察能源在加工、转换过程中损失量变化的指标。

3）能源损失量：是指一定时期内能源在输送、分配、储存过程中发生的损失量和由客观原因造成的各种损失量，不包括各种气体能源放空、放散量（国家统计局，2023）。

（2）能源需求结构　能源需求结构是指能源需求总量中各能源品种所占比例（梁怀学和陈权宝，2005）。目前世界一次能源需求以油气、煤炭和天然气等化石能源为主，不同的国家或地区因资源禀赋及其他因素不同有所差别。主要发达国家一次能源需求结构已实现了从以煤炭为主向以油气为主的需求结构转换。在世界平均能源需求结构中，以煤为主的固体能源已从20世纪50年代的60%多降到了27%左右，以石油为主的液体能源成为主要的一次能源，占比在38%左右，天然气具有高效、安全、净化环境的优点，备受世人青睐。能源需求结构优化调整对一国乃至整个人类社会、经济发展均具有重要意义。一个国家的能源需求结构主要受制于该国的能源资源禀赋和能源技术。我国“富煤贫油少气”的自然资源禀赋特点决定了我国以煤为主的能源需求结构，煤炭占总能源需求的70%左右，是目前世界上少有的能源需求结构以煤为主的国家，虽然煤炭燃烧产生的热值低，排放的温室气体比石油、天然气更多，但由于经济发展需要和能源资源的高度稀缺性及资源禀赋限制，在相当长时期内，我国仍将保持以煤为主的能源需求结构。表7-1给出了2022年世界主要国家一次能源消费结构。从表7-1中可以看到，煤炭消费超过50%的国家只有印度和中国，且中国煤炭所占比例比印度要高，其他国家除日本外煤炭所占比例都不到1/4。产生同样的热量，石油燃烧产生的二氧化碳约为煤炭的3/4，天然气约为煤炭的1/2。在当前环境压力越来越大的形势下，我国的能源需求结构面临严峻的挑战。

表 7-1 2022 年世界主要国家一次能源消费结构 （单位：%）

国家	石油	天然气	煤炭	核能	水电	可再生能源
美国	37.69	33.07	10.29	7.62	2.53	8.79
日本	37.05	20.29	27.58	2.63	3.92	8.58
德国	34.63	22.60	18.94	2.52	1.30	19.92
英国	36.53	35.43	2.87	5.88	0.68	18.60
法国	34.68	16.45	2.50	31.59	5.01	9.65
加拿大	30.20	30.98	2.76	5.52	26.45	4.17
俄罗斯	24.40	50.85	11.04	6.96	6.44	0.28
印度	27.58	5.74	55.13	1.15	4.50	5.90
巴西	37.36	8.58	4.40	0.97	29.90	18.87
中国	17.67	8.49	55.47	2.36	7.67	8.34
世界平均	31.57	23.49	26.73	3.99	6.73	7.48

资料来源：能源研究所，2023

注：由于四舍五入，表中各国一次能源消费比例总和可能不严格等于 100%

2. 能源供给

（1）能源供给总量与能源供给结构　能源供给总量是指一定范围内所研究的各种能源供给量之和。例如，一次能源供给量为原煤、原油、天然气、水电、核电等供给量之和，化石能源供给量则为原煤、原油、天然气供给量之和等。

能源供给结构是指能源供给总量中各类能源所占比例。例如，我国一次能源主要由煤炭、石油、天然气、水电、核电构成，其中煤炭占绝对主导地位，约占一次能源供给总量的 70%。

表 7-2 列出了部分年份我国一次能源生产总量及构成。可以发现，我国能源生产结构与需求结构不完全一致，相对来说，煤炭在能源生产结构中占的比例大于其在能源需求结构中的比例，石油则相反。我国能源生产基本上与需求平衡，近年来存在一些缺口，但自给率仍然在 90%以上，按理说，不存在严重的能源供应安全问题，但正是由于生产结构与能源需求结构不匹配，我国石油供需缺口越来越大，石油供应安全成为我国能源安全最大的隐患。

表 7-2 一次能源生产总量及构成

年份	能源生产总量/万 t 标准煤	占能源生产总量的比例/%			
		煤炭	原油	天然气	一次电力及其他能源
2010	31 212 500	76.2	9.3	4.1	10.4
2011	34 017 800	77.8	8.5	4.1	9.6
2012	35 104 100	76.2	8.5	4.1	11.2
2013	35 878 400	75.4	8.4	4.4	11.8
2014	36 221 200	73.5	8.3	4.7	13.5
2015	36 219 300	72.2	8.5	4.8	14.5
2016	34 595 400	69.8	8.3	5.2	16.7
2017	35 886 700	69.6	7.6	5.4	17.4
2018	37 885 900	69.2	7.2	5.4	18.2
2019	39 731 700	68.5	6.9	5.6	19.0
2020	40 729 500	67.5	6.8	6.0	19.7
2021	42 711 500	66.7	6.7	6.0	20.6
2022	46 600 000	67.4	6.3	5.9	20.4

资料来源：国家统计局，2023

能源供给结构的调整需要考虑两个方面：一是提高优质能源所占比例。不同的能源品种具有不同的利用效率，据有关专家分析，石油产出效益比煤炭高23%，天然气产出效益比煤炭高30%。此外，对于单位热值燃烧，煤炭产生的二氧化碳大于石油，石油大于天然气。二是提高能源品种多元化程度。一般来说，能源多元化程度越高，能源系统的安全性越高。

（2）世界能源供给的发展方向　从全球范围来看，世界能源供给正朝着多样化、清洁化、高效化、全球化和市场化的方向发展。

1）多样化。可持续发展、环境保护、能源供给成本和可供给能源的结构变化决定了全球能源多样化发展的格局。未来，在发展常规能源的同时，新能源和可再生能源将受到重视。水能、核能、风能、太阳能也正得到更广泛的利用。

2）清洁化。随着世界能源新技术的进步及环保标准的日益严格，未来世界能源将进一步向清洁化的方向发展，不仅能源的生产过程要实现清洁化，而且能源工业要不断生产出更多、更好的清洁能源，进而引导清洁能源在能源总需求中的比例逐步增大。洁净煤技术（如煤液化技术、煤气化技术等）、沼气技术、生物柴油技术等将取得突破，并得到广泛应用。

3）高效化。世界各国能源加工转换效率差别很大，尤其是发展中国家能源技术效率提高的空间较大，世界各国都在积极采取措施，减少浪费，提高能源利用效率。

4）全球化。随着经济的发展，世界上相当一部分国家越来越难以依靠本国资源满足其国内需求，越来越需要依靠世界其他国家或地区的资源供应，国际能源贸易量将越来越大，贸易额呈现逐渐增加的趋势，世界主要能源生产国和能源消费国将积极加入能源供需市场的全球化进程中。

5）市场化。由于市场化是实现国际能源资源优化配置和利用的最佳手段，故随着世界经济的发展，特别是世界各国市场化改革进程的加快，世界能源利用的市场化程度越来越高，世界各国政府直接干涉能源利用的行为将越来越少，而政府为能源市场服务的作用则相应增大，特别是在完善各国和各地区的能源法律、法规并提供良好的能源市场环境方面，政府将更好地发挥作用。

三、大数据在能源行业的应用

（一）石油燃气行业

石油燃气行业属于多专业配合的技术密集型行业。随着石油燃气行业信息化的不断发展，大数据在勘探、开采、提炼等领域发挥的作用愈发变大。由于石油燃气行业的以下特点，石油燃气企业数字化已成为占据激烈竞争市场的重要战略：①在石油燃气开发方面，油气普遍储存在复杂的地质环境中，具有隐蔽和难开采等特点，需数字化技术对石油燃气开发过程进行精准指导。例如，中国黑龙江省的大庆油田在油气资源勘探过程中采用了“勘探开发技术数据管理系统”的大数据技术，实现了对10万口井的油气分析，远超传统抽样方案单位时间内分析2000口井的情况。②在石油燃气加工方面，原油开采加工价格不断上涨，油气生产成本也不断上升，低价战略难以支撑企业长期竞争，企业需要依托数据进行企业运营决策。

以中国石油集团为例，现阶段，中国石油集团已将大数据技术应用在业务分析和企业管理决策方面。通过大数据技术，中国石油集团构建起一套综合、完整的关键绩效指标（key performance indicator，KPI）分析平台，旨在通过对各地区分公司的KPI进行分析来促进分部业务能力增长。在企业管理决策方面，中国石油天然气集团有限公司旗下子公司原北京中油瑞飞信息技术有限责任公司与华为技术有限公司合作，共同为中国石油天然气集团有限公司打造了 SAP HANA 平台，SAP HANA 平台利用大数据内存计算、列存储等技术提高数据库查询效率，其效率是传统企业资源计划（enterprise resource planning，ERP）的 8～15 倍，可有效缩短 70%以上的数据抽取时间，大幅度提升了数据的查询和分析效率，提高了管理水平。

石油燃气行业信息化建设可提高油气开发和加工的管理决策水平，降低运营风险。同时，行业信息化有助于石油燃气企业全面升级改造，增强竞争优势。例如，油气公司通过对道路车辆行驶数据进行收集分析，可提高油站选址决策的准确性。此外，通过对周边人群消费习惯和油站中消费者消费喜好进行大数据分析，可帮助油站制定特色促销活动，吸引特定人群进行消费，如增加洗车、保养、充电桩充电等非油产品或服务。经过对下游消费客户画像的精准描绘，完成对潜在客户精准营销，实现油站的价值增值。与欧美加油站 30%～60% 的非油品业务毛利贡献率相比，中国加油站的非油品业务毛利贡献率仅达 5%～10%，提升空间很大。根据《中国石化 2024 年度报告》，截至 2024 年年底，中国石油化工股份有限公司自营加油站数量约为 3.1 万座，总数位居世界第二，其中 84% 以上开设了易捷便利店，从数量上看已是超大型商业连锁机构，依托巨量油站优势，中国石油化工股份有限公司自营加油站便利店积累了大量高质量的消费者数据资料，便于分析客户消费喜好和需求，用于开展加油、超市、汽车服务等非油品业务，满足客户多元化、便捷化需求。

（二）电力行业

随着电力企业逐渐进入精细化管理时代，电力行业信息化应用迅速发展。电力网络系统是实现电能生产、传输、分配和消费的复杂系统，电力网络系统运行会产生电力生产、电力传输和电力消费等方面的数据。借助大数据技术，电力企业可对电力网络系统运营的实时和历史数据进行分析对比，探明电力网络的运行规律，优化电网规划，实现对整个电力网络的了解，提高电力网络的经济性、安全性和可靠性。同时，电力企业凭借大数据技术对用户用电情况进行分析，可了解用户需求，制定精准的电力调度、资源配置等决策。

智能电网的发展离不开大数据的应用支持。大数据技术是智能电网得以正常发展的基础，将影响智能电网的整体规划、技术发展方向、技术标准制定、设备发展趋势及市场营销政策等方面。随着智能电表和电力企业智能终端的大量部署安装，电力企业可定期快速获取用户的用电信息，分析电力消费数据，全方位了解用户用电行为，优化提升用电负荷预测系统，提前布局电网需求电量并提升电力需求响应速度。

（三）风电清洁能源行业

风电属于清洁能源行业，是我国大力扶持的行业。风电具有零污染的优势，但风电发电成本高，且设备维护难度高和成本大。多数风电场建在海上或山上，日常维护过程复杂、难度大，存在监控不全面、维修不及时等风险，轻则造成发电效率低下，重则导致风电场损坏。而大数据的应用可帮助风电企业挖掘分析风电场历史和实时数据，预测意外事故发生概率，实现风电场运营安全指数的提升及风电场发电效率的提高。

由于风电场前期建设投资大，发电成本高，风电场选址失误导致的发电量损失和后期维护费用要远高于前期花费。为了更高效地利用风电发电，保证项目最终收益，在建设风电场前准确评测风电场所在地风资源对风电开发极为重要。风电企业利用大数据技术对风电场所在区域风力资源进行挖掘分析，并建立风资源评估模型。此外，风电企业利用大数据技术的数据挖掘和处理能力，基于风电场周边环境状况，对风电场建设各方案进行综合对比，选出最优方案。

大数据技术在风电领域的应用可从根本上改变风场的运维流程。在大数据应用背景下，风电场所在区域的温度、湿度、风向、风力等历史变量信息都将被收集分析，再结合气象、维修等专家在大数据信息基础上对外部环境做出预测，有助于维修部门提前做好调度安排，优化风电场运维。有数据显示，运用大数据技术进行风电场智能运维，可提升风机 3%～5% 的发电效率。例如，中国龙源电力集团股份有限公司利用建设的风电大数据体系，实现了风电资产数字化建模和管理。

四、大数据与能源优化的实施策略

以数字化和智能化技术加速发电清洁低碳转型。发展新能源和水能功率预测技术，统筹分析有关气象要素、电源状态、电网运行、用户需求、储能配置等变量因素。加强规模化新能源基地智能化技术改造，提高弱送端系统调节支撑能力，提升分布式新能源智能化水平，促进新能源发电的可靠并网及有序消纳，保障新能源资源充分开发。加快火电、水电等传统电源数字化设计建造和智能化升级，推进智能分散控制系统发展和应用，助力燃煤机组节能降碳改造、灵活性改造、供热改造“三改联动”，促进抽水蓄能和新型储能充分发挥灵活调节作用。推动数字化技术深度应用于核电设计、制造、建设、运维等各领域、各环节，打造全面感知、智慧运行的智能核电厂，全面提升核安全、网络安全和数据安全等保障水平。

以数字化和智能化电网支撑新型电力系统建设。推动实体电网数字呈现、仿真和决策，探索人工智能及数字孪生在电网智能辅助决策和调控方面的应用，提升电力系统多能互补联合调度智能化水平，推进基于数据驱动的电网暂态稳定智能评估与预警，提高电网仿真分析能力，支撑电网安全稳定运行。推动变电站和换流站智能运检、输电线路智能巡检、配电智能运维体系建设，发展电网灾害智能感知体系，提高供电可靠性和对偏远地区恶劣环境的适应性。加快新能源微网和高可靠性数字配电系统发展，提升用户侧分布式电源和新型储能资源智能高效配置与运行优化控制水平。提高负荷预测精度和新型电力负荷智能管理水平，推动负荷侧资源分层分级分类聚合及协同优化管理，加快推动负荷侧资源参与系统调节。发展电碳计量与核算监测体系，推动电力市场和碳市场数据交互耦合，支撑能源行业碳足迹监测与分析。

以数字化和智能化技术带动煤炭安全高效生产。推动构建智能地质保障系统，提升矿井地质条件探测精度与地质信息透明化水平。提升煤矿采掘成套装备智能化控制水平，采煤工作面加快实现“采-支-运”智能协同运行、地面远程控制及井下无人/少人操作，掘进工作面加快实现“掘-支-锚-运-破”多工序协同作业、智能快速掘进及远程控制。推动煤矿主煤流运输系统实现智能化无人值守运行，辅助运输系统实现运输车辆的智能调度与综合管控。推动煤矿建立基于全时空信息感知的灾害监测预警与智能综合防治系统。推进大型露天煤矿无人驾驶系统建设与常态化运行，支持露天煤矿采用半连续、连续开采工艺系统，提高露天煤矿智能化开采和安全生产水平。支持煤矿建设集智能地质保障、智能采掘（剥）、智能洗选、智能安控等于一体的智能化煤矿综合管控平台。

以数字化和智能化技术助力油气绿色低碳开发利用。加快油气勘探开发专业软件研发，推进数字盆地建设，推动油气勘探开发数据库、模型库和样本库建设。推动智能测井、智能化节点地震采集系统建设，推进智能钻完井、智能注采、智能化压裂系统部署及远程控制作业，扩大二氧化碳驱油技术的应用。加快推进智能钻机、机器人、无人机、智能感知系统等智能生产技术装备在石油物探、钻井、场站巡检维护、工程救援等场景的应用，推动生产现场井、站、厂、设备等全过程的智能联动与自动优化。推动油气与新能源协同开发，提高源网荷储一体化智能调控水平，强化生产用能的新能源替代。推动油气管网的信息化改造和数字化升级，推进智能管道、智能储气库建设，提升油气管网设施安全高效运行水平和储气调峰能力。加快数字化智能化炼厂升级建设，提高炼化能效水平。

以数字化和智能化用能加快能源消费的节能提效。持续挖掘需求侧响应潜力，聚焦传统高载能工业负荷、工商业可中断负荷、电动汽车充电网络、智能楼宇等典型可调节负荷，探索峰谷分时电价、高可靠性电价、可中断负荷电价等价格激励方式，推动柔性负荷智能管理、虚拟电厂优化运营、分层分区精准匹配需求响应资源等，提升绿色用能多渠道智能互动水平。以产业园区、大型公共建筑为重点，以提高终端能源利用效能为目标，推进多能互补集成供能基础设施建设，提升能源综合梯级利用水平。推动普及用能自主调优、多能协同调度等智能化用能服务，引导用户实施技术节能、管理节能策略，大力促进智能化用能服务模式创新，拓展面向终端用户的能源托管、碳排放计量、绿电交易等多样化增值服务。依托能源新型基础设施建设，推动能源消费环节节能提效与智慧城市、数字乡村建设统筹规划，支撑区域能源绿色低碳循环发展体系构建。

以新模式新业态促进数字能源生态构建。提高储能与供能、用能系统协同调控及诊断运维智能化水平，加快推动全国新型储能大数据平台建设，健全完善各省（自治区、直辖市）信息采集报送途径和机制。提升氢能基础设施智能调控和安全预警水平，探索氢能跨能源网络协同优化潜力，推动氢电融合发展。推进综合能源服务与新型智慧城市、智慧园区、智能楼宇等用能场景深度耦合，利用数字化技术提升综合能源服务绿色低碳效益。推动新能源汽车融入新型电力系统，提高有序充放电智能化水平，鼓励车网互动、光储充放等新模式、新业态发展。探索能源新型基础设施共建共享，在确保安全、符合规范、责任明确的前提下，提高基础资源综合利用效率，降低建设和运营成本。推进能源行业大数据监测预警和综合服务平台体系建设，打造开放互联的行业科技信息资源服务共享体系，支撑行业发展动态监测和需求布局分析研判，服务数字化治理。

延伸阅读

产品碳足迹体系成为“新基建”

近年来，产品碳足迹逐渐成为全球贸易壁垒的关键抓手和衡量可持续表现的核心指标。产品碳足迹涉及产业链上下游的广泛主体，核算规则具有天然的复杂性和不确定性，因此统一的标准体系和全面透明的数据库是相关法规有效实施的基础。

在国际上，产品碳足迹的评价标准已从自愿性、框架性的标准演进为法规性、更严格和具体的“产品类别评价规则”（PCR）方法学体系，以支持强制性法规的实施。我国碳足迹标准体系的建设也遵循“先立通则为框架、再定细则做拓展”的路径，并将优先聚焦需求迫切的重点工业产品类别。

物联网、区块链和产品数字护照（DPP）等是企业碳足迹管理的主流技术和工具，在支撑碳足迹数据采集与计算、提高透明度和可追溯性方面发挥着重要作用。我国的重点行业企业（钢铁、电池、纺织等）已开展了碳足迹与DPP等数字化技术融合的先行探索，但仍缺乏顶层设计和统筹管理机制。

我国《关于建立碳足迹管理体系的实施方案》明确将“加大金融支持力度”作为重点任务之一，鼓励金融机构在依法合规、风险可控的前提下，基于碳足迹信息丰富金融产品和服务；鼓励投资机构和评级机构将产品碳足迹纳入环境、社会和治理（ESG）及可持续发展尽职调查。规则的标准化和数据的透明度提升也进一步支撑金融机构采信碳足迹作为关键指标。

（鲁政委等，2024）

思 考 题

1. 物联网在低碳管理中的应用主要有哪些方面？
2. 物联网在实现可持续发展目标中可能面临的挑战有哪些？
3. 大数据的发展历程分为哪些阶段？
4. 大数据在能源优化中的应用有哪些？

主要参考文献

曹军威，袁仲达，明阳阳，等. 2015. 能源互联网大数据分析技术综述. 南方电网技术，（11）：1-12.
国家统计局. 2023. 中国统计年鉴2023. 北京：中国统计出版社.
梁怀学，陈权宝. 2005. 面板数据模型及在我国能源消费结构特征分析中的应用. 吉林师范大学学报（自然科学版），（2）：8-10.
刘勇，闫鲁杰. 2014. 基于物联网、云计算和大数据的工业能源管理系统. 供用电，31（12）：28-32.
鲁政委，钱立华，于佳卉. 2024. 产品碳足迹体系成为“新基建”——2025年碳足迹展望. 北京：中国首席经济学家论坛.
梅宏. 2022. 大数据与数字经济. 求是，（2）：28-34.
能源研究所（Energy Institute）. 2023. 世界能源统计年鉴（2023）. 上海：第六届中国国际进口博览会.
彭小圣，邓迪元，程时杰，等. 2015. 面向智能电网应用的电力大数据关键技术. 中国电机工程学报，35（3）：503-511.
秦华伟，张海玉，张永健. 2021. 大数据基础. 北京：中国人民大学出版社.
魏一鸣，廖华. 2019. 能源经济学. 北京：中国人民大学出版社.
中国石油化工股份有限公司. 2025. 中国石化2024年度报告. [2025-05-25]. http://www.sinopec.com/u/cms/gfzw/202503/232022517uqx.pdf.
中国信息通信研究院. 2022. 大数据白皮书（2022年）. [2025-05-20]. http://data.mofcom.gov.cn/report/%E5%A4%A7%E6%95%B0%E6%8D%AE%E7%99%BD%E7%9A%AE%E4%B9%A6%EF%BC%882022%E5%B9%B4%EF%BC%89.pdf.
Abdul-Qawy AS，Pramod PJ，Magesh E，et al. 2015. The internet of things（IoT）：an overview. International Journal of Engineering Research and Applications，5（12）：71-82.
Ahmad T，Zhang D. 2021. Using the internet of things in smart energy systems and networks. Sustainable Cities

and Society，68：102783.

Bedi G，Venayagamoorthy GK，Singh R，et al. 2018. Review of internet of things（IoT）in electric power and energy systems. IEEE Internet of Things Journal，5（2）：847-870.

Hittinger E，Jaramillo P. 2019. Internet of things：energy boon or bane?. Science，364（6438）：326-328.

Ma Z，Yang X，Miao R，et al. 2024. Sustainable development of low-carbon supply chain economy based on the internet of things and environmental responsibility. Economics，18（1）：10.1504/IJSD.2025.143113.

Nižetić S，Šolić P，Gonzalez-De DLDI，et al. 2020. Internet of things（IoT）：opportunities，issues and challenges towards a smart and sustainable future. Journal of Cleaner Production，274：122877.

Sanusi SM，Paul SI，Makarfi AM. 2024. Internet of green things（IoGT）for carbon-free economy. *In*：Gowrishankar S. Data science for agricultural innovation and productivity. Sharjah：Bentham Science Publishers：80-109.

Tzounis A，Katsoulas N，Bartzanas T，et al. 2017. Internet of things in agriculture，recent advances and future challenges. Biosystems Engineering，164：31-48.

第三篇

政策与市场管理

第八章　低碳政策与法规

主要目标

1）了解低碳政策在低碳发展中的引领性作用，理解低碳政策的类型与制定依据，掌握我国低碳政策演变和低碳治理模式演变的阶段。

2）引导学生了解和掌握低碳政策的主要工具，以及其在推动国家低碳发展中的作用。

3）了解自愿碳市场的主要机制，包括国家核证自愿减排量（CCER）、清洁发展机制（CDM）等。

第一节　低碳政策的类型与制定

一、低碳政策的类型

（一）低碳政策的定义及特点

低碳政策是为降低高碳能源损耗、减少污染，通过发展新能源和可再生能源、应用低碳技术、实行碳排放权交易等方法，减少以二氧化碳为主的温室气体排放和增加碳汇的一系列政策及法规的组合。从环境经济学理论来看，一方面，理性个体从自身利益的最大化出发，过度使用资源环境等公共物品，大量排放二氧化碳，造成公共利益的损害，产生负的外部性。另一方面，碳减排作为一种公共物品，既有典型性，又具特殊性。典型性是指减少二氧化碳排放带来的环境正效应是一种典型的排他性低、竞争性低的公共物品；特殊性是因为碳减排是为数不多的涉及所有主权国家的、覆盖全球尺度的公共物品，碳减排治理更具挑战性。为解决碳减排过程中出现的问题，政府需要制定适当的政策纠正市场失灵。由于绿色低碳发展是实现人类社会可持续发展的战略选择，其最初的驱动力主要源于政策导向和推动作用。

（二）低碳政策的分类

关于低碳政策大致可以分为三个方面：一是整体减排目标的设立；二是节能标准的设立及补贴，包括工业节能、建筑物节能和电器节能；三是新能源发电最低比例的设立和相关的财政补贴。低碳政策的类型主要包括技术创新、环境保护、产业转型、新能源开发、财政激励和社会导向等多个方面（侯方淼和付亦重，2015）。具体如表 8-1 所示。

表 8-1　低碳政策的类型

类型	主要内容	典型政策/法规
技术创新	通过研发和应用新技术，推动产业升级和能源结构的优化，减少对传统高碳能源的依赖，提高能源利用效率	美国低碳科技研发政策

续表

类型	主要内容	典型政策/法规
环境保护	建立严格的碳排放、环境保护和能效标准，推广符合标准的清洁生产和清洁能源使用	如《中华人民共和国节约能源法》《中华人民共和国可再生能源法》等
产业转型	鼓励和支持企业向低碳、环保的产业转型，减少高污染、高能耗的产业比例	如《工业领域碳达峰实施方案》《2024—2025年节能降碳行动方案》等
新能源开发	加大对可再生能源如风能、太阳能等的开发利用，减少对化石燃料的依赖	英国绿色能源政策、巴西可再生能源政策
财政激励	通过税收、补贴等手段引导企业和个人采取低碳行动、投资绿色产业，减少生产和消费的碳排放	环境税收政策、绿色投融资政策
社会导向	加强环保教育与宣传，提高公众环保意识和组织环保行动，通过集体或个人常规操作改变生活习惯，减少碳排放	可持续开发教育（ESD）、发展“3R”[减少原料（reduce）、重新利用（reuse）和物品回收（recycle）]技术等

资料来源：利用公开资料整理

此外，低碳政策还包括通过增强自主创新能力、开征碳税和推行碳交易等经济政策手段，建立适应各国国情的支持低碳经济的市场体系和政策体系，以及在电力、交通、建筑、冶金、化工、石化等能耗高、污染重的行业先行试点示范，总结经验逐步推广。

总之，低碳政策不仅仅是单纯的政策，而是一套环保行为规范体系，全社会要共同努力，实现环保、节能和可持续发展的目标。

二、低碳政策的制定

（一）低碳政策的构成

随着世界各国向低碳发展转型，各国的能源政策也向低碳产业倾斜与调整，在制定低碳能源政策时考量的前提为现有能源的储量、使用效率及新型能源的可利用性、潜力。因此，一方面通过提高现有能源效率实现能源节约，另一方面大力开展新能源的研发和使用，利用可再生能源实现减排，成为各国制定低碳能源政策的起点。

各国往往通过具体政策和措施来实现不同的低碳能源目标（图8-1）。

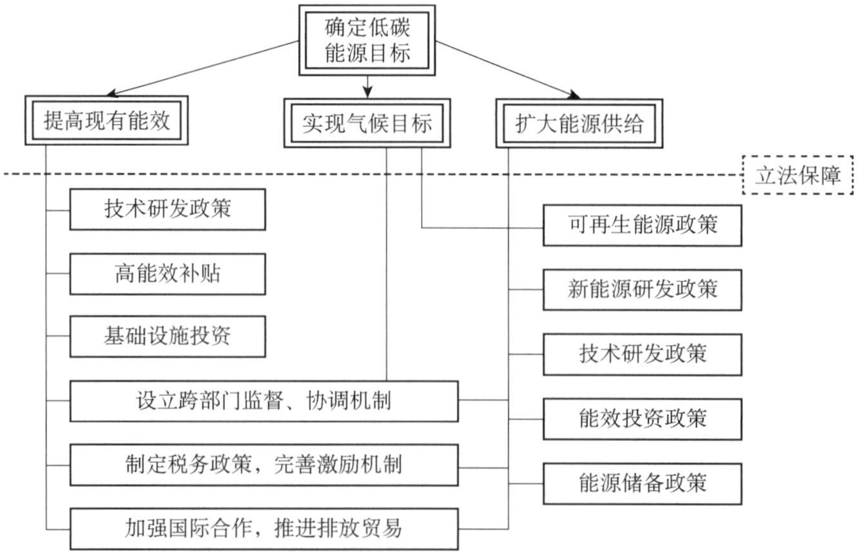

图8-1 制定低碳能源政策和措施的路径

总体来说，其政策和措施包括各种财税激励、研发政策、新能源政策等。另外，政府通过建立跨部门机构对政策执行进行监督和协调，并且通过国际合作和推进排放贸易确保气候目标的实现等。

近年来，世界主要国家和地区陆续出台了“碳中和”规划，具体如表 8-2 所示。

表 8-2 世界主要国家和地区的“碳中和”规划

国家和地区	目标时间	承诺性质	主要内容
奥地利	2040 年	政策宣示	奥地利联合政府在 2020 年 1 月宣誓就职，承诺在 2030 年实现 100%清洁电力，2040 年实现碳中和
日本	2050 年	政策宣示	2020 年 10 月，日本首相菅义伟宣布将在 2050 年实现碳中和，加强在太阳能与碳循环等重点技术领域的研发与投资，在未来 10 年关闭 100 座效率低下的火电厂，鼓励发展新型发电站，普及再生能源
韩国	2050 年	政策宣示	2020 年 10 月 28 日，韩国总统文在寅宣称要与国际社会一起致力于在 2050 年实现碳中和目标
英国	2050 年	法律规定	英国推行“绿色工业革命”计划，将大力发展海上风能，推进新一代核能研发，加速推广电动车等，在 2050 年实现碳中和目标
欧盟	2050 年	提交联合国	欧盟制定了实现 2050 年碳中和目标的路线图，将描绘 2030～2050 年的欧盟温室气体减排轨迹以评估进展，评估各成员国所采取的措施
美国	2050 年	政策宣示	美国总统拜登重回《巴黎协定》，宣布在 2035 年通过向可再生能源过渡实现无碳发电，在 2050 年实现碳中和
德国	2050 年	法律规定	德国第一部主要气候法于 2019 年 12 月生效
中国	—	政策宣示	到 2030 年，中国单位国内生产总值二氧化碳排放将比 2005 年下降 65%以上，非化石能源占一次能源消费比例将达到 25%左右

资料来源：利用公开资料整理

（二）低碳政策制定的特点

1. 低碳政策制定符合该国的能源结构与战略发展理念　一个国家的能源结构是指能源总生产量或总消费量中各类一次能源、二次能源的构成及其比例关系。它直接影响国民经济各部门的最终用能方式，并反映人民的生活水平。能源结构分为能源的生产结构和消费结构。随着经济的发展与工业化的实现，发展中经济体的能源消费增量在世界能源消费增量中的比例逐渐增大。受到经济结构调整和技术进步的影响，世界能源消耗强度在持续下降，能源效率在不断提高，能源消费增速低于经济增速。

世界能源消费结构以化石能源为主，造成的污染十分严重。世界能源消费也极不均衡，各国的能源供给与消费结构也千差万别。以中国为例，中国是世界上最大的煤炭生产国和消费国及出口国，石油为中国第二大能源，并且其比例在不断增长，而其他能源如天然气、水力、风力、核电等只占很小的比例。世界能源消费主要依靠石油，但是由于世界石油资源供给地区的集中性，石油的供给与价格往往是导致世界经济起伏的重大因素之一。在许多国家，核电和水电也得到了大规模的应用。例如，法国水电占到了 70%，日本核电规模庞大。

随着低碳经济在世界范围的推广，清洁能源、可再生能源和替代能源、无污染能源进入了各国的视野。在各种新能源和可再生能源的开发利用过程中，以水电、核电、太阳能、风能、地热能、海洋能、生物质能等新能源和可再生能源的发展研究最为迅速。由于各国能源结构的差异，各国在发展新能源方面具有的优势存在差别，因此各国在制定能源政策时充分考虑到自身能源结构现状和特点，确立出自身能源结构调整的中期、长期目标。

2. 低碳政策紧紧围绕低碳产业，各国重点发展的部门有差异　各国能源政策所涉及的产业部门不仅仅是传统的化石能源、非化石能源生产部门，包括所有新能源和可再生能源产业部门，还囊括了所有涉及能源消费的建筑、住户。也就是说，能源政策不仅仅从单一的渠道来提高能效以减少排放，而是以人们生产生活的多个角度，紧紧围绕低碳产业和低碳生活来设计。

围绕低碳产业，各国的能源政策也面临着新的要求与挑战。德国在能源领域正经历深刻变革。在电力贸易方面，随着国内核电站的逐步关闭，德国从电力出口国转变为进口国。德国联邦网络局电力市场报告显示，2024 年，德国电力贸易呈现出约 235 亿 kW·h 的净进口量，其进口电力大部分来源于法国。中国自 2009 年起密集出台太阳能新能源扶持政策，在“十一五”期间，大量企业投身光伏产品生产，推动了太阳能产业链的蓬勃发展。这些政策旨在推动能源结构转型，减少对传统化石能源的依赖，提升清洁能源在能源消费中的占比，实现能源的可持续供应。

3. 能源法律体系完备，管理机构统一且战略目标明确　能源战略的规划、实施是一项长期持续、系统全面的工程，为此欧美等发达经济体大多建立了完整的能源法律法规体系和统一的能源管理机构。

21 世纪以来，随着欧洲一体化进程的深入发展，欧盟的能源战略体系开始成熟完善。2006 年 3 月，欧盟发布《获得可持续发展、有竞争力和安全能源的欧洲战略》的能源政策绿皮书，其中提出其能源战略的核心是促进可持续发展、提高竞争力和供应安全三个主要目标的协调。

2007 年发布的《欧洲能源政策》又对绿皮书做了进一步的说明和补充，主要内容包括以下 6 个方面：建立安全、团结、开放、透明、清洁、高效的内部能源市场，特别是推动电力和天然气行业的开放和改革；加强欧盟成员国团结合作，保障内部能源供应安全，反思并改进石油和天然气应急储备与预防供应中断体系；推动能源的高效、可持续和多元化发展，充分开发并利用本土风能、水电、生物质等可再生资源，继续发挥核能的重要作用；综合实施多种手段应对气候变化，包括提高能源效率、增加可再生能源的使用、发展碳捕获与封存技术（CCS）等；鼓励技术创新，特别是在节能、CCS、新能源和可再生能源领域；保持一致、连贯的对外能源政策，以确保欧盟在制定国际协议时占主导地位，深化与主要能源生产国和消费国的关系，利用国际组织和条约最大限度地影响国际能源秩序、维护自身能源利益。

在能源管理机构方面，2006 年欧盟委员会希望建立一个泛欧洲的能源管理机构，并赋予其跨国基建和运输权利，但是由于各国意见不一，最终未能实现。2010 年，欧盟委员会成立能源总局，由原属于交通和能源总局及对外关系总局负责能源事务的部门合并而成。欧盟委员会成立专门的能源总局摆出了一个以整体力量积极对外的姿态，其能源一体化工作也获得一定的突破。

（三）主要经济体的低碳政策与措施

1. 美国的低碳政策与措施

（1）技术措施

1）研发低碳技术。美国注重支持变革性的低碳能源技术研发和创新，并积极推进云清洁能源技术的商业化应用。2020 年发布的“清洁能源革命和环境正义计划”将液体燃料、低碳交通等列为重点方向。为限制航空业碳排放，美国开始研制新的飞机可持续燃料，对飞机技术和空中交通管制进行优化创新。

2）发展零碳技术。美国加大对电池储能、下一代建筑材料、可再生能源、绿色氢能和先进核能领域的研发投入。美国加快CCUS技术的开发和部署，资助工业碳捕集技术前端工艺设计研究，以及燃烧后碳捕集技术的工程规模测试等。

3）推动负排放技术的开发利用。2019年美国国家科学院、美国国家工程院和美国国家医学科学院联合发表的《负排放技术和可靠封存：研究议程》提出，为实现气候和经济增长的目标，从大气中去除和封存二氧化碳的负排放技术需要在减缓气候变化方面发挥重要作用，并提出两类研究议程对生物燃料和二氧化碳封存进行研究，即专门推进负排放技术的项目，以及作为减排研究组合的一部分。

（2）行政措施

1）建立气候政策协调组织机制。为提高应对气候变化的决策效率，美国形成了多层次的政策协调和咨询机构和机制，包括白宫国内气候政策办公室、国家气候工作组、国家气候顾问等。其中，白宫国内气候政策办公室主要负责协调和实施总统的气候政策决策过程；国家气候工作组由财政部部长、国防部部长等政府机构负责人组成，由国家气候顾问负责具体工作；国家气候顾问由来自21个联邦机构和部门的负责人组成，以增强联邦各机构之间气候政策的协调与配合，保证政府各部门采取一致的政策和措施应对气候危机。2021年2月，拜登政府宣布组建气候创新工作组，该工作组作为国家气候工作组的一部分，旨在协调和加强联邦政府培育可以帮助实现2050年净零排放的新技术。

2）制定落实应对气候变化政策的行政令。通过行政令来调整碳排放标准、发布对新能源产业的激励措施等，落实应对气候变化的政策，具体包括4个方面：一是将环境正义作为各机构使命的一部分，命令联邦机构制定并出台相关政策，以降低气候变化对弱势社区所造成的负面影响；二是力争到2030年美国售出的所有新车中有一半是零排放汽车，命令联邦机构购买零排放电动汽车，并大力贯彻“购买美国货”行政令，将政府近65万辆用车全部换成自产的清洁电动汽车；三是加强对传统能源产业发展的限制、引导，并控制其碳排放，命令内政部尽可能停止对公共土地或近海水域新的石油和天然气租赁开发项目的许可，对现有租赁开发项目进行严格审查；四是推动建立关于煤电产业与经济振兴的跨部门工作组，由国家气候顾问和国家经济委员会主任共同主持，指导联邦机构进行投资协调等活动，以帮助传统能源产业部门转型，并要求联邦机构在符合适用法律的前提下取消化石燃料补贴。

3）形成州际减排合作机制。美国各州的政策制定自主权和自由度较高，各州政府对碳减排问题比较重视，对发展低碳经济的积极性也普遍较高。在特朗普政府宣布退出《巴黎协定》的背景下，多个州政府表示将继续执行《巴黎协定》目标。以加利福尼亚州为例，作为美国第一经济大州，该州早在2006年即通过了州层面的《加利福尼亚州全球变暖解决方案法案》，明确了2050年的减排目标，2018年以行政令明确2045年实现碳中和。加利福尼亚州将大力支持交通运输清洁转型、发展零碳排放汽车、清洁发电等。

美国各州之间形成了多个州际减排合作机制。“区域温室气体减排行动”是美国第一个基于市场化机制减少电力部门温室气体排放的强制性计划，于2009年正式实施，截至2021年共涉及美国12个成员州，并约定在2022～2030年每年减少225万t碳排放，以达到整体减排30%的目标。2018年，纽约市市长迈克尔·布隆伯格（Michael Bloomberg）和加利福尼亚州州长杰里·布朗（Jerry Brown）联合发起《美国承诺》倡议，提出10项具有高影响力的“自下而上”策略，并称美国50个州、上百个城市和上千家公司已经独立制定了减少温室气体排放的目标。

（3）财税措施　美国制定系列发展清洁能源、节能降耗、鼓励消费者使用节能设备和购买节能建筑方面的财税政策，主要是利用补贴和减税措施激励能源使用效率的提高，制定补贴期限，重点放在对需求方的补贴，刺激人们的购买意愿，进而提高政策的有效性。拜登政府计划投入1000亿美元（约合人民币6451.2亿元，按2021年度平均汇率1美元=6.4512元人民币进行换算，下同）补贴消费者购买电动汽车，投入150亿美元（约合人民币967.68亿元）新建50万个电动汽车充电桩。2021年8月，参议院两党提出的《基础设施投资和就业法案》计划投入75亿美元（约合人民币483.84亿元）用于建造电动汽车充电站。

2. 日本的低碳政策与措施

（1）技术措施

1）注重研发氢和新兴领域基础技术与实用技术。重点研发氢还原制铁技术、氢制造塑料原料技术、新型燃料电池技术等高温热源氢制造技术，开展燃氢轮机发电技术示范。发展燃料氨产业，开展混合氨（燃料/纯氨燃料）的发电技术实证研究，开发使用氨作为燃料的船舶技术。

2）将海上风电置于可再生能源规划的重要位置。资助研发下一代浮体式技术，制定技术开发路线图、国际标准，开展国际合作，在国际上推广日本的浮体安全评价方法。

3）发展汽车、航空产业低碳技术。利用先进的通信技术发展网联自动驾驶汽车；大力推进电化学电池、燃料电池和电驱动系统技术等领域的研发和供应链的构建；开发先进的轻量化材料；开展混合动力飞机与纯电动飞机的技术研发、示范和部署；开展氢动力飞机技术的研发、示范和部署；研发先进低成本、低排放的生物喷气燃料；发展利用二氧化碳与氢气合成航空燃料技术。

4）发展节能与资源回收技术。推进公共基础设施（如路灯、充电柱等）节能技术的开发和部署；发展各类资源回收再利用技术，如废弃物发电、废热利用、生物沼气发电等；开发可回收利用的材料和再利用技术。

（2）行政措施

1）促进能源与工业转型。日本以促进能源与工业转型作为减排的主要途径，制定了各领域转型发展的具体实施计划。在能源领域，以可再生能源为主、核能为辅，重点扶持氢能、氨燃料发展，并根据未来能源发展总体需求，对可再生能源（特别是海上风电）、氢能、氨燃料、核能做出详细规划。在制造业与运输业发展方面，强化半导体与新能源车等领域技术的创新能力，维持汽车与半导体领域的优势地位。2019年，日本召开“汽车产业新时代战略会议”，确定了在2050年实现100%电动车的目标。在促进半导体和通信产业转型方面，包括“数字化绿色”和“绿色数字化”两个方面，“数字化绿色”是指通过数字化提高能源需求效率和减少二氧化碳排放，“绿色数字化”即数字设备本身的节能。

2）积极推动标准化建设。日本将致力在世界范围内对低碳技术进行标准化，以此拉动需求。对于将成为未来增长关键的创新技术，在鼓励民间投资的前提下，经过公私合作投资的验证阶段后，政府将努力扩大需求，包括加强立法来创造技术需求，依托国际标准化促进新技术在世界范围内的使用，并通过吸引大量投资来降低价格。例如，在氢能利用方面，一方面，要求电力零售商按一定比例采购无碳能源，利用无碳价值交易市场，将氢作为无碳能源与可再生能源、核电一起评估，建立电力市场鼓励氢的利用；另一方面，致力于相关设备和设施的国际标准化工作。此外，在促进海上风电、新能源汽车与电池领域，积极推动、引领国际规则和标准的制定。

3）推动跨行业国际合作。日本强调利用技术和产品质量优势，以及与发展中国家开展项目合作方面的既有机制，提升低碳领域国际话语权。日本政府将与其他国家在优先产业领域及其相关领域进行创新与技术开发合作的同时，通过实施海外示范项目等方式促进技术开发的产业化，并加强先进科研机构间的交流合作。

（3）财政措施

1）加大资金支持。根据《气候创新金融战略 2020》，日本将采取措施吸引私人投资到绿色、转型和创新举措中。政府将对海上风电等可再生能源业务提供风险资金支持，通过加强企业减排行动披露和第三方评估，增进行业与金融部门对话，催促金融机构优化融资环境等方式，提高对减排企业的经济支持。

2）推动转型金融发展。"绿色"或"不绿色"的二元论无法正确评估企业为稳步向低碳化转型所采取的举措。为向稳步低碳化转型阶段所需的技术提供资金，日本政府在《气候转型金融原则》的基础上，制定基本原则和路线图，针对无法实现脱碳的且碳排放量大的行业制定实施该原则的基本思路和路线图。

3）促进金融创新。政府将扩大目标产业领域，创造投资者、企业和政策制定者对话的机会，促进脱碳创新企业融资。政府还将对包括可再生能源业务、低油耗技术利用和下一代蓄电池业务在内的绿色企业提供风险资金支持，设立 800 亿日元（约合人民币 47.03 亿元）的绿色投资基金。

3. 英国的低碳政策与措施

（1）技术措施

1）着力推动各行业先进低碳技术研发。2020 年，英国发布《绿色工业革命十项计划》，支持包括海上风电、氢能、核能、电动汽车、绿色公共交通、零排放喷气式飞机、绿色建筑、CCUS、自然环境、绿色金融与创新等 10 个重点领域的绿色技术研发。组建海上可再生能源技术创新中心，联合产学研机构开展技术研发和应用。建立 4 个"推动电力革命中心"，为虚拟产品开发、数字制造和先进组装技术提供场所，研发面向飞机、轮船和汽车等交通工具的绿色电机，推动电机测试和制造领域迈向世界领先。以技术为关键杠杆，支持农业在 2040 年之前实现零碳排放，如增加可再生能源和生物能源的使用、种植芒属植物等生物能源作物实现碳收支平衡等。

2）支持工业脱碳技术研发。2021 年，英国通过了《工业脱碳挑战》计划，提出向 9 个项目投入 1.71 亿英镑（约合人民币 15.19 亿元，按 2021 年度平均汇率 1 英镑=8.8802 元人民币进行换算，下同），启动 3 个海上 CCUS 项目及 6 个陆上碳捕集或氢燃料转换项目，支持开发减少重工业和能源密集型工业碳足迹的技术。当前重点关注氢气输送储存专有网络，海上封存场地、基础设施和封存关键组件，天然气发电设施脱碳，以及热电联产电厂现有燃气轮机和辅助锅炉改造等相关技术。

3）加快 CCUS 和核能等关键技术研发。英国计划到 2030 年创建 4 个 CCUS 集群，引领全球 CCUS 技术发展。研发下一代小型模块化反应堆和先进模块化反应堆，使核能发展成为可靠的低碳电力来源。研发净零排放飞机、可持续航空燃料和清洁海洋技术，帮助航空业和航海业变得更加绿色、清洁。

（2）行政措施

1）设立气候变化委员会。英国气候变化委员会是由英国商业、能源和产业战略部赞助的独立公共机构，主要职责包括制订减排方案并监督实施、向政府建议排放目标和碳预算、评估最新的排放数据等，并负责每年向议会进行报告，同时提出政策实施的具体建议。

2）推动低碳转型与清洁增长计划。2020 年，英国宣布《绿色工业革命十项计划》，涵盖清洁能源、公共交通等领域，大力推动海上风能发展、推进新一代核能研发、加速推广电动车等。

3）启动全球首个交通脱碳计划。2021 年，英国宣布启动全球首个交通脱碳计划，为交通行业到 2050 年实现净零排放制定路线图，提出到 2040 年停止销售新型柴油和汽油重型货车，到 2050 年实现所有交通运输方式脱碳。英国政府承诺将投资数十亿英镑用于支持绿色出行和清洁车辆，同时改善公共交通，到 2040 年确保国内航空净零排放，到 2050 年创建净零排放铁路网络。

4）实施退煤行动。2021 年，英国政府宣布煤炭发电退出的时间从 2025 年提前到 2024 年，将淘汰所有火力发电厂，并终止向海外热煤开采和煤电厂提供任何直接的官方发展援助、投资、出口信贷或贸易支持。

（3）财税措施

1）拓宽绿色融资范围。2012 年，英国政府全资成立全球第一家绿色投资银行——英国绿色投资银行，2016 年英国绿色投资银行被以 23 亿英镑（约合人民币 204.24 亿元）出售给澳大利亚麦格理集团，并更名为“绿色投资集团”，通过发行绿色债券等方式筹集资本。为加快创新型低碳技术的商业化，英国政府启动了由政府资金、配对资金及社会资金组成的净零创新投资组合，该投资组合将包括 10 亿英镑（约合人民币 88.8 亿元）的政府资金、10 亿英镑的配对资金及来自私营部门的 25 亿英镑（约合人民币 222.01 亿元）资金，主要关注《绿色工业革命十项计划》提出的海上风电、氢能等 10 个重点领域。

2）碳市场和税收政策协同发力。2002 年，英国建立碳排放权交易体系，这是世界上最早的碳排放权交易市场，于 2005 年欧盟碳排放权交易体系启动后终止。脱欧后，英国在 2021 年 1 月重新建立了英国排放交易体系（UK Emission Trading Scheme，UK ETS），涵盖能源密集型工业、发电和航空等行业。UK ETS 将分阶段实施，第一阶段是 2021～2030 年，第二阶段是 2031～2040 年。UK ETS 计算免费配额的基准与欧盟碳排放权交易体系的第四阶段相同，还启动了碳交易底价保证机制。

从交易情况来看，2021 年共发放 3910 万份免费碳配额，在首场配额拍卖中，交易量超过 600 万 t，成交均价达到 43.99 英镑/吨（约合人民币 390.64 元/吨）。2001 年起，英国开始征收气候变化税，旨在鼓励提高能源效率和降低能源消费量，履行其在《京都议定书》中的承诺，减少温室气体排放（丁仲礼和张涛，2022）。

4. 我国的低碳政策与措施　我国低碳政策主题的演变详述如下。

我国低碳政策主题可分为 3 类：趋于稳定型政策主题，包含废弃物再利用技术、节能减排和建筑节能；增长型政策主题，包含绿色技术研发、污染防治、生态碳汇和行政监管；波动型政策主题，包含财政激励、新能源与可再生能源和能效约束。

从政策主题强度变化情况来看（图 8-2）：①废弃物再利用技术、节能减排和建筑节能政策主题经过长期发展，总体政策体系较为完善，政策发展趋于稳定；②绿色技术研发、污染防治、生态碳汇和行政监管政策主题近年来在我国低碳政策体系中占据重要地位，呈现上升的态势；③财政激励、新能源与可再生能源和能效约束的主题强度呈波动趋势（魏亿钢等，2024）。

中国低碳主要政策主题演化路线图如图 8-3 所示。我国低碳政策长期致力于节约能源和减少污染物排放，具体表现在从政策初始/酝酿阶段的“污染防治、生态保护并重”，到政策发展/萌芽阶段政策主题侧重于“节能减排”，最后逐步演变为政策深化/密集阶段的“节能减排减污降碳协同”的低碳政策体系。

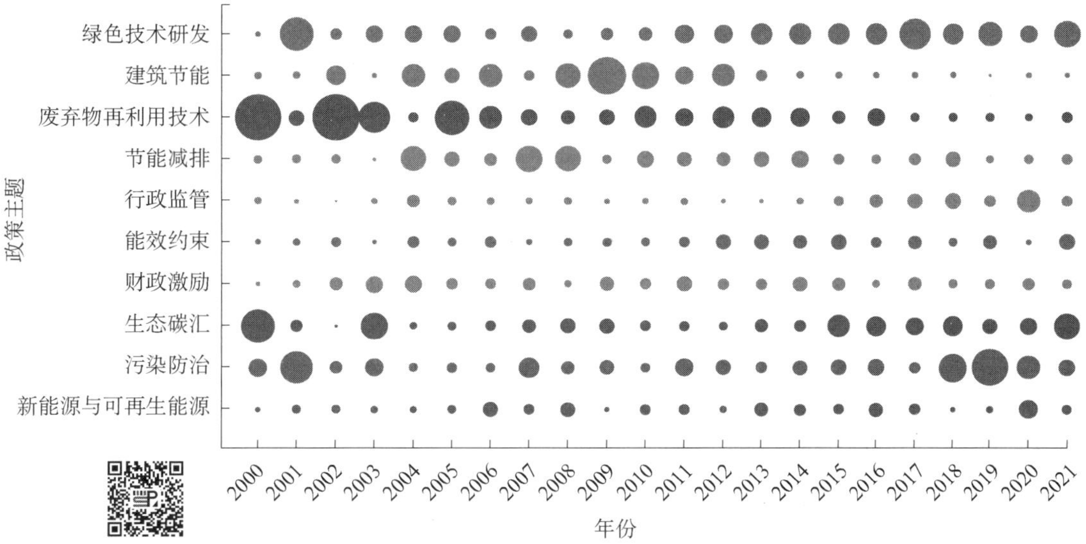

彩图

图 8-2　近年来我国低碳主题分布（魏亿钢等，2024）

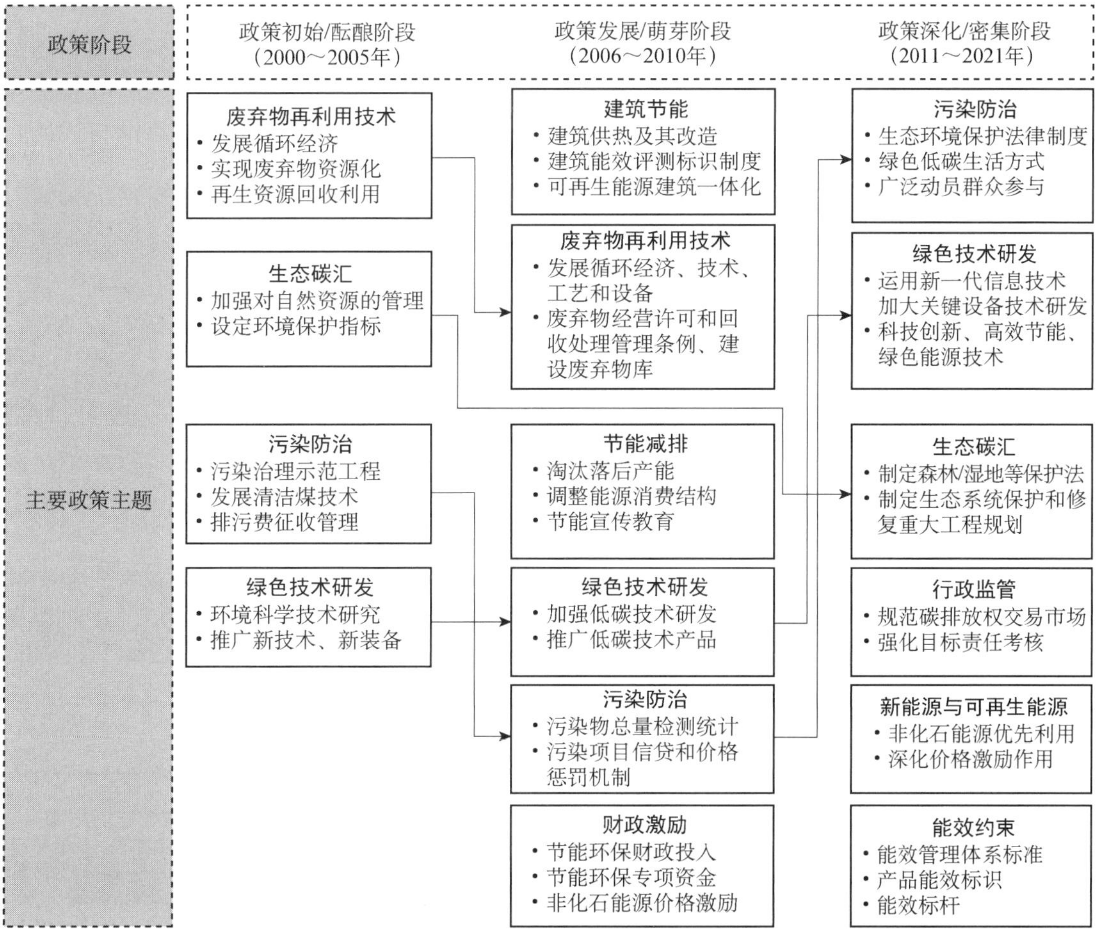

图 8-3　不同阶段的低碳政策主题

第二节 低碳政策的工具与实施

推进低碳发展的政策工具，根据管理手段分为四大类：环境命令控制、经济刺激政策、文化宣传、自愿协议（表 8-3）。这些管理方式分别作用于能源需求管理和能源供给管理中，从而推进能源效率的提高、新能源的开发和利用、低碳技术的研发和推广、消费模式的转变等。

表 8-3 低碳政策工具与政策目标

<table>
<tr><th>类别</th><th colspan="5">措施</th><th colspan="4">政策目标</th></tr>
<tr><td>环境命令控制</td><td>法律、法规、法令、规章、条例</td><td>认证制度</td><td>排放标准</td><td colspan="2">环境处罚</td><td colspan="4">提高能源效率，开发与利用新能源</td></tr>
<tr><td>经济刺激政策</td><td>税费</td><td>补贴</td><td>押金返还制度</td><td>排放权交易</td><td>认证交易制度</td><td>提高能源效率</td><td>转变消费模式</td><td>开发低碳技术</td><td>调整能源结构</td></tr>
<tr><td>文化宣传</td><td>节能咨询</td><td>技术培训</td><td>节能标识</td><td colspan="2"></td><td colspan="2">转变消费模式</td><td colspan="2">提升公共意识</td></tr>
<tr><td>自愿协议</td><td>行业间倡导、倡议</td><td>政府企业间协议</td><td></td><td colspan="2"></td><td colspan="2">提高能源效率</td><td colspan="2">增强企业社会责任</td></tr>
</table>

环境命令控制属于一种规制手段，是传统的环境污染控制的做法，通过政府的强制命令来减少污染的管理方法，如环境标准、认证制度、行政处罚、禁令等。自 20 世纪 70 年代开始，欧美国家以该种政策方式为主，制定了大量规章、法令，出台了各种新标准与认证要求，强制企业执行。

经济刺激政策试图通过财政政策和市场机制，鼓励促进社会福利最大化的环境友好型行为，或惩罚环境损害行为，通过采取正向、反向的刺激方案，在环境保护和社会经济福利之间找到最理想的平衡点。20 世纪 80 年代开始，欧美等发达经济体的环境管制手段开始转向经济刺激政策。通过市场机制的充分引入，构建排放权交易市场和其他类型的碳交易市场，使得企业能够利用市场调节碳排放权的供需。

低碳文化宣传是在全社会普及低碳理念、宣传低碳知识的一种主动做法。主要通过对消费者开展低碳理念教育，为生产管理者提供节能技术培训和咨询，或通过环境友好型技术的标签化（labeling）等途径间接改变消费观念和消费行为，促进消费者对低碳产品和低碳技术的购买，直接或间接地降低能源消耗的环境影响。

自愿协议是一种新型环境治理工具，其包括政府-企业协议、企业自主协议、企业在减排项目中的自愿参与等方式。西方发达经济体的自愿协议政策往往作为能源税、排放权交易、补贴等经济刺激政策的辅助工具，是企业自治的充分体现。

各国具体使用低碳政策工具的案例如表 8-4 所示。

表 8-4 各国应用低碳政策工具的具体案例

低碳政策类型	具体案例
政府管制 碳排放税 财政补贴 碳基金	德国、丹麦、英国等国家对可再生能源强调入网、优先购买义务；欧盟强制淘汰高耗能照明设备等；英国增设大气影响税，日本增设环境税，德国增设生态税等；德国、丹麦等对可再生能源生产、投资进行补贴；英国设立节碳基金；亚洲开发银行设立“未来碳基金”等
碳排放交易	欧盟碳排放交易、美国碳排放交易市场等
标签计划自愿协议	意大利白色认证、绿色认证等；丹麦绿色认证等；日本经济团体联合会自愿减排协议等

续表

低碳政策类型	具体案例
能源合同管理	美国等能源合同管理公司
生态工业园规划	丹麦卡伦堡生态工业园等

资料来源：利用公开资料整理

一、环境命令控制

环境命令控制是一种通过政府行政权威直接规定和限制环境行为的工具。该工具的优点在于实施效果的可确定性，适于处理突发性的环境事件（王志，2012），可以直接供应环境公共产品。环境命令控制的实施对象必须服从规定的基本要求，因此实施效果具有较高的确定性。在生态破坏及环境污染严重时，命令控制工具可以迅速有效地应对，特别是处理那些市场机制无法解决的紧急环境事件时。政府可以利用行政权威提供与外部性相对的服务措施，如禁止使用某些有害物质。但该工具也存在对应的缺陷，如缺乏效率，且不利于技术创新。

欧盟促进低碳发展的法律法规走在世界的前列。1997 年通过欧洲议会白皮书《未来能源：可再生能源》，确定了欧盟在能源结构中增加可再生能源比例的行动纲领。2020 年 1 月 15 日，欧盟委员会通过《欧洲绿色协议》，提出到 2050 年实现碳中和的碳减排目标。同年 3 月，欧盟委员会发布《欧洲气候法案》，以立法的形式确保到 2050 年实现碳中和，从法律层面为欧洲所有政策设定了目标和努力方向，并建立法律框架帮助各国实现碳中和目标，所有欧盟机构和成员国将集体承诺在欧盟和国家层面采取必要措施以实现碳中和的目标。

能源独立一直是美国立法的核心内容。自 20 世纪 70 年代初以来，美国先后出台《1975 年美国能源政策和节约法案》《1978 年能源税收法案》《1992 年能源政策法案》《2005 年能源政策法案》《2007 年能源独立与安全法案》《2010 年美国能源法》等，逐步建立和完善了能源法律法规体系。但在应对气候变化方面，由于特定的立法体制，美国国会围绕应对气候变化的专项立法总体进展缓慢。2009 年，国会众议院通过了《美国清洁能源与安全法案》，但在此之后一直没有在应对气候变化立法方面取得实质性突破。

实施可再生能源配额制。为促进可再生能源发展，印度推行以可再生能源购买义务和可再生能源证书为核心的可再生能源配额制。莫迪执政后，印度政府宣称将推行世界上最大规模的可再生能源发展计划，此后对该计划的目标进行数次修订、提升和细化。总体而言，印度的可再生能源发展计划实施以来取得了一定成效，但距其目标仍有较大差距，且存在体制、资金、土地、技术、基础设施、行政能力等一系列制约因素（金莉苹，2018）。

二、经济刺激政策

经济刺激政策是低碳政策中目标性最强的、特别的政策之一，工具包括财政投资、财政补贴、相关征税（如碳税或其他相关税）、绿色信贷、碳交易等。例如，从减缓气候变化来说，最具导向性的政策是为温室气体排放制定一个合理的价格。

（一）财政投资政策

财政投资是最基本的国家经济政策，对于低碳发展的推动效果是最直接的。财政政策具有发展导向，通常体现了一个国家在一定时期内对某一行业或产业的导向型支持或促进。2015～2023 年，随着各国对可持续能源发展的关注，全球在可持续能源领域的投资持续增长。根据IEA公布的《世界能源投资报告》，2023年清洁能源的投资额约为1.86亿美元，同比增长将达到24%，远远高于化石燃料投资15%的增速。2024年，全球能源投资总额将首次超过3万亿美元，其中对清洁能源技术和基础设施的投资是化石燃料投资的2倍，将达到2万亿美元。

各国根据自身的发展需要及国内经济的形势，采取了多重财政投入政策，一方面起到发展低碳经济的作用，另一方面，对于发达经济体而言，也是在经济低迷时期寻找新的经济增长点的积极行动。各国投资领域主要集中在新能源、碳储存捕获项目、可持续能源、绿色技术等方面。

为了实现美国的“3550”碳中和目标，拜登政府拿出2万亿美元，用于基础设施、清洁能源等重点领域的投资，包括拨出1740亿美元用于向电动汽车转型，350亿美元用于减排和气候适应技术的研究，在联邦采购中拨出460亿美元推动创新和清洁能源生产，建立270亿美元的“清洁能源和可持续发展加速器”等。2023年，美国总务管理局（GSA）宣布投资20亿美元，用于使用低碳材料（包括沥青、混凝土、玻璃和钢材）的政府建筑项目。这项投资旨在促进美国制造的低碳市场，扩大美国制造下一代商品和材料的能力，此外还有助于应对气候危机和创造就业机会。

碳中和是欧洲史上最大的经济项目。为达成2030年的目标，欧盟将至少需要投资3万亿欧元，尤其是建筑、工业、电力和交通部门的投资最大。2024年，欧盟正式退出《能源宪章条约》。《能源宪章条约》属于“冷战”后特定历史时期的产物，签署于1994年并于1998年生效，制定目标通过促进投资，加快将俄罗斯等国家纳入欧洲和全球能源市场，因此重点突出了对投资者利益的保护，尤其是针对传统化石燃料能源项目，强调了投资东道国不能以强制措施伤害投资者利益。退约后，欧盟势必会在能源转型上进一步加速。欧盟在2023年通过可再生能源指令，全面推进绿氢、光伏、风能建设，加速淘汰落后燃煤电站。根据指令，欧盟到2030年的能源构成中将有不低于42.5%的比例来自可再生能源。

2024年清洁能源投资最大的国家仍然是中国，根据美国能源署的数据，2024年达到6750亿美元。得益于国内需求强劲，中国继续占据全球清洁能源投资领域最大份额，投资主要集中在太阳能、锂电池、电动汽车、电网等领域。可再生能源整合和现有基础设施升级，将进一步推动电网和储能投资增长，2024年全球电网领域投资达到4000亿美元左右，其中80%的资金来自中国。据中国金融学会绿色金融专业委员会估算，从2021年到2050年，中国在绿色低碳领域的投资需求总额将达487万亿元。这意味着未来近30年，中国需在该领域年均投入超16万亿元，其中财政资金年均投入在万亿规模，并负有撬动社会资金用于可再生能源开发利用、能源利用效率提升、清洁交通、绿色建筑和低碳制造等领域的责任。

（二）税收政策

税收政策是促进碳减排的重要政策手段之一（黄洪等，2024）。促进能源效率的税务措施的目的在于降低和能源效益投资有关的成本，对于特定的能源效率技术给予不同形式的税务减免，如加速折旧、减税、免税；另外，对于以能源效益为目标的工业，给予一定的税务减免。加速折旧是指有资质的设备购买方能进行比标准设备更快的设备成本折旧。减税是指买方能从年度收益中扣除一定的和设备有关的投资成本百分比。免税是指免除买方进口能源效益设备的进口税。而另一种税收政策，是直接对能源的使用或能源使用排放的二氧化碳进行征税。

1. 税务减免　加拿大采取加速折旧的做法来加速资本成本补贴，以30%的速度加速对特定的能源效益和可更新能源设备的注销，成本涵盖了预先可行性和可行性研究成本、流通成本、场地批准成本。以日本为例，其《节能和循环补贴法》中指出，在中小型公司购买能源节约型设备时，可以获得购买价7%的公司退税。韩国规定5%的税收用于能源效率投资，如旧工业窑的替换、锅炉和熔炉；节能设备、联合生产设备、供热设备或节能装备；可替换能源使用设备；其他降低能源达10%的设备等投资。荷兰规定能源投资扣除项目允许每年能源保持设备投资的55%从财政收入中被扣除，最多达1.07亿欧元。英国提出加强资本补贴方案，允许一个企业可以将第一年的资本补贴100%花费在质量优良的技术上。

对于针对特定技术的税务减免，各国评价各有不同。这一政策的缺陷在于没有提供减少能源使用的激励措施，而且通常需要大量的公共基金支出，在部分人受益的同时，有大量的“没有受益的人员”——他们同样购买设备，但没有税收减免。但是其优点在于减轻了资本限制，关于能源效率技术购买的决定更多的是基于设备的成本而不是驱动设备的能源的期望成本，这使得能源效率技术的税收减免比能源征税更有效。

2. 能源税或碳税　征收这些税目的原因是增加能源使用成本以间接激励在能源效率上的投资。种类广泛的、与环境有关的或“绿色”的税种在理论上被认为优于其他政策手段，因为它们使环境成本和消费内在地联系起来。自20世纪90年代以来，该税种在欧洲就非常普遍。作为一种用于降低能源消费或者二氧化碳排放的政策，此税被用于特定燃料或电力领域。2023年4月25日，欧盟理事会投票通过了碳边境调节机制（CBAM）。这标志着欧盟CBAM走完了整个立法程序，可以说“正式通过”了。2023年10月1日起，欧盟碳边境调节机制法规，即全球首个“碳关税”开始实施。到2025年为过渡期，在2026～2034年逐步全面实施。按照新规，欧盟将对从境外进口的钢铁、铝、水泥和化肥额外征税。欧盟碳边境调节机制的实行，将影响包括我国在内的国家或地区的出口与投资，进而影响经济发展（赵书博等，2024）。

（三）补贴政策

补贴政策通常作为政府优先选择实施的政策措施，被最广泛用作财政激励手段，其提供方式为公共基金直接地给予企业实施能源效率项目，包括给予固定总量，如投资百分比或总节约量成比例的总数。我国2013年开始的电价补贴政策正是在2012年光伏产业整体遭遇行业寒冬的背景下正式制定实施的，是目前为止，对中国光伏产业发展影响力度最大、影响范围最广的产业政策。经过20余年的发展，中国光伏产业已成长为中国具有国际竞争力并取得领先优势的战略性新兴产业，具备较强的代表性。相关研究表明，电价补贴显著提高了产业链各环节企业的规模、创新产出和市场竞争能力（王宏伟等，2022）。

补贴政策的优点在于能源效率项目对于个体消费者来说是不经济的。但从社会/国家总体来说在财政上是有好处的。在某些特定的情况下，补贴也是更优的选择，比如投资的市场环境风险很高，与更多的诸如基础设施扩建等传统投资存在过多竞争，给予资产的投资相比风险过高，能源效率项目太小而无法吸引投资者，能源价格不能真正地反映能源成本等。

补贴的缺点也是显而易见的，存在着免费搭车的现象，或是目标消费者缺乏一定的认识无法理解该种手段、事务成本或手续比较受限等。因此，在操作中可对这几种缺点采取特别的解决方案。比如说采取目标方法，如荷兰的最佳项目计划，专门针对的是小的或中等规模企业。另外，挪威工业能源效率网络（IEEN）和澳大利亚温室气体消除计划（特别是减排量大于25万t二氧化碳的项目）都是聚焦大企业。美国纽约、得克萨斯州通过“节能执行”项目将 80%的公众效益收费用于企业补贴。目标明确可以减少免费搭车的现象。针对消费者知识限制的情况，可以按照优先顺序给予那些参与到志愿协议的公司，如丹麦的做法。在实际操作中可以坚持成本−效率原则。例如，泰国能源保存计划基金需要每个能源效率测量，实现超过 9%的内部回报率；挪威工业能源效率网络（IEEN）需要 7%～30%的回报率（侯方淼和付亦重，2015）。

（四）绿色信贷

绿色信贷是一种专门用于支持环保和可持续发展的金融工具。随着全球环境问题日益严重，绿色贷款作为一种重要的金融手段，能够显著抑制碳排放（江红莉等，2020），被广泛应用于支持各类绿色产业和项目的发展。德国是国际“绿色金融”主要发源地之一，德国政府利用资本市场和商业银行以十分优惠的利息和贷款期，为终端用户提供支持节能和碳减排的绿色金融产品和服务。具体做法如下。

1）德国对环保、节能项目予以一定额度的贷款贴息，对于环保节能绩效好的项目，可以给予持续 10 年、贷款利率不到 1%的优惠信贷政策，利率差额由中央政府予以贴息补贴。实践证明，国家利用贴息的形式支持环保节能项目的做法取得了很好的效果，国家利用较少的资金调动起一大批环保节能项目的建设和改造，“杠杆效应”非常显著。

2）德国复兴信贷银行在整个“绿色金融”体系中始终发挥着重要的作用，不断开发出“绿色金融”产品。还值得一提的是，复兴信贷银行节能环保的金融产品从最初的融资到后期金融产品的销售都没有政府的干预，各项活动都通过公开透明的招标形式开展，保证了过程中的公正、透明，政府的主要作用就是提供贴息及制定相关的管理办法，这样保障了资金高效公平的使用。

3）在德国“绿色金融”政策实施过程中，环保部门发挥着重要的审核作用，以确保贴息政策能够准确地支持节能环保项目。每个节能环保项目要想得到贴息贷款，必须得到当地或上级环保部门的认可后才能申请。

2023 年末，我国本外币绿色贷款余额 30.08 万亿元，同比增长 36.5%（人民日报海外版，2024）。随着“双碳”目标的持续推进，绿色金融的作用愈发凸显。不仅可以通过将贷款利率与企业持续发展绩效指标挂钩，促进企业绿色低碳生产，推动可持续发展，也可以通过利用绿色金融产品帮助企业解决融资难题，促进绿色产业发展等。

从各国的财政政策来看，单一采取某种财政政策效果并不明显，多数国家采用综合性财政政策以期达到最好的效果。比如丹麦，在征收碳税的同时，与能效资源协议、补贴及减税相结合，并与欧盟排放贸易计划相结合。英国对气候变化征税，同时结合气候变化协议，对特殊的能效技术免税，对达到能效目标的行业、企业减税，并与国内的排放贸易机制相结合。

（五）碳交易

碳交易即把二氧化碳排放权作为一种商品，买方通过碳交易平台向卖方支付一定金额从而获得卖方一定数量的二氧化碳排放权，从而形成了二氧化碳排放权的交易。碳交易是通过将企业碳排放权“商品化”，允许碳排放权作为商品交易，借助市场力量实现对社会总体碳排放量及减排成本的控制。政府设定企业的碳排放配额，控排企业的碳排放量不得超过配额，若控排企业的碳排放量超过配额，则该企业需向有盈余配额的企业购买其超排放量的二氧化碳排放权（图 8-4）。

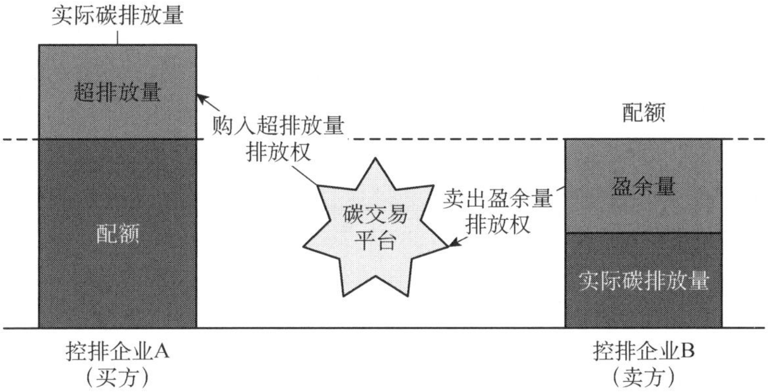

图 8-4 碳交易图示

《京都议定书》规定了三种碳排放权交易的交易机制，即碳交易市场的作用机制，分别是排放贸易机制（ET）、联合实施机制（JI）及清洁发展机制（CDM）。这三种机制促成了包括供需、成本、价格等一系列影响因素在内的碳交易机制，极大地促进了各经济主体通过创新的发展模式赢取竞争优势。

排放贸易机制是在发达国家的国家登记处之间进行的，包括排放减量单位、排放减量权证、分配数量单位及清除单位等减排单位核证的转让或获得。

联合实施机制是指发达国家之间在“监督委员会”的监督之下进行减排单位核证与转让或获得，所使用的减排单位为“排放减量单位”（ERU）。

清洁发展机制是针对发展中国家同发达国家之间在清洁发展机制登记处的减排单位转让，旨在使发展中国家在可持续发展的前提下进行减排，并从中获益；同时协助发达国家通过清洁发展机制项目活动获得“排放减量权证”，以降低履行《联合国气候变化框架公约》（UNFCCC）承诺的成本。

三、文化宣传

（一）低碳文化的内涵

低碳时代有与之适应的低碳时代文化，低碳经济有与之匹配的低碳经济文化。以零碳或低碳技术为载体文化，以新能源革命、减排 CO_2 为行为文化，以《京都议定书》等一系列控制温室气体的协议、文件为制度文化，以碳强度、碳浓度、碳生产率等为核心文化，构成低碳文化与低碳文化体系，简称低碳文化。

低碳文化是发展低碳经济的根本要求，是低碳社会建设的精神保障。低碳文化的培育在低碳发展中起着根本性作用（谈新敏，2011）。低碳文化的内涵主要体现在以下 5 个方面，这些构成了低碳文化教育政策的主要引导方向。

1. 低碳价值观　价值观是人对事物的属性能够满足人的需要程度的总体评价和看法，反映事物的使用价值和功能。低碳价值观的评价标准不仅以人为尺度，而且以更深层次的自然生态为尺度。在认识人与自然、资源、环境关系的问题上，应摒弃传统的人类中心主义倾向，以人类与自然的和谐共生为发展准绳。在价值关系方面，承认自然对人的各种价值和功能，是维持人类生存与发展的基础和前提，是人类进行物质资料生产活动的先决条件。同时也要承认其自身的存在价值，即它是地球生命系统的重要组成部分，维系着生命和自然界的可持续发展。在处理人与自然关系的问题上，要求尊重自然，以高尚的情怀和人性关心大自然，尊重自然规律，追求自然生态与经济社会发展、科技进步与环境保护、物质满足与人的心灵净化之间的平衡协调，寻求人与自然共生，和谐发展。

2. 低碳动力　低碳文化的核心动力是以人为本，实现人的自由而全面的发展，力求达到三方面的和谐统一、均衡发展，即物质满足与精神满足的统一，人的身心健康发展，人与人、人与社会及人与自然的协调发展。人的发展既脱离不了社会环境的影响，还需要良好的自然环境的熏陶。在人与自然的和谐共生中，优美的自然画卷能给人提供视觉和心灵美的感受，有利于激发人的创造热情和灵感，丰富人的情感，净化人的心灵，使人变得宁静而致远，提升人的精神境界，使其身心平和，富有智慧，人生充实而有意义。反过来，人类在从大自然母亲那里获得慷慨馈赠的同时，心怀感恩，有助于正确处理人与人、人与社会、人与自然的关系，以更加积极饱满的热情和动力进行物质文明、政治文明、精神文明和生态文明建设。

3. 低碳意识　首先，低碳意识表现为责任意识。由于我国受人口众多、人均资源占有量小等国情限制，加之处在社会转型期阶段，人口资源和环境问题突出，发展低碳经济又面临着技术和资金的两大瓶颈，单纯依靠政府和企业力量是远远不够的，还需要广大民众自觉参与到低碳行动中来。“不积小流，无以成江海”，千百万民众的低碳行动是推动低碳生活的力量源泉，也是发展低碳经济、建设低碳社会、实现人与自然和谐共处的重要保证。联合国环境规划署执行主任阿西姆·斯泰纳说：“在减碳过程中，普通民众拥有改变未来的力量。”这就需要发扬勤俭节约的优秀传统文化美德，践行低碳生活方式，进行科学、合理的消费，为促进低碳发展协同努力，为兑现我国向国际做出的减排承诺做出个人应有的担当。

其次，低碳意识还要具备节俭意识。节俭意识倡导人们在日常生活中养成节电、节水、节能的好习惯，尽量降低个人的碳排放量。提倡“勤俭节约型”的生活方式，杜绝挥霍和浪费，崇尚简约、精致而纯粹的生活。

最后，推动低碳减排，还需要公众具有环保和“碳汇”意识。“碳汇”主要指通过植树造林、种草等绿化手段和方法，净化空气，吸纳空气中的CO_2，以美化环境的活动和过程。通过引导公众树立环保和“碳汇”意识，珍爱自然，呵护自然，共建人类美好的精神家园。

4. 低碳态度　低碳态度倡导人们履行全球应对气候变化的共同责任，为建设“资源节约型和环境友好型”社会的宏伟蓝图做出个人的努力和行动。低碳态度告诉我们：低碳不只是个人的自愿行为，更是公众承担社会责任和公民精神的有力表现。

5. 低碳认知能力　若要科学而有效地进行低碳生活，除了个人的热情，还需要一定的低碳知识和能力。通过宣传、教育，普及低碳常识，可以提高公众对低碳的认识水平。通过公约、社区公约、个人承诺等形式，组织调动社会广大力量，彼此相互监督，形成强大的舆论道德压力，以此约束个人不合理的生活方式和行为。低碳文化的教育政策应渲染一种氛围，即努力用个人的低碳能力和热情感染别人，影响其社会成员，共同采取行动。

（二）构建低碳文化的对策

1. 加强低碳文化的理论研究　一方面，借鉴传统文化和现代文化、中外文化有关或类似于“低碳文化”的思想观念，根据和谐社会建设的目标和要求，对其进行去粗取精和总结提高，在深入调查研究中努力寻找低碳文化存在与发展的根基，构建低碳文化的理论表达体系，使之具有科学性、民族性和时代性。

2. 增强低碳文化的创新力、吸引力和生命力　　加快建设以政府为主导、企业为主体、产学研相结合、发展清洁能源和可替代能源为核心的低碳技术创新体系，以高等院校、科研院所为主体的低碳研究研发体系，以各种科技、绿色服务组织为纽带的社会化、网络化科技环保中介服务组织体系。把资源利用和环境保护列于科技发展的重要领域和优先主题，实施一批重大科研专项，力争取得突破性成果。低碳文化要在借鉴传统文化合理成分的基础上有所创新，并结合现实发展需要和时代精神，于发展低碳经济和低碳社会建设的实践中，尽可能创造出大量丰富生动、富有文化魅力和感染力的文学艺术作品，形成浓厚的文化氛围，使人们深刻认识到大自然的内在价值和存在价值，激发人们用低碳文化的先进理念指导自己的行为。

3. 加大低碳文化宣传教育　　全力推进人与自然和谐共生的重要价值观的树立和传播，在全社会确立和弘扬人口、资源、环境的可持续发展的低碳价值观、低碳意识和低碳道德伦理观。围绕建设资源节约型和环境友好型社会，政府鼓励、支持环保组织、教育机构和专家学者广泛开展低碳化系列活动，引导人们践行科学发展观，进行绿色低碳合理消费，形成健康、文明、科学、优雅的生活方式。强化企业和社会大众节约资源、低碳行动的责任和义务，通过税收等优惠政策支持低碳经济产业和低碳文化产业的发展，丰富精神文明和生态文明内涵，充分发挥低碳文化对人们思想的引导作用。通过宣传教育，增强公众低碳的自主意识和能力，在追求人与人、人与社会、人与自然的和谐发展中，以期提高其生活水平，改善其生活质量，培养自身的审美情趣，在不断追求高品质的幸福生活中，实现人的自由而全面的发展。

四、自愿协议

目前，全球自愿碳市场正在蓬勃发展。波士顿咨询公司（BCG）和壳牌的联合报告《自愿碳市场：2022 年见解与趋势》显示，2021 年自愿碳市场规模以创纪录的速度增长，达到 20 亿美元，相当于 2020 年的 4 倍。2030 年，全球自愿碳市场规模预计将达到 100 亿～400 亿美元。

自愿碳市场的机制目前主要由三部分组成：国内自愿机制、国际碳减排机制及第三方独立自愿减排机制。国内自愿机制是指国家内部建立的自愿减排项目和交易市场，如中国核证自愿减排量（CCER）项目。国际碳减排机制包括清洁发展机制（CDM）与国际航空碳抵消和减排计划（Carbon Offsetting and Reduction Scheme for International Aviation，CORSIA）等。第三方独立自愿减排机制由非营利组织建立，如核证碳标准（verified carbon standard，VCS）、金标准（gold standard，GS）和全球碳委员会（GCC）等。

1. 国内自愿机制　　中国核证自愿减排量是指对我国境内可再生能源、林业碳汇、甲烷利用等项目的温室气体减排效果进行量化核证，并在国家温室气体自愿减排交易注册登记系统中登记的温室气体减排量。经核证后的减排量可以用于在地方碳市场或者全国碳市场进行交易。

碳普惠是我国推出的一项创新性自愿减排机制。它巧妙地利用“互联网+大数据+碳金融”的方式，依据碳普惠标准或方法学，对小微企业、社区家庭和个人在衣、食、住、用、行、游等在内的各种绿色低碳行为进行量化记录与核证，从而建立起以商业激励、政策鼓励和核证减排量交易相结合的正向引导机制，积极调动社会各方力量参与碳中和行动。

2. 国际碳减排机制　清洁发展机制是《京都议定书》中引入的灵活履约机制之一。其核心内容是允许其缔约方（即发达国家）与非缔约方（即发展中国家）进行项目级的减排量抵消额的转让与获得，从而在发展中国家实施温室气体减排项目。根据《京都议定书》第12章的定义，清洁发展机制主要实现两个目标：①帮助非缔约方持续发展，为实现最终目标做出应有的贡献；②帮助缔约方进行项目级的减排量抵消额的转让与获得。该机制规定，在非缔约方实施项目限制或减少温室气体排放而得到的通过认证的减排单元，经过由UNFCCC的缔约方大会指定的经营实体的认证后，可以转让给来自缔约方的投资者如政府或企业。一部分从认证项目活动得到的收益将用于支付管理费用，以及支持那些对气候变化的负面效应特别敏感的发展中国家，以满足适应气候变化的需要。

国际航空碳抵消和减排计划（CORSIA）是由国际民航组织（ICAO）负责。据ICAO估计，如果放任航空业碳排放，到2050年，全球航空的年碳排放量会从目前约7亿t大幅增加2倍多至26亿t。国际航空由于涉及跨国家的复杂领域问题，其带来的碳排放并不属于UNFCCC建立的国际气候机制中的一部分，因此，为促进航空业碳减排，2016年10月，ICAO第39届大会通过了具有历史意义的CORSIA，形成了第一个全球性行业的减排市场机制，航空业也由此成为世界上第一个由各个国家监管转变为全球计划实施的行业。CORSIA创立的根本依据是《芝加哥公约》43条，其出台的主要目的是将全球航空的碳排放与碳抵消的规制纳入到具有市场导向性的措施中，以同时发展和约束作为确保全球“绿色航空”可持续发展的基本举措，进一步消除、协同各国在航空领域中的分歧，达到“求大同、存小异”的目的。

CORSIA的覆盖范围是按航线定义的：如果起点和终点的两个国家都参与CORSIA，该航线将被CORSIA覆盖；如果至少有一个国家未参与该计划，则该航线不会被覆盖。随着各州决定自愿（或选择退出），以及计划进入强制性阶段，航线的覆盖范围可能会随着时间的推移而变化。

CORSIA于2021～2023年开启第一个试点阶段，2024～2026年为第一个正式阶段，2027～2035年为第二阶段。其中，试点和第一阶段采取自愿原则，而在第二阶段，所有成员国将按照2018年每吨公里收入（revenue tonne kilometers）的份额来承担抵消责任，豁免国家除外。同时，CORSIA也存在一些其他豁免条件，其不适用一些低水平的国际航空活动，如每年国际航空中碳排放量少于1万t的航空活动、最大起飞质量小于5700kg的飞机及医疗、消防航空活动等。此外，CORSIA要求新加入者在运营三年后或当其国际航班年排放量超过2019年总排放量0.1%的次年起再纳入CORSIA抵消管理。

3. 第三方独立自愿减排机制　自愿碳市场是指企业、机构或个人自愿参与碳减排行动并通过交易碳信用来抵消其温室气体排放。

国际核证碳标准（verified carbon standard，VCS）由非营利组织Verra建立。VCS计划是目前全球使用最广泛的自愿温室气体减排计划，所有CDM机制下的方法学都可以用于登记VCS项目。VCS计划允许经过其认证的项目将其温室气体减排量和清除量转化为可交易的碳信用额（verified carbon unit，VCU）。一个VCU代表从大气中减少或清除1t温室气体。VCU由最终用户购买和核销，作为抵消其排放，履行社会责任、提升企业形象的一种手段。

金标准（gold standard，GS）由世界自然基金会（WWF）和南南-南北合作组织（South-South North Initiative）和国际太阳组织（Helio International）发起，成立于2003年。GS签发的碳抵消信用为GS自愿减排量（verified emissions reduction，VER）。金标准评估过程较为严

格；其签发的碳信用一般用于自愿抵消，同时哥伦比亚碳税机制、CORSIA、南非碳税也认可金标准的使用。当前金标准中大部分碳信用来源于可再生能源和炉灶燃料转换项目，同时已要求申请项目不得来自中高及高等收入国家。

全球碳委员会（GCC）于2016年由海湾研究与发展组织（GORD）建立，并获得政府组织交付和遗产最高委员会（SC）的资金支持，是中东和北非地区第一个自愿碳抵消项目。GCC备案的方法学包括所有CDM备案的方法学和三个自行备案开发的方法学。这三个自行备案的方法学分别是：面向电网或自备用户供电的可再生能源发电项目、抽水系统节能、从动物粪便和废弃物管理项目产生能源。

从全球累计发行的碳信用的区域分布情况来看，国际碳减排机制项目仍占据主导，但是从增量项目发展趋势看，碳减排市场已逐渐从国际碳减排机制（如CDM）占主导过渡为第三方独立自愿减排机制（如VCS、GS）、国内自愿机制（如CCER）占主导的格局。VCS作为第三方独立自愿减排机制中发行量最大和最受认可的机制，在碳中和目标愿景下，其在自愿减排市场的重要性愈发突出。

第三节 国际低碳政策的启示

总体而言，全球主要国家都积极响应和顺应低碳发展趋势，高度重视低碳发展战略层面的顶层设计，适时加强低碳发展立法保障，并基于不同经济发展阶段、资源禀赋、技术基础等制定各有侧重的技术措施、行政措施、财税措施和法规措施，形成了相对系统的低碳政策体系。

总体上看，主要国家低碳发展举措对我国制定和完善立足自身国情、符合世界潮流的低碳政策措施，有着较好的参考价值和启示意义。在低碳经济转型背景下，低碳政策系统中的政策行动主体子系统强调政府、企业和公民社会组织的多元网络与合作共治（钱洁和张勤，2011）。我国作为全球碳排放大国和最大的发展中国家，实现碳达峰、碳中和目标的时间紧、转型压力大、目标任务重、不确定因素多，必须充分借鉴国际先进经验做法，持续优化国内碳中和“1+N”政策体系。

1. 加强政策统筹协调　制定相对系统的低碳政策措施，是全球主要国家的共同做法。一方面，国家宜在相关法律中明确碳中和目标，制定低碳发展宏观战略。特别是为提高应对气候变化的决策效率，建立应对气候变化的协调机制，加强相关部门和政策的统筹协调。另一方面，考虑碳中和变革的系统性，我国也应加强政策统筹协调，推进低碳发展的顶层设计和立法保障，谋划经济社会全面绿色低碳转型的时间表、路线图和优先序，为强化碳排放控制、行动和政策提供稳定连贯、日趋强化的制度保障与行动指引。

2. 重视技术创新政策　重视技术驱动的碳中和路径和政策设计，是国际上主要国家的普遍做法。将技术创新及其商业化作为碳中和战略的核心，大幅度投资低碳、零碳和负碳技术研发与创新。为占据国际竞争制高点，应高度重视推动低碳相关技术标准的国际化。我国应把可再生能源发展、传统能源清洁化利用、氢能及储能等技术创新驱动低碳发展作为重点，围绕创新链部署产业链，并制定相关政策措施保障目标实现。同时，制定低碳发展技术创新国际化战略，促进绿色低碳技术研发的多边合作。

3. 强化财税政策和市场机制的激励作用　碳市场、税收及碳金融等成为各国推动低碳发展的重点政策。财税政策和市场机制能够有效降低实现碳中和的社会经济成本，吸引私人投资开发和应用低碳、零碳技术。我国应追求成本效率更高的碳达峰、碳中和实现方式。在未来的低碳政策制定中，我国应进一步完善低碳发展财税政策，加大低碳、零碳、负碳技术研发的税收减免力度，优化相关新能源补贴政策，加快碳市场建设，形成具有成本效益的低碳发展路径。

4. 发挥区域、地方政府自下而上的补充作用　在中央政府主导实现低碳发展的过程中，区域、地方政府的自主行动，能够在减少温室气体排放、推动低碳创新、建立碳排放权交易市场等方面起到补充作用。中国应完善激励引导机制，发挥地方政府在碳达峰、碳中和方面的积极作用。此外，还可以推动非国家主体之间的合作，鼓励我国地方政府与国外地方政府之间加强低碳发展方面的合作，实施低碳发展伙伴城市等计划。

延伸阅读

中国碳交易市场商业模式

我国碳交易市场采用 CCER 商业模式。CCER 是经国家发展和改革委员会备案并在国家登记系统中登记的温室气体自愿减排量，CCER 可像商品一样在市场上交易，超排企业可在市场上购买 CCER 用以抵消部分碳超排放量，自愿减排企业可通过交易 CCER 实现盈利（图 8-5）。

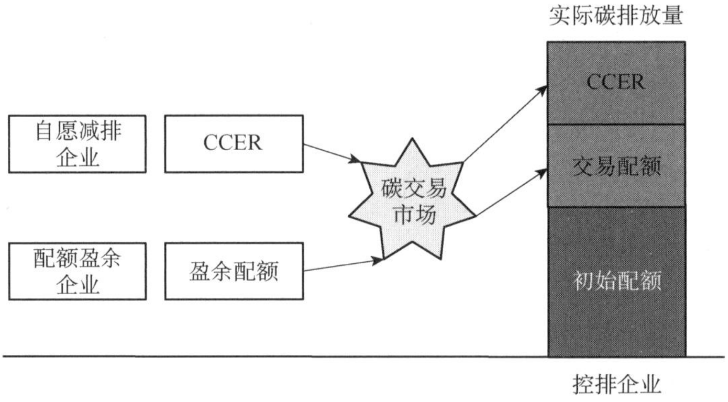

图 8-5　CCER 商业模式图示

CCER 作为配额的一种补充机制，用于配额清缴，抵消企业部分超额碳排放量，完成履约。购买的每单位 CCER 可用于清缴 1t 的碳排放配额，一般情况下，用于抵消配额的 CCER 上限为该企业配额的 5%～10%。

CCER 能够像商品一样在市场上交易，可视为一种碳资产。企业可通过开发碳资产进行获利，意味着 CCER 机制将刺激中国企业的生产技术向“低碳化”转型升级。

如表 8-5 所示，广东省碳排放权的累计成交额及累计成交量均为最高，分别是 31.7 亿元及 15 330 万 t，其背后原因为广东省是中国碳交易中唯一实行配额免费和有偿发放相结合制度的试点，当地控排企业需承担一定的经济压力，提高了主动减排的意识。

在价格方面，北京因配额总量相对较低，配额供给较为紧张，导致碳价（历史成交均价）最高，达 41.6 元/吨，而均价最低的重庆仅为 1.1 元/吨。

重庆的控排气体覆盖面更广，包括 6 种温室气体，其他试点城市均为二氧化碳一种气体。由于气体类型管控相对更严，以及当地企业的履约意识不强，重庆企业总体履约率相对较低，不足95%，后续有望提升。

表 8-5　2020 年末中国碳交易试点地区情况

地区	累计成交额/亿元	累计成交量/万 t	历史成交均价/（元/吨）	成交量占比/%	碳排放历史履约率/%	覆盖气体
广东	31.7	15 330	20.7	36.2	>95	二氧化碳
湖北	19.6	9 010	21.8	21.3	>95	二氧化碳
北京	16.7	4 010	41.6	9.4	>95	二氧化碳
深圳	13.8	5 800	23.8	13.7	>95	二氧化碳
上海	10.8	4 570	23.6	10.8	>95	二氧化碳
天津	3.4	1 760	19.3	4.2	>95	二氧化碳
福建	2.0	910	22.0	2.2	>95	二氧化碳
重庆	0.1	900	1.1	2.1	<95	6 种温室气体

资料来源：根据中国碳排放交易网相关数据自行整理

推进核能全面纳入绿色低碳政策体系

2025 年全国两会，全国政协委员，中国核电党委书记、董事长卢铁忠提交了《关于推进核能全面纳入绿色低碳政策体系 助力经济高质量发展的建议》的提案。2024 年 2 月，国家发展和改革委员会、国家统计局、国家能源局发布《关于加强绿色电力证书与节能降碳政策衔接 大力促进非化石能源消费的通知》，提出实施可再生能源、核电等非化石能源不纳入能源消耗总量和强度调控。“国家已经开始探索核能的绿色低碳属性和价值。”卢铁忠表示，核能具备明确的绿色低碳属性，是实现“双碳”目标的现实选择，有助于实现供应安全前提下的能源绿色低碳转型。但在当前绿电交易、绿证交易和碳排放权交易中，核能的绿色低碳价值还尚未被认可和明确。未来仍需进一步推动核能全面纳入我国绿色低碳政策体系，从而加快核能促进我国发展方式绿色低碳转型、助力经济高质量发展的步伐。卢铁忠还表示：“核能不仅可以发电，还可以开展综合利用，是保障国家能源安全与低碳转型的关键能源品种，也是推进生态文明建设的重要力量。”

卢铁忠表示，在我国全面建设社会主义现代化国家的进程中，率先推进核能全面纳入绿色低碳政策体系，可以体现中国在全球气候治理中的绿色低碳担当。卢铁忠建议，在“双碳”相关配套政策体系的制定和完善过程中，进一步明确核能的绿色低碳属性，将核能全面纳入绿色低碳政策体系。率先向核电电力用户颁发绿色电力消费凭证、向核能发电企业颁发绿色电力证书，为核电提供绿色低碳属性的权威证明；通过国际合作，推动核能作为低碳能源消费的国际互认，帮助出口企业树立绿色形象，为其应对碳关税提供支撑。

（刘雪，2024）

思　考　题

1. 常见的低碳政策和低碳政策工具有哪些？

2. 低碳政策与低碳工具有何相同之处与区别？如何正确处理二者之间的关系以达到事半功倍的效果？

3. 作为当代大学生，如何从自身做起，践行低碳文化，为我国低碳发展做出自己的贡献？

主要参考文献

丁仲礼，张涛. 2022. 碳中和逻辑体系与技术需求. 北京：科学出版社.

侯方淼，付亦重. 2015. 世界低碳经济政策与行动. 北京：中国林业出版社.

黄洪，向严诚，徐扬诗雨. 2024. 促进碳减排的税收政策优化. 税务研究，（11）：44-49.

江红莉，王为东，王露，等. 2020. 中国绿色金融发展的碳减排效果研究——以绿色信贷与绿色风投为例. 金融论坛，25（11）：39-48，80.

金莉苹. 2018. 印度莫迪政府可再生能源发展计划：动因、成效与制约. 南亚研究，3：89-109，151-152.

刘雪. 2024. 全国政协委员、中国核电董事长卢铁忠：推进核能全面纳入绿色低碳政策体系. [2025-03-20]. https://paper.cnstock.com/html/2024-03/03/content_1883058.htm.

钱洁，张勤. 2011. 低碳经济转型与我国低碳政策规划的系统分析. 中国软科学，（4）：22-28，21.

钱璟，宋巍，杜澜. 2021. 民用航空业碳减排机制及其应对策略. 化工设计通讯，47（10）：170-172.

人民日报海外版. 2024. 中国绿色贷款余额超 30 万亿元. [2025-05-13]. https://www.gov.cn/lianbo/bumen/202401/content_6928561.htm.

谈新敏. 2011. 低碳文化及其在低碳发展中的根本性作用. 自然辩证法研究，27（4）：122-126.

王志. 2012. 环境政策中的命令控制型政策工具及其优化选择. 企业导报，（10）：26.

王宏伟，朱雪婷，殷晨曦. 2022. 中国光伏产业发展及电价补贴政策影响研究. 数量经济技术经济研究，39（7）：90-112.

魏亿钢，石佳伟，许冠南. 2024. 中国低碳政策演进、阶段特征与治理模式变革. 中国科学院院刊，39（4）：761-770.

赵书博，王志馨，李昂. 2024. 欧盟碳边境调节机制：实质、影响与我国应对. 税务研究，（8）：89-94.

中国金融学会绿色金融专业委员会. 2021. 绿金委课题组发布《碳中和愿景下的绿色金融路线图研究》报告全文. [2025-06-20]. http://www.greenfinance.org.cn/displaynews.php?id=3547.

第九章　低碳市场体系

主要目标

1）引入核心概念。解释和定义碳交易、碳税和绿色金融的基本概念，介绍其内涵和产生发展历程。

2）揭示基本原理及理论基础。阐释碳交易的基本原理、碳税的理论基础，以及从理论上论述碳税的社会影响。

3）展现发展现状。解释碳交易市场及绿色金融的主要类型，明确国内外低碳市场体系的发展现状。

第一节　碳交易概述

碳交易是二氧化碳排放权交易（也称碳排放权交易、碳排放交易）的简称，是通过市场手段降低减排成本的一种应对气候变化的政策工具，源于1968年美国经济学家戴尔斯提出的“排放权交易”概念。1997年12月，联合国政府间气候变化专门委员会（IPCC）在日本京都通过《京都议定书》，把市场机制作为解决温室气体减排问题的新路径，即把二氧化碳排放权作为一种商品，从而形成了二氧化碳排放权的交易。具体来说，碳交易是政府为完成控排目标而采用的一种政策手段，是指在一定空间和时间内，将该控排目标转化为碳排放配额并分配给下级政府和企业，通过允许政府和企业交易其排放配额，最终以相对较低的成本实现控排目标。

简单来说，就是政府先确定当地碳排放总量，接着将碳排放权以配额的方式发放给企业等市场主体。碳排放超过配额的企业需要购买碳排放权才可以进行排放，而低于配额的企业可以选择出售碳排放权。碳交易既可以控制地区的碳排放总量，又鼓励企业节能减排以控制成本，是一种利用市场经济来促进环境保护的重要机制。

碳排放配额（也称碳排放权、碳排放指标）是（下级）政府和企业从（上级）政府获得的一定时期内的碳排放量限额指标，1个单位碳排放配额相当于向大气排放1t的二氧化碳当量。从法学的角度看，碳排放权不是下级政府和企业向大气中排放二氧化碳的权利，也不是它们对二氧化碳排放容量空间的所有权，而是它们对碳排放容量空间的使用权（蓝虹和束兰根，2021）。主要原因在于，二氧化碳容量空间是典型的公共物品，任何个体都有使用这种容量空间的权利，但是这种空间不归任何个体所有。由于全球碳排放容量空间是有限的公共物品，政府作为公共事务的管理者，有必要对其进行管理，通过控制其下级政府和企业的碳排放，使该政府管辖区域范围内的碳排放总量不超过容量限值。因此，政府分配碳排放权实际上是为下级政府和企业规定了对碳排放容量空间的使用权：它是一种财产性权利，包括下级政府和企业对碳排放容量空间的占用权、使用权和收益权。

一、碳交易要素

(一) 交易主体

碳排放是企业在生产过程中由于燃烧化石燃料等原因向大气中排放二氧化碳的过程，同时也是人类生活中为满足自身需求而向大气中排放二氧化碳的过程。因此，人类活动是产生二氧化碳的根源，而人类活动排放的二氧化碳将占用全球的碳排放容量空间。因此，利用碳排放空间这种行为的主体是企业和个人。由于企业和个人的数目庞大，为了保证市场效率，可以仅把部分主要排放企业作为主体进行单独考虑，而其他的排放企业和个人可以合并考虑，由它们所在地政府进行统一管理。综上所述，碳市场的交易主体应包括政府和企业两类。目前，全国碳排放权交易市场并不向所有主体开放，只有纳入全国碳排放权交易市场的温室气体重点排放单位及符合国家有关规定的其他主体，才可以参与碳交易。

(二) 交易标的

在应对气候变化的背景下，全球碳排放容量空间是有限的，与污染物的环境容量概念相似，全球碳排放空间的有限性使其成为稀缺资源，从环境经济学的角度看，这种资源具有使用价值。如果能够通过劳动对碳排放空间赋予价值，则碳排放空间在某些特定条件下同时拥有了使用价值和价值，碳排放空间使用权（碳排放权）便可以在发生交换的情况下成为商品。所以碳市场交易的标的是上述交易主体对碳排放空间的使用权。目前，全国碳市场的交易标的为碳排放配额，生态环境部按照国家有关规定或经国务院批准也可以适当增加其他交易产品。其中，碳排放配额的方法是由生态环境部根据国家温室气体排放控制要求，考虑经济增长、能源结构优化等因素确定的。

二、碳交易的基本原理

碳交易的基本原理非常直观。各国政府为下级政府和企业分配碳排放量控制目标，下级政府和企业为实现碳排放量目标，须开展减排活动。不同企业由于所处国家、行业或是在技术、管理方式上存在差异，他们实现减排的成本是不同的。碳交易的目的就是鼓励减排成本低的企业超额减排，将其所获得的剩余配额或减排信用通过交易的方式出售给减排成本高的企业，从而帮助减排成本高的企业实现设定的减排目标，并有效降低实现目标的履约成本。例如，企业 1 和企业 2 原来每年各排放 210t CO_2，而现在获得的配额各为 200t CO_2。第一年年末，企业 1 加强节能管理，仅排放 180t CO_2，从而在碳交易市场上拥有了自由出售剩余 20t CO_2 配额的权利。反观企业 2，因为提高了产品产量，又因节能技术花费过高而未加以使用，最终排放了 220t CO_2。因而，企业 2 需要从市场上购买配额，而企业 1 的剩余配额可以满足企业 2 的需求，使这一交易得以实现。最终的效果是两家企业的 CO_2 排放总和未超出 400t 的配额限制，完成了既定目标。

进一步以图例来说明碳交易与传统设定排放标准方式相比是如何减少履约成本的，以及在既定的控排目标约束下如何实现更大的经济社会效益。碳交易的原理在于只要交易带来的净收益高于交易的费用，交易就会进行，直至边际减排成本相同，此时社会总减排成本最小。以两个企业为例：假设全社会仅包括企业 1 和企业 2 两家企业，企业 1 的边际碳减排成

本为 MC_1，企业 2 的边际碳减排成本为 MC_2，且边际减排成本随减排量的上升而升高，二者边际减排成本曲线不同；假设交易成本为零，如图 9-1 所示，企业 1 需完成减排量 O_1X_1，企业 2 需完成减排量 O_2X_1，社会总减排量为 O_1O_2（$O_1X_1=O_2X_1=O_1O_2/2$），图中 $A\sim E$ 代表对应区间的面积。

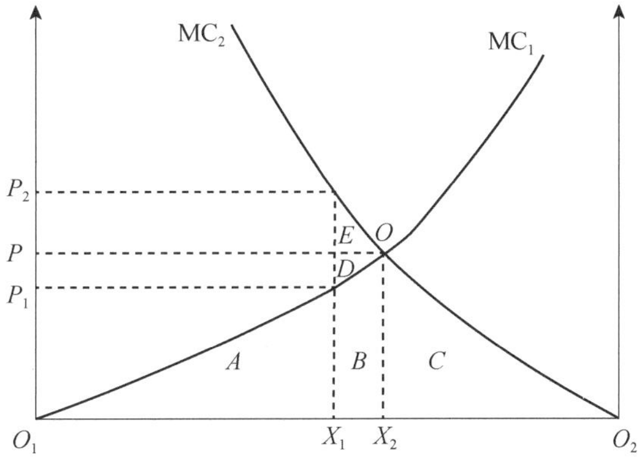

图 9-1　碳交易实现社会总减排成本最小化示意图

若两个企业不进行碳交易，企业 1 的减排成本为 A，$A=MC_1(P_1)\cdot O_1X_1$，企业 2 的减排成本为 $B+C+D+E$，$B+C+D+E=MC_2(P_2)\cdot O_2X_1$，社会总减排成本为 $A+B+C+D+E$。若进行交易，即允许企业 2 的部分减排任务转由企业 1 实现，双方都有利可图，直到达到边际碳减排成本相同的点（即 O 点），此时企业 2 为了完成既定减排任务需向企业 1 购买 X_1X_2 的碳排放配额，且交易价格为 P。也就是说，企业 2 需要支付企业 1 的费用为 $B+D$，则此时企业 1 的成本变为 $A-D$，企业 2 的成本为 $B+C+D$，社会总成本为 $A+B+C$。与交易前相比，企业 1 的减排成本减少 D，企业 2 的减排成本减少 E，社会总减排成本减少了 $D+E$，同时也是社会总成本最小的情况。

因此，上述交易的实质是允许减排成本低的企业多减排，进而以相对高的价格出售省下来的碳排放配额而获利，同时允许减排成本高的企业少减排，转而以相对低的价格购买碳排放配额，从而降低实现目标减排成本。从社会总体的角度来看，碳交易相当于在实现社会总体控排目标的同时降低了实现整体控排目标的成本，反过来说，是在既定的整体控排目标下，实现更大的整体发展利益。

三、碳交易市场

《联合国气候变化框架公约》和《京都议定书》的通过标志着碳交易市场正式诞生。随后又陆续形成了《马拉喀什协议文件》（2001 年）、《德里宣言》（2002 年）、控制气候变化的蒙特利尔路线图（2005 年）、巴厘岛路线图（2007 年）、《巴黎协定》（2015 年）等协议文件，在此基础上于全球范围内建立了多个碳交易市场。碳交易市场建立在排放交易体系的基础之上，两者之间有着紧密联系（李丹萍等，2021）。

（一）碳交易市场的类型

1. 根据是否具有强制性分类　根据是否具有强制性，碳交易市场可分为强制性（或称履约型）碳交易市场和自愿性碳交易市场。

强制性碳交易市场，也就是通常提到的“强制加入、强制减排”，是指由国家或地区法律明确规定温室气体排放总量，并据此确定纳入减排规划中各企业的具体排放量，是目前国际上运用最为普遍且发展势头最为迅猛的碳交易市场。强制性碳交易市场能够为《京都议定书》中强制规定温室气体排放标准的国家或是企业有效提供碳排放权交易平台，通过市场交易实现减排目标，其中较为典型或影响力较大的有欧盟碳排放交易体系（EU ETS）、美国区域温室气体减排行动（RGGI）、美国加利福尼亚州总量控制与交易体系、新西兰碳排放交易体系（NZ ETS）、日本东京的总量控制与交易体系（TMG）等。

自愿性碳交易市场，多出于企业履行社会责任、增强品牌建设、扩大社会效益等一些非履约目标，或是具有社会责任感的个人为抵消个人碳排放、实现碳中和生活，而主动采取碳排放权交易行为以实现减排。也就是说，企业通过内部协议，相互约定温室气体排放量，并通过配额交易调节余缺。自愿性碳交易市场通常有两种形式：一种为“自愿加入、自愿减排”的纯自愿碳市场，如日本的经济团体联合会自愿行动计划（KVAP）和自愿排放交易体系（J-VETS）；另一种为“自愿加入、强制减排”的半强制性碳市场，企业可自愿选择加入，其后则必须承担具有一定法律约束力的减排义务，若无法完成将受到一定处罚。由于后者发生的前提为“自愿加入”，且随着强制性碳交易市场的不断扩张，此类实践逐渐被强制性或是纯自愿性碳市场所取代，故未单独列出。

2. 根据交易标的分类　交易标的对应于碳产品的性质和产生方式，根据不同的交易标的，可将排放交易体系分为两种基本类型，即基于配额的交易（allowance-based transaction）和基于项目的交易（project-based transaction）。

基于配额的交易，遵循“总量控制与交易”的机制，其交易标的是基于总体排放量限制而事前分配的排放权指标或许可，即“配额”。这一交易机制通常要求设定一个总的绝对排放量上限，对排放配额事先进行分配，减排后余出部分可在市场范围内出售，从而构建起配额交易市场。就目前全球碳交易市场的运行状况来看，配额交易市场占据绝对主导地位。一般来说，总量控制与交易体系也允许抵消的部分使用，即参与市场交易的国家或企业若未达到减排目标，可在一定限度内购买特定减排项目产生的经核证的减排量或减排单位等信用额度以抵消配额。

基于项目的交易，则采用“基准与信用”的机制，对应的交易标的是某些减排项目产生的温室气体减排“信用”，如清洁发展机制（CDM）下的核证减排量（CER）、联合履约机制（JI）下的排放减量单位（emission reduction unit）等。它是一种事后授信的交易方式，只有在进行了相关活动并核实证明了其信用资格后，减排才真正具有价值，同时根据实际减排量的信用额度（确认的额外减排量）给予相应的经济激励。这一交易机制为管制对象设定了排放率或减排技术标准等基准线，对减排后优于基准线的部分经核证后发放可交易的减排信用，并允许因高成本或其他困难而无法完成减排目标的管制对象通过这些信用来履约。

总体而言，总量控制与交易机制无须对配额进行核证，交易成本相对低于基准与信用交易机制。特别是，总量控制与交易机制由于对排放总量做出了较为严格的限制，能够更好地确保实现某些特定的减排承诺或目标，而基准与信用机制则不一定能达到相应要求。

3. 其他分类　另可根据一些不同的标准，将碳交易市场分为不同的类型。

根据与国际履约义务的相关性，即是否受《京都议定书》辖定，可分为京都市场和非京都市场。其中，京都市场主要由IET（排放贸易）、CDM和JI市场组成，非京都市场则不基于《京都议定书》相关规则，包括企业自愿行为的碳交易市场和一些零散市场等。

根据覆盖地域范围，可将碳交易市场分为跨国性/全国性碳交易市场、区域性碳交易市场、地区性碳交易市场。跨国性/全国性碳交易市场的典型代表为欧盟排放权交易体系，它覆盖了欧盟全部成员国，以及非欧盟的挪威、冰岛和列支敦士登三国；美国区域温室气体减排行动属于区域性碳交易市场；日本东京的总量控制与交易体系、美国加利福尼亚州总量控制与交易体系、加拿大魁北克省碳排放权交易体系等都属于地区性碳交易市场。

根据覆盖行业范围，可将碳交易市场分为多行业和单行业碳交易市场，如欧盟碳排放权交易体系覆盖能源、钢铁、电力、水泥、陶瓷、玻璃、造纸、航空等多个行业，美国“区域温室气体减排行动”只覆盖电力行业。

此外，在具体交易环节中，根据交易标的的来源不同，碳交易市场可以分为一级市场、二级市场和碳金融市场。一级市场是碳排放权初始分配的市场，政府作为一级市场的唯一卖家向履约企业分配唯一交易标的碳排放权，因此碳交易的一级市场是一个完全垄断的市场。二级市场是碳排放权的持有者进行现货交易的市场，无法达到减排目标的履约企业在二级市场上购买碳排放权以完成减排目标。二级市场是当前碳交易市场建设重点。碳金融市场是碳排放权金融衍生产品的交易市场，包括碳排放权期货和期权、碳减排信用期货和期权等金融衍生品，是交易碳金融产品的市场体系。

（二）全球主要碳交易市场

当前全球已经有 20 多个国家和地区建立了碳排放交易市场，分布在欧洲、北美洲、亚洲、南美洲及大洋洲，其中主要碳交易市场包括欧盟、中国、美国加利福尼亚州、新西兰、瑞士等。根据标准的不同，碳交易市场中较通用的产品如欧盟排放额度（European union allowance，EUA）、核证减排量（CER）、排放削减单位（ERU）、自愿减排量（VER）都可以在这些市场中进行交易。国际碳行动伙伴组织（ICAP）2024 年《全球碳市场进展报告》的统计显示，当前全球已有 36 个碳交易市场正在运行，另有 22 个司法管辖区处于不同的考虑和政策制定阶段，其中有 8 个司法管辖区正在计划实施碳交易市场，除此之外，还有 14 个碳交易市场正在建设中。目前正在运行的碳交易市场共覆盖了全球温室气体排放量的 18%，这些正在运行碳交易市场的司法管辖区占全球国内生产总值的 58%，将近 1/3 的人口生活在有碳交易市场的地区。

整体而言，在碳交易市场框架下，全球形成了欧洲市场（以欧盟排放交易体系为主）、北美洲市场（以美国、加拿大的区域市场为主）、大洋洲市场（以澳大利亚、新西兰为主）、亚洲市场（以中国、日本、韩国、印度为代表）、南美洲市场（以墨西哥、巴西为代表）等主要碳排放交易市场，建立了多元的交易平台。其中欧洲和北美洲的碳交易市场发展较为领先，欧盟碳排放权交易体系、美国区域温室气体减排行动等都是比较成熟的碳排放权交易体系。

1. 欧盟碳排放权交易体系　欧盟碳排放权交易体系于 2005 年年初开始运行，是典型的强制性碳交易市场，也是迄今为止成熟度最高和全球最大的碳交易市场（马明娟等，2022）。目前有 27 个成员国和 3 个非欧盟国家（冰岛、挪威、列支敦士登），英国由于脱欧自动退出了欧盟碳排放权交易体系，不过其将自建碳交易体系，并考虑与欧盟碳排放权交易体系对接。欧盟碳排放权交易体系采用总量交易模式，各成员国根据欧盟委员会颁布的规则，为本国设置排放上限，并确定纳入企业的范围，向纳入企业分配一定数量的排放许可（即 EUA）。如果企业实际排放量少于规定上限，则可将剩余部分在碳交易市场出售，反之则需要在碳交易市场购买排放权。目前欧盟碳排放权交易体系几乎涵盖了欧洲主要的温室气体排放源，如供电厂、供热厂、炼油厂、钢铁厂，以及铁、铝、金属、水泥等能源密集型企业，其中电力行业是排放大户，约占欧盟排放总量的 1/4。

欧盟碳排放权交易体系采用分权化治理模式。“欧盟”是一个超国家概念，各主权国家在经济发展水平、产业结构、体制制度等方面都存在较大差异，因此需要在总量上实现减排目标的同时兼顾各国的差异性，并赋予各成员国在碳排放权交易体系中较大的自主决策权。欧盟碳排放权交易体系分权化治理思想体现在排放总量的设置、分配、碳排放权交易的登记等各个方面。例如，在排放量的确定方面，欧盟并不预先确定排放总量，而是由各成员国先决定自己的排放量，然后汇总形成欧盟排放总量。

欧盟碳排放权交易体系规定的配额及其衍生品大部分交易都在欧洲能源交易所（EEX）进行。碳配额和衍生品的交易既可在场内进行也可在场外进行。一般电力等排放大厂会选择定期进行交易，而较小的企业可以委托代理人寻找交易对手。根据 ICAP 的统计，欧盟碳交易市场在 2009～2020 年通过配额拍卖筹得资金 807.37 亿美元，同期全球碳交易市场拍卖所得共计 1030 亿美元，欧盟占比高达 78%。欧盟碳交易市场 2023 年成交的价值约为 7700 亿欧元，比上一年增长 2%，占全球总量的 87%。

2. 美国区域温室气体减排行动　区域温室气体减排行动（RGGI）由美国于 2003 年开始筹备，2009 年 1 月 1 日正式生效。它是美国第一个基于市场化机制减少电力部门温室气体排放的强制性碳交易市场，旨在减少二氧化碳排放量的同时发展清洁能源。RGGI 由美国康涅狄格州、特拉华州、缅因州、马里兰州、马萨诸塞州、新罕布什尔州、新泽西州、纽约州、宾夕法尼亚州、罗得岛州和佛蒙特州组成，覆盖了美国东北部和中大西洋地区。在配额分配方面，RGGI 不同于欧盟碳排放权交易体系在开始阶段的免费分配模式，它是全球首个完全以拍卖方式进行配额分配的碳排放权交易体系，各州必须将 20%的配额用于公益事业，并预留 5%投入碳基金，以取得额外的减排量。在交易机制方面，一级市场主要以季度拍卖为主，二级市场主要进行碳配额及其金融衍生品的交易（吴大磊等，2017）。RGGI 只针对单一的电力行业，所有化石燃料发电超过 25MW 的发电企业都要加入该体系，承担相应的碳减排责任。

RCGI 实行总量控制机制，总量首先会分配到各州，再以拍卖的形式将配额下放给州内的控排企业。RGGI 的正常履约期为三年，2009～2020 年共经历了 4 个履约期，即 2009～2011 年为首个履约期，2012～2014 年为第二个履约期，2015～2017 年为第三个履约期，2018～2020 年为第四个履约期，当前在第五个且为期为 10 年（2021～2030 年）的履约期。在发展之初，RGGI 同样经历了配额供大于求的情况，在首个履约期内，实际排放量低于初始配额达 35%。供需失衡的市场环境导致碳价持续走低，并且市场活跃度较差，价格发现的功能也基本丧失，很难通过市场化的模式达到减排的预期。于是，RGGI 开始考虑对初始总量进行削减，2013 年起开始实施配额总量设置的动态调整，同时也陆续设计和出台了配套的调节机制。

调节机制包括排放控制储备机制（emission containment reserve，ECR）、成本控制储备金（cost containment reserve，CCR）、碳抵消机制等。在排放控制储备机制下，配额价格水平低于触发价格时会从市场中回收配额，以确保额外的减排效果。2025 年，ECR 触发价格为 7.86 美元，此后每年上涨 7%（https://www.rggi.org）。成本控制储备金机制是指在排放总量上限之外保留一定数量的配额储备。在配额拍卖中，如果配额拍卖价格超过触发价格，这些储备配额将被释放，增加配额供给，进而抑制拍卖价格。CCR 触发价格一般每年呈递增趋势，

2025 年 CCR 触发价格为 17.03 美元，此后每年上涨（https://www.rggi.org）。碳抵消机制允许企业通过购买碳补偿项目获得额外的碳信用额（最多占每年总配额的 3.3%），且碳补偿必须来自参与 RGGI 的地区，或者其他任何已经同意执行 RGGI 项目标准的州。在配额紧缩叠加一系列配套机制的影响下，RGGI 市场活跃度显著提升，一级市场参与者数量和拍卖价格双双提高，二级市场的流动性明显改善。

（三）中国碳交易市场

我国的碳交易在 2012 年以前主要以参与清洁发展机制项目为主，随着“后京都时代”的来临，我国从 2011 年开始启动碳交易市场的建设工作，经历了三个阶段，分别为设立地方试点摸索全国碳交易市场阶段（2011～2017 年）、全国碳交易市场建设阶段（2018～2020 年）和全国碳交易市场正式统一启动阶段（2021 年至今）（余晓燕，2024）。2011 年 11 月，国家发展和改革委员会（发展改革委）办公厅发布《关于开展碳排放权交易试点工作的通知》，决定在北京、天津、上海、重庆、湖北、广东和深圳 7 个地区开展碳排放权交易试点工作，拉开了我国碳交易市场建设的帷幕。福建省于 2016 年 12 月 22 日启动碳交易市场建立工作，成为国内第八个碳交易试点。在各试点市场取得阶段性成功之后，我国在 2021 年 7 月 16 日正式上线全国碳排放权交易市场，交易中心设在上海，登记中心设在武汉，统一碳配额交易市场，实现跨行业、跨地区的碳交易，促进碳交易市场的良性循环。2024 年 1 月 5 日，国务院第 23 次常务会议通过《碳排放权交易管理暂行条例》，2024 年 5 月 1 日起实施（图 9-2）。

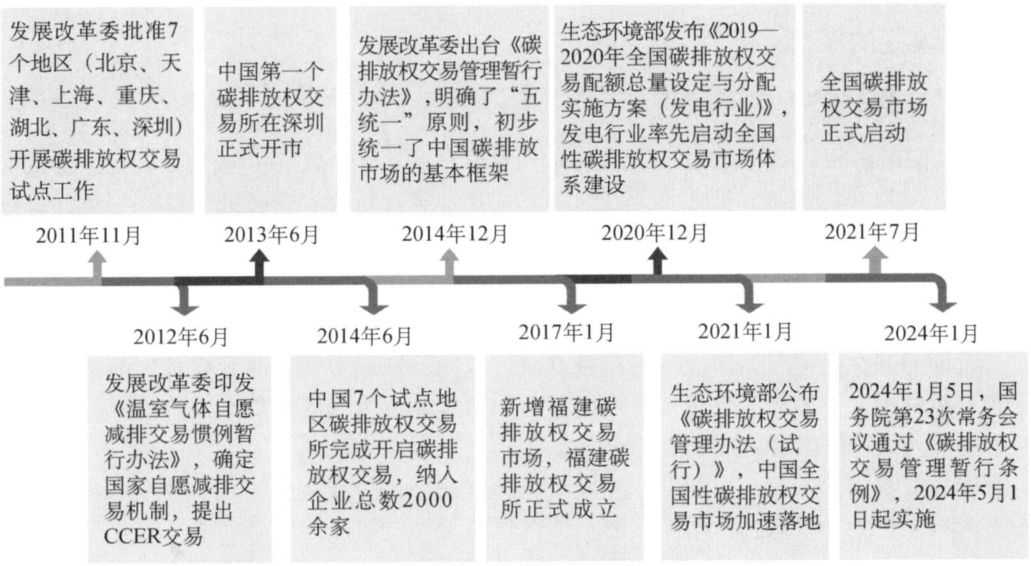

图 9-2 中国碳交易市场发展历程

自 2013 年我国 8 个试点碳排放权交易市场陆续启动运行以来，相关交易业务加速发展壮大。《全国碳市场发展报告（2024）》指出，全国碳排放权交易市场从发电行业入手，现纳入重点排放单位 2257 家，年覆盖二氧化碳排放量约 51 亿 t，占全国二氧化碳排放量的 40%以上，成为全球覆盖温室气体排放量最大的市场。自 2021 年 7 月全国碳排放权交易市场正式启动以来，市场运行平稳有序，已经完成两个履约周期的建设运行。《全国碳市场发展报告（2024）》显示，截至 2023 年年底，全国碳排放权交易市场碳排放配额累计成交量 4.42 亿 t，累计成交额249.19亿元，其中，第二个履约周期碳排放配额累计成交量2.63亿t，累计成交额172.58亿元，交易规模逐步扩大，交易价格稳中有升，交易主体更加积极。2023年，中国核证自愿减排市场成交量达1530万t，从地域结构上看，2023年市场的成交主要集中于上海环境能源交易所、天津排放权交易所、四川联合环境交易所和北京绿色交易所，4家交易所年内成交量分别达786.1万t、280.6万t、214.3万t和124万t，合计占CCER成交总量的91.8%，其中上海成交量持续领跑。

我国碳排放权交易市场覆盖行业范围广、交易品种丰富、交易方式多样，在控制温室气体排放、促进绿色低碳技术创新、引导气候投融资等方面发挥着重要作用。除已纳入的电力行业外，钢铁、水泥、化工、电解铝和造纸等行业在“十四五”期间也将被纳入全国碳排放权交易市场。随着未来碳交易市场覆盖范围的进一步扩大，预计整个“十四五”期间交易量较“十三五”期间有望增加3～4倍，预计累计交易额将超过1000亿元人民币。中国碳交易市场的发展被视为全球利用市场机制应对气候变化的风向标。目前中国碳交易市场的控制总量已经超过欧盟，8个碳排放权交易试点在运行中也积累了很多有益的经验，在充分汲取欧盟碳交易市场发展历程各阶段经验和教训的基础上，未来中国碳交易市场必将成长为全球碳交易最具影响力和引领力的标杆市场。

第二节 碳税的社会影响

一、碳税的概念、产生与发展

（一）碳税的概念

碳税（carbon tax）是针对二氧化碳排放所征收的税，是以控制和减少二氧化碳排放为目的，对化石燃料（如煤炭、天然气、石油等）按照其碳含量或者碳排放量征收的税。征收碳税，即通过税收手段将因二氧化碳排放带来的环境成本转化为生产经营成本，可以抑制、减缓化石能源的使用和消费，进而减少二氧化碳排放及其他污染物排放。

碳税的征收一般有两种形式：一是实行单独税种，按照明确的碳价格征收，如芬兰、瑞典、荷兰等为减少温室气体排放，专门设立碳排放税；二是不作为单独税种，而是将碳税隐含在现有税种中，如能源消费税、环境税等，如日本、意大利等在能源消费税、环境税等现有税种中加入碳排放因素，形成隐形碳税。

从碳税征收依据来看，国际上主要采用两种方法来计算征收金额。一种方法是以二氧化碳的实际排放量为计税依据，即收集测算所有温室气体的排放，并转换成二氧化碳当量。这种方法可简单、直接地反映排放量，但技术要求和实施成本高，需要企业购买二氧化碳监测设备，捕捉、测算和报告二氧化碳排放量，落实难度较大，目前只有智利、波兰、捷克等少数国家采用。另一种方法是以化石燃料消耗量折算的二氧化碳排放量为计税依据，在技术上更加简单可行，实施成本相对较低，而且化石燃料的消耗是碳排放最主要的来源，所以与直接采用排放量作为衡量依据的偏差也比较小，为大多数国家所接受，如芬兰、丹麦、瑞典、英国、日本等国家（李书林等，2023）。

从碳税征税环节来看，多数国家主要在能源最终使用环节征税，即谁使用、谁排放，谁缴税，纳税主体通常是下游经销商或消费者（包括企业和居民）。在这种情况下，既可以按企业的实际二氧化碳排放量直接计税，也可以根据燃料消耗量、用电量等间接计税，如波兰和英国。这种形式符合税收公平原则，覆盖范围广，也可以激励购买化石燃料作为原材料的厂商主动转型，以及家庭部门节约能源。其缺点是消费端价格增加之后，向生产部门传导较慢，无法短时间内降低化石燃料的生产量，并且纳税范围较广，不便于管理。此外，也可以在生产环节征税，即碳税只对生产化石燃料的部门按照生产量征税。例如，加拿大碳税的纳税主体主要是化石燃料的生产商、进口商和加工商。这种方法便于管理，可以减少社会阻力，但是价格提升信号传导需要时间，容易造成供给不足，同时企业会提高燃料价格将税负转嫁，最终由能源使用者承担，本质上还是对消费端进行征税。

（二）碳税的产生与发展

碳税被认为是最有效的碳减排经济手段之一。碳税概念的提出和实践最早于 20 世纪 90 年代兴起于北欧，目前已被多个国家采用（娄峰，2023）。1992 年，欧盟委员会提出了在欧盟引入碳税和能源税的方案，但是该方案并未通过。芬兰、瑞典和丹麦等国家开始单边实施碳税。芬兰是全球首个开征碳税的国家，1990 年，芬兰最早对化石能源按照含碳量 1.62 美元/吨二氧化碳征收碳税。此后的十几年，荷兰、德国、英国、挪威、瑞士等欧洲国家陆续以不同形式对二氧化碳排放进行征税。欧洲实施碳税政策，除了积极应对气候变化，减少温室气体排放外，同时也是试图通过碳税来带动整个国家的清洁能源改革。碳税同时也契合了欧洲环境税收改革，以对环境污染的征税代替部分劳动力或者企业社会保证税支付，不仅保障了税收总量没有增加，而且减轻了对经济的负面影响，有利于创造绿色的经济增长方式。

2024 年 5 月，世界银行发布了报告——《2024 年碳定价现状与趋势》，该报告指出，目前全球共有 39 项碳税和 36 个碳排放交易系统在实施或运行，碳定价工具覆盖了全球约 24%的碳排放量。碳税税率也在不断调整，整体呈现上升趋势以加大二氧化碳减排力度。目前世界上最高的碳税属于乌拉圭，为 167 美元/吨二氧化碳。

二、碳税理论基础

（一）庇古税

庇古税由英国福利经济学家 Pigou（1877～1959 年）于 1928 年最早提出。按照庇古的观点，导致市场配置资源失效的原因是经济当事人的私人成本与社会成本不一致，从而私人的最优导致社会的非最优。庇古税根据污染所造成的危害程度对排污者征税，用税收来弥补排污者生产的私人成本和社会成本之间的差距，使两者相等。庇古税对外部不经济性有矫正的功效，它通过税收的方式对生产和消费中的外部成本进行矫正，矫正私人成本，使企业认识到在社会层面上的成本，所以又名“矫正性税收”。

庇古税是解决环境问题的重要方式，属于直接环境税。它按照污染物的排放量或经济活动的危害来确定纳税义务，所以是一种从量税。污染者必须对每单位的污染活动支付税收，税额等于负的外部性活动对其他经济行为者造成的边际外部成本，即边际社会成本与边际私人成本的差额。

庇古税可以达到资源有效配置，使污染减少到帕累托最优水平。庇古税有两个优势：在静态方面，有污染就要被征税，企业为了少缴税而需要控污；在动态方面，在税率不变时，企业可以通过技术进步减少对未来税收的支付。静态效率与动态效率相结合是庇古税的主要特点。但是“庇古税”是一种“先污染，后治理”的方式，没有把污染和生态环境的破坏挡在经济活动的上游。

（二）外部性理论

外部性也称外部成本、外部效应或溢出效应。从经济学角度来看，外部性是指在私人收益和社会收益、私人成本与社会成本不一致的情况下，当事人没有通过货币的形式得到补偿时，外部性就发生了。也就是说，外部性是指一个经济当事人的行为影响了他人的福利，而这种影响并没有通过货币形式或市场机制反映出来。外部性包括正外部性和负外部性，两者的区分取决于外部性对旁观者福利的影响是否有利。在微观经济学理论中，帕累托最优的实现条件是社会边际收益与社会边际成本相等，所以没有外部性时，市场均衡是有效率的，而存在外部性的竞争均衡不是帕累托最优的。

如果外部性可以用货币来衡量，则我们可以用需求曲线和供给曲线探究外部性的作用机制。在传统的需求和供给达到均衡时，我们添加一条额外的供给或需求曲线。

1920 年，阿瑟・庇古提出：环境污染是负外部性的典型例子。例如，工厂的生产活动排放的污染物对河流、空气造成的污染等。这种污染会给整个社会带来健康、清洁等成本，但生产商不会对环境污染进行补偿性支出。图 9-3 所示为工厂直接排放出污染物，会对周围环境产生坏的影响，即产生了负外部性。

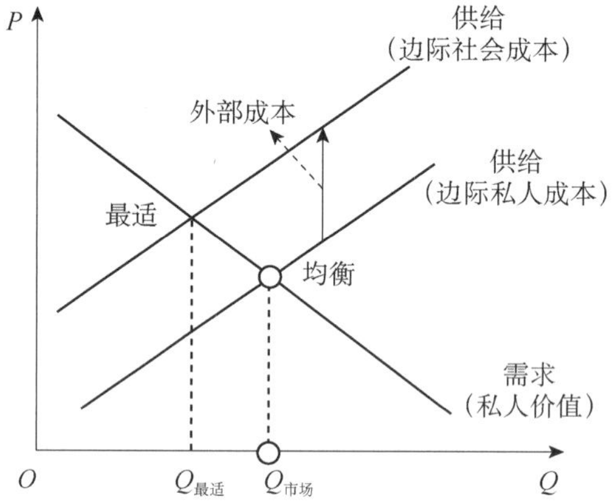

图 9-3　负外部性：征税

图 9-3 中的需求曲线表示私人价值，即对于消费者的价值（也就是他们的支付意愿）；供给曲线表示边际私人成本，即生产者直接承担的成本。由于没有环境法规的竞争性市场中存在负外部性，在此情况下，边际社会成本=边际私人成本 +外部成本。边际社会成本曲线在边际私人成本曲线以上，因为考虑了生产者给社会所带来的外部成本。两条供给曲线的垂直距离反映了排放污染物的外部成本。这一部分外部成本即庇古税。

图 9-4 所示为节能环保行业和企业，相对于污染企业，这些企业产生了正的外部性。图 9-4 中的需求曲线表示私人价值，供给曲线表示边际私人成本。在存在正外部性的情况下，社会价值=私人价值+外部收益。社会价值曲线在需求曲线以上，因为考虑了生产者给社会带来的外部收益。两条需求曲线的垂直距离反映了节能环保行业和企业的外部收益。这一部分外部收益即补贴。综上所述，为使外部性内部化，对有负外部性的物品征税，对有正外部性的物品补贴。

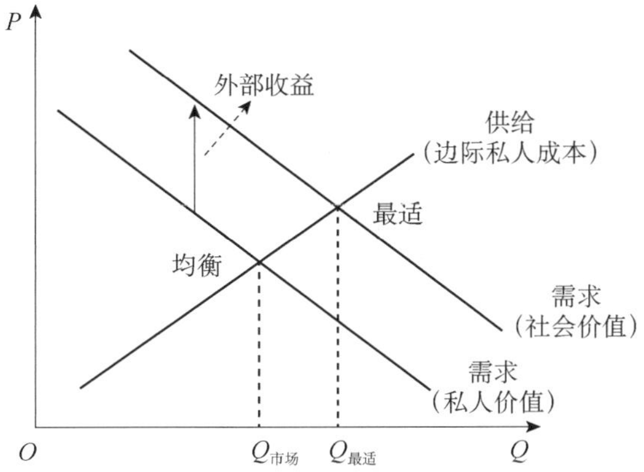

图 9-4 正外部性：补贴

（三）污染者付费原则

经济合作与发展组织（OECD）于 1970 年提出了“污染者付费原则”（PPP），即要求所有的污染者都必须为其造成的污染直接或者间接地支付费用。污染者付费原则是庇古税理论的一种应用。作为一种公共物品，环境污染通常具有外部性，排放污染的个人或组织易于逃避责任。如果向其征收一定的污染费用，则可将污染环境的成本反映在排污者的私人成本中，这被称为外部成本的内部化。提高的内部成本将影响污染者的行为决策，促使其减少排污并提高效率，最终使总经济体达到环境资源的有效配置。

二氧化碳的排放者为获得自身的利益和效益而增加了社会成本，必然应该为自身的行为承担责任，承担责任的大小以危害程度来衡量最为科学合理。碳税按照二氧化碳的排放量征税，完全符合自身行为承担相应义务的原则（白彦锋等，2023）。

（四）双重红利理论

环境税“双重红利”是指环境税的开征不仅能够有效抑制污染，改善生态环境质量，达到保护环境的目标；而且可以利用其税收收入降低现存税制对资本、劳动产生的扭曲作用，从而有利于社会就业、经济持续增长、福利水平改善等，即实现“绿色红利”和“蓝色红利”。

到 20 世纪 90 年代，气候变化经济学引起了人们对环境税话题的关注，1991 年年初，Pearce 首先提出了碳税的“双重红利”理论，开始广泛研究碳税分别对经济和环境的影响，认为碳税收入可以被用来减少现有税收的税率，如所得税或资本税的福利成本。环境税“双重红利”理论提出后，被很多经济学家所接受，认为环境税可以替代其他扭曲的税种。虽然多数经济学家都赞成环境税对于改善环境质量和减少税收超额负担有一定的作用，但也有一些学者对此提出质疑，目前对于“双重红利”理论仍存在较大争议。

（五）最优税收理论

创建税收制度的目的是创造足够的收入来维持政府运作、提供公共产品、平衡收入差距的转移支付等，但同时，税收会造成超额负担，即税收的福利成本或无谓损失。征税会引起市场相对价格的变化，造成可支配收入减少，进而扭曲个人行为，降低工作积极性。而在大部分情况下，税收的超额负担是无法避免的，因此，最优税收理论是指在经济约束下，如何征税以实现最大化社会福利，即最大化个人效用总和，对市场参与者的帕累托最优干预最小的理论。

效率与公平原则是税收制度设计的原则，但两者有时不可兼得。综合权衡效率与公平对福利的影响，找出两者的最优组合，是最优税收理论所要解决的问题。目前的最优税收理论主要研究假定公平不受影响的前提下，如何使效率损失最小化，因而最优税收理论是对税收原则的进一步研究。

三、碳税对减排效果及经济的影响

（一）对减排效果的影响

碳税是世界各国用于节能减排重要的市场手段，其主要原理（具体见图 9-5）是通过征收碳税，间接地导致化石能源价格和化石能源消费成本的上升，企业为保障生产效益的稳定或者增加，将更有可能通过选择创新研发或引进绿色技术以提高能源利用效率，或者减少能源投入，进而产生减碳效果（蒋佳妮和梁存吉，2024）。一方面，征收碳税使生产要素中能源的价格相对资本、劳动的价格提高，生产者在利润最大化的目标下，为减少生产成本，将尽可能提高劳动、资本的投入，用资本与劳动替代能源。另一方面，征收碳税是针对不同能源的碳含量征收税，因此对于同等量的能源消费，碳含量高的能源征收的税高于碳含量低的能源。这样更有利于低碳能源替代高碳能源，从而促进能源结构的改进，有利于绿色低碳能源的发展。碳税政策激励效果长期促进资本和劳动对能源的替代，改变生产高耗能模式，有利于经济结构转型。低碳能源对高碳能源的替代，能促进能源结构的改善，有利于绿色能源技术的发展。这是利用市场手段而非行政命令建立的长久的经济可持续发展模式。

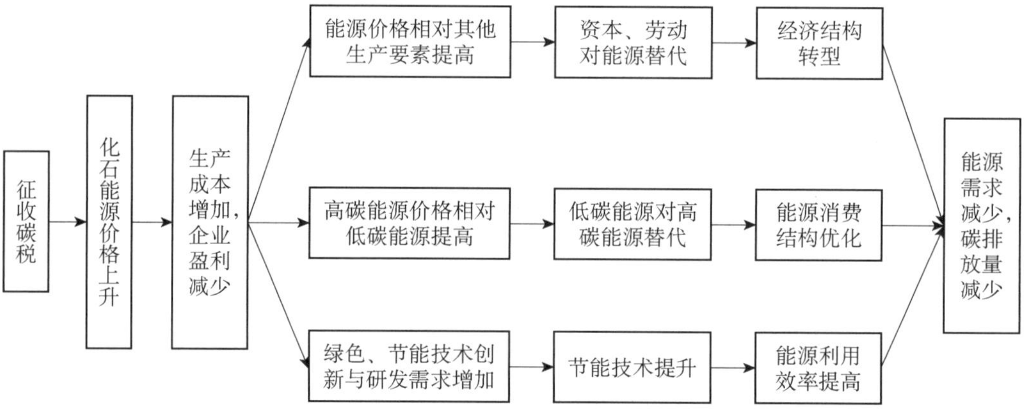

图 9-5 碳税政策减排机制示意图

（二）对经济的影响

碳税对经济的影响是多方面的。经济学家将其影响分为两个方面，一是资源方面的影响，二是碳税作为税收对经济的影响。首先，碳税使得化石燃料的价格和碳含量成正比，更高的燃料价格反过来会提高生产成本，并最终推高整个经济中商品和服务的价格，碳排放越密集的商品和服务，其价格的上涨幅度就会越大。因此，汽油、火力发电等行业的价格上涨幅度最大。碳税引起的相对价格的变化将导致厂商生产量和消费者购买量减少，从而减少碳排放。例如，火电和汽油等能源涨价之后，将鼓励家庭减少电力和汽油消费，购买更节能的电器和车辆，更多地使用公共交通工具等。同时，生产部门也更有动力以减排的方式生产产品，比如采用风能或太阳能发电而不是火力发电，在设备上安装隔热材料以减少热量损失，等等。其次，作为税收对经济的影响，碳税主要对经济产生三个方面的效应：产出效应、替代效应和收入效应（赵爱文，2021）。产出效应是指化石燃料价格升高降低了实际工资和投资利润，进而降低劳动力供给和减少投资，从而进一步降低经济总产出。替代效应是指一部分消费的商品和服务的相对价格上升，导致生产者或消费者购买另一部分商品和服务的需求增加。收入效应是指一部分消费的商品和服务价格上升后，造成生产者或消费者实际可支配收入减少。产出效应、替代效应和收入效应将进一步影响实际工资和投资利润。

1. 产出效应　　税收的产出效应通过降低劳动力供给和减少投资两种途径影响经济。

第一，碳税使化石燃料价格上涨，从而导致相关商品和服务价格的上涨，这将降低可支配收入的购买力，即导致实际工资下降，进而降低劳动力的总供给。实际工资下降对劳动力供给有两方面的影响：一方面，较低的实际工资降低了人们工作的意愿，人们更愿意花费时间待在家里而不是外出工作；另一方面，较低的工资会减少人们税后可支配收入，而为了维持原有消费水平，工人必须进行更多的工作。研究表明，第一种效应明显大于第二种效应，因此实际工资下降会降低劳动供给水平。

第二，化石燃料价格上涨将提高生产实物资本的成本，资本成本增加会减少资本所有者从投资中获得的利润，减少投资的总体水平。如果碳税政策可以促使企业提前更换资本设备，比如用风力或核能发电取代燃煤发电，也许会减弱碳税对投资的负面影响。假设在税收宣布和生效之间有一个显著的延迟，在税收政策宣布之后和落实之前，如果企业在这段时间内更换与碳排放相关的密集型资本设备，则可能会导致中期投资略有增加。但总体来说，征收碳税实际上会降低投资。当劳动供给水平和投资水平同时下降时，社会总产出就会下降。

但是，如果税收的成本落在对价格变化反应相对较小的劳动或资本类型上，碳税导致的产出减少的幅度会变小。特别是，若税收成本是由现有的化石燃料储备所有者和现有投入到排放密集型产业的固定资本的所有者承担，产出的下降将得到缓解。由于征收碳税，这些所有者将获得更低的利润，但因为这些生产要素已经存在，它们的供给不会因碳税而发生显著变化。因此，此时征收碳税对产出的影响将会减弱，但同时会减少碳税对二氧化碳的减排效应。

2. 替代效应　　除了对产出的影响，碳税造成的化石燃料的价格上涨将导致消费者减少购买、生产者减少生产碳含量高的产品和服务，转而消费和生产碳含量低的其他产品和服务。此外，碳税将促使制造商以低碳排放的方式生产产品，主要是通过在生产过程中减少化石燃料的使用来实现。人们购买的产品组合及这些产品生产方式的改变会导致劳动力和资本在整个经济中转移。例如，为了减少化石燃料的使用，企业可能会采用每单位产出所需的资本数量更多而劳动力数量更少的生产方法（如通过安装设备，更密切地监测和管理能源使用）。这种替代将导致投资利润的下降要少一些，但实际工资的下降要更多。

（1）碳税对消费者选择的替代效应　　政府对高碳企业征收碳税，高碳企业将碳税税负转嫁给消费者，高碳商品价格上涨，理性消费者会减少高碳商品的消费，而增加低碳/无碳商品的消费。也就是说，以低碳/无碳商品消费的增加来替代高碳商品的消费，这就是碳税引起的消费者选择的替代效应。因而，从替代效应看，由于征收碳税使消费者以低碳/无碳商品替代高碳商品，改变了消费者行为，从而达到碳税课征的目的。

如图 9-6 所示，假定消费者将既定的收入全部用于购买商品 X 和商品 Y。AB 是政府征收碳税前的消费者预算线，与无差异曲线 U_1 相切于征收碳税前均衡点 M 点，即消费者对商品 X 与商品 Y 的需求数量分别是 X_1 和 Y_1。在 M 点上，纳税人获得的满意程度最高。若政府对商品 X 征收碳税，对商品 Y 不征收碳税，商品 X 会变得相对昂贵，导致征收碳税后的预算线

向左旋转到 AE，此时无差异曲线 U_2 与 AE 的切点即均衡点变为点 N，纳税人对 X 与 Y 的需求数量变为 X_2 和 Y_2，从图 9-6 中可以看出，$X_1>X_2$，且 $Y_1<Y_2$。可见，通过征收碳税可以改变商品 X 和商品 Y 的相对价格，使消费者减少对征收碳税商品 X 的购买量，而相对增加了对不征碳税商品 Y 的购买量。

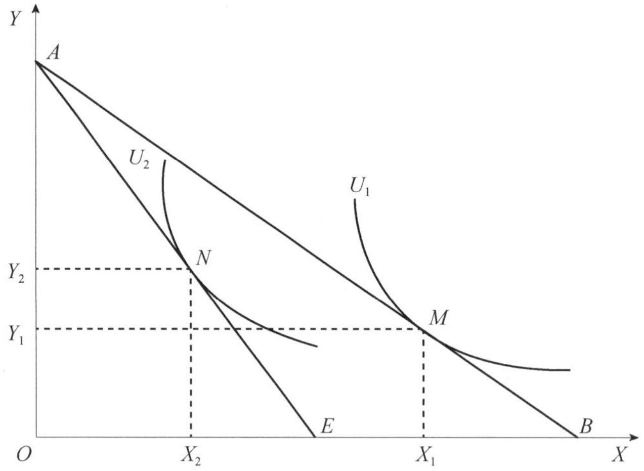

图 9-6　碳税对消费者选择的替代效应

（2）碳税对生产者选择的替代效应　　碳税对生产者选择的替代效应是指政府对企业排放出来的二氧化碳征税时，改变了不同产品间的生产成本，由于征收碳税，生产者面临征税商品价格的上升，导致生产者减少碳税税负高的产品（高碳产品）的生产，增加碳税税负低的产品（低碳/无碳产品）的生产。

如图 9-7 所示，现假定某生产者所拥有的全部生产要素是固定不变的，企业只生产 X（高碳商品）和 Y（低碳/无碳商品）两种商品。E_1 点是征碳税前厂商的生产均衡点。在均衡点上，生产可能性曲线 PP 与无差异曲线 U_1 相切，均衡产量是 Q_{X1} 产量的 X 和 Q_{Y1} 产量的 Y，此时厂商获得的利润最大，这是企业利用全部生产要素所能生产出来的 X 和 Y 的最优产量组合。当政府选择对 X 也就是高碳商品征税后，生产均衡点向左上方移动。在新的均衡点 E_2 上，最优产量分别为 Q_{X2} 和 Q_{Y2}，X 的产量下降，Y 的产量增加。可见，政府对高碳商品征收碳税后，生产者将更多的生产要素投入 Y 商品（低碳/无碳商品）的生产，X 商品的产量下降，即以 Y 商品相应地替代了一部分 X 商品的生产。

3. 收入效应

（1）碳税对消费者选择的收入效应　　碳税对消费者选择的收入效应表现为政府征收碳税之后，会使消费者实际可支配收入下降，从而降低高碳商品的购买量，而处于较低的消费水平。如图 9-8 所示，假设商品 X 和商品 Y 均为高碳商品，对商品 X 和商品 Y 均征收碳税，导致商品 X 和商品 Y 的价格提高，在预算收入不变的情况下，相当于纳税人收入水平下降，进而减少商品 X 和商品 Y 的购买量，使消费水平下降，但是购买商品 X 和商品 Y 的组合不变。

（2）碳税对生产者选择的收入效应　　碳税对生产者选择的收入效应是指政府课征碳税后，会影响高碳商品生产者实际得到的价格，使生产者的可支配生产要素减少，企业生产能力下降，从而对企业产量、生产规模等产生影响。如图 9-9 所示，现假定 X 和 Y 均为高碳商品，政府课征碳税前，厂商的均衡点在 E_1。在 E_1 点，生产可能性曲线 P_1P_1 与无差异曲线 U_1

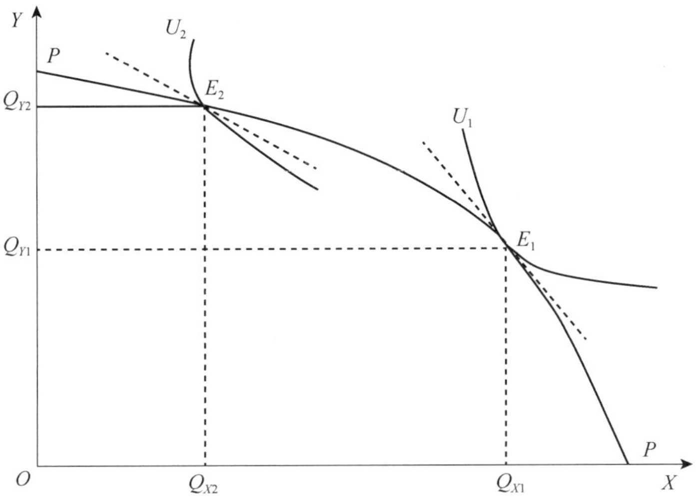

图 9-7　碳税对生产者选择的替代效应

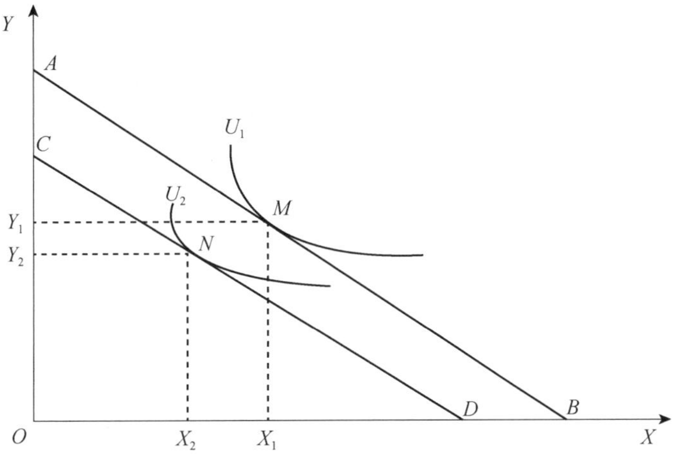

图 9-8　碳税对消费者选择的收入效应

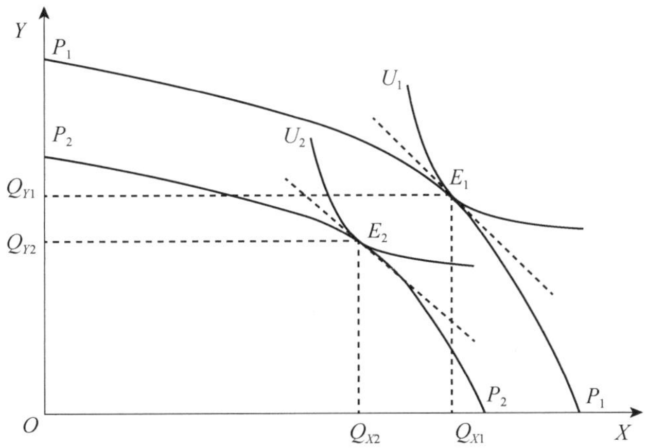

图 9-9　碳税对生产者选择的收入效应

相切，生产者分别依照 Q_{X1} 和 Q_{Y1} 的产量生产商品 X 和 Y，此时厂商的利润实现最大化。现对商品 X 和商品 Y 均征收碳税，在税负不能完全转嫁的情况下，政府征税的结果会使厂商得到的不含税价格低于原价格，生产可能性曲线发生位移，向内移动，新的生产可能性曲线 P_2P_2 与无差异曲线 U_2 相切于 E_2 点，形成新的厂商均衡点。在此点上，Q_{X2} 和 Q_{Y2} 为最佳产量组合，而 $Q_{X2}+Q_{Y2}<Q_{X1}+Q_{Y1}$。可见，由于政府对高碳商品征税，厂商可支配要素减少，生产者只能在现有条件下改变生产决策，减少高碳商品的生产。

第三节 碳 金 融

一、碳金融概述

（一）碳金融的概念

随着碳交易市场的不断发展，碳市场金融化特征逐渐加深，“碳金融”的概念逐步引起人们的关注。自欧洲气候交易所（ECX）于 2005 年陆续推出碳排放权的期货、期权后，碳排放权便具有了金融产品的属性（黄明和王宇露，2023）。但是，目前国际上对于碳金融尚无统一的定义。2006 年，世界银行碳金融部门在《碳金融发展年度报告 2006》（*Carbon Finance Unit Annual Report 2006*）中首次界定了碳金融的含义——以购买减排量的方式为产生或者能够产生温室气体减排量的项目提供的资源，碳金融的范围局限于《京都议定书》规定的清洁发展机制（CDM）和联合履约机制（JI）；2011 年世界银行的《碳金融十年》报告中，将“碳金融”描述为“出售基于项目的温室气体减排量或者交易碳排放许可所获得的一系列现金流的统称”，基本和碳交易的概念一致。《环境金融杂志》（*Environmental Finance Magazine*），将与气候变化问题相关的金融问题界定为碳金融，认为碳金融主要包括天气风险管理、可再生能源证书、碳排放市场和绿色投资等内容。

国内对于碳金融概念的表述较为一致，大部分研究者认为碳金融有广义和狭义之分。狭义的碳金融是指市场层面的碳金融，即以碳排放配额或项目减排量等为标的的现货、期货、期权交易等金融活动；广义的碳金融泛指所有服务于减少温室气体排放的各种金融制度安排和金融交易活动，包括碳排放配额或项目减排量的现货与衍生品交易，低碳项目开发的投融资，以及其他相关的金融中介活动。

（二）碳金融的特征

碳金融旨在解决传统经济活动中环境外部性问题，通过市场机制将碳排放的环境成本内部化，引导资源向低碳、环保项目配置，从而推动经济社会的绿色转型（陈乔迪，2024）。碳金融的特征主要体现在以下几个方面。

一是市场机制的创新性与政策驱动性。碳金融市场作为环境金融的前沿领域，其核心特征在于通过市场机制创新将碳排放权作为一种可交易的金融资产，实现环境权益的商品化，这一机制的创新性主要体现在碳排放交易体系的建立上。例如，欧盟碳排放交易体系（EU ETS）和美国区域温室气体减排行动（RGGI），其通过设定碳排放上限，并允许排放配额的交易，有效地将减排责任转化为市场参与者之间的经济活动，不仅促进了碳排放权的价格发现，还激励企业采取更环保的生产方式，从而推动了低碳技术的创新与应用。政策的驱动性则体现在政府制定的减排目标、碳定价机制及相关法律法规上，为碳金融市场提供了必要的法律基础和市场规则，确保市场活动的合法性与有效性。

二是金融工具的多样性与市场参与的广泛性。碳金融市场中的金融工具种类繁多，不仅有碳配额和项目减排量等碳资产现货，在此基础上还开发出碳期货、碳期权、碳远期、碳掉期、碳基金、碳债券等碳金融衍生产品和工具，不仅为减排项目提供了融资渠道，还为投资者提供了参与绿色经济的机会。市场参与的广泛性则体现在碳金融市场的参与者不仅包括传统的金融机构，如银行、保险公司和投资基金，还包括各类企业与个人投资者，甚至政府和国际组织也积极参与其中，共同推动碳金融市场的深入发展。

三是经济效益与环境目标的双重追求。碳金融市场追求经济效益与环境目标的双重实现，这体现在市场机制的设计上，即通过经济激励手段，如碳定价引导资源向低碳、环保项目配置，促进经济社会的绿色转型。同时，碳金融市场的健康发展依赖政策与市场的互动，政策框架的不断完善与市场机制的创新共同推动碳金融市场向着更加成熟、高效的方向发展，以实现经济效益与环境效益的高效双赢。

（三）碳金融的功能

碳金融市场体系涵盖了碳资产交易、定价、风险管理等市场微观层面，金融体系的信贷、保险、资本市场资源配置等中观层面，以及财政政策、货币政策、产业政策等宏观政策层面。碳金融带来资源配置效率的提高，在宏观层面上体现为低碳经济的发展和金融体系的完善，中观和微观层面则主要体现在金融机构本身及碳金融相关企业的功能上。碳金融的功能主要体现在以下几个方面。

一是价格发现和决策支持功能。与传统金融体系相似，碳金融的基本功能是价格发现。碳金融提供碳产品定价机制，具有价格发现和价格示范作用，这种价格发现能够及时、准确和全面地反映所有关于碳排放权交易的信息，如碳排放权的稀缺程度、供求双方的交易意愿、交易风险和污染治理成本等，使得资金在价格信号的引导下迅速、合理地流动，优化资源配置。在市场约束条件下得到的均衡价格会使投资者在碳市场制定更加有效的交易策略与风险管理决策。碳期货等套期保值产品，有利于形成均衡的碳市场价格，并反馈到能源市场和贸易市场，对于减排企业的生产成本和相关的投资决策都有较强的指导作用（孟早明和葛兴安，2017）。

二是推动减排成本内部化和最小化。碳排放的成本和收益具有典型外部性。碳排放权交易发挥了市场机制应对气候变化的基础作用，使碳排放成本转化为内部生产成本，从无人承担或外部社会承担转为由排放企业承担。由于各企业的碳减排成本存在较大差异，企业根据自身减排成本和碳价格的波动，进行碳排放权交易或减排投资。碳金融提供了企业跨国、跨行业和跨期交易的场所，企业通过购买碳金融产品，将碳减排成本转移至减排效率高的企业，或通过项目转移至其他国家，使得微观企业和相关国家总体的减排成本实现最小化。

三是风险转移和分散功能。碳价格的波动性比较强，不仅受能源市场的影响，政治事件和极端气候也会增加其不确定性。不同国家、不同产业受到的影响和自身的适应能力也有所不同。因为风险管理在金融衍生品交易市场中起着最为核心和重要的作用，所以它们通常被用作转移和分散碳价格波动风险的金融手段。例如，碳期货、碳期权等套期保值工具通过在期货市场和现货市场建立一种相互冲抵的机制，将价格波动的大部分风险转移出去；碳保险和碳指数等则对碳排放权交易过程中可能发生的价格波动、信用危机和交易危机进行担保和风险规避，平滑碳市场上的价格波动。

四是发挥中介功能以降低交易成本。碳金融作为中介，为供需双方构建了交易桥梁，有效地促进了碳交易的达成。尤其是在清洁发展机制下的跨国碳减排项目呈现出专业技术性强、供需双方分散和资本额度小的特点，碳基金促进了项目市场的启动和发展，解决了交易双方信息不对称的问题，降低了信息搜集成本。碳排放权的期货和期权等高流动性的金融衍生品也促使碳交易更加标准化、透明化，加快了碳市场发展的速度。碳金融拥有强大的中介能力和信息优势，推动了全球碳交易市场的价值链分工，有效降低了交易成本，带动相关企业、金融机构和中介组织进入市场，促使碳市场规模不断扩大。

五是加速全社会的低碳转型。目前，清洁发展机制（CDM）和联合履约机制（JI）成为发达国家将碳减排的技术和资金向发展中国家和经济转轨国家转移的通道。碳基金降低了项目的交易成本，缩短了项目谈判周期，促进了项目交易，加速低碳技术的转移和扩散。由于不同国家或者处于不同经济发展阶段的同一国家能源链差异很大，对减排目标约束的适应能力不同，因而要实现经济发展与化石能源的不断脱钩，就必须加快绿色低碳产业发展，从根本上改变一个国家的经济发展对化石能源的过度依赖。而项目融资、风险投资和基金等多元化投融资模式既增加了投资渠道，也具有优化资金配置功能，有利于改变能源消费对化石燃料的依赖惯性，使能源链从高碳环节向低碳环节转移，进而使经济增长方式由高碳向低碳转型。

二、碳金融产品

依据欧盟《金融工具市场指令》（MiFID）中关于碳金融的划分，可以将碳金融产品分为交易产品、融资产品和支持产品三大类。2022 年 4 月，中国证券监督管理委员会发布《碳金融产品》（JR/T 0244—2022）金融行业标准，该标准将碳金融产品明确定义为建立在碳排放权交易的基础上，服务于减少温室气体排放或者增加碳汇能力的商业活动，以碳配额和碳信用等碳排放权益为媒介或标的的资金融通活动载体。《碳金融产品》中也将碳金融产品分为三类，分别是碳市场融资工具、碳市场交易工具和碳市场支持工具。

由于从产品谱系上看，碳金融产品主要是主流金融产品在碳市场的映射，所以结合欧盟和中国证券监督管理委员会关于碳金融的划分，本书具体将碳金融产品划分为碳交易产品、碳融资产品和碳支持产品三类。

（一）碳交易产品

碳交易产品是指在碳排放权交易基础上，以碳配额和碳信用为标的的金融合约。碳市场交易工具种类丰富，除碳资产类的碳现货外，主要还包括碳远期、碳期货、碳期权、碳掉期、碳借贷等（鲁政委等，2021）。

1. 碳远期　碳远期是指买卖双方以合约的方式，约定在未来某一时期以确定价格买卖一定数量配额或项目减排量等碳资产的交易方式。碳远期交易在本质上属于未来的现货交易。远期交易作为一种保值工具，通过碳远期合约，能够帮助碳排放权买卖双方提前锁定碳收益或碳成本。

碳远期合同的主要内容包括交易品种、交易价格、交易数量及交割时间等。例如，欧盟碳配额远期交易品种有 EUA 远期，中国碳配额远期交易品种有上海碳配额远期、湖北碳配额远期。

2. 碳期货　期货交易是指在期货交易所内集中买卖标准化期货合约的交易活动。期货交易的本质是一种远期合约交易，但是这种交易有两个明显的特点：一是在固定的交易场所即期货交易所交易；二是交易的是标准化的交易标的物，即期货合约。碳期货是指买卖双方约定在未来某一时期，以确定的价格买卖一定数量的碳排放配额或项目减排量等碳资产的标准化合约。与碳远期不同，对于买卖双方而言，进行碳期货交易的最终目的不在于进行实际的碳排放权等资产的交割，而是碳资产的持有者（套期保值者）利用期货自有的套期保值功能进行风险规避，将风险转移给投机者。

期货的价格发现功能也在碳金融市场得到很好的应用。目前，碳期货是全球碳金融市场发展最为成熟、成交最为活跃的碳金融衍生品。全球碳期货主要有以下几种：欧盟排放额度（EUA）期货及 CER 期货、洲际交易所（ICE）等交易平台推出的“每日期货”（daily future）等。EUA 期货采用标准合约，交易双方在达成交易后完成交割结算，此类合约的交易在期货交易所完成，期货交易所充当了双方的交易中介。目前，欧盟碳排放交易体系（EU ETS）市场上流动性最强、市场份额最大的交易产品就是碳期货，其交易总量占总成交量的90%以上。碳期货在我国也有较多探索，上海期货交易所从 2006 年开始研究碳排放权期货，试图利用期货市场的价格发现和风险管理功能，提高我国碳资源定价影响力，建立符合国内需求、对接国际规则的碳交易市场体系。

3. 碳期权　碳期权是指交易双方约定在未来某一时期内或者确定某个时间，以确定的价格买卖一定数量的碳排放配额或项目减排量等碳资产的选择权，该权利的买方既可以行使在约定期限内买入或卖出标的物的权利，也可以放弃该权利。当买方决定行使该权利时，卖方必须按约定履行义务；如果过了约定的期限，买方未行使权利，则期权作废，交易双方的权利与义务也随之解除。碳期权实质上是一种标的物买卖权，是在碳期货基础上产生的一种碳金融衍生品，其价格依赖于碳期货的价格。

4. 碳掉期（碳互换）　广义上的掉期（互换）是指交易双方约定在未来某一时期相互交换某种资产（或双方认为有等价经济价值的现金流）的交易形式，最常见的是货币掉期和利率掉期。

碳掉期（碳互换）是指以碳排放配额或项目减排量等碳资产作为标的物，双方以固定价格确定交易，并约定未来某一特定时期以当时的市场价格完成与固定价交易对应的反向交易，这与金融掉期中的利率掉期类似；或双方按照约定的价格和数量，在未来某一特定时期互换碳资产与不同的碳资产或其他真实资产，这类似于金融掉期中的货币掉期。无论是哪种形式的掉期，最终只需对两次交易的差价进行现金结算。

由于碳掉期交易的成本较低，且可有效降低控排企业持有碳资产的利率波动风险，成为企业碳资产管理中的一种重要手段。例如，目前中国的碳掉期主要有两种模式：一是由控排企业在当期卖出碳配额，换取远期交付的等量 CCER 和现金；二是由项目业主在当期出售 CCER，换取远期交付的不等量碳配额。

5. 碳借贷　碳借贷是指交易双方达成一致协议，其中一方（贷方）同意向另一方（借方）借出碳资产，借方可以担保品附加借贷费作为交换。在借贷中碳资产的所有权不发生转移。目前常见的有碳配额借贷，也称借碳。借碳交易是一种创新型的碳金融业务，其核心在于碳排放权的短期借贷与管理。具体来说，它涉及碳排放权持有人（借出方）将其持有的碳排放配额借给另一方（借入方），双方在协议中明确约定在未来特定日期由借入方返还等量的碳排放权或双方同意的替代物，并支付约定的相关收益。

（二）碳融资产品

碳融资产品是指以碳资产为标的进行各类资金融通的碳金融产品，可以为碳资产创造估值和变现的途径，帮助企业拓宽融资渠道。其主要包括碳债券、碳抵/质押、碳回购、碳信托、碳托管等产品。

1. 碳债券　债券是指发行者为筹集资金而发行的、在约定时间支付一定比例的利息，并在到期时偿还本金的一种有价证券。碳债券是指政府、金融机构、企业等符合债券监管要求的融资主体发行的、为其节能降碳相关项目筹集资金而向投资者发行的、承诺在一定时期支付利息和到期还本的债务凭证。碳债券的发行基础是节能降碳相关项目本身未来的收益权，或者发行主体的资产。

2. 碳抵/质押　抵押和质押是两种常见的担保方式，具体是指债务人或者第三人在特定财产上为债权人设立抵押权或质押权，当债务人不履行债务时，债权人有权依法通过处置担保物优先受偿的合约安排。

碳抵/质押是指以碳排放配额或项目减排量等碳资产作为担保进行的债务融资工具，碳资产的持有者（即借方）将其拥有的碳资产作为质押物或抵押物，向资金提供方（即贷方）进行抵、质押以获得贷款，到期再通过还本付息解押的融资合约。

3. 碳回购　碳回购是指碳排放配额或项目减排量等碳资产的持有者向其他机构出售碳资产，并约定在一定期限按约定价格回购所售碳资产的短期融资安排，在协议有效期内，受让方可以自行处置碳资产。

例如，2016 年我国完成第一单跨境碳配额回购交易。在该交易中，BP 公司（英国石油公司）以约定价格购买深圳妈湾电力有限公司（简称“妈湾公司”）400 万 t 碳配额，妈湾公司将这笔境外资金用于企业的低碳发展。此后，妈湾公司再按照约定价格从 BP 公司回购 400 万 t 碳配额，从而完成此次跨境碳配额回购交易。

北京、深圳、湖北、福建等碳交易市场开展了碳资产回购交易业务。这些交易都以碳配额回购交易为主，只有福建碳交易市场明确规定 CCER、FFCER（福建林业碳汇抵消机制）也可以作为碳资产回购交易标的，与碳配额回购交易适用同一个交易规则。

4. 碳信托　碳信托是指信托公司围绕碳资产开展的金融受托服务，是信托这一金融工具与碳资产相结合的产物。碳配额和核证减排量等碳资产的所有者基于盘活碳资产、规避风险的考量，以碳资产设立碳信托。从法律关系的角度看，碳信托是作为委托人的碳资产所有者将碳资产委托给受托人，由受托人按委托人的意愿以自己的名义，为受益人的利益或者特定目的，进行管理或者处分的行为。

碳信托具体是指管控单位将配额或核证自愿减排量等碳资产交给信托公司或者证券公司进行托管，约定一定的收益率，信托公司或证券公司将碳资产作为抵押物进行融资，并将融得的资金进行金融市场再投资，获得的收益一部分用来支付与企业约定的收益率，一部分用来偿还银行利息，信托公司或证券公司获得剩下的收益，从而可以充分发挥碳资产在金融市场的融通性。

5. 碳托管　碳托管（借碳）是指碳资产持有主体（包括控排企业和投资机构）委托托管机构代为持有碳资产，以托管机构的名义对碳资产进行集中管理和交易的碳资产管理方式。

狭义的碳托管即碳配额托管。双方签订碳配额托管协议，约定接受托管的碳配额标的、数量和托管期限，可能获取的资产托管收益的分配原则，损失共担比例，以及约定交易目标无法兑现时的补偿方式等内容。

广义的碳托管是指控排企业将与碳资产相关的工作交给托管机构托管，包括 CCER 开发、碳资产账户管理、碳交易委托与执行、低碳项目投融资、相关碳金融咨询服务等。

碳托管是我国当前应用最广泛的碳金融产品，其托管的主要模式有双方协议托管和交易所监管下的托管。双方协议托管是指控排企业和碳资产管理机构通过签订托管协议建立碳资产托管合作；交易所监管下的托管是指通过碳交易所全程监管碳资产托管过程，可以减少碳资产托管合作中的信用障碍，同时实现碳资产管理机构的资金高效利用。

（三）碳支持产品

碳支持产品是指为碳资产的开发管理和市场交易等活动提供量化服务、风险管理及产品开发的金融产品，主要包括碳指数、碳保险和碳基金等。

1. 碳指数　碳指数是指反映碳市场总体价格或某类碳资产的价格变动及走势的指标，是刻画碳交易规模及变化趋势的标尺。碳指数既是碳市场重要的观察工具，也是开发碳指数交易产品的基础。

例如，目前我国的中碳指数，为碳市场投资者和研究机构分析、判断碳市场动态及大势走向提供基础信息，未来也可以依托此类碳指数，作为标的物开发相应的碳指数交易产品。

2. 碳保险　碳保险是指为了规避减排项目开发过程中的风险，确保项目减排量按期足额交付的担保工具。碳保险的业务主要分为两类：一是为碳交易过程中产生的价格剧烈波动风险、信用风险、流动性风险及政策风险等提供风险规避和担保；二是利用保险的形式刺激各行业低碳减排。

3. 碳基金　碳基金是指为政府、金融机构、企业或个人投资设立的专门基金，参与碳市场投资或节能减排项目。碳基金既可以参与碳配额与项目减排量的二级市场交易，也可以投资于碳相关项目的开发。

三、碳金融市场

（一）碳金融市场的概念

基于上文给出的碳金融的概念，碳金融市场也有狭义和广义之分，狭义的碳金融市场专指以碳排放配额或项目减排量为标的资产的碳交易市场；广义的碳金融市场可以理解为金融化的碳市场，泛指与温室气体排放权相关的各种金融交易市场和金融制度安排，碳金融市场不仅包括碳交易，还涵盖了一切与碳投融资和其他碳排放相关的金融中介活动（王颖等，2019）。

本书中提到的碳金融市场是指以碳排放配额和项目减排量等碳资产及其衍生品为交易标的的市场。金融化的碳市场，已成为欧美碳市场的主流，也是中国碳市场的发展方向。

（二）碳金融市场的框架

碳金融市场的框架包括以下三个部分。

1. 一级市场　一级市场是发行市场，碳金融交易的一级市场主要是指各国在清洁发展机制和联合履约机制下的温室气体减排项目开发等直接交易活动，主要作用是创造碳排放权配额和信用。我国的生态环境部、国家发展和改革委员会、工业和信息化部、国家市场监督管理总局等部门对碳配额的初始分配、项目减排量的签发进行监督和管理，形成碳金融的一级市场。

2. 二级市场　二级市场是交易市场，即碳资产现货和碳金融衍生产品交易流转的市场，是整个碳金融市场的枢纽，其包括场内交易市场和场外交易市场两部分。二级市场的基础是一级市场，一级市场是发行市场，创造了碳排放权配额和项目减排量两类基础碳资产，一级市场投放的碳资产种类和总量，直接决定着二级市场上现货流转的规模和结构。

3. 融资服务市场和支持服务市场　这是在二级市场交易之外的另一个碳资产定价、流转和变现渠道，尽管在交易规模、流动性及便利程度方面都与二级市场相去甚远，但其重要性却难以替代。其中，碳融资服务市场为碳资产所有者开辟了一条新的融资渠道，可以增强碳资产的流动性；支持服务市场的碳保险和碳指数等产品，不但可以为融资服务市场的碳资产进行保险和增信，还可以为二级市场提供市场价格信息指引。

（三）碳金融市场的构成要素

传统金融市场的构成要素一般包括 4 类：①市场主体，是指交易参与各方；②市场客体，是指交易标的及交易产品；③市场媒介，是指双方凭以完成交易的工具和中介；④市场价格，是指在供求关系支配下由交易双方商定的成交价。市场主体和市场媒介共同构成了市场上的各类主要利益相关方。据此，碳金融市场的构成要素包括以下几方面。

1. 碳金融市场利益相关方　碳金融市场利益相关方主要包括：①交易双方，是指直接参与碳金融市场交易活动的买卖双方，具体包括控排企业、减排项目业主、碳资产管理公司、碳基金等投资机构、个人投资者；②第三方中介，是指为市场主体提供各类服务的专业机构，具体包括监测与核证机构、咨询公司、评估公司等；③第四方平台，是指为市场各方开展交易相关活动提供公共基础设施的服务机构，具体包括登记注册机构、交易平台；④监管部门，是指对碳金融市场的合规稳定运行进行管理和监督的各类主管部门，主要指碳交易监管部门。

2. 碳金融市场客体　碳金融市场客体是指依托碳排放权基础碳资产开发出来的各类碳金融产品，从功能角度主要包括交易产品、融资产品和支持产品三类。

3. 碳金融市场价格　碳金融市场价格形成机制包括三个层面：一是定价因素及工具。定价因素主要为市场供求和未来预期，当前价格主要由供需决定，未来价格主要由预期决定，当前供需与未来预期往往也会相互影响，工具则是指各类碳金融衍生产品。二是价格发现渠道。除市场上的实际成交价之外，还有市场报价渠道。例如，做市商为交易产品报出买卖价格，以此维持市场流动性。三是市场价格的特性。一个良好和权威的碳价格信号，需要具备三个主要特点，即公允性、有效性和稳定性。

延伸阅读

碳关税的作用与问题

碳关税是指根据商品的碳排放量所征收的一种进口关税，主要是发达国家针对进口产品在生产过程中所产生的二氧化碳总量而采取的一种边境税调整措施。碳关税概念的提出与《京都议定书》的签署直接相关。该议定书敦促各国完成温室气体排放目标，避免各国受到全球变暖的威胁（肖京和张洁，2023）。由于美国等发达国家没有签署该议定书，时任法国总统的希拉克就提出了碳关税的概念，其主要目的就是在欧盟实行碳排放交易机制的背景下，避免欧盟国家生产的高能耗产品受到不公平竞争的影响，为欧盟国家的企业创造与其他没有实行碳排放交易机制的国家和地区的企业公平竞争的良好环境，同时减少全球温室气体的排放。

2015 年 12 月 12 日达成的《巴黎协定》，是人类历史上为了应对气候变化而签订的第三个国际法律文本。该协定为全球气候治理提供了有效的解决方案，主张改善全球气候需要国际社会的强有力合作和支持。但是，欧盟并不完全认同《巴黎协定》的全球减排目标，因而提出了碳边境调节机制（CBAM，又称欧盟碳关税）。2021 年 7 月，欧盟委员会公布《建立碳边境调节机制》的提案细则，表明欧盟将通过征收碳关税来实现全球“碳减排”的目标。2023 年 5 月 16 日，欧盟《碳边境调节机制法案》（以下简称“《CBAM 法案》”）被正式发布在《欧盟官方公报》上，标志着欧盟碳边境调节机制已经正式完成立法程序，成为欧盟法律。2023 年 5 月 17 日，《CBAM 法案》正式生效，并于 2023 年 10 月 1 日起开始实施。其中 2023 年 10 月 1 日至 2025 年 12 月 31 日为碳边境调节机制的过渡期，自 2026 年开始正式实施（付国印和陈晓丽，2024）。

当前，世界各国对于是否应当征收碳关税仍然存在较大争议。以欧盟为代表的发达国家积极支持并推动碳关税的征收，并且提出了相应的逻辑依据；而以中国和俄罗斯为代表的发展中国家则对此持反对意见，并且提出了相应的理由；美国则在不同时期对碳关税持不同态度，总体上仍然处于一个摇摆的中间状态。

碳关税问题的出现，对世界各国都产生了深远影响。就我国而言，碳关税的征收，不仅将会直接影响到我国相关企业的经济效益与生存发展，还会直接影响到我国的出口贸易和出口产品结构，进而改变我国的工业化发展进程。此外，欧盟等发达国家制定碳关税技术标准并积极推动碳关税的征收，实质上是一种贸易保护措施，将会对我国的碳减排进程产生一定的影响。在当前严峻的国际国内形势下，有效应对碳关税带来的挑战就显得尤为重要。党的二十大报告中明确提出：“坚持高水平对外开放，加快构建以国内大循环为主体、国内国际双循环相互促进的新发展格局”，要“推进高水平对外开放”“增强国内国际两个市场两种资源联动效应”“提升贸易投资合作质量和水平”“加快建设贸易强国”“推动绿色发展，促进人与自然和谐共生”，对我国当前的经济发展进行了战略部署。可以合理预见，未来的中国将以更加积极主动的姿态进一步提升对外开放的水平，必须妥善处理和有效应对当前国际上的碳关税问题。

思　考　题

1. 结合碳交易的基本原理说明碳交易在实现社会总体控排目标的同时如何降低了实现整体控排目标的成本。
2. 简述碳交易市场的主要类型。
3. 征收碳税的理论依据有哪些？
4. 简述碳税的经济效应。
5. 碳金融内涵及功能分别是什么？
6. 简述碳金融产品的种类。

主要参考文献

白彦锋，岳童，童健. 2023. 碳税征管的理论实践与策略选择. 经济理论与经济管理，43（11）：17-29.
陈乔迪. 2024. 碳金融市场的演变及其对可持续发展的影响研究. 商展经济，（22）：100-103.
付国印，陈晓丽. 2024. 欧盟碳边境调节机制的探析及其对中国的影响和应对. 中国标准化，（3）：241-245.
关大磊，赵细康，王丽娟. 2017. 美国区域碳市场的运行绩效——以区域温室气体减排行动（RGGI）为例. 生态经济，33（2）：41-53.
黄明，王宇露. 2023. 碳排放权交易. 上海：复旦大学出版社.
蒋佳妮，梁存吉. 2024."双碳"目标下中国碳税制度构建研究. 中国政法大学学报，（4）：18-28.
蓝虹，束兰根. 2021. 碳交易市场概论. 北京：中国金融出版社.
李丹萍，徐晓东，刘辰熙. 2021. 国内外碳交易市场理论与发展实践综述. 甘肃金融，（9）：14-18.
李书林，董战峰，龙凤. 2023. 国际碳税政策实践发展与经验借鉴.中国环境管理，15（4）：35-43.
娄峰. 2023. 碳税理论与政策模拟：基于动态碳税 CGE 模型. 北京：中国社会科学出版社.
鲁政委，叶向峰，钱立华，等. 2021."碳中和"愿景下我国碳市场与碳金融发展研究. 西南金融，（12）：3-13.
马明娟，李强，殷文琦，等. 2022. 碳中和目标下基于 GA-BP 神经网络的碳交易定价模型及其模拟研究. 生态经济，（3）：40-46.
孟早明，葛兴安. 2017. 中国碳排放权交易实务. 北京：化学工业出版社.
王颖，张昕，刘海燕，等. 2019. 碳金融风险的识别和管理. 西南金融，（2）：41-48.
肖京，张洁. 2023. 碳关税的国际现状与我国的应对之策. 中国石油大学学报（社会科学版），（4）：12-20.
余晓燕. 2024. 促进碳排放权交易市场平稳健康发展. 宏观经济管理，（4）：30-37.
赵爱文. 2021. 碳减排约束下的碳税经济效应研究. 北京：中国财政经济出版社.

第十章　可持续发展管理

主要目标

1）介绍可持续发展管理相关的基本概念，讲解可持续发展管理的核心原则，并介绍国际和国内的可持续发展管理框架。

2）了解国内外的主要管理模型，强调可持续发展管理的跨学科性质，鼓励学生从经济、社会、环境等多个角度综合考虑问题，帮助学生在面对复杂的可持续发展问题时做出科学合理的决策。

第一节　可持续发展的管理框架

可持续发展管理是一种在经济增长、环境保护和社会公平之间寻求平衡的管理方式。它旨在满足当前需求的同时，确保未来世代的资源和环境不受损害。为实现这一目标，企业和组织需要建立系统化的管理框架，以便有效地整合经济、环境和社会三个方面的目标，促进获得长期的社会、环境和经济效益。

一、管理框架的基本概念

（一）战略层面的整合

可持续发展不仅是环境保护的责任，还需要与企业战略紧密结合。在制定企业战略时，需要考虑经济增长、环境保护和社会责任三个方面的协调一致，确保可持续性目标的达成。企业应将可持续发展融入其核心业务战略中，从而在日常运营中体现这些目标。

1. 核心概念　战略层面的整合是指将可持续发展的目标和原则深度融入组织的整体战略和运营计划中。传统的战略规划侧重于短期的财务目标和市场份额，而可持续发展战略则要求组织在制定战略的同时考虑环境保护、社会责任和经济效益。这种整合的核心在于创造一个长期价值和社会效益的双赢局面。

2. 制定可持续发展战略目标　制定战略目标是战略层面整合的第一步。可持续发展战略目标应该与组织的总体使命和愿景相一致，并具体化为短期和长期的目标。例如，某公司可能设定到 2025 年减少 30%的温室气体排放，或在 2027 年实现 100%的可再生能源使用。这些目标需要符合 SMART 原则，即具体（specific）、可测量（measurable quantity）、可实现（achievable）、相关（relevant）和有时间限制（time-bound）。

制定目标时，组织应考虑以下几个方面：①环境影响。如何减少对环境的负面影响，如减少废弃物产生、节约能源和水资源。②社会影响。如何提升社会责任，如改善员工福利、支持社区发展和保护人权。③经济效益。如何在实现环境和社会目标的同时提高经济效益，如提高资源使用效率或开发绿色产品。

3. 资源配置与战略实施　一旦战略目标确定，接下来就是如何将资源配置到这些目标上。资源配置涉及财务资源、技术资源和人力资源的合理分配。例如，为了实现绿色生产目标，组织可能需要投资于新技术或更新设备。这可能需要大量的初期投资，但从长远来看，有助于降低运营成本和提高市场竞争力。

战略实施要求将可持续发展目标融入组织的各个部门和业务流程中。这通常包括：①制订行动计划。将战略目标转化为具体的行动步骤，并设定时间表和责任人。例如，制订一个详细的节能计划，明确各部门的节能措施和实施时间。②培训与沟通。对员工进行相关培训，提高他们对可持续发展目标的认识和参与度。确保所有员工了解其在实现这些目标中的角色和责任。③项目管理。通过项目管理方法确保战略实施的有效性。例如，通过设立项目团队来推进具体的可持续发展项目，如废弃物回收系统的建设。

4. 监控与评估　监控与评估是确保战略目标得以实现的关键步骤。组织应建立系统的监控机制，对可持续发展目标的实现情况进行跟踪和评估。这包括：①建立关键绩效指标（key performance indicator，KPI）。设定与可持续发展目标相关的绩效指标，以衡量目标的达成情况，如能源使用效率、废弃物回收率等。②定期报告。制定定期报告制度，向管理层和利益相关者报告可持续发展绩效。这不仅有助于跟踪进展，还可以提高透明度和问责制。③审计与评估。进行内部或外部审计，以评估可持续发展战略的实施效果，发现问题并提出改进建议。

5. 利益相关者的参与　利益相关者的参与是战略层面整合的重要组成部分。利益相关者包括员工、客户、供应商、社区和投资者等，他们对组织的可持续发展战略有着不同的期望和要求。有效的利益相关者管理可以帮助组织：①识别利益相关者的需求和期望。通过调查和交流，了解各方对可持续发展的期望，并将这些期望纳入战略规划中。②建立沟通渠道。定期与利益相关者沟通，分享组织在可持续发展方面的进展和成就，获得反馈并进行相应的调整。③增强合作。与供应链中的合作伙伴共同推动可持续发展目标。例如，通过与供应商合作来减少材料浪费或改进生产工艺。

6. 持续改进与创新　可持续发展战略的整合是一个动态过程，需要不断地改进和创新。组织应：①定期审查和更新战略。根据外部环境和市场条件的变化，定期审查和更新可持续发展战略，确保其持续适应和有效。②鼓励创新。鼓励员工和合作伙伴提出创新的解决方案，以提高可持续性。例如，研发新的环保产品或改进现有工艺，以降低环境影响。③学习与借鉴。学习行业内外的最佳实践和成功案例，并将其应用到组织的可持续发展战略中。

战略层面的整合是实现可持续发展管理框架的关键。它要求组织在战略规划中充分考虑环境、社会和经济因素，将可持续发展理念融入目标制定、资源配置、实施监控、利益相关者管理和持续改进中。通过这样的整合，组织不仅能够实现长远的可持续发展目标，还能在竞争激烈的市场中占据有利地位。

（二）组织结构与流程的调整

企业在实施可持续发展战略时，通常需要调整其组织结构和业务流程。设立专门的可持续发展部门或团队、制定相关政策和标准、建立监测和评估机制是实施过程中常见的步骤。组织结构的调整有助于确保可持续发展目标的落实，并促进各部门间的协作。

1. 组织结构的调整　组织结构的调整是指对组织的内部架构、层级和职责进行重新设计，以便更好地支持可持续发展目标。通常这涉及以下几个方面：①设立专门的可持续发展部门或角色。为了推动可持续发展，许多组织设立了专门的部门或职位，如首席可持续发展官（CSO）或可持续发展管理部门。这些角色负责制定和实施可持续发展战略，并确保各项措施的协调性和有效性。通过设置专门的角色，组织能够将可持续发展目标纳入到日常运营中，并提升其战略重要性。②重构组织层级和沟通流程。传统的组织结构往往以层级分明的方式运作，这可能导致信息传递缓慢和跨部门协作困难。在调整过程中，组织可能会采取扁平化结构，以减少层级，提升信息流动的速度和效率。扁平化结构还可以促进团队之间的协作，使得不同部门能够更有效地合作，推动可持续发展项目的顺利实施。③整合跨职能团队。可持续发展涉及多个方面，如环境保护、社会责任和经济效益等。因此，组织通常会组建跨职能团队，汇集来自不同部门的专业人员。这种团队通常包括环境专家、社会学家、经济分析师等，他们共同合作，确保可持续发展策略的全面性和系统性。

2. 流程的调整　流程的调整是指对组织的业务流程进行重新设计，以提高效率、降低资源消耗，并减少环境影响。调整的内容包括：①优化资源使用。组织需要对现有的生产和运营流程进行审查，以识别资源浪费的环节。通过引入节能技术、改进原材料使用方法和提高生产效率，组织可以有效地减少资源消耗，降低运营成本，同时减少环境负担。例如，采用循环经济理念，将废弃物转化为再利用的资源。②引入环境管理体系（environmental management system，EMS）。环境管理体系是一种系统化的管理工具，用于帮助组织识别、管理和减少其对环境的影响。通过建立和维护环境管理体系，组织可以系统地评估和改进其环境绩效，包括能源使用、水资源管理和废弃物处理等方面。③实施可持续供应链管理。供应链管理的调整涉及与供应商、承包商和其他合作伙伴的关系，以确保整个供应链的可持续性。组织应与供应商建立透明的合作关系，确保其在环境保护、劳动条件和社会责任方面符合可持续发展的标准。通过选择环保材料和优化运输流程，组织能够降低供应链中的环境足迹。④引入数据驱动的决策支持系统。可持续发展管理需要大量的数据支持，以便进行科学决策。组织可以引入数据驱动的决策支持系统，这些系统能够实时监测关键指标，如能源消耗、碳排放等，并提供分析和报告。通过数据分析，组织可以识别改进机会，并评估可持续发展措施的效果。

3. 调整的挑战与应对　在组织结构和流程调整过程中，组织可能会面临一些挑战，包括：①内部阻力。组织成员可能对变革持保守态度，担心调整会影响其工作岗位或工作方式。为了应对这一挑战，组织需要开展充分的沟通，明确调整的必要性和预期成果，并提供培训和支持，帮助员工适应新的工作流程。②资源需求。调整组织结构和流程可能需要投入额外的资源，包括人力、财力和时间。组织需要制订详细的预算计划，并合理分配资源，以确保调整工作的顺利推进。③持续评估与改进。组织结构和流程的调整不是一次性的任务，而是一个持续改进的过程。组织需要建立定期评估机制，监测调整效果，并根据实际情况进行进一步的改进。这种持续的评估与改进能够确保组织始终保持在可持续发展道路上。

组织结构与流程的调整是实现可持续发展管理框架的关键步骤。通过设立专门的部门、优化资源使用、实施环境管理系统和数据驱动决策等措施，组织能够有效推进其可持续发展目标。然而，这一过程也伴随着挑战，需要组织在变革过程中充分考虑并积极应对。最终，通过结构和流程的优化，组织不仅能够提升自身的运营效率，还能为社会和环境做出积极贡献，实现可持续发展的最终目标。

二、主要管理框架

(一) ISO 14001：环境管理体系

ISO 14001 是国际上认可的环境管理体系标准，帮助组织识别、控制和减少对环境的影响。其核心内容包括环境政策、环境目标、环境管理计划、监测和改进机制等。通过实施 ISO 14001，企业能够系统化地管理环境事务，实现环境保护和业务增长的平衡。

1. ISO 14001 的背景与目的　ISO 14001 标准首次发布于 1996 年，经过多次修订，现行版本是 2015 年的修订版（ISO 14001:2015）。该标准提供了一个框架，帮助组织通过系统化的方式管理环境事务。ISO 14001 的核心目的是提高组织的环境绩效，减少对环境的影响，确保符合环境法规，推动可持续发展。

2. ISO 14001 的基本结构　ISO 14001:2015 标准的结构遵循了“高层结构”（high-level structure），与其他管理体系标准（如 ISO 9001）类似。这种结构包括以下主要部分：①背景和范围（Clause 1 和 Clause 2）。明确了标准的适用范围、目的及其对组织的适用性。②规范性引用（Clause 3）。列出了标准引用的相关文件和规范。③术语和定义（Clause 3）。提供了标准中使用的术语及其定义。④组织环境（Clause 4）。理解组织及其环境，要求组织识别与其环境相关的内部和外部问题；理解相关方的需求和期望，识别相关方（如客户、员工、社区等）的需求和期望；确定环境管理体系的范围，界定环境管理体系的适用范围；环境管理体系，建立、实施、维护和持续改进环境管理体系。⑤领导力（Clause 5）。领导力和承诺，要求高层管理者对环境管理体系的实施和效果负责；环境政策，要求制定和维护环境政策，以支持环境管理体系的目标；组织角色、责任和权威，明确各级管理人员在环境管理体系中的角色和责任。⑥策划（Clause 6）。风险与机会，识别和评估环境风险和机会；环境目标和规划，设定环境目标，制定实现这些目标的规划；环境方面，识别组织活动中的环境方面，并评估其影响。⑦支持（Clause 7）。资源，确保提供实施和维护环境管理体系所需的资源；能力、意识和培训，确保员工具备必要的能力和意识；沟通，管理内部和外部的环境沟通；文件化信息，管理环境管理体系所需的文档和记录。⑧运行（Clause 8）。运行控制，制定并实施控制措施，以实现环境管理；应急准备和响应，建立应急预案，以应对可能的环境紧急情况。⑨绩效评估（Clause 9）。监视、测量、分析和评估，监控和测量环境绩效，进行内部审核；管理评审，高层管理者定期审查环境管理体系的适宜性、充分性和有效性。⑩改进（Clause 10）。不符合和纠正措施，处理不符合的情况，实施纠正措施；持续改进，推动环境管理体系的持续改进。

3. ISO 14001 的核心原则　①预防性思维。标准强调在问题发生之前采取措施，从源头预防环境问题。②持续改进。通过定期评估和改进，推动环境管理体系的不断进步。③符合性要求。确保组织遵守所有适用的环境法律法规及其他要求。④全员参与。鼓励组织内所有员工积极参与环境管理体系的实施和改进。⑤透明性。通过公开报告和沟通，增强组织的环境管理的透明度和公众信任。

4. ISO 14001 在可持续发展中的作用　ISO 14001 标准为组织提供了系统化的环境管理方法，有助于：①减少环境影响。通过识别和管理环境方面，减少废弃物、污染和资源浪费。②提升企业形象。证明组织对环境保护的承诺，增强企业的市场竞争力。③提高效率。通过优化资源使用和减少废弃物，提高运营效率。④符合法规要求。确保组织遵守环境法律法规，减少法律风险。⑤促进员工参与。增强员工对环境保护的认识和参与感。

ISO 14001 是一个全球认可的环境管理体系标准，为组织提供了系统化的环境管理方法和工具。通过实施 ISO 14001，组织不仅可以提升其环境绩效，还能增强市场竞争力和公众形象，支持可持续发展目标的实现。

（二）ISO 26000：社会责任

ISO 26000 是一个国际标准，旨在帮助组织理解和实施企业社会责任（CSR）的原则与实践。它并非一种认证标准，而是一个指南，提供了有关社会责任的框架，指导组织如何在其运营和战略中融入社会责任的理念。其提供了企业社会责任的指导方针，涵盖了组织治理、人权、劳动实践、环境、反腐败、消费者问题和社区参与等领域。这一标准并非认证标准，而是自愿性指导框架，帮助企业在社会责任方面进行自我评估和改进。

1. *社会责任的定义*　ISO 26000 将社会责任定义为“组织对其行为及其对社会和环境的影响负有责任”。这意味着组织在追求商业目标时，不仅要考虑经济效益，还要关注其活动对社会和环境的长远影响。社会责任涵盖了组织在环境保护、劳动实践、人权、经营伦理和消费者权益等方面的行为。

2. *社会责任的核心领域*　ISO 26000 确定了 7 个核心领域，这些领域构成了社会责任的基本组成部分：①组织治理。有效的治理结构是确保组织负责任和透明运作的基础。治理结构应确保决策过程的透明度，设立明确的职责，并确保组织的行为符合社会和环境责任的标准。②人权。组织需尊重和保护人权，包括消除一切形式的歧视和剥削，维护员工的基本权利，确保公平的劳动条件。③劳动实践。涉及员工的招聘、培训、薪酬和职业安全等方面。良好的劳动实践应包括公平薪酬、工作环境的安全性、职业发展机会等。④环境。组织应采取措施减少对环境的负面影响，如减少资源消耗、废弃物产生和污染，推动环境保护和可持续发展实践。⑤公平经营。确保商业活动的透明和诚信，反对腐败和不公平竞争。公平经营要求组织在所有业务活动中保持高标准的道德和法律合规性。⑥消费者问题。涉及消费者的权益保护，包括提供准确的信息、保证产品和服务的安全性和质量、尊重消费者的隐私权。⑦社区参与和发展。组织应积极参与和支持所在社区的发展，促进社会的整体福祉。包括通过慈善活动、社区服务等方式，为社区的发展做出贡献。

3. *实施 ISO 26000 的步骤*　实施 ISO 26000 的过程通常包括以下几个步骤：①理解和评估。组织需首先理解 ISO 26000 的内容，并评估自身当前的社会责任实践。识别存在的差距，并设立改进目标。②制定政策和目标。根据评估结果，制定相关的社会责任政策和目标。这些政策应与组织的整体战略相一致，并明确具体的行动计划。③实施和运作。将社会责任政策付诸实践，包括培训员工、调整操作流程、开展社会责任项目等。④监测和评估。定期监测社会责任实践的效果，评估其对组织和社会的影响。使用相关指标来衡量进展，并调整策略以提高成效。⑤报告和沟通。向利益相关者报告社会责任的表现，包括发布社会责任报告，分享成功经验和改进措施。

4. *ISO 26000 的好处*　实施 ISO 26000 可以带来多方面的好处，包括：①提升企业形象。通过积极践行社会责任，组织能够提升其公众形象和品牌信誉。②增强员工满意度。良好的劳动实践和工作环境有助于提高员工的满意度和留任率。③减少风险。通过符合社会责任标准，组织能够有效规避可能的法律和社会风险。④促进业务可持续性。环境保护和社区发展实践可以促进长期的业务可持续性。

ISO 26000 为组织提供了一个系统的社会责任管理框架，帮助组织理解和履行社会责任。虽然ISO 26000并非认证标准，但其原则和指南对组织的长远发展和社会影响具有深远的意义。通过实施ISO 26000，组织不仅能提高自身的社会责任表现，还能为社会和环境的可持续发展做出积极贡献。

（三）全球报告倡议组织：可持续发展报告标准

在全球化和环境挑战日益加剧的背景下，企业和组织的可持续发展成为公众和利益相关者关注的焦点。可持续发展报告作为企业透明度和责任的一部分，已经成为衡量和展示企业社会与环境绩效的重要工具。全球报告倡议组织（Global Reporting Initiative，GRI）作为一个国际领先的可持续发展报告标准机构，为组织提供了一套系统化、标准化的报告框架，以帮助其有效沟通可持续发展绩效。GRI标准（GRI standards）为企业提供了编制可持续发展报告的指南。报告内容包括经济、环境和社会方面的绩效，旨在提高企业透明度，并与利益相关者沟通其可持续发展表现。GRI标准帮助企业评估和报告其对环境和社会的影响，并在全球范围内建立了统一的报告框架。

1. GRI的基本概况　GRI成立于1997年，是一个非营利组织，致力于推动全球可持续发展报告的标准化。GRI的使命是通过提供指导和标准，帮助组织在报告其经济、环境和社会影响时保持透明和一致。GRI的核心理念是提供一种结构化的方法，使组织能够披露其对可持续发展的贡献及其所面临的挑战。

2. GRI标准的结构　GRI标准是GRI提供的核心报告框架，包括三个主要部分：①通用标准（universal standards）。适用于所有组织，提供报告的基本原则和要求。通用标准包括GRI 1（适用性）、GRI 2（组织概况）和GRI 3（报告编制原则）。②主题标准（topic standards）。针对不同的经济、环境和社会议题提供详细的报告要求。这些标准帮助组织识别和报告其主要影响领域，如气候变化、劳工实践、供应链管理等。③主题专门标准（topic-specific standards）。为特定行业或领域提供具体的报告指南，帮助组织根据其业务特点和影响领域制定更有针对性的报告内容。

3. GRI报告框架　GRI提供了一种系统化的框架，帮助组织在报告过程中保持一致性和完整性。GRI报告框架（reporting framework）包括报告的结构、内容和格式要求，确保信息的可比性和透明度。

4. GRI指标　GRI指标（GRI indicator）为组织提供了具体的量化标准，用于评估和报告其在经济、环境和社会方面的绩效。这些指标帮助组织衡量其影响，并将其表现与全球标准进行比较。

5. GRI标准的应用　GRI标准被广泛应用于各类组织，包括企业、政府机构、非政府组织（NGO）等。应用GRI标准的过程包括以下几个步骤：①确定报告范围。组织需识别其可持续发展相关的主要领域和影响，确定报告的范围和重点。这包括经济、环境和社会影响的评估。②数据收集与分析。组织需收集相关的数据和信息，评估其在各个可持续发展领域的绩效。这些数据将用于编制报告，并支持对组织表现的分析。③编制报告。根据GRI标准编制可持续发展报告。报告应包括组织的背景信息、管理方法、绩效指标及对未来发展的展望。④报告审核与发布。报告编制完成后，组织应进行内部审核和外部验证，以确保报告的准确性和可靠性。最终，报告将向利益相关者公开发布。

6. GRI标准的影响与优势　GRI标准的实施带来了许多积极的影响和优势：①提高透明度和信任度。通过标准化的报告框架，GRI帮助组织提高了信息披露的透明度，增强了公众和利益相关者的信任感。②促进持续改进。GRI 标准促使组织定期评估和改进其可持续发展战略，推动其在环境保护、社会责任和经济效益等方面不断提升。③支持决策和战略规划。详细的报告数据和分析帮助组织识别关键问题，支持战略决策和资源分配，优化管理实践。④满足法律和市场要求。许多国家和市场对企业的可持续发展报告有法律或市场要求，GRI 标准帮助组织符合这些要求，降低合规风险。⑤提升竞争力。透明的可持续发展报告提升了组织的声誉，增强了其在市场中的竞争力，吸引了更多的投资和合作机会。

随着全球对可持续发展的关注不断增加，GRI 标准也在不断发展和完善。未来，GRI 将继续致力于提高报告标准的适应性和实用性，以应对新兴的可持续发展挑战。同时，GRI 也将推动更多组织采纳标准，促进全球范围内的可持续发展实践。

总之，GRI 作为全球领先的可持续发展报告标准机构，通过其系统化的报告框架和标准，为组织提供了有力的工具，帮助其在全球化和环境挑战中保持透明和负责任。其推动的透明度和标准化不仅有助于组织自身的持续改进，也为全球可持续发展目标的实现做出了重要贡献。

（四）企业社会责任：自愿性框架与实践

企业社会责任（corporate social responsibility，CSR）是指企业在其商业活动中，自愿承担对社会、环境及经济等方面的责任。CSR 不仅涉及企业在履行法律义务之外所做的额外贡献，还包括企业在道德和伦理上的自我约束和推动。随着社会对企业行为的期待不断提高，CSR 已成为企业综合管理的重要组成部分，其涵盖了企业对员工、环境、消费者、供应商及社区的广泛责任。

1. 自愿性框架

1）CSR 的核心理念。CSR 的核心理念在于企业的自愿承诺，即超越法律规定和经济利益，主动关注社会和环境问题。企业的这一承诺通常表现为制定内部规范、实施可持续发展战略和参与社会公益活动等。通过这些措施，企业不仅能够提升其品牌形象，还能促进社会的整体福利。

2）自愿性框架的形成与发展。自愿性框架是指企业在不受法律强制的情况下，依据社会期望和自身价值观，主动设立的社会责任标准。自 20 世纪 60 年代以来，随着企业社会责任概念的兴起，多个国际和国内标准及框架相继出现，包括国际标准化组织（ISO）的 ISO 26000 标准、联合国全球契约组织（UNGC）、全球报告倡议组织（GRI）等。这些标准或组织为企业提供了实践 CSR 的指南，并促使企业不断改进其社会责任实践。

2. CSR 实践的主要方面

1）环境责任。环境责任涉及企业的运营活动对自然环境的影响。企业通过减少资源消耗、降低排放量、提高废弃物管理等措施，以减少其对环境的负面影响。许多企业通过认证如 ISO 14001 环境管理体系，以系统化其环境管理实践。

2）社会责任。社会责任包括企业对员工、消费者、供应商及社区的责任。例如，企业需要提供安全的工作环境、合理的薪酬待遇及公平的就业机会。同时，企业还应关注消费者权益，确保产品质量和服务水平，并通过公平交易、尊重人权等方式，对供应链中的社会问题进行干预。

3）经济责任。经济责任是指企业在追求盈利的同时，须以可持续的方式运作，确保经济活动不会对社会产生负面影响。企业需在经营过程中体现透明度，合理纳税，公正竞争，避免腐败行为等，以促进经济的健康发展。

3. CSR 实施的挑战与策略

1）挑战。实施 CSR 面临的挑战主要包括资源分配不足、缺乏明确的实施标准、利益相关者期望差异等。企业在制定 CSR 战略时，需要平衡不同利益相关者的需求，同时还要解决自身在资源配置和执行中的问题。

2）策略。为了应对这些挑战，企业可以采取以下策略：制定明确的 CSR 目标和行动计划；建立专门的 CSR 部门或岗位，负责监督和评估 CSR 活动；积极与利益相关者沟通，了解其期望并将其纳入决策过程；利用外部审核和认证，确保 CSR 实践的透明度和有效性。

4. 案例分析

1）典型企业 CSR 实践。以苹果公司为例，苹果公司在其供应链管理中积极实施 CSR，通过严格的供应商审查标准和环境管理措施，以确保其产品对社会和环境的影响降到最低。苹果公司还积极推动再生资源的使用，并致力于减少产品的碳足迹。

2）CSR 实践的成效与反馈。研究表明，积极的 CSR 实践能够带来品牌声誉的提升、客户忠诚度的增加及员工满意度的提高。然而，CSR 的实际成效也受到企业实际执行能力、行业特点及市场环境等因素的影响。因此，企业需要根据自身情况，灵活调整其 CSR 战略和实践。

CSR 作为企业管理的一个重要领域，其自愿性框架和实践正在不断演进。未来，随着社会对企业责任要求的不断提高，企业将面临更多的挑战和机遇。在全球化和数字化的背景下，企业需要进一步深化其 CSR 实践，以创造更高层次的社会、环境和经济价值。

三、实施与挑战

可持续发展管理框架旨在帮助组织在追求经济增长的同时，兼顾环境保护和社会公平。它不仅涉及组织如何整合可持续发展原则以促进其运营，还包括如何应对实施过程中遇到的挑战。在全球环境问题和社会问题日益突出的背景下，制定并有效实施可持续发展管理框架已成为各类组织的迫切需求。然而，在实际操作中，许多组织面临诸多挑战，这些挑战可能影响其可持续发展目标的实现。

（一）可持续发展管理框架的实施

1. 实施步骤

1）目标设定与战略规划。首先，组织需明确可持续发展的目标，并将其融入整体战略中。这包括制定具体的可持续发展目标，如减少碳排放、节约资源、提升社会责任等。战略规划应包括短期和长期目标，并考虑如何将这些目标转化为实际行动。

2）资源配置与管理。有效的实施需要适当的资源配置，包括人力、财力和技术支持。组织需确保足够的资源用于实施可持续发展计划，并对资源使用进行优化管理。技术创新和管理创新也是实现可持续发展的重要组成部分，如采用清洁技术和智能管理系统。

3）制定行动计划与政策。行动计划应明确具体措施、时间表和责任分配，如制定减少废弃物的计划、改进能源效率的措施等。同时，组织需要制定相关政策来支持这些行动计划，如环境保护政策、员工福利政策等。

4）实施与监控。在实施阶段，组织需持续跟踪和评估行动计划的执行情况。监控系统可以帮助及时发现问题并进行调整。有效的监控需要设定关键绩效指标（KPI）来评估可持续发展的进展和成果。

5）报告与沟通。定期向利益相关者报告可持续发展绩效，并通过透明的沟通建立信任。报告可以包括环境影响报告、社会责任报告等。与利益相关者的互动有助于获取反馈并改进实施策略。

2. 成功案例

1）联合利华（Unilever）。联合利华在其可持续发展战略中设定了多个具体目标，如减少对环境的影响、提升生活水平等。通过建立“联合利华可持续生活计划”，该公司不仅提升了资源使用效率，还加强了与供应链和社区的合作。

2）特斯拉（Tesla）。特斯拉致力于推动清洁能源和可持续交通，通过创新的电动汽车和太阳能产品，推动全球能源转型。特斯拉的成功在于其具有明确的目标、高度的技术创新和强大的市场推广能力。

（二）实施挑战

1. 资源与成本

1）高昂的前期投资。实施可持续发展管理框架通常需要大量的初始投资，包括技术升级、员工培训和系统改造等。这些前期投资可能对财务状况较紧张的组织造成压力。

2）资源分配的难题。组织在资源分配上需在短期经济利益与长期可持续发展之间找到平衡。资源有限可能导致无法同时满足经济效益和可持续发展目标的需求。

2. 组织文化与变革

1）文化阻力。组织内部的文化阻力可能成为实施可持续发展战略的一大障碍。一些员工和管理层可能对变革持保留态度，抵制新的工作方式和流程。

2）管理层支持不足。可持续发展战略的实施需要管理层的强力支持。如果高层管理者对可持续发展缺乏足够的重视，可能导致资源投入不足、战略执行不到位。

3. 供应链管理

1）供应链的复杂性。在全球化背景下，供应链管理变得尤为复杂。确保供应链各环节符合可持续发展要求，需要有效的监督和管理，这对组织提出了更高的要求。

2）供应商合作。与供应商合作并推动其采纳可持续发展实践，可能面临各种挑战，包括供应商的能力、成本和意愿等。供应链中的不确定性和多样性增加了实施的复杂性。

4. 法规与政策

1）法规不完善。在一些国家或地区，可持续发展相关的法规和政策可能不够完善或缺乏执行力度。这可能使得组织在实施过程中缺乏足够的法律保障，增加了合规风险。

2）政策变化。政策环境的变化可能对组织的可持续发展战略产生影响。例如，政府政策的调整可能导致实施成本增加或需要重新调整战略。

5. 数据与评估

1）数据收集难度。可持续发展绩效的评估依赖于准确的数据收集和分析。然而，很多组织在数据收集方面面临挑战，尤其是在环境影响、社会绩效等方面的数据获取较为困难。

2）评估方法的缺乏。有效的评估方法和工具对于监控和改进可持续发展实践至关重要。然而，现有的评估方法可能无法全面反映组织的可持续发展绩效，导致评估结果不够准确。

（三）应对策略

1. 增强领导支持　加强管理层对可持续发展的支持，确保将可持续发展目标融入组织的整体战略，并提供必要的资源和支持。通过高层领导的示范作用，可以提升全员对可持续发展实践的认同感。

2. 培训与教育　开展员工培训与教育，提高全员对可持续发展的认识和技能。通过培训，员工能够更好地理解可持续发展目标和实施方法，从而提高执行效果。

3. 强化供应链管理　建立有效的供应链管理体系，推动供应商采纳可持续发展标准。通过制定供应链管理政策和标准，确保供应链中的每一个环节都符合可持续发展要求。

4. 遵循政策与法规　密切关注相关政策法规的变化，及时调整组织的可持续发展战略。与政府部门和行业组织合作，积极推动和参与相关政策的制定与改进。

5. 数据管理与评估　建立科学的数据收集和分析系统，确保数据的准确性和完整性。采用先进的评估工具和方法，提高对可持续发展绩效的评估能力，及时发现问题并进行调整。

实施可持续发展管理框架是一个复杂且动态的过程，涉及目标设定、资源配置、行动计划、监控评估等多个方面。虽然在实施过程中面临许多挑战，如资源与成本、组织文化与变革、供应链管理、法规政策、数据与评估等，但通过有效的应对策略，可以克服这些挑战，实现可持续发展目标。未来，组织需要持续改进和创新，以应对不断变化的环境和社会需求。

第二节　可持续发展的管理模型

管理模型提供了理论基础和实践方法，帮助企业有效地实现可持续发展目标。这些模型在指导企业决策、优化管理流程和评估绩效方面发挥着重要作用。可持续发展的管理模型通常包括以下几个核心组成部分。

1）战略层。涉及组织对可持续发展的总体战略规划，包括长远目标设定、战略愿景、政策制定等。

2）操作层。包括实际的运营管理、资源使用、生产过程优化等。此层面的重点是如何在日常运营中贯彻可持续发展战略。

3）监控与评估层。通过设立绩效指标、监控系统和评估机制来衡量可持续发展战略的实施效果，并进行调整和优化。

4）沟通与反馈层。确保组织内部和外部的利益相关者能够及时了解可持续发展的进展，并能够提出建议和反馈。

一、主要管理模型介绍

（一）三重底线

三重底线（triple bottom line，TBL）是一个综合性的管理模型，旨在平衡经济、环境和社会三方面的绩效，以推动可持续发展。由约翰·埃尔金顿（John Elkington）于 1994 年提出，三重底线的核心理念是企业在追求经济利润的同时，还应关注环境保护和社会责任。这种模型为企业提供了一种综合评估其运营影响的方法，旨在实现长期的可持续发展。

1. 具体概念

1）经济底线。经济底线是指企业在其运营过程中所取得的经济效益，包括利润、收入增长和股东回报等。经济底线的目标是确保企业能够在竞争激烈的市场中保持盈利并实现可持续发展。企业的经济表现通常通过财务报表来衡量，如利润表、资产负债表和现金流量表。经济底线不仅关注短期财务回报，还包括长期的经济稳定性和增长潜力。

2）环境底线。环境底线关注企业在运营过程中对自然环境的影响。这包括企业的资源使用、废弃物管理、排放控制等方面。企业应通过减少能源消耗、降低废弃物产生和减少污染物排放来改善其环境绩效。环境底线的衡量指标通常包括碳足迹、水足迹、能源使用效率和资源回收率等。通过环境底线，企业可以评估其在减缓气候变化、保护生态系统和实现资源可持续使用方面的贡献。

3）社会底线。社会底线关注企业对社会的影响，包括员工福利、社区发展、消费者权益和供应链管理等。企业在社会底线方面的表现可以通过员工满意度、社会责任项目、社区投入和公平贸易等指标来衡量。社会底线的目标是确保企业的运营能够提升社会福祉，促进社会公平和包容性发展。

2. 实施三重底线的挑战与机遇　实施三重底线管理模型时，企业面临着一系列挑战。首先，如何平衡经济利益与环境保护、社会责任之间的矛盾是一个主要难题。其次，数据收集和评估的复杂性也可能影响企业的实施效果。最后，企业在实现三重底线目标时，可能会面临额外的成本和资源投入。

然而，三重底线管理模型也为企业带来了许多机遇。通过实施三重底线，企业可以提升其品牌声誉，增强消费者的信任，改善员工的忠诚度，并获得投资者的支持。此外，三重底线还可以帮助企业识别新的市场机会，如绿色产品和服务，推动创新和技术进步。

3. 案例分析　许多企业已经开始采纳三重底线管理模型，并取得了显著的成果。例如，丹麦的风力发电公司 Vestas 通过实施三重底线，成功减少了其碳足迹，并在全球范围内推广了可再生能源技术。另一个例子是意大利的 STMicroelectronics 公司，该公司通过三重底线管理提升了其社会责任表现，同时保持了强劲的经济增长和环境保护成绩。

三重底线作为一种综合性的管理模型，提供了一种系统化的方法来平衡经济、环境和社会三方面的绩效。尽管在实施过程中面临诸多挑战，但其带来的机会和利益使得三重底线成为推动企业可持续发展的重要工具。通过有效的三重底线管理，企业能够实现长期的经济、环境和社会效益，最终促进全球的可持续发展。

（二）可持续发展绩效评估模型

可持续发展绩效评估模型旨在帮助企业衡量和改进其在经济、环境和社会三个维度上的表现。该模型通常通过设定关键绩效指标（KPI）来量化这些表现，从而提供一个系统化的方法来评估企业的可持续发展进展。基于 KPI 的评估体系帮助企业量化其可持续发展表现。常用的 KPI 包括资源消耗、碳排放量、员工满意度和供应链管理等。通过定期评估和分析这些指标，企业能够了解其在可持续发展方面的成就和不足，并采取措施进行改进。

1. KPI 的定义与应用　KPI 是衡量组织目标达成程度的量化指标。在可持续发展中，KPI 用于评估企业在资源利用、环境保护和社会责任等方面的表现。常见的 KPI 包括以下 4 个方面。

1）资源消耗：衡量企业在生产过程中使用的自然资源数量。常用的指标包括能源消耗、水资源使用和原材料消耗。企业可以通过减少这些资源的消耗量来降低生产成本，并减轻对环境的负担。

2）碳排放量：是指企业在生产、运输和运营过程中产生的温室气体排放量。碳排放是全球气候变化的重要因素，因此企业需要通过减少碳排放来符合环境保护的要求。常用的测量方法包括温室气体排放核算和碳足迹分析。

3）员工满意度：衡量员工对工作环境、薪酬福利、职业发展机会等方面的满意程度。高员工满意度通常与较高的生产力和较低的员工流失率相关。可以通过定期的员工调查和反馈机制来监测和提高员工满意度。

4）供应链管理：评估供应链的可持续性，包括供应商的环保和社会责任表现。企业应确保其供应链中的每个环节都符合可持续发展的标准，以降低整体风险并增强社会责任感。

2. 定期评估和分析　通过定期评估和分析这些 KPI，企业能够获得有关其可持续发展表现的详细信息。这些评估可以是季度性的、年度性的或根据企业需求进行的自定义评估。定期的分析帮助企业识别其在可持续发展方面的强项和不足，并制定相应的改进计划。

1）数据收集和分析。企业需要建立有效的数据收集机制，以确保 KPI 数据的准确性和完整性。数据可以通过内部系统、第三方审计或直接测量获得。分析这些数据时，企业可以采用统计分析、趋势分析和对比分析等方法，以评估其可持续发展表现。

2）改进措施。根据分析结果，企业应制定和实施改进措施。例如，如果发现资源消耗过大，企业可以采用节能技术或优化生产流程；如果碳排放量超标，可以对清洁能源或提升能源效率方面进行投资；如果员工满意度较低，则需改善工作环境和福利待遇。

（三）生命周期评价

生命周期评价（life cycle assessment，LCA）是一种用于评估产品、过程或服务在其整个生命周期内对环境产生影响的工具。它旨在通过系统地分析从原材料获取、生产、使用到废弃处理的各个阶段，帮助企业和决策者全面了解其环境影响，并制定减少这些影响的策略。LCA 模型关注产品从原材料获取、生产、使用到废弃的全过程。LCA 帮助企业识别产品生命周期中的环境影响，并寻找减少这些影响的方法。通过 LCA，企业能够优化产品设计、改进生产工艺，降低环境负担。

1. 基本概念　LCA 的核心概念如下。

1）生命周期阶段。LCA 涉及产品或服务的全部生命周期，包括原材料采集、生产制造、运输、使用、维护和废弃物处理。这种全面的视角有助于识别和减少各阶段对环境的负面影响。

2）环境影响类别。LCA 关注多个环境影响类别，如全球增温潜能值（GWP）、酸雨形成潜力（AP）、消耗臭氧潜能值（ODP）和资源消耗等。这些类别帮助量化产品在环境中的足迹。

3）功能单位。LCA 的分析基于功能单位，即产品或服务的单位输出，如每吨产品或每千瓦时电力。这有助于在比较不同产品或服务的环境影响时保持一致性。

4）边界设定。在 LCA 中，边界设定是指确定哪些生命周期阶段和环境影响类别将被纳入分析范围。这通常涉及权衡数据可获得性、相关性和分析的复杂性。

2. 实施步骤　LCA 通常包括以下几个步骤。

1）目标和范围定义。目标设定：明确 LCA 的目的、预期结果及如何使用这些结果。例如，是为了内部改进还是用于市场宣传。范围界定：定义分析的边界、功能单位和环境影响类别。这包括确定产品的生命周期阶段和分析的深度。

2）生命周期清单分析（LCI）。数据收集：收集与产品或服务生命周期相关的数据，包括资源输入、能源使用、排放和废弃物生成。数据整理：将收集的数据整理成生命周期清单，提供每个阶段的资源消耗和排放量信息。

3）生命周期影响评估（LCIA）。影响分类：将生命周期清单数据转化为环境影响类别，如温室气体排放、酸雨形成等。影响评估：评估每种环境影响类别对环境的潜在影响，通常包括对影响的强度进行定量分析。

4）解释阶段。结果解读：分析 LCA 结果，识别主要的环境影响源，并评估其对环境的整体贡献。建议改进：根据分析结果提出改进建议，帮助决策者制定环境友好的策略。

5）报告和审查。报告编制：编写 LCA 报告，总结方法、数据、结果和改进建议。外部审查：在一些情况下，LCA 报告可能需要经过独立审查，以确保数据的准确性和分析的公正性。

3. 应用案例

1）建筑行业。某建筑公司对其新建的商业大楼进行了 LCA，评估了建筑材料对环境的影响。从原材料的获取到建筑完成，LCA 揭示了混凝土和钢铁的生产对环境的重大影响。基于这些结果，公司选择了更环保的材料，并优化了建筑设计，减少了建筑过程中的碳足迹。

2）食品行业。一家食品生产企业通过 LCA 评估了其主要产品的环境影响。分析结果显示，运输和包装阶段对总体环境影响的贡献最大。企业通过优化物流和改进包装材料，显著降低了产品的环境影响，并提升了可持续性表现。

3）电子产品。某电子产品公司进行了 LCA，以评估其智能手机的生命周期环境影响。分析结果揭示了制造过程中的能源消耗和材料使用对环境的影响。该公司随后改进了生产工艺，采用了更高效的材料和更环保的能源来源，降低了产品的总体环境负荷。

通过实施 LCA，企业和组织能够更加系统地理解其产品和服务对环境的全面影响，从而做出更加负责任和环保的决策。

（四）平衡计分卡

平衡计分卡（balanced scorecard，BSC）是一种战略管理工具，由罗伯特·S. 卡普兰（Robert S. Kaplan）和戴维·P. 诺顿（David P. Norton）于 1992 年首次提出。它旨在通过综合财务和非财务指标，帮助企业将战略目标转化为具体的行动计划，从而实现战略目标的有效管理。BSC 的核心在于“平衡”，即在财务和非财务指标之间建立平衡，以确保企业在短期和长期、内部和外部、领先和滞后指标之间保持协调。BSC 模型将可持续发展目标纳入企业战略管理，通过财务、客户、内部流程和学习与成长 4 个维度进行绩效评估。BSC 帮助企业将可持续发展目标与战略目标对齐，确保可持续发展成为企业战略的一部分。

1. 主要组成部分　BSC 将企业绩效管理分为以下 4 个主要视角。

1）财务视角：关注企业的财务成果，如收入增长、利润率、投资回报等。这一视角侧重于评估企业的财务健康状况及股东的利益回报。

2）客户视角：着眼于客户满意度和市场占有率。包括客户的需求、期望和反馈，强调如何提升客户体验，获取客户忠诚。

3）内部流程视角：关注企业内部运营效率和业务流程的改进。包括生产过程、供应链管理、质量控制等方面，以提升内部流程的效率和效能。

4）学习与成长视角：涉及员工能力、企业文化、技术创新等。强调组织学习、员工技能提升和创新能力的培养，这些是企业持续发展的基础。

2. 实施步骤　成功实施 BSC 需要系统化的步骤和策略，通常包括以下几个关键步骤：①确定战略目标。在实施 BSC 之前，企业需要明确其战略目标。这些目标应与企业的愿景和使命一致，并能够清晰地描绘企业未来的发展方向。战略目标通常包括市场扩展、成本控制、创新提升等方面。②设定绩效指标。根据确定的战略目标，为每个视角设定具体的绩效指标。每个指标应具备可衡量性，并能够真实反映企业在相关领域的表现。例如，在财务视角中，可以设定“销售增长率”或“净利润率”作为指标。③设定目标值和行动计划。为每个绩效指标设定目标值，并制订相应的行动计划。这些目标值应具有挑战性但又切实可行，并能够推动企业向战略目标迈进。行动计划应详细列出实现目标所需的具体措施和步骤。④实施和监控。将 BSC 模型应用于日常管理中，定期收集和分析绩效数据。监控过程中需要对实施情况进行跟踪，并及时调整策略和计划。实施阶段还需要进行员工培训，确保所有成员对 BSC 的理解和执行。⑤评估和调整。定期评估 BSC 的实施效果，检查是否达到了设定的目标。根据评估结果，调整战略目标、绩效指标和行动计划，以应对变化的市场环境和内部情况。这一阶段也包括对成功经验的总结和改进点的挖掘。

3. 应用案例

1）埃克森美孚公司（ExxonMobil）。埃克森美孚公司在实施 BSC 时，专注于提升财务绩效、客户满意度和内部流程效率。通过引入 BSC，公司能够将战略目标具体化，进而制定了以“提高操作效率”和“客户服务质量”为主要方向的行动计划。实施 BSC 后，埃克森美孚公司显著提高了内部流程效率，增强了客户满意度，最终带动了财务绩效的提升。

2）英特尔公司（Intel）。英特尔公司在应用 BSC 时，侧重于内部流程视角的改进。公司通过 BSC 明确了技术创新和生产效率的关键绩效指标，并制定了相应的提升计划。该策略帮助英特尔公司在技术发展上保持领先，同时优化了生产流程，使该公司在激烈的市场竞争中脱颖而出。

3）阿里巴巴集团（Alibaba）。阿里巴巴在应用 BSC 时，特别注重客户视角和学习与成长视角。该集团通过设定客户满意度和员工培训效果的关键指标，以提升客户体验和员工技能。BSC 的应用帮助阿里巴巴提升了客户忠诚度和员工的工作满意度，从而推动了整体业务的发展。

二、模型的应用与效益

可持续发展管理模型在现代企业管理中扮演着重要角色。通过系统化的应用，这些模型不仅帮助企业实现经济、环境和社会的平衡，还提升了企业的综合竞争力。实践证明，实施可持续发展管理模型能够带来显著的经济效益和社会价值，为企业的长期发展奠定坚实基础。

（一）各模型在不同类型企业中的应用

不同行业和规模的企业可以根据自身特点选择适合的管理模型。

1. 耐克公司　耐克公司（Nike）通过实施 GRI 标准和 CSR 战略，将可持续性融入其业务运营中。该公司发布的年度可持续发展报告详细描述了其在环境保护、社会责任和供应链管理方面的举措。通过这一报告，耐克公司不仅提高了透明度，还增强了与消费者和利益相关者的信任关系。

2. 宝马集团　宝马集团（BMW）应用 LCA 来优化其汽车生产过程。通过对整个产品生命周期的环境影响进行评估，宝马能够识别关键环节并实施改进措施，如提高燃油效率、减少废弃物产生等。这种方法不仅减少了环境负荷，还提升了产品的市场竞争力。

3. IBM 公司　IBM 公司（International Business Machines Corporation）采用 ISO 14001 环境管理体系，建立了系统化的环境管理框架。该公司通过这一体系监控和管理其全球运营中的环境影响，致力于实现节能减排目标，并且定期进行环境绩效审计。实施 EMS 后，IBM 公司显著减少了温室气体排放，提升了环境管理水平。

（二）对企业绩效与长期可持续性的影响

通过应用这些管理模型，企业能够在经济效益、环境保护和社会责任三方面实现平衡，从而提升整体绩效和长期可持续性。

1. 提升企业声誉　实施可持续发展管理模型能够显著提升企业的社会形象和品牌声誉。消费者、投资者和其他利益相关者越来越关注企业的环境和社会责任。通过有效的可持续发展管理，企业可以赢得市场认可和客户忠诚度。

2. 提高运营效率　许多可持续发展管理模型，如 LCA 和 ISO 14001，能帮助企业优化资源使用和减少浪费。这不仅降低了运营成本，还提升了企业的整体效率。节能减排措施和优化生产流程有助于实现长期的经济效益。

3. 符合法规要求　随着环保法规和社会责任标准的逐渐严格，企业实施可持续发展管理模型能够帮助其符合相关法规要求，减少合规风险。通过主动管理环境和社会责任，企业可以避免潜在的法律和经济风险。

4. 增强竞争力　可持续发展管理模型为企业提供了系统化的改进路径，帮助其在激烈的市场竞争中脱颖而出。企业通过有效的可持续发展管理，可以在市场上展示其环保和社会责任优势，吸引更多的消费者和投资者。

5. 促进创新　实施可持续发展管理模型往往需要企业进行技术创新和流程改进。通过关注环境和社会影响，企业能够推动产品和服务的创新，从而开拓新的市场机会和业务领域。

三、模型的局限性与改进

可持续发展管理模型旨在将环境保护、社会责任和经济增长相结合，实现长期的可持续性。然而，在实际应用中，这些模型常常面临多种局限性。

（一）可持续发展管理模型的局限性

1. 标准化与个性化的冲突　可持续发展管理模型通常基于一套标准化的原则和方法。然而，不同组织、企业和地区的实际情况差异很大，导致一套通用模型难以满足所有特定需求。这种标准化的局限性可能导致模型在实施时忽视了本地环境、社会和经济的独特性。

2. 数据与信息的不对称　有效的可持续发展管理依赖于准确的数据和信息。然而，在许多情况下，获取所需的数据可能面临困难，如数据的缺乏、不完整或不准确。这会影响决策的质量，从而限制了模型的实际效果。

3. 短期与长期目标的矛盾　可持续发展模型常常强调长期的环境和社会效益，但在实际应用中，组织和企业通常面临短期的财务压力。这种短期与长期目标之间的矛盾可能导致可持续发展措施的实施受到限制。

4. 组织文化与惯性的影响　不同组织的文化与惯性对管理模型的接受和实施有很大影

响。如果模型与现有的文化和惯性不一致，可能会遭遇阻力，影响其有效性。

5. 缺乏系统性评估　许多可持续发展管理模型在实际应用中缺乏系统性的评估机制。没有持续的监测和评估，难以了解实施效果，也难以进行及时的调整和改进。

（二）改进措施

1. 增强模型的灵活性与适应性　为了克服标准化与个性化的冲突，管理模型需要具备更大的灵活性。在设计和实施模型时，应充分考虑本地的具体情况，允许一定程度的调整和定制，以提高模型的适用性。

2. 改善数据管理与信息共享　解决数据与信息不对称的问题，需要建立更好的数据管理和共享机制。通过改进数据收集、处理和分析的方法，可以提高决策的准确性。同时，鼓励跨部门和跨组织的信息共享，以获取更全面的视角。

3. 平衡短期与长期目标　在管理模型中，应考虑如何平衡短期与长期目标。例如，可以通过设置阶段性目标和评估机制，将长期目标分解为短期可实现的步骤，从而在短期内获得初步成果，激励持续投入。

4. 文化与组织适应性培训　针对组织文化与惯性带来的问题，可以通过培训和教育，提升组织成员对可持续发展目标的认同感和理解深度。加强内部沟通和参与，减少抵触情绪，提高模型的实施效果。

5. 建立动态评估与反馈机制　在实施可持续发展管理模型时，应建立动态的评估与反馈机制。定期监测实施效果，及时发现问题并进行调整，能够确保模型的持续改进和优化。

延伸阅读

联合利华的可持续发展管理

联合利华（Unilever）是全球领先的消费品公司之一，其可持续发展战略具有代表性。根据 2023 年 *Unilever Sustainable Living Plan* 更新文件，该公司已将 2030 年碳足迹目标提升至减少 60%（较 2015 年基准），并计划通过绿色能源投资覆盖 100%的生产基地。联合利华通过以下措施构建了其可持续发展管理框架。

1）战略规划与目标设定。联合利华设立了“可持续生活计划”（Sustainable Living Plan），该计划包括到 2025 年实现社会和环境方面的具体目标。例如，2025 年通过健康产品覆盖全球 10 亿人，减少 50%的塑料包装使用。数据显示，2022 年，其 53%的塑料包装已实现可回收或再利用。

2）政策与制度建设。该公司通过《负责任采购政策》要求 95%的原材料供应商需符合其环境与社会标准，并引入第三方认证机制。确保所有业务运营符合可持续发展原则。第三方机构 GRI 评分显示，联合利华在供应链透明度指标上达到行业前 10%水平。

3）资源管理与优化。联合利华通过热能回收技术每年减少 1.2TW · h 的能源消耗，并在印度等地推广节水灌溉技术，使供应链水资源消耗量下降 42%（2018～2022 年）。

4）绩效评估与监控。该公司每年发布《可持续生活报告》，详细介绍其在环境和社会方面的绩效，并对目标的达成情况进行透明的披露。

5）利益相关者参与。联合利华与其供应商、消费者及非政府组织等利益相关者进行广泛的合作，推动其可持续发展目标的实现。

6）持续改进。根据绩效评估结果，该公司不断调整其战略计划，并推出新的可持续发展措施，如其通过“创新实验室”开发了植物基包装材料，计划在 2025 年前将可回收包装比例提升至 100%。绿色产品线占 2023 年销售额的 18%，较 2020 年增长 6%。

联合利华的案例展示了一个企业如何通过全面的管理框架来推动可持续发展。其成功经验包括明确的目标设定、系统化的政策制定、绩效监控和利益相关者的广泛参与。这些措施为其他组织提供了宝贵的借鉴经验。

思　考　题

1. 企业在制定可持续发展战略时，如何平衡经济目标与社会目标、环境目标之间的潜在冲突？

2. 在动态的商业环境中，企业应如何根据自身发展阶段、行业特性选择或组合不同的可持续发展管理模型？

3. 如何通过制度设计提升可持续发展数据的可信度？在信息披露与商业机密保护之间是否存在不可调和的矛盾？

主要参考文献

陈劭锋. 2009. 可持续发展管理的理论与实证研究：中国环境演变驱动力分析. 合肥：中国科学技术大学.

陈文北，文梅，贺明华. 2021. 基于三重底线的可持续发展与企业社会责任. 科技资讯，19（10）：105-107.

刘运国，金淞宇，周颖. 2024. 平衡计分卡：构建、应用和发展. 会计之友，（2）：128-139.

Joshi S，Krishnan H，Krishnan R，et al. 2018. 中国可持续发展管理体系的演变. 中国管理会计，（4）：104-115.

CDP（Carbon Disclosure Project）. 2022. CDP score for unilever. [2025-06-20]. https://www.unilever.com/sustainability/responsible-business/sustainability-ratings-and-rankings/.

Elkington J. 1997. Cannibals with forks：the triple bottom line of 21st century business. North Mankato：Capstone Publishing.

Elkington J. 2018. 25 years ago i coined the phrase“Triple Bottom Line”—here’s why it’s time to rethink it. New York：Fast Company Press.

Ellen MacArthur Foundation. 2023. Circular economy packaging report. [2025-06-20]. https://content.ellenmacarthurfoundation.org/m/1b565394a67da8a5/original/The-Global-Commitment-2023-Progress-Report.pdf.

Freeman RE，Harrison JS，Wicks AC，et al. 2020. Managing for stakeholders：survival，reputation，and success. New Haven：Yale University Press.

Freeman RE，Velamuri SR. 2005. A new approach to CSR：company stakeholder responsibility. *In*：Kakabadse A，Morsing M. Corporate responsibility. Berlin：Springer：9-23.

Gates S. 2020. Practical guide to key performance indicators for sustainable business. Berlin：Springer.

Global Reporting Initiative（GRI）. 2021. GRI standards. [2025-06-20]. https://www.globalreporting.org/

standards/download-the-standards/.

Guinée JB. 2011. Life cycle assessment：an operational guide to the ISO standards. Dordrecht：Kluwer Academic Publishers.

ISO（International Organization for Standardization）. 2015. ISO 14001：2015 environmental management systems—requirements with guidance for use. [2025-05-20]. https://www.iso.org/standard/60857.html.

Kaplan RS，Norton DP. 2001. The strategy-focused organization：how balanced scorecard companies thrive in the new business environment. Boston：Harvard Business School Press.

Lacy P，Rutqvist J. 2019. Waste to wealth：the circular economy advantage. New York：Palgrave Macmillan.

Schaltegger S，Wagner M. 2017. Managing the business case for sustainability：the integration of social，environmental and economic performance. London：Routledge.

Slaper TF，Hall TE. 2011. The triple bottom line：what is it and how does it work?. Bloomington：Indiana Business Research Center.

Unilever. 2022. Sustainable living report 2022. [2025-05-20]. https://www.unilever.com/sustainable-living-report-2022.

Unilever. 2023. Sustainable living report 2023. London：Unilever Corporate Publications.

United Nations Global Compact. 2021. The ten principles. New York：United Nations.

WWF. 2023. Water stewardship in unilever operations. [2025-06-20]. https://wwfint.awsassets.panda.org/downloads/scaling-up-water-stewardship-2023---hr.pdf.

第四篇

未 来 展 望

第十一章　低碳与可持续发展的挑战和机遇

主要目标

1）了解实现低碳与可持续发展可能遇到的经济、技术、制度、文化等障碍，认识解决这些障碍的方法与途径。

2）了解科技创新在低碳与可持续发展中的未来发展趋势及其对低碳与可持续发展的推动作用的内涵。

第一节　实现低碳与可持续发展的障碍

随着全球气候变化的加剧和能源短缺问题的日益突出，低碳与可持续发展已成为全球共识，是应对气候变化、保护生态环境、实现经济社会长期繁荣的必由之路。然而，从理论到实践，实现低碳与可持续发展仍面临诸多障碍，既包括经济、技术，也包括制度、文化等多个方面。

一、经济障碍

（一）资金投入不足与财政资金分配不合理

低碳经济的发展需要大量的资金投入，包括技术研发、设备更新、基础设施建设等多个方面（徐晓玲，2011）。然而，这一宏伟目标的实现并非易事，其中资金投入不足是一个尤为突出的挑战。当前许多国家，特别是发展中国家，在财政支持上显得力不从心。中国作为世界上最大的发展中国家，尽管在低碳经济方面已经取得了一定成就，但财政资金相对缺乏，难以满足低碳经济发展的巨大需求。

低碳与可持续发展的核心在于技术创新，而技术创新离不开资金的支持。无论是清洁能源的开发、节能减排技术的推广，还是循环经济模式的构建，都需要大量的研发资金。然而，当资金投入不足时，这些关键领域的研发进程将受到严重阻碍，导致低碳技术无法及时转化为实际生产力，从而拖延了低碳与可持续发展的步伐，包括绿色产业的培育与发展。绿色产业是低碳与可持续发展的重要载体，但其在初创和发展阶段往往面临市场风险、技术风险等多重挑战，需要政府和社会资本的持续投入来扶持。当资金投入不足时，绿色产业将难以获得足够的生长空间，其市场竞争力、创新能力及产业链整合能力都将受到严重制约，进而影响到整个低碳与可持续发展体系的构建。

财政资金分配不合理进一步加剧了这一困境。如果财政资金在分配过程中过于偏向传统领域，忽视绿色技术的研发与应用，或未能充分考虑到绿色产业的特殊需求和发展潜力，那么将严重制约低碳技术的发展和推广，使得低碳转型变得更加困难，严重制约绿色产业的成长和壮大，进而影响到整个低碳经济的发展。即使有一定的财政资金投入，但如果分配不合理，同样将导致绿色领域无法获得足够的财政支持，影响到整个低碳经济的发展，进而无法实现低碳与可持续发展的目标。

另外，资金投入不足与财政资金分配不合理共同导致环保基础设施建设滞后。环保基础设施是低碳与可持续发展的物质基础，其建设和完善需要大量的资金投入。然而，当资金投入不足且财政资金分配不合理时，环保基础设施的建设将滞后于经济社会发展的需求。这将导致环境污染问题无法得到有效解决，从而严重制约了低碳与可持续发展的实现。

低碳与可持续发展政策执行不力的原因之一是资金投入不足与财政资金分配不合理。低碳与可持续发展需要政府、企业和社会各界的共同努力，而政策的制定与执行是这一过程中的关键环节。然而，当财政资金投入不足且分配不合理时，政府可能无法为政策的执行提供足够的财政支持，导致政策效果大打折扣。同时，企业也可能因为资金压力而无法积极响应政府的政策引导，从而影响到整个社会的低碳转型进程。

综上所述，资金投入不足与财政资金分配不合理是阻碍低碳与可持续发展实现的两个重要因素。为了克服这些障碍，我们需要政府加强财政资金的科学管理和合理分配，政府、企业和社会各界共同努力，创新融资机制，确保绿色技术、绿色产业和环保基础设施等关键领域得到足够的财政支持。同时，还需要拓宽资金来源渠道，吸引更多的社会资本投入低碳与可持续发展领域，为其提供坚实的资金保障。只有这样，才能顺利迈向一个更加绿色、可持续的未来。

在低碳与可持续发展领域，有许多成功案例可以提供宝贵借鉴，如国家电投“暖核一号”核能供热项目。该项目是国家“十四五”规划重点工程、我国首个跨地级市核能供热工程，总投资近 40 亿元，采用了具有完全自主知识产权的核能零碳供热技术，是世界上最大的单台核电机组抽汽供热工程，可满足 100 万居民的取暖需求，实现了零碳热源的跨区域互通共享。该项目不仅解决了供暖问题，还开创了“核电厂+政府平台+长输管网公司+供热公司”的供热商业新模式，为未来的核能供热提供了示范。

该项目首个供暖季累计对外提供清洁热量 200 万 GJ，同比核能供热前，节约原煤消耗 18 万 t，减排二氧化碳 33 万 t、氮氧化物 2021t、二氧化硫 2138t、烟尘 1243t，提升了区域供暖季空气质量，同时减少向环境排放热量 150 万 GJ。前 5 个供热季累计提供零碳热量 901 万 GJ，节约原煤消耗 81 万 t，减排二氧化碳 149 万 t。2024 年 11 月第 6 个供热季覆盖面积合计 1300 万 m^2，供出清洁热量 460 万 GJ，节约原煤消耗 41 万 t，减排二氧化碳 76 万 t（参考中国新闻网）。截至 2022 年 4 月 1 日，“暖核一号”核能供热项目已持续安全、稳定供热 143 天，供热面积近 500 万 m^2，各项指标达到设计要求，系统运行良好，减碳效益显著，空气质量和海洋生态得到有效改善，为中国核电基地海洋生态环境建设提供了新示范。

（二）经济效益与环保效益的矛盾

在经济发展过程中，经济效益与环保效益往往存在矛盾（黎和贵，2010）。传统的高能耗、高污染产业往往能带来较快的经济增长，而低碳产业则可能因初期投入大、见效慢而难以获得足够的经济回报。这种矛盾使得许多企业和地方政府在推动低碳经济发展时动力不足。

经济效益与环保效益的矛盾导致企业在投资决策上产生偏差。在市场经济环境下，企业往往更注重经济效益，追求利润最大化。然而，低碳与可持续发展要求企业在生产过程中减少碳排放、节约资源、保护环境，这往往需要增加投资成本。当企业面临经济效益与环保效益的抉择时，很可能会选择牺牲环保效益以追求更高的经济效益，从而阻碍低碳与可持续发展的实现。

另外，经济效益与环保效益的矛盾影响政府政策的制定与执行。政府在推动低碳与可持续发展方面扮演着重要角色，但政府在制定政策时也需要考虑经济效益。如果政府过于强调环保效益，可能会对企业造成过大的经济压力，影响企业的竞争力和市场活力。因此，政府在制定政策时往往需要在经济效益与环保效益之间寻求平衡，但这种平衡往往难以实现，导致政策执行效果不佳。

在资源有限的情况下，如果过于注重经济效益，可能会导致环保领域投入不足，影响环保基础设施的建设和运营。相反，如果过于注重环保效益，可能会挤占其他重要领域的发展资源，影响整体经济社会的进步。这种社会资源的错配将严重阻碍低碳与可持续发展的实现。

在实现低碳与可持续发展的过程中，不同利益群体对于经济效益与环保效益的看重程度不同，因此很容易产生争议和分歧。这种社会舆论的争议和分歧将影响对于低碳与可持续发展的共识和行动力，从而阻碍这一目标的实现。

因此，经济效益与环保效益的矛盾是阻碍低碳与可持续发展的重要现实因素。为了克服这一矛盾，需要寻找经济效益与环保效益之间的平衡点。政府需要制定科学合理的政策，引导企业在追求经济效益的同时注重环保效益；企业需要积极履行社会责任，加大环保投入力度；社会各界需要加强宣传和教育，提高公众对于低碳与可持续发展的认识和参与度。

二、技术障碍

（一）科技创新人才不足

科技创新是推动低碳与可持续发展的核心驱动力。无论是低碳技术的研发与应用，还是绿色产业的培育与发展，抑或是环保政策的制定与执行，都离不开科技创新的强有力支撑（徐晓玲，2011）。而这一切的背后，都需要大量的科技创新人才作为坚实的后盾。他们拥有深厚的专业知识、独特的创新思维和丰富的实践经验，是推动低碳与可持续发展事业不断前进的关键力量。然而，当前全球范围内科技创新人才普遍短缺。中国虽然在科技创新方面取得了显著进展，但仍存在科技人员供给不足的问题。政府应加大对科技创新的投入，吸引和培养更多的优秀人才。

科技创新人才严重不足不仅体现在数量上的短缺，更体现在质量上的参差不齐。许多领域都缺乏具有国际视野、跨学科知识和创新能力的顶尖科技人才，导致低碳技术的研发进展缓慢，绿色产业的发展受到严重制约，环保政策的执行效果也大打折扣。

在低碳技术研发方面，由于人才短缺，无法迅速开发出高效、经济、可行的低碳技术，无法满足低碳转型的迫切需求。这导致我国在国际竞争中处于不利地位，无法实现低碳技术的领先和自主创新。同时，缺乏科技创新人才的支撑，也难以对现有的低碳技术进行改进和优化，无法进一步提高其性能和降低成本。

绿色产业作为低碳与可持续发展的重要载体，需要大量的科技创新人才来推动其技术创新、产品研发和生产流程优化。然而，由于人才匮乏，绿色产业的发展受到严重制约，无法实现其应有的经济和环境效益，导致绿色产业在市场竞争中处于不利地位，难以吸引更多的投资和支持。

环保政策的制定需要科学依据和技术支持，政策的执行更需要技术人才的参与和推动。

科技创新人才不足，将难以为环保政策的制定提供充分的科学依据，也无法为政策的执行提供有效的技术支持。这导致环保政策难以得到有效实施，无法发挥其在推动低碳与可持续发展方面的积极作用。同时，缺乏科技创新人才的参与和推动，也难以对环保政策进行评估和改进，无法确保其科学性和有效性。

加大科技创新人才的培养和引进力度，政府需要制定更加优惠的政策，吸引更多的科技创新人才投身于低碳与可持续发展事业；企业需要加强科技创新体系的建设，为科技创新人才提供更好的发展平台和待遇；社会各界需要加强宣传和教育，提高公众对科技创新人才在低碳与可持续发展中重要性的认识。

（二）技术推广困难

技术推广是低碳与可持续发展实现的关键桥梁。无论是先进的低碳技术、绿色的生产方式，还是环保的生活理念，都需要有效的推广手段，才能转化为广泛的社会实践。技术推广能够打破地域、行业和认知的壁垒，将低碳与可持续发展的理念和技术普及到社会的各个角落，从而推动整个社会的转型和进步。许多企业由于技术基础薄弱、缺乏相关经验等原因，难以有效吸收和应用新技术。政府应推动低碳技术的推广，通过政策引导、市场化机制等手段，促进低碳技术在各行业中的广泛应用。

低碳技术和绿色生产方式往往涉及复杂的科学原理和工艺流程，对于非专业人士来说，学习和掌握这些技术需要付出大量的时间和精力，导致技术推广的受众范围受限，难以形成广泛的社会影响力。此外，资金和资源往往是技术推广的瓶颈。许多低碳技术和绿色生产方式在研发和推广阶段需要大量的资金投入，而社会对于环保事业的投入往往有限。这使得技术推广难以得到足够的支持，无法形成持续、稳定的推广态势。加之，不同地区、行业和人群对于低碳与可持续发展的认知和理解存在差异，导致技术推广过程中难以形成共识和合力，缺乏积极的推广意愿和行动。

由于技术推广困难，许多先进的低碳技术无法得到有效应用和推广，导致这些技术无法在实际生产中发挥作用，无法为社会带来实际的环保和经济效益，制约绿色产业的培育和发展，一些环保政策无法得到有效执行。

（三）技术路径依赖

长期以来，许多国家和地区已经形成了对高碳技术的路径依赖，这种依赖在短期内难以改变。高碳技术如化石能源的开发与利用，在全球范围内占据了主导地位（潘苏楠等，2019）。这些技术以其成熟、高效、低成本等优势，支撑了人类社会的快速发展。然而，随着全球气候变化的日益严峻，高碳技术的弊端逐渐显现，其对环境的破坏和对资源的过度消耗已成为不可忽视的问题。尽管如此，由于历史惯性、经济利益和技术转型的难度等因素，许多国家和地区仍深陷对高碳技术的路径依赖之中。

对高碳技术的路径依赖主要会导致三个方面的问题。第一，路径依赖阻碍技术创新。对高碳技术的路径依赖意味着大量的资金、人才和资源被投入到这些技术的维护和升级中，而低碳技术的研发和推广则相对滞后。这种资源配置的不平衡严重制约了低碳技术的创新和发展，使得低碳转型的步伐缓慢而艰难。路径依赖导致经济结构固化。高碳技术往往与特定的经济结构和产业体系紧密相连。长期依赖高碳技术，不仅使得经济结构趋于固化，难以适应低碳转型的需求，还可能导致产业空心化、就业压力增大等社会问题。这种经济结构的固化不仅阻碍了低碳与可持续发展的实现，还可能引发一系列经济和社会风险。第二，路径依赖加剧环境压力。高碳技术的广泛应用加剧了全球环境压力。大量排放的温室气体、污染物和废弃物对生态系统造成了严重破坏，影响了人类社会的可持续发展。如果对高碳技术的路径依赖得不到有效破解，环境压力将持续加剧，最终可能引发不可逆转的生态灾难。第三，路径依赖导致国际竞争力下降。在全球低碳转型的大背景下，能够率先实现低碳转型的国家和地区将在国际市场上占据有利地位，而那些仍依赖高碳技术的国家和地区则将逐渐被边缘化。

破解路径依赖需要加强政策引导和支持、推动技术创新和产业升级、提高公众意识和参与度、加强国际合作与交流，通过教育科普、分享经验、交流技术、开展联合研究等方式，推动全球低碳转型进程的不断加快。

三、制度障碍

（一）环境保护制度不完善

当前，许多国家和地区的环境保护制度仍存在诸多不完善之处。例如，环境保护力度不够，法律法规漏洞较多，部门分割严重等。这些问题导致环境保护工作难以有效开展，低碳经济的发展也受到影响。政府应加快完善环境保护制度，建立健全相关法律法规体系，确保低碳经济的顺利推进。

首先，环境保护法规制度的不完善表现在立法层面的缺失。尽管我国在环境保护方面已经制定了一系列法律法规，但在某些领域和细节上仍存在空白。例如，对于新兴的环境问题，如碳排放、电子废弃物等，相关的法律条款可能还不够明确和完善。这种立法滞后导致了对这些问题的监管不力，使得一些高污染、高能耗的产业得以继续存在和发展，从而违背了低碳与可持续的发展理念。

其次，环保法规在执行过程中的力度不够也是一大问题。一些地区为了追求经济增长，可能会忽视环境保护法规的执行，甚至存在地方保护主义的现象。这使得环保法规成为一纸空文，无法在实际中对环境污染和破坏行为进行有效约束，进而阻碍了低碳与可持续发展的推进。

再次，环保法规制度的监督机制和惩罚机制不健全，甚至没有有效的监督机制，无法确保环保法规的贯彻执行；而没有严厉的惩罚机制，将难以对违规行为形成足够的威慑力。这些因素共同导致了环保法规在遏制环境污染和保护生态环境方面的乏力。

最后，环保法规制度的不完善还体现在公众参与度不高和环保意识不强上。公众的广泛参与是环保法规制度得以有效实施的重要基础。然而，目前公众在环保方面的意识和行动还存在较大差距，这与环保法规在宣传和教育方面的不足有关。公众环保意识的淡薄直接影响了环保法规的普及和实施效果，从而阻碍了低碳与可持续发展的实现。

（二）能源体制不适应低碳发展

能源体制是支撑社会经济发展的重要基础，它决定了能源的开采、生产、传输和使用方式。现有的能源体制往往以煤炭、石油等传统的高碳能源为主，而清洁、可再生的能源如太阳能、风能等则占比较小，难以适应低碳发展的需求。这种不合理的能源结构导致大量的温室气体排放，加剧了全球气候变化的问题。

在低碳发展的背景下，能源体制需要实现从传统的高碳能源向低碳、清洁、可再生的能源转型。但是，由于体制灵活性和创新性的缺乏，新能源和低碳技术的研发和应用受到限制，无法充分发挥其在低碳发展中的作用。例如，电力系统中低效率运行和严重能源浪费问题普遍存在，导致节能减排效果不理想。

能源体制中的利益格局也是阻碍低碳发展的一个重要因素。在传统的能源体制中，往往存在着复杂的利益关系和利益格局，与高碳能源的生产和使用紧密相连。因此，在推动低碳发展的过程中，需要打破这些利益关系和格局，但这往往面临着巨大的阻力和困难。

因此，政府应加快能源体制改革，建立有助于实现能源结构调整和可持续发展的价格体系，推动可再生能源的发展和应用。

（三）市场机制不健全

市场机制是通过供求关系、价格机制、竞争机制等来调节资源配置的。在低碳与可持续发展的背景下，市场机制需要能够有效地引导资源向低碳、环保、可持续的方向流动。然而，当前的市场机制在许多方面并不完善，如垄断竞争、信息不对称等，无法充分发挥其在推动低碳与可持续发展中的作用。

在低碳与可持续发展的背景下，许多低碳技术、产品和服务往往具有较高的成本，而传统的高碳技术、产品和服务则成本较低。由于价格机制的不完善，这些低碳技术、产品和服务往往无法获得合理的价格回报，导致其市场竞争力不足，无法形成有效的市场推动力。加之，地方政府保护、行业垄断、不正当竞争等，消费者往往缺乏足够的激励和选择来购买和使用低碳产品与服务，导致低碳市场的发育不足，市场竞争不充分，无法有效地推动低碳与可持续发展。

市场准入和退出机制的不健全也是低碳市场机制不健全的重要表现。在低碳与可持续发展的背景下，需要有一套完善的市场准入和退出机制来引导企业进入或退出低碳领域。然而，当前的市场准入和退出机制往往存在门槛过高、程序复杂、监管不力等问题，导致一些有潜力的低碳企业无法进入市场，而一些高碳企业则难以退出市场。

四、文化障碍

（一）商业化消费观念的影响

商业化消费观念是阻碍低碳与可持续发展实现的隐形枷锁。商业化消费观念往往以物质享受和短期满足为核心，追求即时的快乐和便利。这种观念在很大程度上忽视了消费行为对环境和社会的长期影响，从而导致了资源的过度消耗和环境的恶化。在低碳与可持续发展的背景下，这种消费观念显然已经不合时宜。

在物质充裕的现代社会，商业化会诱导人们从传统消费观念向过度消费和浪费转变，追求更多的物质享受，忽视资源的有限性和环境的承载能力。这种过度消费的行为不仅导致了资源的浪费，还加剧了环境的污染和破坏，和低碳与可持续发展的理念背道而驰。而且，消费者往往只关注产品的价格、质量和功能，忽视产品的环保性能和可持续性。这种消费行为无疑会阻碍低碳与可持续发展的实现。

为了克服这一障碍，我们需要积极倡导和实践绿色消费观念，鼓励节约、环保和可持续性的消费行为。同时，政府和企业也应加大力度推广绿色产品和服务，引导消费者形成低碳、环保、可持续的消费习惯。只有这样，才能逐步摆脱错误消费观念的束缚，推动低碳与可持续发展的实现。

（二）企业文化的影响

企业文化是企业内部形成的一种共同的价值观、信念和行为准则，它深刻地影响着企业的决策、运营和员工行为。然而，当企业文化和低碳与可持续发展的理念相悖时，它就可能成为阻碍企业实现低碳转型和可持续发展的重要因素。

首先，企业文化中的短期利益导向可能阻碍低碳与可持续发展的实现。在一些企业中，追求短期经济利益成为企业文化的核心，这导致企业在决策时往往忽视长期的环境和社会影响。为了追求短期的利润最大化，企业可能选择高耗能、高排放的生产方式，而忽视低碳技术的研发和应用，从而阻碍低碳与可持续发展的实现。

其次，企业文化中的保守和抵触变革可能阻碍低碳与可持续发展的推进。在一些企业中，企业文化强调稳定和传统，对新的理念和技术持保守态度。这种文化可能导致企业对低碳转型和可持续发展的新机遇持抵触态度，缺乏创新和变革的动力，从而无法适应低碳发展的要求。

最后，企业文化中缺乏环保和社会责任意识也可能阻碍低碳与可持续发展的实现。在一些企业中，企业文化过于注重经济效益，而忽视企业的环保和社会责任。这种文化可能导致企业在生产过程中忽视环境保护，缺乏对社会和环境的责任感，从而无法实现低碳与可持续发展的目标。

为了克服这一障碍，企业需要积极塑造和低碳与可持续发展相契合的企业文化，包括倡导长期利益导向、鼓励创新和变革、强化环保和社会责任意识等方面。通过塑造积极的企业文化，企业可以更好地推动低碳转型和可持续发展的实现，为社会的可持续发展做出更大的贡献。

（三）社会文化价值观的冲突

低碳经济的发展需要全社会的共同努力和支持。然而，不同文化价值观之间的冲突往往导致低碳发展的推进受阻，成为阻碍其实现的深层挑战。例如，一些地区由于历史、宗教等原因，对环境保护和可持续发展的认识存在偏差。政府应加强对社会文化的引导和培育，推动形成有利于低碳发展的社会文化价值观。

社会文化价值观是人们在长期的社会生活中形成的对事物、行为、观念等的评价和取向。这些价值观深植于人们的思想和行为之中，引导着社会的发展和变革。然而，当传统的社会文化价值观和低碳与可持续发展的理念发生冲突时，就会对低碳与可持续发展的实现造成阻碍。

传统社会文化价值观中的“物质主义”倾向和低碳与可持续发展的理念相悖。在许多社会中，物质财富被视为成功的象征，追求物质享受成为人们的主要目标。这种价值观导致了对资源的过度消耗和环境的破坏，和低碳与可持续发展的要求背道而驰。人们往往更关注眼前的经济利益和物质享受，而忽视了长期的环境保护和社会责任。

社会文化价值观中的“消费主义”也和低碳与可持续发展的理念发生冲突。消费主义鼓励人们不断追求更多的物质消费和享受，将消费视为生活的核心。这种价值观导致了大量的浪费和环境污染，和低碳与可持续发展的节约资源、保护环境的要求相去甚远。在消费主义的驱使下，人们往往难以形成节约、环保的消费习惯，从而阻碍了低碳与可持续发展的实现。

五、解决方案与建议

（一）增加财政投入与合理分配

政府应加大对低碳经济的财政投入力度，确保资金能够充分满足低碳发展的需求。同时，应加强对资金的调配和监管，确保资金能够合理分配到低碳经济的关键领域。此外，还可以通过设立专项基金、引入社会资本等方式拓宽资金来源渠道。

（二）加强科技创新与人才培养

政府应加大对科技创新的投入力度，鼓励和支持科研机构与企业开展低碳技术研发工作。同时，应加强对科技创新人才的培养和引进工作，为低碳技术的发展提供有力的人才支撑。此外，还可以通过建立产学研合作机制等方式促进科技成果的转化和应用。

（三）完善环境保护与能源体制

政府应加快完善环境保护和能源体制建设工作，建立健全相关法律法规体系和政策措施体系。同时，应加强对环境保护和能源利用工作的监管与调控力度，确保各项政策措施得到有效落实和执行。此外，还可以通过建立激励机制、加强国际合作等方式推动低碳经济的发展进程向前迈进。

（四）培育绿色消费与企业文化

政府应加强对公众的宣传教育工作力度，引导公众树立绿色消费观念和行为习惯。同时，应加强对企业的监管和引导力度，推动企业树立绿色经营理念和行为规范。此外，还可以通过建立绿色供应链体系、推广绿色产品等方式促进绿色消费和低碳生产的发展进程。

（五）加强国际合作与交流

低碳经济的发展是全球性的任务和挑战，需要各国政府、企业和社会各界的共同努力与支持。因此，加强国际合作与交流对于推动低碳经济的发展具有重要意义。各国政府应加强在低碳技术研发、政策制定、市场建设等方面的合作与交流，分享经验和成果，共同应对气候变化和能源短缺等全球性挑战和问题。

实现低碳与可持续发展是一项长期且艰巨的任务，需要政府、企业和社会各界的共同努力和支持。尽管当前面临诸多障碍和挑战，但只要我们坚定信心、齐心协力，就一定能够克服这些障碍，推动低碳与可持续发展的进程不断向前迈进。

第二节 科技创新与未来发展趋势

随着气候变化、资源枯竭、环境污染等问题的日益加剧，这些现象也逐渐地对人类的生存和发展构成了严重威胁，因此人类社会正面临着前所未有的挑战。为了实现可持续发展，人类必须转变发展模式，走绿色低碳发展道路。而科技创新作为推动社会进步的重要引擎，将在低碳与可持续发展中发挥关键作用。

一、科技创新的发展及其对低碳与可持续发展的推动作用

进入 21 世纪以来，科技在世界各国都进行着蓬勃发展。科技的进步带来经济发展的同

时，也带来了各种各样的环境、气候和资源问题。随着新生的科学技术不断增多，世界各国人民都意识到，科技的进步同样也可以用来制约这些问题。在这样的认识下，以“低碳”“绿色”“可持续发展”为重心的科学技术不断地涌现出来，对低碳与可持续发展起着重要的作用。

（一）与低碳和可持续发展相关的科技创新

当世界各国认识到环境问题并提出了相应的政策、方案和要求后，各种各样的“环境友好型”科技便随之而来，这些科学技术根据不同时间段的具体要求也在不断地进行着创新和改革（周蓉等，2014）。为了达到“低碳”“绿色”“可持续发展”等要求，“环境友好型”科技根据能源的整体使用过程，主要从三个方面进行创新。

能源的整体使用过程主要包括“能源来源—使用过程—废弃物排放”三个流程，所以想要达到低碳的整体目标，科技创新就需要从这三个流程入手，核心的思路就是在“能源来源”环节选择使用更为清洁的能源，在使用过程中尽量减少能源的消耗，即“节能”，在废弃物排放环节进行废弃物的循环利用。

（二）科技创新对低碳与可持续发展的作用

从上面的各项技术可以看出，科技创新对低碳与可持续发展的推动作用，是一个从源头到末端的多重助力。科技创新是实现低碳与可持续发展的重要驱动力，它在能源生产、工业制造、交通运输、建筑、农业等多个领域发挥着关键作用。从源头到末端，科技创新为实现可持续发展提供了多方面的助力。

1. 技术突破推动能源结构转型　　在能源领域中，清洁能源技术的突破，推动着能源结构的转型。人们不断在可再生能源如太阳能、风能、水能、地热能等清洁能源技术方面获得突破，提升了可再生能源的利用效率和经济性，并降低了成本。同时，随着第四代核能技术研发获得显著进展，核能的利用更具备安全性和高效率，为解决能源问题提供新的可能。再加上储能技术发展，电池技术、氢能技术等储能技术不断进步，为解决可再生能源间歇性问题提供解决方案，并提升能源系统的稳定性。

2. 制造技术创新降低能源使用损耗　　在工业领域中，通过对绿色制造技术的创新，以降低能源使用损耗。节能降耗技术的应用，使得在工业生产过程中，应用如高效电机、智能控制系统、余热回收等先进的节能技术，可以大幅度降低能源消耗，减少碳排放。同时，采用清洁生产工艺，对清洁生产工艺进行优化，可以减少污染物的排放，实现资源的循环利用。另外，随着新型绿色材料的研发与应用，如生物基材料、可回收材料等，可以减少产品生产的碳足迹，提高产品可持续性。

3. 智能化与低碳化融合减少尾气污染排放　　在交通运输领域中，采取智能化与低碳化融合，以减少尾气污染排放。目前，新能源汽车的推广普及已经成为人所共知的事实，电动汽车、氢燃料汽车等新能源汽车的推广应用，减少了交通领域的尾气排放，推动交通运输低碳化转型。智能交通系统技术通过对交通系统的优化来强化交通信号的控制、交通流量的管理等，从而提升交通效率，减少交通拥堵和碳排放。同时，智慧物流发展所展现的智慧物流系统通过智能调度、精准配送，减少物流运输过程中的碳排放情景，可以很好地提高物流效率和资源利用效率。

4. 绿色建筑技术应用推动建筑消耗减少　　在建筑领域中，绿色建筑技术的应用，可以推动建筑消耗减少。节能建筑设计以“节能”作为建筑设计理念，优化建筑布局、提高建筑保温性能，减少建筑方面的能耗。与之配套的是可再生能源的应用，通过在建筑屋顶、墙体等部位安装太阳能光伏系统，利用可再生能源降低建筑能耗，以及智能家居系统可以实现对室内温度、灯光、电器等设备的智能控制，可以有效地降低建筑能耗。

5. 精准农业技术发展增加农业生产效率　在农业领域中，精准农业技术的发展，促使农业生产效率的增加。精准农业技术应用主要有精准施肥、精准灌溉、智能农机等技术，同时优化农业生产过程，提高资源利用效率，减少农业生产的碳排放。生物育种技术、生物农药、生物肥料等生物技术的应用，提高了农业生产效率，减少了农药化肥的使用及农业生产的碳足迹。循环农业技术可以使老百姓通过废弃物的资源化利用，实现农业生产的循环利用，从而减少农业生产的碳排放。

科技创新不仅在具体领域推动低碳和可持续发展，更重要的是，它催生了跨学科交叉研究，推动了系统性解决方案的涌现。

二、科技创新在低碳与可持续发展中的未来发展趋势

当今世界，低碳、绿色与可持续发展已经成为未来发展的主要主题之一，科技创新在这一主题下是实现低碳与可持续发展的关键驱动力，未来科技的创新方向也主要以该主题为发展方向。所以根据现有技术的发展情况列举一些未来发展趋势。

（一）突破性技术

根据能源采集端的情况，发现新的清洁能源或发展出新的技术将以前不可利用的能源利用起来或提升能源的利用效率，都是未来技术的突破性方向，目前可以预见到的技术主要有以下几种。

（1）清洁能源　核聚变、清洁煤炭技术、下一代太阳能电池、高效储能系统等技术将持续发展，为能源转型提供更多的选择。

（2）碳捕捉和利用　更有效率、更经济的碳捕捉和利用技术的应用将帮助我们减少大气中的碳排放，并将其转化为有价值的资源。

（3）可再生材料　利用生物材料、循环材料和可降解材料等替代传统材料，减少生产过程中的碳排放及资源消耗。

（4）智能农业　精准农业、农业机器人和生物技术等的应用将提升农业效率，减少农业生产中的碳排放和资源浪费。

（5）绿色交通　电动汽车、氢能源汽车、自动驾驶技术等将推动交通领域向低碳化转型。

（二）数字化转型

随着互联网技术的不断发展，将新的互联网技术接入能源的绿色使用中也是未来能源绿色低碳技术的发展趋势之一。同时，随着互联网技术的不断发展，这种二者之间的结合也将越来越深入，越来越紧密。目前已经应用或马上投入使用的技术有如下几种。

（1）物联网和传感器技术　帮助实时监控环境变化、优化能源使用、提高资源利用效率。

（2）人工智能和机器学习　用于预测和优化碳排放、管理能源消耗、开发可持续材料和生产流程。

（3）大数据分析　提供洞察力，帮助制定更有效的低碳和可持续发展策略。

（4）区块链技术　提高供应链的透明度和可追溯性，促进可持续消费和生产模式的运用。

（三）促使人类行为改变

为了使全球人类认识到低碳与可持续发展的概念，并逐渐有意识地在个人生活中提高低碳与可持续生活方式的比例，需要搭建起人类与低碳生活方式之间的桥梁，从该方面进行科技创新。绿色金融和投资可以推动资本流向低碳与可持续发展项目，促进相关技术的创新。同时鼓励消费者选择低碳与可持续产品和服务，促进消费者的行为改变，推动市场需求变化。科技的创新发展同样可以产生新的宣传方式，用新的宣传方式进行教育和宣传，提升公众对气候变化和可持续发展的意识，鼓励人们参与到低碳转型中。

（四）国际合作

随着世界各国对低碳与可持续发展认识程度的不断加深，各国之间各领域、各技术的合作也会不断增多，以共同完成这样的目标。目前已经出现的合作内容主要有以下几项。

（1）全球气候协定　各国共同制定减排目标和政策，促进技术合作和资金流动。

（2）跨国公司合作　推动可持续发展技术的研发和应用，建立绿色供应链。

（3）科技和金融机构合作　为低碳和可持续发展项目提供资金和技术支持。

综上来看，科技创新的未来发展趋势，除了在现有的基础上可预见的创新方向，还存在着未来新事物带来的暂时无法想象的新方向，所以在科学创新方面，不仅要在自己熟悉的领域内深耕，更要时刻把握社会上新的发展方向和新产生的事物，将多条线路结合在一起促进低碳与可持续发展的进行。

三、科技创新未来在低碳与可持续发展方面可能遇到的挑战

虽然，科学技术的创新和发展是促进低碳与可持续发展的重要助力，但是在科技创新的道路上同样面对着很多的挑战。这些挑战有些是目前已经遇到的，有些是未来可以预见的，还有一些则可能是随着社会发展，在人的意料之外发生的。目前常见的可能的挑战主要有以下几个层面。

（一）技术层面的挑战

即使我们已经知道在低碳与可持续发展中技术的突破和创新方向，但实际操作起来还是会有一些技术瓶颈，列举如下。

（1）关键技术突破瓶颈　许多关键技术，如高密度储能技术、高效碳捕获技术、可控核聚变技术等，目前仍面临着技术瓶颈，需要大量的研发投入和时间才能实现突破。

（2）技术成本过高　许多低碳技术，如太阳能电池、风力发电、电动汽车等，目前成本仍较高，难以大规模推广应用。

（3）技术可靠性与安全性问题　部分低碳技术，如核能技术、氢能技术等，存在安全性和可靠性问题，需要进行更深入的研究和完善。

（4）技术可扩展性不足　部分低碳技术，如生物质能技术、地热能技术等，目前可扩展性有限，难以满足全球低碳转型需求。

（二）产业层面的挑战

新兴的绿色低碳产业在发展过程中自然会在这种新的产业层面面临挑战，这些挑战主要来自两个方面，包括新行业发展中的挑战和与传统行业冲突的挑战。具体的表现如下。

（1）新行业发展中的挑战　新行业发展中的挑战主要是资金投入不足和相关新产业人才缺口的问题。

1）资金投入不足。低碳转型需要大量的资金投入，需要政府、企业和个人共同参与，目前资金投入不足的问题仍比较突出。

2）人才缺口。低碳领域需要大量高素质人才，目前人才储备不足，需要加强人才培养和引进。

（2）与传统行业冲突的挑战　新兴低碳产业与传统产业之间的冲突主要是新兴产业与传统产业在同一产品内容上的竞争冲突、传统行业向新兴产业转型的阻力和转型过程中的协调问题。

1）传统行业受新兴行业的冲击。在社会上同一产品的生产过程中，传统行业受到来自新兴行业的冲击而不愿意接受和发展新兴行业，如电车和汽车之间的冲突，这个过程需要政府进行合理的缓和和解决。

2）传统产业转型阻力。许多传统产业，如化石能源行业、重工业等，难以快速转型，需要政府政策引导、资金支持和市场机制激励。

3）产业链协调困难。低碳转型需要整个产业链的协同发展，涉及多个行业的合作，协调难度较大。

（三）社会层面的挑战

社会层面的挑战主要来自国家内部和国与国合作时，目前常见的阻碍和挑战主要有如下几点。

（1）公众认知度低　部分公众对低碳技术和低碳生活方式的认知度较低，需要加强宣传和教育。

（2）社会接受度低　部分低碳技术，如核能技术、地热能技术等，可能引发社会争议，需要加强沟通和解释工作。

（3）生活方式改变遇到阻力　低碳转型需要人们改变生活方式，如减少出行、节约用电等，可能会遇到一定的阻力。

（4）国际合作难度大　全球气候变化问题需要国际社会共同应对，但各国利益诉求不同，国际合作难度较大。

（四）其他挑战

除了上述提到的主要集中的阻碍和挑战，还有一些来自其他方面的挑战，主要有以下几项。

（1）政策环境不完善　低碳政策环境，包括碳排放交易机制、绿色金融政策、低碳标准体系等，需要进一步完善。

（2）市场机制不健全　目前市场机制对低碳技术和产品的支持力度不足，需要进一步完善市场机制，促进低碳技术和产品的推广应用。

（3）技术滥用风险　任何技术都有可能被滥用，低碳技术也面临着滥用风险，需要加强监管，确保技术应用的安全性。

发现和找出这些问题与挑战并不是主要目的，而是通过正确认识这些挑战，克服这些阻碍，使得科技创新在助力低碳与可持续发展的道路上越走越好。同时要注意，面对这些挑战，需要政府、企业、科研机构和社会公众共同努力，才能推动科技创新在低碳领域取得突破，实现低碳、绿色、可持续发展的目标。

科技创新是实现低碳与可持续发展的关键，未来发展趋势将为低碳发展带来新的机遇和挑战。人类需要积极应对挑战，抓住机遇，以科技创新为驱动，推动社会全面转型，实现可持续发展目标，为子孙后代创造更加美好的未来。

第三节　社会变革与政策的影响

全球气候变化带来的严峻挑战迫使人类社会寻求更加可持续的发展道路。低碳和可持续发展作为应对气候变化的关键手段，需要政府、企业和社会各界的共同努力。政策和社会变革对低碳与可持续发展的影响是深远的。有效的政策能够引导市场力量，推动企业和个人选择低碳与可持续发展路径。同时，社会变革的力量也不容忽视。公众意识的提高，绿色消费的兴起，以及对环境保护的呼声，都能推动企业和政府做出改变。不过，政策与社会变革也面临着挑战。政策制定需要平衡各方利益，社会变革需要克服传统思维和既得利益的阻力。所以政府、社会变革和低碳与可持续发展三者之间是相互促进、相互发展的辩证统一关系。

一、低碳与可持续发展相关政策的演变和具体影响

（一）国内外低碳与可持续发展的相关政策演变

国际上可持续发展的概念，一般认为是在 1972 年联合国发表的《只有一个地球》报告中首次提出的。1987 年，联合国世界环境与发展委员会发表《我们共同的未来》报告，进一步阐述了可持续发展的含义。

低碳的概念是在 1988 年，联合国政府间气候变化专门委员会中提出的，2000 年后，随着气候变化问题的日益严重，人们开始意识到低碳发展是实现可持续发展的重要途径，低碳与可持续发展的概念也在不断融合。2015 年，178 个国家在巴黎气候变化大会上达成《巴黎协定》，承诺将全球平均气温升幅控制在工业化前水平以上 2℃以内，并努力将升温幅度限制在 1.5℃以内。在此之后，国际上关于低碳与可持续发展的文件和政策也越来越多，越来越具体，见表 11-1。

表 11-1　国际上关于低碳与可持续发展的政策列举

年份	来源	政策或法规名称	计划主旨	内容
2000	德国	《可再生能源法》	逐步淘汰化石燃料，转向可再生能源	投资风能、太阳能和生物质能等可再生能源，改进效率，提升电网的智能化水平
2015	美国	《清洁电力计划》	减少发电厂的温室气体排放	各州制订计划以减少发电厂的二氧化碳排放，并通过市场机制鼓励清洁能源的发展
2019	欧盟	《欧盟绿色新政》	使欧盟在 2050 年成为全球第一个气候中立的大陆	实现温室气体净零排放，保护生物多样性和生态系统，促进循环经济，投资可持续能源和基础设施

续表

年份	来源	政策或法规名称	计划主旨	内容
2022	美国	《通胀削减法案》	支持清洁能源、电动汽车等低碳技术的发展	在能源气候项目上，集中在缩小清洁能源税收抵免的范围和削减应对污染与极端天气事件支出上

随着我国工业化发展的进行，全国各地因粗放式工业化发展而带来的如“雾霾”等环境问题也层出不穷，故我国为了本国和世界的长久发展，也跟随世界的脚步提出了设计低碳与可持续发展的相关政策（王锋等，2024）。

我国在低碳发展方面的理念和政策一直在不断更新和完善，并且将继续探索更加有效的方式，实现可持续发展目标。

（二）政策对低碳与可持续发展的作用和影响

政策是政府引导社会发展的工具，在促进低碳与可持续发展方面发挥着至关重要的作用。相关政策提出后，社会、政府、企业和个人都可以以这些政策为基本方向，并针对自身需求进行低碳与可持续发展方向的“改造”。政策的具体作用和影响主要表现在以下三个方面。

1. *宏观政策引导*　宏观政策的作用主要是为相关单位指明大方向，使各单位在改进自身方面“有迹可循”。近几年来常见的宏观政策有以下几类。

（1）*碳排放定价政策*　包括碳税、碳排放交易机制等，通过对碳排放进行定价，将环境成本纳入企业生产决策，促使企业减少排放，寻求低碳技术和模式。例如，欧盟碳排放交易体系的成功经验表明，碳排放定价政策能够有效地降低排放强度，推动清洁能源发展。

（2）*可再生能源发展政策*　包括补贴、税收优惠、优先上网等，鼓励企业和个人投资可再生能源，降低其成本，提高其市场竞争力。例如，中国在太阳能、风能等可再生能源领域制定了一系列政策，促使可再生能源装机容量快速增长，成为能源结构调整的重要力量。

（3）*能源利用效率标准政策*　制定能源利用效率标准，鼓励企业生产节能产品，淘汰高能耗设备，提高能源利用效率。例如，中国实施了《家用电器能效标识管理办法》，提高了家用电器的能源利用效率水平，节约了能源。

（4）*绿色金融政策*　鼓励金融机构发展绿色信贷、绿色债券等金融产品，支持绿色产业发展，引导资金流向低碳与可持续发展项目。例如，中国人民银行发布了《关于进一步强化金融支持绿色低碳发展的指导意见》，鼓励金融机构加大对绿色产业的信贷支持，推动绿色金融市场发展。

2. *微观政策激励*　微观政策的作用主要在于提出具体的措施，让政府、企业和个人能够按照相关措施，具体地执行相关政策，保障低碳与可持续发展的稳步进行。近几年来常见的微观政策有以下几类。

（1）*税收优惠政策*　对低碳产品、技术、服务等给予税收优惠，降低企业的生产成本，鼓励企业对低碳技术的研发和应用进行投资。例如，中国对购买新能源汽车给予补贴，促进了新能源汽车产业的发展。

（2）*政府采购政策*　政府采购绿色产品和服务，带动企业生产和供应链的绿色化转型。例如，中国政府发布了《政府采购节能产品管理办法》，要求政府优先采购节能产品。

（3）*技术研发支持政策*　政府通过资金扶持、政策引导等方式，推动企业进行低碳技术的研发和应用，提高技术创新能力。例如，中国设立了“国家重点研发计划”，支持低碳技术和能源领域的研究开发。

3. 政策的协同效应 政策的协同作用能够放大政策效果，形成合力。例如，碳排放定价政策与可再生能源发展政策的协同作用，能够加速推动低碳能源结构转型。在这样优良的政策协同效应下，各个政策组合在一起形成“1+1>2”的效果，可以更好地提高低碳与可持续发展的效率。

政策实施的同时也需要政府部门之间的协调配合，避免政策冲突，提高政策实施效率。例如，国家发展和改革委员会、生态环境部等部门需要加强沟通协调，共同推进“双碳”目标的实现。这就更加要求各个层面的组织能够统筹好其下辖的各部门之间的工作，这也是对各层级组织管理工作的一个大的要求。

二、社会变革对低碳与可持续发展的影响

随着各国经济的发展，以及互联网技术的不断进步，各国民众对于环境污染、低碳与可持续发展等概念有了更加深刻的了解。同时，存在于民众眼前的关于环境污染、能源浪费等问题使得民众对于低碳与可持续相关的内容不再是持“作壁上观”的态度，而是更多地参与进来，保护目前自身所生存的这颗星球，由此逐步引发了一些关于“绿色”“低碳”“可持续发展”等一系列的社会变革。这些社会变革同时也促进着低碳与可持续发展的不断进步。社会变革对低碳与可持续发展的影响主要体现在三个方面。

（一）公众意识的觉醒

随着气候与环境变化的影响日益显现，公众对环境保护的意识不断提高，他们更加关注低碳生活方式，并积极参与到环境保护行动中。公众个人在自身的生活方面也慢慢有意识地降低对环境的影响，使自身的生活方式更加绿色。同时，公众对企业和政府的环保行为也更加关注，并自发地通过消费行为、舆论监督等方式，对企业和政府进行监督与激励，促使政府和企业向低碳与可持续发展方向转型。公众也会有意识地组建一些非政府组织（NGO），通过这些组织的宣传和活动来提高公众意识、推动社会变革。例如，绿色和平组织等环保组织通过宣传倡导、行动呼吁等方式，推动社会关注气候变化，促进低碳发展。

（二）技术创新的推动

社会对低碳技术的需求不断增长，推动企业加大研发投入，不断突破技术瓶颈，开发更加高效、低碳的技术。例如，企业会因为社会变革对低碳与可持续发展的需求而针对企业自身行业特点和未来发展趋势，明确自己的研发目标和重点领域；又或者企业主动建立专门的低碳技术相关研发团队，和高校进行联合，开展关键技术的攻关活动等。同时，社会资本对低碳技术的投资也越来越活跃，为低碳技术的发展提供了资金支持。例如，企业会在低碳技术研发方向上增加更多的年度预算并持续增加投入，或者增大社会和企业对相关低碳技术人才的培养投入等。此外，还有互联网和物联网技术的应用，这也为低碳技术的发展提供了新的机遇。例如，智能电网、智慧城市等技术的应用，能够有效提高能源利用效率，减少碳排放。

（三）绿色消费的兴起

消费者对环保产品和服务的消费需求不断增长，促使企业更加注重产品和服务的环保性

能，并将环保理念融入生产经营过程。同时，随着社会的发展，绿色消费成为一种新的生活方式，推动企业不断提升产品的环保性能，并提供更加环保的消费体验。绿色消费的兴起也促使企业和政府更加重视产品的可回收性和可循环性，推动循环经济发展。上述内容也促使着政府和企业在出台政策或制造产品时必须加大“环保”“节能”“可循环”等低碳技术的投入，否则可能就会遭到老百姓和消费者的不信任。

三、政策和社会变革在影响低碳与可持续发展中的挑战

（一）政策在促进低碳与可持续发展中的困难

虽然政府所提出的涉及低碳与可持续发展的政策对该项活动有着促进作用，但是这个过程并不是一厢情愿的，在政策提出的过程中也会遇到很多困难，这些困难也是需要考虑的难点。总结起来主要有以下 7 点。

（1）政策目标与经济发展目标的冲突　例如，碳排放配额政策可能导致能源价格上涨，增加企业生产成本，从而影响经济增长。所以政策制定者需要在促进低碳转型和维护经济增长之间找到平衡，避免过度强调环保而导致经济发展停滞。

（2）政策实施的成本与收益的权衡　例如，推广电动汽车需要政府补贴和基础设施建设，这些都需要巨大的资金投入，而回报需要较长时间才能实现。所以政策实施需要在一定程度上考虑到成本和收益的平衡，确保政策的投入能够带来可观的回报（经济上的回报或社会生活上的回报等），避免造成财政负担。

（3）政策执行的难度与挑战　例如，碳排放交易机制需要建立完善的监管体系，并对企业排放进行准确核算，但是这在实际操作中存在一定的难度。这方面的挑战主要是政策在执行时如何完善制度保障，以及如何组织相关部门进行协调配合，避免出现监管漏洞和执行不力的情况。

（4）政策的稳定性和可持续性　例如，政府对可再生能源的补贴政策可能存在时间上的限制，一旦政策发生变化，企业可能面临投资风险。所以在政策制定之前的论证环节要谨慎，要首先从理论上保证政策一定程度上的稳定性和可持续性，同时在具体实施时也应留有充分的预案，否则政策的频繁调整可能会导致企业决策混乱，影响投资信心，同时也影响老百姓对政府和企业的信心。

（5）政策的公平性和合理性　例如，碳排放税可能对中小企业造成更大的负担，加剧社会贫富差距。所以政策的制定需要考虑社会公平性，避免对某些群体造成不公，确保政策的实施能够惠及大多数人。

（6）政策的国际合作与协调　例如，全球气候变化问题需要各国共同应对，政策协调和合作至关重要。政策的制定需要在相同目标的前提下考虑国际合作和协调，以共同应对全球性挑战。

（7）公众认知与参与度　例如，公众对低碳技术的认知不足，可能导致政策实施的阻力。针对这个困难，社会各阶层都应从自身出发，加强公众对低碳与可持续发展概念的认识，政府加强对公众的宣传教育，企业通过自身产品提高公众对低碳技术的认知和参与度，各学校可结合教学加强对该类知识的普及，共同营造良好的社会氛围。

总而言之，政策在影响低碳与可持续发展过程中面临着诸多挑战，需要政府和企业共同努力，不断完善政策体系，推动绿色和可持续发展。

（二）社会变革可能面临的阻碍

与政策对低碳和可持续发展的影响相似的是，社会变革在影响低碳与可持续发展的过程中同样存在一些阻碍，这些阻碍同时也是社会变革在该过程中所面临的挑战，主要有以下 4 点。

1. 利益冲突

1）传统能源行业可能产生的抵抗，如燃煤电厂的工人可能面临失业，而化石燃料公司则面临着利润下降的风险。

2）农业转型存在的阻力，如转向有机农业可能需要更高的生产成本，农民可能难以适应新的种植方式。

3）交通方式转变的阻碍，如推广电动汽车需要建设充电基础设施，而公共交通的改善可能需要政府资金投入。

2. 技术差距

1）缺乏资金支持，许多低碳技术与可持续发展解决方案需要投入大量资金，如研发、基础设施建设、推广普及等。

2）技术人才短缺，掌握低碳技术与可持续发展相关知识和技能的人才数量不足，需要加强教育培训，培养相关人才。

3）基础设施落后，如发展电动汽车需要完善充电桩设施，推广可再生能源需要建设输电网，这些都需要基础设施的升级改造。

3. 社会公平

1）能源价格上涨问题，在转向清洁能源时可能会导致能源价格上涨，对低收入人群造成负面影响。

2）转型过程中的失业问题，传统产业的转型可能导致部分工人失业，需要制定社会保障机制，帮助他们再就业。

3）环境治理成本分担，环境治理需要资金投入，需要公平合理地分配成本，避免出现某些群体承担过重负担的情况。

4. 文化差异

1）生活方式改变的抵触，如节约能源、减少消费等理念可能与某些文化背景下的生活方式冲突。

2）对新技术的接受程度，不同文化背景的人们对新技术的接受程度不同，需要根据具体情况进行推广。

3）对环境问题的认知差异，不同文化背景的人们对环境问题的认知程度不同，需要进行教育引导，提高环保意识。

总结起来，政策和社会变革是推动低碳与可持续发展的重要力量，它们能够引导资源配置，激发创新活力，改变人们的行为模式，最终实现经济发展与环境保护的协调共赢，具体可以采用加强政策顶层设计、促进社会变革、加强国际合作等方法。只有政府、企业和公众共同努力，才能创造更可持续的未来。

延伸阅读

核电常规供热技术

核电常规供热的策略主要依赖核电厂产出的高温高压蒸汽为热源，采用多级换热技术，在换热站内确保水蒸气与水中的热能有效交换。这门技术有能力有效地把核电站生成的热能传输到市政供热网络，从而确保这些热力能够顺利到达终端使用者。具体描述为，当核电站进行电力生产时，核反应堆通过对一回路的水进行裂变加热，与一回路的管壁外部和二回路之间的水产生热交换，这使得二回路的水被加热为蒸汽，进一步促使汽轮机产生发电能量。核能供暖的过程主要是利用该过程产生的一部分蒸汽作为热能的来源。除此之外，核能供暖技术也涵盖了低温核热的模式，这种模式使得单一模块的供热能力大约为200MW，它能够为覆盖400万～500万m^2的区域、人口总数达到10万人的城市和县区提供供暖服务。随着技术的持续进步，远程供热技术变得日益实用，现阶段，国内有数个居住社区已经从依赖燃煤供热模式转变为使用核能供暖方法，这充分证明了远程换热技术的高度完善（陈宇卿，2024）。

如图11-1所示，一回路核反应产生的热量，通过蒸汽发生器，将二回路的水加热成高温高压蒸汽；二回路部分蒸汽被抽取用来加热核电厂内换热站的水，加热后的水通过三回路传送到热力公司总换热站；在总换热站，三回路继续加热四回路内的水；接着四回路的水就沿市政供热网络传输到小区的换热站中，将热量传递给五回路，进而送入千家万户家中，从而实现为居民供暖的目的。5个回路之间只有热量的传递，没有水的交换。就像自热小火锅一样，热源和食物没有接触，食物可放心食用。核能供热用户接触到的是与传统供热方式一样的热水。并且通过三回路与二回路间的压差设计、在线监测等，实现多重屏障防御。

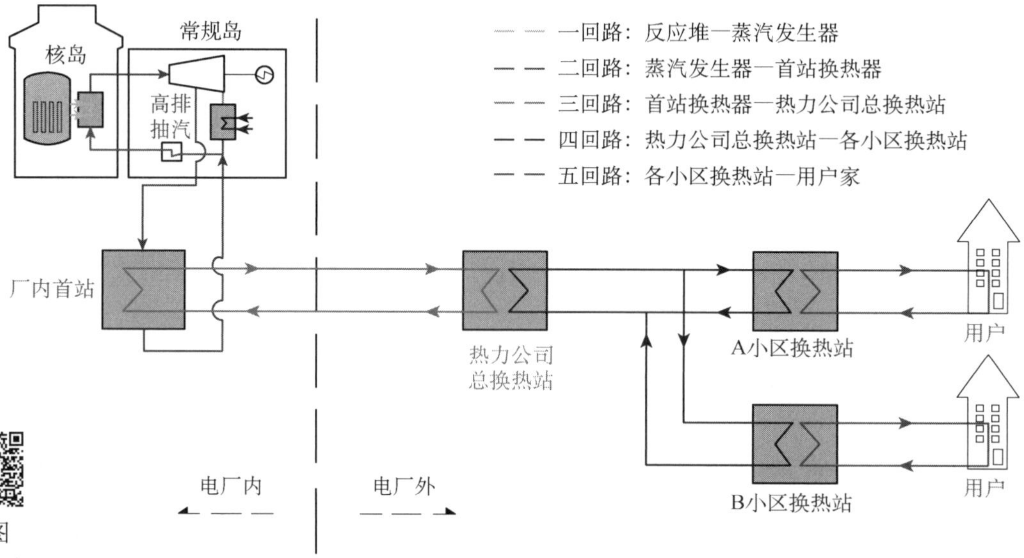

彩图

图11-1 核能供热基本原理

思 考 题

1. 请列举低碳与可持续发展的潜在价值有哪些，分别从经济、社会、人文、国际关系等方面简要概述。

2. 作为新时代的大学生，如何以身作则，助力我国低碳与可持续发展的顺利进行？

3. 针对科技创新、政策制定和社会变革中出现的挑战，简单谈谈应该如何应对。

4. 作为当代大学生，根据自己所学的专业，从科技创新、政策宣传和社会变革三个角度分别谈谈自己所能做出的贡献。

主要参考文献

黎和贵. 2010. 我国发展低碳经济的深层障碍与治理对策. 海南金融，（5）：12-15.

潘苏楠，李北伟，聂洪光. 2019. 中国经济低碳转型可持续发展综合评价及障碍因素分析. 经济问题探索，（6）：165-173.

王锋，李皓浩，吴建雄. 2024. 中国经济绿色发展的政策演变、评价方法和实现路径. 绿色矿山，2（2）：136-149.

徐晓玲. 2011. 我国企业发展低碳经济的障碍与对策. 中外企业家，（3）：45-48.

周蓉，王成，徐铁，等. 2014. 绿色经济与低碳转型——市场导向的绿色低碳发展国际研讨会综述. 经济研究，49（11）：184-188.

第十二章　倡导与行动

主要目标

本章基于践行低碳与可持续发展，探讨低碳发展的现状和存在的问题，从社会各界、公众参与及国际合作等方面提出相应的政策建议。

第一节　社会各界的行动方案

一、政府

中国政府高度重视应对气候变化和温室气体减排工作，高度重视应对气候变化问题，积极制定和推进应对气候变化的国家战略，并且采取了包括产业结构调整、能源结构优化、碳市场建设等一系列措施，在温室气体排放控制方面取得了显著的成效。2020 年 12 月，国务院新闻办公室就《新时代的中国能源发展》白皮书有关情况举行发布会，指出截至 2019 年年底，中国的碳排放强度较 2005 年下降了约 48.1%，提前实现了 2015 年提出的碳排放强度下降 40%～50%的目标。

党的十九届五中全会、中央经济工作会议、中央财经委员会第九次会议均对相关工作进一步作出重要的部署。“碳达峰”和“碳中和”愿景的提出，不仅展现了中国应对气候变化的信心和决心，更体现了中国积极推动构建人类命运共同体的责任和担当。

为了实现碳达峰、碳中和目标，在接下来的 5 年乃至半个世纪时间里需要付出艰苦卓绝的努力。作为发展中国家，中国刚刚全面建成小康社会、踏上第二个百年奋斗目标的新征程。面对着百年未有之大变局，中国在低碳发展道路上仍然面对着多重压力。

在“十三五”期间，中国在节能减排领域的工作格局是政府主导、企业主体、市场驱动、社会参与。在这一框架下，当前碳减排相关措施大多采取了“自上而下”的模式：国家和政府出台政策来调整产业结构、节能提高能效、优化能源结构、推进低碳城市试点和碳交易市场建设。在 2021～2023 年，国家能源集团的新能源装机规模快速增长，截至 2023 年年底，新能源占比达到 31%。

其他国家也采取了碳排放限制政策，通过控制碳排放量来促进低碳经济的发展。英国是全球最早提出低碳经济的国家之一。2003 年，英国政府发布了《能源白皮书》，提出“低碳经济”的概念。此后，美国、德国等国家也纷纷制定自己的低碳经济发展战略。这些国家在政策制定、能源利用、技术创新等方面不断加强投入，逐步实现低碳经济的发展目标。

（一）政策措施

具体的政策措施如下。

（1）碳排放限制　例如，英国实施碳预算，制定了碳排放减少的目标和时间表，同时对高碳排放行业和企业加大了税收和罚款力度。美国也实施了碳排放交易制度，通过市场手段来减少碳排放。

（2）能源消耗税费改革　一些国家对能源消耗进行了税费改革，以鼓励企业和个人减少能源消耗。例如，德国对高碳排放行业征收了生态税，同时对可再生能源发电实施了补贴政策。英国则通过对石油、煤炭等传统能源征收高额税收，对可再生能源和节能技术提供补贴，以鼓励低碳经济的发展。

（3）鼓励可再生能源发展　可再生能源是低碳经济的重要组成部分，一些国家通过政策扶持和资金支持来鼓励可再生能源的发展。例如，德国制定了“能源转型计划”，到 2030 年将可再生能源在总能源消费中的比例提高到 40%。英国则通过对可再生能源发电实施高额补贴政策，大力推动可再生能源的发展。

（二）政府低碳行为案例

以下是政府低碳行为的案例。

1. 政策制定与监管——瑞典的碳税政策　瑞典是全球推行碳税政策的先行者之一。自 1991 年起，瑞典开始实施碳税，针对燃烧化石燃料的企业和个人征税。这一政策的实施促使企业和个人寻求更清洁的能源替代方案，同时也推动了瑞典在可再生能源方面的投资。瑞典政府通过碳税政策不仅减少了温室气体排放，还在促进技术创新和绿色经济发展方面取得了显著成效。瑞典的碳税为其他国家制定碳排放政策提供了宝贵的经验。

2. 城市规划与基础设施——哥本哈根的绿色城市规划　哥本哈根市政府致力于将城市打造成全球最环保的城市。该市采取了多项措施来实现这一目标，包括建设大规模的自行车道网络、推广电动公交车和实施节能建筑标准。哥本哈根的“气候计划”设定了到 2025 年实现碳中和的目标。城市规划中还包括发展绿色屋顶和公共绿色空间，以及通过智能城市技术优化能源使用。这些措施有效地减少了城市的碳排放，同时提高了居民的生活质量。但是，由于哥本哈根目前面临着旧建筑改造成本高，工业领域脱碳技术尚不成熟，部分项目（如碳捕获技术试点）因资金或规划问题推迟，以及市民参与度不高等问题，完全依赖本地减排或难达成，或许需要依赖部分外部碳抵消项目等才能实现其目标。

3. 公众教育与参与——日本的环境教育计划　日本政府通过《环境教育促进法》积极推动环境教育。在日本的学校和社区，环境教育课程被广泛开设，涵盖从节能减排到生态保护等各个方面。例如，“绿化活动周”期间，学校和社区会组织植树活动和环保讲座，鼓励居民和学生参与实际的环境保护行动。此外，日本政府还利用媒体和公众活动宣传环保意识，进一步增强了社会对可持续发展的关注和行动力。

4. 中国“低碳城市试点”政策　为推动绿色低碳发展，中国国家发展和改革委员会自 2010 年开始进行低碳城市试点工作，并于 2012 年和 2017 年扩大试点范围，共涵盖 81 个城市。截至 2023 年，总体进展较大，碳排放强度显著下降。2021 年后，试点城市纳入全国“碳达峰试点城市”体系（如青岛、苏州），要求制定碳达峰行动方案。低碳城市试点政策作为一种新型环境规制政策工具，以低碳经济为发展模式和方向，以低碳生活为市民的理念和行为特征，以低碳社会为城市管理建设目标，是城市发展的主要趋势。城市作为环境规制推进的重要主体和绿色创新活动的空间载体，其绿色创新水平的发展在中国绿色现代化发展进程中具有重要意义。

中国的低碳城市试点政策对城市绿色创新水平的提升作用具有多层面的影响：第一，在低碳城市试点政策的作用下，地方政府等相关部门的“减碳”压力和创新动力显著增加，更倾向于发展低消耗、低污染、高附加值、高科技含量的产业。第二，绿色创新作为推动城市经济绿色转型的关键要素，由于本身的驱动力不足，需要借助健全的制度环境和严格的监管机制带动其发展。随着城市制度环境的改善，企业将获得更加公平有序的市场环境，使其更有动力和能力开展绿色技术创新活动，从而促进企业绿色全要素生产率的提升和城市的高质量发展。第三，低碳城市试点政策有助于推动以经济生态协调发展为目标的绿色消费观念的发展，促进低碳生活方式的推行和市民消费意识的提升。绿色低碳产品市场的扩大，将有利于改善过度消费和资源耗费对生态环境带来的影响，并转变以往粗放的经济增长方式，减少其对经济社会的可持续发展带来的影响。

二、企业

可持续性商业模式创新（sustainable business model innovation），更准确地说，可以促进可持续发展的商业模式创新，对于企业的绿色转型十分重要，因为新的商业模式可以利用现有的技术和产品来达到更环保和更高社会效益的目标。企业作为社会发展的重要参与者，毫无疑问能在可持续发展问题上做出很大的贡献。但是，企业在本质上还是以盈利为目的的组织。新商业模式只有在满足诸多与具体情境相关的条件后，才可能实现盈利。正是由于设计和落地可持续性商业模式在实践中存在着种种困难，许多运营管理领域的学者正在呼吁更多的同侪对促进可持续发展的新商业模式开展研究。

当下，可持续性商业模式创新的研究很多集中在循环经济领域。循环经济（circular economy）的主要思想在于将当下包括了获取、制造、处置的线性产业模式改变为一种循环的模式：在系统中循环进行材料、产品和其他资源（如能源）的再生和恢复。这种经济模式模仿了自然生态系统的动态过程，希望达到一个相对闭合的物质、能量的循环系统（谢家平和孔令丞，2005）。在循环经济理念下的创新性商业模式包括租赁（leasing）、服务化（servicization）和共享经济（sharing economy）等。

租赁常常被视为一种绿色的商业模式，因为这可以让企业有动机设计更加具有耐用性的产品。但是，由于企业控制了新产品进入市场和旧产品退出市场的时机，租赁模式未必对环境有好处。对于生产和处置环境影响较大的产品（如笔记本电脑和地毯），租赁更有利可图，但对环境的影响却更差。他们发现现实中这种二手商品市场的存在会降低消费者支付租赁费用的意愿，而租赁还会导致额外成本。两种效应叠加会使得企业难以接受租赁的商业模式。

服务化与租赁类似，区别在于服务化商业模式下，商家按产品使用次数向消费者收取费用，并且顾客常常不需要每次都使用同一件产品。服务化并不一定可以减轻环境影响。例如，在聚集能力很强时，即顾客不需要每次使用同一件产品时，纯服务化模型相比于混合了销售的混合模型利润更低，且对环境的影响更加严重。

最后，共享可以潜在地减少新产品的购买和使用，使得社会更加集约化。特别是在共享出行领域，由于其对环境有着直接的影响，因此也引起了一些学者的关注。Bellos 等（2017）研究了汽车制造商对共享汽车模式的部署策略和对产品线开发的影响，并且发现共享汽车并不总是对环境有益，原因是有更多原本采取其他出行方式的消费者使用了共享汽车服务。

循环经济理念的前景虽然很有吸引力，在企业实践中落地却存在着很多挑战。van Wassenhove（2019）描述了4个试图进行循环经济转型企业的失败案例，并且分析了各自的原因。他提到，对于循环经济概念的落地，需要更多严格而现实的分析，从而在尽量不折损企业收益的同时，使它们能够转型到更加可持续的模式。

除了循环经济理念下的商业模式创新，也有一些学者研究了一些其他创新性的商业模式。例如，Ata等（2012）研究了能够对有机废弃物进行回收和发电的公司的最优决策。他们发现在城市区域由于规模效应，全覆盖（与废弃物产生方签约回收所有废弃物）更为有利，而在乡村区域则可能部分覆盖更加有利。Hsu等（2019）研究了发展中国家牛奶行业出现的农户和企业的新合作模式。农户负责前期圈养奶牛，而企业负责后期生产牛奶。他们发现当企业的规模不大时，这种模式会比奶业传统的模式有更高的效益。

以下是几个绿色低碳运营的案例。

（一）运营管理——联想的绿色物流运营

联想通过物流网络的优化和精细化管理来提升运输效率并减少碳足迹。该公司运用大数据和智能算法对全球物流路线进行动态优化，确保货物从生产基地到客户手中的每一个环节都尽可能减少能耗和缩短运输距离。通过将多条运输路线整合、减少运输中转次数，联想有效地降低了车辆的空载率和能源消耗。此外，联想还采用多种运输方式的组合，如通过海运和铁路等较为低碳的方式替代航空运输，在降低成本的同时减少了碳排放。

另外，联想在包装和运输设备的设计上也进行了绿色创新。该公司积极减少包装材料的使用，推动“轻量化”和“可降解材料”的使用。联想的产品包装设计注重环保，不仅减少了原材料的使用，还推动了包装材料的循环利用，以减少整体供应链的碳足迹。此外，联想在物流环节中逐步引入电动和混合动力运输车辆，以减少物流环节中燃油车带来的碳排放。这些举措大幅度减少了运输过程中的化石燃料消耗，并符合全球可持续发展的要求。

（二）绿色供应链——耐克公司的可持续供应链管理

耐克公司在其供应链管理中引入了可持续发展标准。例如，耐克公司推行了“透明供应链”计划，要求供应商遵循环保和社会责任标准。该公司选择那些在生产过程中减少废弃物和使用可再生材料的供应商，并对其供应链进行定期审查。耐克公司还推出了“Nike Move to Zero”计划，致力于实现零废弃物和零碳排放。这些措施不仅提升了公司品牌形象，也促进了全球供应链的绿色转型。

（三）企业社会责任——微软公司的“碳中和承诺”

微软公司在2020年宣布了其“碳中和承诺”，计划到2030年实现全公司碳中和。为此，微软公司实施了多项措施，包括在全球范围内购买可再生能源、提高能源使用效率和投资于碳捕捉技术。微软公司还通过其“AI for Earth”计划支持环境保护项目，利用人工智能技术解决环境问题。微软公司的举措不仅展示了大企业在推动可持续发展方面的责任，也为其他公司树立了榜样。

三、社区

（一）社区活动——旧金山的社区清理活动

旧金山市社区组织了多次“大清扫”活动，鼓励居民参与社区清理，减少垃圾和废弃物。这些活动不仅美化了社区环境，还提高了居民的环保意识。例如，旧金山的“Keep SF Beautiful”项目定期组织志愿者清理街道、公园和海滩。通过这些活动，社区居民学习了如何减少废弃物和维护环境，并积极参与到日常的环保行动中。

（二）教育与倡导——澳大利亚的“绿色学校”项目

在澳大利亚，许多学校参与了“绿色学校”项目，这是一项旨在提升学校环保意识和实践的计划。参与学校通过实施节能措施、推广可回收材料和开展环境教育课程，培养学生的环保意识。例如，某些学校设立了“生态委员会”，负责推动绿色校园计划，包括节水和节电措施。该项目不仅在学校内部形成了良好的环保习惯，也向学生及其家庭传递了可持续发展的重要性。

（三）绿色设施——洛杉矶的“社区花园计划”

洛杉矶市政府推动了“社区花园计划”，旨在增加城市绿地和促进居民的绿色生活。该计划在多个社区建立了公共花园，鼓励居民种植本地植物、蔬菜和水果。这些花园不仅改善了城市环境，还增强了社区的凝聚力。通过“社区花园计划”，居民能够直接参与环境保护活动，享受绿色空间带来的对身心健康的好处。

四、个人

（一）日常生活——欧洲的节能家庭实践

在许多欧洲国家，个人家庭通过实施节能措施减少碳足迹。例如，许多家庭采用节能灯泡、安装智能温控系统，并优化家庭能源使用。还有些家庭选择安装太阳能电池板，为家庭提供可再生能源。这些个人行动虽然看似微小，但集合起来能显著减少能源消耗和碳排放，对环境保护产生积极影响。

（二）绿色消费——北美洲的有机食品市场

在北美洲，有机食品市场持续增长，反映了消费者对环保产品的偏好。许多人选择购买有机食品和无塑料包装商品，以减少对环境的负面影响。消费者对环保的选择不仅推动了有机农业的发展，还促使传统食品生产商转向更可持续的生产方式。绿色消费不仅对环境有益，也促进了健康生活方式的普及。

（三）社会参与——全球的环保志愿者行动

在全球范围内，许多人参与了环保志愿者行动，如“海洋清理”项目，这些行动旨在清理海洋中的塑料垃圾。志愿者定期组织海滩清理活动，通过捡拾垃圾、宣传环保知识和支持相关政策，积极参与环境保护。此外，社交媒体上也涌现出许多环保倡导者，他们通过分享绿色生活技巧和参与环保行动，激励他人一起为环境保护做出贡献。

第二节　公众参与与教育

一、提高公众意识

在芬兰，许多学校将环境教育融入日常学校教育的课程中。例如，赫尔辛基的学校不仅教学生关于气候变化的科学知识，还鼓励他们参与实际的环境保护项目，如校园内的植物种植和废弃物管理。

很多地区还通过开展社区讲座和工作坊的形式提高公众意识。在美国的一些城市，如波特兰，定期举办“绿色生活工作坊”，教导居民如何减少家庭能耗、使用可再生能源和减少塑料使用。这些活动通常由当地环保组织或市政府主办，提供实用的生活技巧和资源。

二、鼓励个人行动

家庭节能是非常有效的践行低碳的个人行为。在加拿大，政府提供了“家庭能源评估”服务，帮助家庭识别节能机会。评估后，居民可以获得改善家居能源效率的建议，并有机会申请补贴，升级隔热材料和高效家电。

同时，在日常生活中，减少一次性塑料的使用也是践行低碳的有效行为。在澳大利亚，许多人开始使用可重复使用的购物袋、饮水瓶和餐具。墨尔本的“无塑料市场”活动鼓励商家和消费者减少塑料包装，提供无塑料替代品的选择。

三、社区参与和合作

在英国，伦敦的“垃圾拾取者计划”鼓励市民定期组织社区的街区清理活动。居民可以加入社区组织的清理队伍，并获得必要的工具和支持，清理当地的公园和街道。

在美国的旧金山，社区成员通过“社区花园计划”共同参与创建和维护城市花园。这些绿色空间的创建不仅提供了新鲜的蔬菜和水果，也成为社区聚集和交流的场所。

四、可持续生活方式

提倡绿色购物也是践行低碳的有效方法。在瑞士，超市提供了“生态产品专区”，销售有机食品和可持续生产的商品。顾客可以通过专门的标签和信息了解每种产品的环保认证，据此做出更绿色的购物选择。

以色列则采取节水措施达到可持续生活方式，家庭和企业广泛使用“滴灌系统”来节约用水。这种系统通过将水分直接输送到植物根部，减少了蒸发和浪费，显著提高了水资源利用效率。

五、公众参与决策

新加坡市政府通过“政策咨询平台”在线收集公众对新政策的意见。市民可以在线提交反馈和建议，如对新的环保法规的看法，从而影响政策的最终制定。

澳大利亚悉尼市政府定期举行公众咨询会，讨论城市发展计划和环境保护措施。市民可以参与讨论，提出建议，确保城市发展与环境保护目标相符。

六、支持和激励措施

在韩国，政府设立了“绿色企业认证”计划，奖励那些在生产过程中采用环保技术和材料的公司。获得绿色认证的公司可以享受税收优惠和政府支持等奖励政策，激励更多企业追求绿色发展。

德国政府提供可再生能源补贴和财政支持，鼓励家庭和企业安装太阳能电池板。通过“太阳能补贴计划”，居民可以申请资助，降低安装成本，并享受清洁能源带来的经济效益。

第三节 国际合作与全球治理

世界经济一体化与生态危机全球化，正以交互加强的方式深刻影响全球各国的切身利益。当今的环境问题是一个超国界的全球问题，因此低碳发展需要全球各国通力合作。国际合作成为低碳可持续发展中的一个基本原则。因此，一国的低碳发展立法应彰显“人类命运共同体”意识，加强国际合作。

一、国际合作原则的含义

国际合作原则，是指在国际环境领域，各国通过广泛密切的合作，采取共同的环境资源保护措施来保护国际环境。在低碳发展中，国际合作原则突出表现为以下两个方面。

（一）合作主体多元化

在低碳发展中，一级主权国家组成的区域性组织（如欧盟）仍是基本主体，但政府间国际组织、非政府间国际组织、企业、公众等非国别主体也会发挥重要作用。非国别主体在环境机制创立和创立之后使之有效运作的过程中发挥着巨大作用，取得突出成就。国家间的合作是最基础和最不可或缺的，而且国家对于其他主体有很强的制约和引领作用。

（二）合作范围广阔

气候变化对所有国家无一例外地产生影响。而减排温室气体的成本巨大，清洁能源技术发展却缓慢，国家之间公平分摊集体行动成本与理想分配减排配额之间存在差异。合作以人类共同利益为起点和归宿，合作的范围广阔。从自然属性上看，地球表面被大气所覆盖，不仅所有国家和区域都要受到气候变化的影响，气候变化带来的海平面上升等问题的影响也存在，因此，气候变化的影响呈现出“不可分割”的整体性特征。从社会属性上看，气候变化影响人类活动的方方面面，从农业生产、土地变化到能源体系、生命健康等。而且气候变化的影响具有不可逆性，其给人类社会带来的损失与伤害往往是不可逆的，或是需要付出巨大成本与代价才能降低的。因此，低碳发展领域的合作相应地也是多层面的，当然国家层面的合作是最重要的（于宏源，2020）。

二、低碳发展的国际合作和全球治理的基本要求

（一）破解低碳发展集体行动的困境

冲突与合作是应对气候变化的两个基本特征，但无政府、无外界强制性等情况下，更因

为缺乏信任及国家追求自身利益最大化等因素，主权国家之间不合作是占优势的。解决问题的主要方法就是以选择性激励措施将外部性内部化。选择性激励措施，目的在于弱化个体搭便车的动机。如果集团成员能够根据受益份额的大小分担相应比例的成本，集体行动中的外部性将会消失，公共产品的供给也将保持在理想的水平。从某种意义上来说，低碳发展的国际合作就应当从完善选择性激励措施开始。

（二）支持发展中国家的低碳发展能力建设

1992 年的《里约热内卢环境与发展宣言》指出："发展中国家，特别是最不发达国家和在环境方面最容易受到伤害的发展中国家的特殊情况和特殊需要应当受到优先考虑。"当前，在低碳发展过程中，发达国家缔约方减排温室气体的动力与程度不足，发展中国家缔约方低碳发展所需资金、技术、能力建设严重缺乏，已成为阻碍低碳发展进程的最大障碍。但发达国家在援助发展中国家方面一直存在很大的问题。从根本上来看，由于全球大气一体，在任何地方的碳排放或碳减排都将贡献于气候变化，所以世界各国之间不仅要主动避免因低碳发展而产生的对其他国家的不利影响，还要聚合全球力量，形成最大合力，全球合作共同践行低碳的可持续发展。

1.《巴黎协定》　《巴黎协定》是全球气候治理的一个里程碑，它于 2015 年在巴黎气候大会上达成，涵盖了 178 个缔约方。协定的核心目标是将全球平均气温升幅控制在工业化前水平以上 2℃以内，并努力将温度升幅限制在 1.5℃以内。为了实现这一目标，各国需提交自主贡献计划（NDC），并定期更新和提升其减排承诺。这种全球合作框架使得各国在减排和应对气候变化方面达成了共识，并推动了全球范围内的政策调整和投资转向可再生能源。具体的例子包括，许多国家在《巴黎协定》的推动下，制定了更严格的碳排放标准，推动了风能和太阳能的发展，从而减少了对化石燃料的依赖。

《巴黎协定》确立了"国家自主贡献"的减排模式，这种模式成为中国低碳发展的新需求。《巴黎协定》第四条指出发展中国家缔约方达到温室气体排放的峰值需要更长的时间，在其序言中强调了气候变化对全球生态系统、社会和经济具有重大影响，可持续发展和消除贫困有着内在关系。因此，中国可在更长的期限内在全球碳预算的基础上合理安排自主贡献的减排目标。同发达国家相比，中国的人均排放量比较低。从地均排放来看，中国疆域广阔，中国的排放总量比欧洲小国的排放总量要大得多。总之，要把气候变化的应对作为发展中的问题来对待，立足中国国情，推进低碳发展。

2.《2030 年可持续发展议程》　《2030 年可持续发展议程》于 2015 年通过，设定了 17 个可持续发展目标（SDG），旨在解决全球范围内的贫困、不平等和环境问题。这一议程强调了各国政府、国际组织和民间社会的共同努力。比如，目标 14——关于"保护海洋生态"促使多个国家加强了海洋保护区的设立和管理，同时推动了海洋污染减少措施的实施。在实施过程中，国际组织如联合国开发计划署（UNDP）提供了资金和技术支持，帮助发展中国家实现这些目标。例如，通过资助海洋保护项目和改善水质监测体系，有效提升了沿海地区的生态保护水平。

3. 国际能源署　国际能源署（IEA）致力于推动全球能源合作，提供数据和政策建议，帮助国家优化能源结构和提高能源效率。IEA 发布的《世界能源展望》报告分析了全球能源趋势，为各国制定能源政策提供了科学依据。举例来说，IEA 的研究促使多个国家制定了严格的能源效率标准，如欧盟实施的"能源标签"政策，要求家电和建筑材料标示能效等级。这种措施不仅提高了消费者对节能产品的认识，也推动了绿色技术的发展，减少了能源消耗和碳排放。

4. 全球绿色气候基金　全球绿色气候基金（GCF）成立于2010年，旨在为发展中国家提供资金支持，帮助其应对气候变化带来的挑战。GCF资助了许多低碳和气候适应项目，如在东非和南亚地区推广的太阳能发电项目。这些项目通过提供清洁能源和改善气候适应能力，显著提升了这些地区的能源可及性和气候韧性。此外，GCF还支持了防洪设施和农业气候适应技术的建设，提高了这些国家对气候变化的应对能力。

5. 全球城市网络　全球城市网络如城市气候领导联盟（C40）致力于促进城市间的合作，共享成功经验和技术创新，推动城市在减少温室气体排放和提高环境可持续性方面的进步。例如，C40网络成员城市分享了在公共交通和绿色建筑方面的最佳实践。纽约市通过C40引入了低排放公交车和改进了建筑能效标准，而伦敦则在推广绿色屋顶和公共自行车系统方面取得了显著成效。通过这样的城市合作，C40帮助城市实现了更高效的减排目标，同时也提升了市民的生活质量。

延伸阅读

国外发展低碳经济的政策措施对我国的启示与建议

1）加快可再生能源发展。国外经验表明，可再生能源是低碳经济的重要组成部分，我国应加大对可再生能源的投入和支持力度，加快可再生能源的发展步伐。

2）提高能源利用效率。我国能源利用效率相对较低，存在较大的节能潜力。应加强节能减排政策措施的落实，提高能源利用效率，减少能源浪费。

3）推动低碳技术创新。低碳技术是低碳经济发展的关键因素，我国应加大对低碳技术研发的投入，推动低碳技术创新，提高我国的低碳技术水平。

4）加强政策引导和监管。政府应加大对低碳经济的政策引导和监管力度。推动企业和个人积极参与低碳经济的发展，促进低碳技术的推广和应用。

5）加强国家合作。低碳经济是全球共同面临的挑战，我国应加强与其他国家的合作，共同推进低碳经济的发展，实现全球经济的绿色转型。

思　考　题

1. 各国有哪些践行低碳的政策？
2. 个人如何减少碳足迹？

主要参考文献

陈启斐，钱非非. 2020. 环境保护能否提高中国生产性服务业比重：基于低碳城市试点策略研究. 经济评论，（5）：109-123.

段茂盛，邓哲，张海军. 2021. 碳排放权交易体系中市场调节的理论与实践. 社会科学辑刊，（1）：92-100.

韩嘉源. 2022. 公众低碳激励项目的模式设计与优化策略. 上海：上海财经大学.

谢家平，孔令丞. 2005. 基于循环经济的工业园区生态化研究. 中国工业经济，(4)：15-22.

于宏源. 2020. 环境变化和权势转移：制度、博弈和应对. 上海：上海人民出版社.

朱伯玉. 2017. 低碳发展立法研究. 济南：山东大学.

Ata B，Lee D，Tongarlak MH. 2012. Optimizing organic waste to energy operations. Manufacturing & Service Operations Management，14（2）：231-244.

Bellos I，Ferguson M，Toktay LB. 2017. The car sharing economy：interaction of business model choice and product line design. Manufacturing & Service Operations Management，19（2）：185-201.

Hsu VN，Lai G，Liang G. 2019. Agricultural partnership for dairy farming. Production and Operations Management，28（12）：3042-3059.

van Wassenhove LN. 2019. Sustainable innovation：Pushing the boundaries of traditional operations management. Production and Operations Management，28（12）：2930-2945.